U0742640

广东服装年鉴

2022

广东省服装服饰行业协会
广东省服装设计师协会
编著

中国纺织出版社有限公司

广东服装

任仲夷 题

努力开拓进取

振兴广东服装

一九九〇年九月 杜钰洲

努力开拓进取　振兴广东服装——杜钰洲题词

序

2021年，是党和国家历史上具有里程碑意义的一年，在如期实现第一个百年奋斗目标、意气风发向着全面建成社会主义现代化强国的第二个百年奋斗目标迈进之际，中国服装行业也站在了攀登全球时尚产业制高点的历史新起点上。

服装业是创造美好时尚生活的基础性消费品产业和民生产业，也是体现技术进步、社会文化发展和时代变迁的创新型产业，在提高人民生活质量、发展国家经济、促进社会文化进步等方面发挥着重要作用。历经改革开放四十多年的努力和奋斗，我国服装行业基本实现了服装制造强国的既定目标，名副其实地确立了世界服装制造强国的地位。这不仅仅是在于产业的体量和规模，更重要的是我们的产业在数字技术应用、智能化发展、模式创新等方面已经走在了世界同行业的前列，在设计创意、产品开发、管理创新、品牌建设等方面都得到了长足的发展。

在"十四五"开局和"两个一百年"的历史交汇之年，中国服装行业提出了行业发展的远景目标：2035年，在我国基本实现社会主义现代化国家时，我国服装行业要成为世界服装科技的主要驱动者、全球时尚的重要引领者、可持续发展的有力推动者。把中国服装行业建设成对全球有创造、有贡献、有推动的时尚强国。

"十四五"时期，全行业要围绕建设时尚强国的产业愿景，以高质量发展为主题，以数字化转型、深化供给侧结构性改革为主线，加快构建数字

陈大鹏

中国纺织工业联合会副会长
中国服装协会会长

经济时代协同创新的产业生态体系，推进产业基础高级化和产业链现代化，持续提升产业的科技创新力、文化创造力和可持续发展能力，推动基于中华优秀文化的产业文化发展和时尚创新，打造世界级企业、世界级品牌和世界级产业集群，全面提升产业的软实力，缔造时尚强国的中国精神、中国价值和中国时尚话语权。

作为改革开放的前沿阵地，广东服装产业勇于变革，敢于探索，为我国服装产业发展和壮大做出了不可磨灭的贡献。进入新时代，面对新一轮科技革命和商业、消费变革，特别是面对世纪疫情冲击，广东服装产业在多年积淀的雄厚产业基础上，加快智能化改造、设计创意提升、模式创新和品牌建设的步伐，不断叠加着品牌进步和产业创新的新势能，为中国服装行业的强国建设以及为广东经济稳定发展发挥着重要作用。

《广东服装年鉴2022》就是记录广东服装人在新时代敢于创新发展的编年史，也是广东服装人应对新冠肺炎疫情勇于变革的奋斗史。它全面、客观、真实地记述了2021年广东服装行业年度大事、要事、新事、特事，收录了优秀企业、先进产业集群以及非遗新造等方面的创新案例。我们看到了敢为天下先的广东服装人在压力之下守正创新、奋力前行的勇气，面向未来、坚毅从容的志气、顽强奋斗、风雨兼程的豪气，这也是在中国特色社会主义现代化强国建设全面开启的宏大背景下，中国服装行业产业更新、能级提升、高质量发展的真实写照。

面对未来的发展，希望广东服装人坚守"科技、时尚、绿色"的产业新定位，不断转变发展理念和发展观，紧紧把握产业革命的新机遇，持续扎实产业功底和基础能力，在新一轮产业升级、高质量发展的过程中发挥重要的示范和引领作用。我也相信，在所有广东服装人的共同努力下，广东服装产业一定会获得更好的发展，一定能在中国服装行业的时尚强国建设中做出新的贡献。

中国纺织工业联合会副会长、中国服装协会会长

2022年6月

行业观点

卜晓强

中国纺织工业联合会特邀副会长
广东省服装服饰行业协会会长
广州红棉国际时装城总经理

依托区位之便、产业之实、市场之利，广东服装产业谱写中国时尚发展浓墨重彩的篇章。广东服装产量、出口额、产业集群数量等多年来稳居全国首位，数字经济蓬勃发展，形成辐射全产业链的能力。新时期，希望广东服装产业加快融入新发展格局，立足湾区、面向全国、通达世界，创造新价值、实现新发展。

计文波

中国服装设计师协会副主席
广东省服装设计师协会会长

2021年时尚产业面临着巨大的挑战，同时也迎来更多机遇，新冠肺炎疫情迫使社会和产业的变革，推动商业模式做出更多创新。科技元素催生了新的产业形态和商品形态，如何与时尚产业契合，是我们探求时尚未来的一条道路。时尚是一种包容的形态，它与产业和跨界的融合性非常强，在当今时代，如何让时尚文化表达出更加健康、充实、积极的内容，是我们作为时尚创作者和形态传播者的重任。

修志问道，以启未来。作为行业首创，我们以年鉴的形式书写广东服装的2021，既是为记录发展沿革、展示新事新态、提供思路参考，更期为行业发展积攒能量、注入活力，探寻前行步伐，助力广东服装行业迈向新的台阶。

刘岳屏

广东省服装服饰行业协会执行会长
中国纺织工业企业管理协会特邀副会长

湾区掀粤潮，一城链时尚。2022年，湾区时尚产业从业者以昂扬的新姿态，坚守初心，大胆迈步，积极创新，携手开启了更灿烂的篇章，编织出了更美丽的衣裳，创造出了更繁荣的景象！

黄　瑛

广东省服装设计师协会执行会长
凯华集团有限公司副总裁

《广东服装年鉴2022》以年度回望的形式记录着广东服装行业的发展，让每一个创造历史的广东服装行业从业者，唤醒记忆，点燃激情，激发动力，让每一个励志前行的广东服装人，在这里总结经验，探寻规律，鉴往而知来。

温静华

广东省服装设计师协会专职执行会长

刘 洋

广东省服装设计师协会终身荣誉会长
中国时装设计最高奖"金顶奖"获得者

纵有千般难，时尚未止步。不平静的2021年，广东服装设计师们无畏挑战、新意不断，创造出不平凡的广东设计。在中国时尚飞速发展的今天，我期待与大家共勉，发扬创新精神，坚守文化自信，为中国的时尚事业再创佳绩！

李小燕

中国时装设计最高奖"金顶奖"获得者
广东省服装设计师协会常务副会长
"李小燕高级定制"创始人

百年变革、世纪疫情、"3060"双碳目标、产业数字化、元宇宙……我们正在经历极为不平凡的时代，世界之变、行业之变正以前所未有的方式展开。越是处在复杂多变的环境下，越需要我们凝心聚力、开拓创新，发出我们贯通古今、融汇东西的设计强音，让广东乃至中国时尚在世界潮流舞台独树一帜、熠熠生辉！

刘 勇

广东省服装设计师协会副会长
第20届、第24届中国时装设计
"金顶奖"获得者
永汇服饰文化（深圳）有限公司CEO

时尚是以时间为纽带、以文化为基础而被相应人群崇尚、追捧进而消亡的一种社会现象，是一种不断被颠覆的过程。社会是不断发展进步的，人的意识、观点的改变影响了时尚，同时时尚反过来也影响着人们的观点。时尚的发展是以文化作为纽带而不断前行的，而文化的传承需要不断创新，创新是设计之本，而文化则是设计之魂，因此时尚的制造应当以人为本，居于文化基础上的时尚才会被人们接受。

魔幻的2021，是风起云涌的一年，对于时尚行业来说，更是如此。后疫情时代，"可持续发展""环境保护"等关键词成为时尚圈热门重构的话题，源于自然的时尚，是美、更是责任，希望在大家的共同努力下，可以赋予面料新的使命，更好地用设计改变生活。

赵卉洲

广东省服装设计师协会副会长
艺之卉时尚集团（深圳）有限公司创始人兼首席设计师
中国时装设计最高奖"金顶奖"获得者
深圳经济特区建立40周年创新创业人物和先进模范人物

改革开放以来，中国时尚产业从制造、智造到创造，已然成为全球最完善、最成熟的供应链强国，被誉为"世界工厂"。但是中国创造的世界名牌寥寥无几，要打造世界顶级品牌，拥有更强的时尚话语权，亟待时尚产业同仁们坚持不懈地努力。

邓兆萍

中国时装设计最高奖"金顶奖"获得者
广东省服装设计师协会常务副会长
广东普丽衣曼实业有限责任公司
执行董事长兼设计总监

未来，大湾区纺织服装业要将发展重心放到数字化转型与创新驱动上，以数字技术与应用推动纺织服装企业进行数字化转型，推动传统制造业焕发新活力。在数字化浪潮的"风口"，用数字化新引擎赋能纺织产业高质量发展。

钟课枝

广东省人大代表
广州市工商联副主席
广州铠琪有限公司董事长

简玮仪

广州纺织工贸企业集团有限公司
党委书记、董事长

2021年是充满挑战与机遇的一年，数字化、新业态、新模式等层出不穷、百花齐放。以"链长制"为主导，通过政府搭台、协会助力、企业唱戏，纺织服装人在行业转型升级的道路上展示了应有的责任与担当。面向未来，纺织公司愿继续同广大行业同仁一起在数字时代开拓创新，共同开创行业高质量发展的新局面。

谢秉政

比音勒芬服饰股份有限公司董事长

每个行业都在颠覆过去，墨守成规只会举步维艰，唯有打破固有观念才能逆势而上。对品牌而言，产品是灵魂，持续创新，提高产品的核心竞争力，持续为消费者创造价值，才能在激烈竞争中占有一席之地。未来，比音勒芬必将持续与时代同行，与消费者共创高品质、高品位美好生活的同时，也作为国家的黄金名片，在世界绽放中国品牌的魅力，以衣为语，以品为牌。

胡忠华

忠华集团有限公司董事局主席

我们将时尚产业纳入数字化协同发展的重大战略中，与产业链上的生态合作伙伴共同描绘蓝图，促进产业发展与城市发展良性互动。忠华集团旗下云尚产业新城、云纱产业互联网平台，致力于重构时尚产业生态体系，以高新技术构建产业"数据中台"，打造时尚产业集群；以美好生活为蓝本，探索及打造产业元宇宙体验中心；我们以数字化这把"金钥匙"，帮助企业有效利用数字化红利，赋能企业发展。我们相信，数字化协同发展将重塑服装行业价值。

冯耀权

广州华新集团有限公司副总裁
广州比华利保罗服饰有限公司总裁

2022年，面对错综复杂的外部发展环境，面对新冠肺炎疫情的持续反复，中国的服装行业面临前所未有的压力。在这种背景下，服装品牌只有做到在某个细分领域具有代表性，通过某个生活场景的服饰产品就联想到品牌，在消费者心智中被习惯性地想起，并且能在线上或实体店容易购买得到，打通心智和渠道，那么这样的服装品牌就有生命力，就能持续地发展下去。

李明光

广东省服装服饰行业协会副会长
快尚时装（广州）有限公司（URBAN REVIVO）
董事长、首席执行官及艺术总监

2022年疫情反复，消费者信心受挫，尽管如此，中国消费者在其中展现了一定的韧性。随着消费观念升级，消费者更加理性化，也更注重精神层面的满足。服装行业应随需而动，顺应消费需求，凭借科技化、艺术化和人文化的策略不断尝试驾驭全新时尚变化趋势。我认为未来整个行业会向个性化、国际化和细分化的方向转变，消费者的个性化需求将得到更充分与及时的满足。

吴武平

广东省服装服饰行业协会副会长
东莞德永佳纺织制衣有限公司董事兼总经理

智能织造新突破，春暖花开终有时。"穷则变，变则通，通则久。"借用《周易》管理名句与纺织服装人共勉。经历抗疫艰难，面对严峻挑战，我们更要寻求技术和管理上的新突破。虽然改变的过程并非一帆风顺，也非一劳永逸，但勇于推陈出新，引进智能织造新理念，相信未来可期。

未来的竞争是体系化、全系统的作战，是产业生态链之间的高效协同，也是靠利用网络和数字智能技术，变革生产方式的竞争。对于当下局势，坚持长期主义，坚持做对而难的事。

方建华

广州市汇美时尚集团股份有限公司董事长
广州市政协委员

当前国际形势和原料价格冲击着纺织服装行业，市场充满挑战和未知。数字化、网络化、智能化是全球经济技术变轨的大趋势。纺织服装传统制造业企业以智能装备和工业互联网为支撑，发展智能制造，推动供应链的精益化、柔性化升级。在此背景下，全球纺织服装行业新的合作关系将会不断建立，产业链、供应链合作将更加紧密。期待涌现更多优秀先进企业，推动行业发展迈上新台阶。

邓剑鸿

广东省服装服饰行业协会副会长
佛山市纺织服装行业协会会长
广东浪登服装有限公司董事长

一元复始，四序更新。2022年，广东服装行业全体同仁携手并进，进一步聚合服装领域优势产业资源，营造良好的产业氛围，以工艺体现文化价值魅力，以创意优化产业结构，以产业支撑创意的商业转化，以平台载体提升广东服装行业的发展。躬身践行，砥砺奋进，全方位推动广东服装行业向智能化、绿色化、全球化全面迈进，持续激活发展动力，构建广东服装共同体，一起携手向未来！

卢伟星

广东省政协委员
广东省服装服饰行业协会副会长
潮州市服装行业协会会长
广东璐卡思服饰有限公司董事长

何炳祥

———————

中国针织工业协会副会长
广东省内衣协会会长
广东省服装服饰行业协会副会长
广东奥丽侬内衣集团有限公司董事长

　　2022年，内衣行业虽面临诸多不利因素，但企业家和经营者并没有放缓转型创新的步伐，而是从疫情中艰难突围，在变革中提质增效。许多企业加快了数字化及智能化升级，并借势直播、社交电商等新型渠道，更精准地触达目标消费者。内衣零售终端的服务体验也快速迭代升级，提供个性化的商品和服务已是新零售的发展趋势。展望未来，市场的机会将属于勇于突破、敢于创新的内衣人。

邓文远

———————

广东省服装服饰行业协会副会长
富绅集团有限公司常务副总裁

　　虎跃龙腾舞风尚，粤起新潮竞上游。我们在世界百年之大变局中跨进了虎年，虎虎生威，勇武坚毅。祝各位广东服装界的同仁，在新时代的大潮中更显英雄本色，大步迈向新征程，取得新成就！

何荣坚

———————

广东省服装服饰行业协会副会长
广东群豪国际服饰有限公司创始人

　　2022年，中国群豪在广东这片热土上，从事服饰行业已经走进第31个年头，百年品牌路，的确需要几代人的努力，在群豪发展的征途上，离不开各界人士的支持，在相互竞争中不断创新，为消费者提供优质时尚着装是我们的使命，做好企业担当。

邝活源

广东省服装服饰行业协会副会长
中山市沙溪服装行业协会会长
中山市通伟服装有限公司董事长

5G时代，我们积极拥抱工业互联网，加大制造业的技术改造和设备更新，加快5G商用步伐，加快人工智能、工业互联网、物联网等新型基础设施建设，这些都是国家重大的战略部署，高瞻远瞩。推动服装产业数字化转型，实现企业核心价值提升，是我们纺织服装企业未来必须深入考虑的发展方向。借力大数据、物联网强化供应链柔性处理，依托工业互联网提升生产管理水平，通过电子商务优化精准营销方式，把纺织服装这一传统优势行业打造成新业态朝阳行业。

王俊钧

广东省服装服饰行业协会常务副会长
童装专业委员会会长
广州悦蒂威服饰有限公司董事长

做供应链很多年。我迷恋于自己的工作，供应链是我的立身之本，我定当勤学苦练做好服务。2019年，承蒙各位厚爱，王俊钧上任童装专业委员会会长。在我的理解，会长，是一个链接资源的枢纽，更是润滑剂。我的使命是把广东童装产业做专做强，做出特色。让世界童装品牌爱上广东童装供应链，让世界儿童爱上广东童装品牌。

胡合斌

广东省服装服饰行业协会常务副会长、
电商分会会长
广东广服跨境供应链平台有限公司总经理

广东服装人，一起向未来。朝霞映满天，盛世耀虎年。2022广东服装畅销全球！

陈锦康

广东省服装服饰行业协会常务副会长
互联网直播电商分会会长
中山市波特邦威服饰有限公司创始人

2022年广东服装人不懈努力，奋斗，拼搏，创新，相信我们新的广东服装人会一起团结奋进，迎来崭新的春天！2022年时代大步向前，服装行业仍面临极大的环境挑战，我始终认为，把握机会的关键是我们服装人要时刻关注信息，共同应对挑战，为新一年展开新的篇章。我们携手同心奋进致远，一起努力把中国服装行业市场规模做强做大。

陈永森

广东省服装服饰行业协会高级顾问
东莞庆富丰时装有限公司董事长

广东的服装产业在中国乃至世界版图上一直扮演着极为重要的角色。疫情当下，一个企业、一个行业要有好的发展，就必须有一个好的商业生态环境，我们特别希望疫情后时代的新发展早日到来。

杨志雄

广东省服装服饰行业协会常务副会长
广州红棉中大门执行总经理

展望新一年，广州红棉中大门将继续抢抓新机遇、引领新模式，全力构建纺织服装时尚生态港。让我们握指成拳，携手共创产业发展新辉煌。广东服装人，一起向未来！

杨昌业

广东省服装服饰行业协会副会长
旭日集团有限公司、真维斯服饰（中国）
有限公司行政总监

祝服装行业各位同仁新年进步、虎年如意！在新的一年里，让我们携手并进，把服装行业的新征程走得更好、更远。

黄秋权

广东省服装服饰行业协会常务副会长
广州白马服装商会会长
中国纺织工业联合会流通分会副会长

2022年，对于全体服装人来说是一个大考之年，受新冠肺炎疫情的持续影响，消费需求进一步收缩，消费渠道加快线上转移，实体销售渠道受到较大冲击，服装产业面临着严重挑战。白马积极带头践行国企担当，开展春风行动，通过加大租金减免、品牌孵化赋能、采购补贴政策及线上线下创新营销，全力支持客户度过经营寒冬。逆境下，让我们更加坚持时尚引领，强化原创设计能力，坚持以供应链为核心，布局拓展全渠道，坚持与客户形成共同体，在一起共赢新未来！

徐 超

广东省服装服饰行业协会副会长
杰凡尼服装股份有限公司总经理

品牌的核心竞争力，需要通过文化形象来塑造，未来的广东服装品牌需要形成自己独特的核心竞争力，领悟中国传统文化的底蕴，结合高品质、高科技、高创意，才能在全国、全球的时尚创意产业"竞合"中取得一席之地！站在新起点，一起向未来，广东服装人必不忘初心、不负韶华，为行业人集结多元渠道资源、行业前沿信息，凝心聚力共谋行业新发展，书写下不负这个伟大时代的新篇章。

翟志辉

广东省服装服饰行业协会副会长
东莞市奥盈纪元服饰有限公司/意大利
ANOTHER ONE品牌董事长

随着互联网的不断升级与短视频的迅速升起，消费者年轻化、品牌个性化、产品内涵化已经是一个时代的主题。品牌要想在激烈的市场竞争中生存必须适应主旋律，内部团队需要提升创新力与学习力，品牌形象需要彰显气质与性格，核心产品需要以消费者为中心逆向思维研发。好的商业模式，需要深挖品牌基因，放大自身优越性，又要有未来思维，与互联网接轨，数据化系统的重视程度与建设能力决定了品牌的商业竞争力。

欧阳永辉

广东省服装服饰行业协会常务副会长
佛山市顺德区纺织商会会长
众衣联供应链服务有限责任公司董事长

回首2021，我们经历了百年未有之大变局，时至今日仍延宕未绝。展望未来，产业变革的集结号已吹响，让我们一起携手并肩，众行致远！

朱敏祺

广东省服装服饰行业协会监事
博罗县园洲纺织服装行业协会会长

目前许多服装企业都意识到数据化的重要，尤其是生产型企业，把每个生产环节通过系统进行数据收集，客户清晰知道订单生产进度，这将有效提升企业竞争力和降低生产成本，与希音（SHEIN）合作的园洲服装企业明确感受到服装数据化时代的到来。

以铜为镜，可以正衣冠；以史为镜，可以知兴替；以人为镜，可以明得失。服装年鉴，对于过去是总结，提炼和升华，对于未来是服装的发展史，时尚的历程史。服装年鉴，更是见证了一代又一代服装人不断创新，不断发展，不断进步的探索精神，正是这种精神让我们强大，让我们自信，让我们创造未来！

张文辉

衣脉合成服装工厂现货直供平台创始人

有了梦，才有梦想，有了梦想，才有理想，有了理想，才有为理想而奋斗的人生经历。2022年，愿大家为了自己的梦想而努力拼搏，为了理想而艰苦奋斗。

侯东美

广东省服装服饰行业协会副会长
鹿颜国际服饰（广州）有限公司董事长

三十五年守初心，聚力启航新征程。2021年，广东服装行业挫折和机遇并存，广州市龙格派服饰有限公司将和广东服装行业一起携手向未来，以新的面貌面对新的挑战，共同倡导学生健康生活新理念，书写时尚新篇章！

郑衍旭

广东省服装服饰行业协会副会长
广州市天河区人大代表
广州市龙格派服饰有限公司董事长

袁 杰

我们用每一个短视频演绎我们服装人的心声，我们场场直播只是在为时尚潮流做搬运，希望我们服装人在不同的赛道拥有自己的领奖舞台，展现无比的风采。2022年虎服生威，事业长红，互拥互赢！

广东省服装服饰行业协会副会长
中山市沙溪镇直播电商协会会长
中山市杰创服饰技术有限公司董事长

高 强

广州市胜宏衬布有限公司历经十九个年头，现已发展成为行业领军企业。衷心感谢服装界企业家们多年的大力支持，胜宏人会牢记"做匠心产品，为服装企业服务，助力中国服装发展"的经营理念，为中国服装走向世界贡献绵薄之力！

广东省服装服饰行业协会副会长
广州市胜宏衬布有限公司总经理

胡 平

在不确定的需求下，如何引领行业创新的机会？在服装消费场景的多元化下，只有主动升级供应链的产销协同力，把握消费趋势，结合服装产业数字化升级，才更有胜出的机会。

广东省服装服饰行业协会副会长
广州尚捷智慧云网络科技有限公司CEO
中国服饰供应链管理俱乐部主席

过去的2021年，有振奋，有骄傲，也有让我们铭心刻骨的感动。新的一年，让我们同舟共济、齐头并进，一起迎挑战、向未来，共创广东服装行业新辉煌！

安小辉

广东省服装服饰行业协会副会长
中山市品韩惠服饰有限公司总经理

我谨代表HOK拉链全体员工，衷心地祝愿广东时尚行业以崭新的面貌开启新的一年，让勤奋耕耘、与时俱进成为广东时尚全体同仁的标签。未来，你我共奋进！

陈坤远

广东省服装服饰行业协会副会长
广东辉丰科技股份有限公司董事长

鲲鹏展翅正此时，扶摇直上九万里，是因为底蕴深厚的天池与万千股雄风托起了它巨大的翅膀。志存高远的人将以"为志者立心，为随者立命，为昌盛聚贤才，为登高开先河"的博大胸怀，用自己的智慧与勤奋展翅腾飞，愿与所有志在未来的追求者和实践者一道，智慧博弈，竞合多赢，精诚合作。

陈　建

广东省服装服饰行业协会副会长
广州市雷邦服装有限公司董事长

陈奕生

————

广东省普宁市国家外贸转型升级基地
（内衣）负责人
广东华尔美投资股份有限公司董事长
中国普宁国际服装城董事长
广东省商品交易市场协会常务副会长
普宁市服装商会会长

当下，全球纺织服装产业正处于结构性调整和产业整合的变革期，广东是我国纺织服装大省，产业发展之路机遇与挑战并存，我们要不断探索产业创新发展新思路、新模式、新路径，提升产业园区建设与研发投入，深入推进产业数字化、智能化转型，走出一条高科技含量、高附加值、低能耗、低污染、自主创新能力强的产业发展之路。

叶伟民

————

广东省东莞市大朗国家外贸转型升级基地
（服装）负责人
东莞市大朗电子商务协会会长
东莞市毛织服装设计师协会副会长

随着"新零售"概念的提出，中国的服装市场正在发生着巨大的变革。渠道和运营模式变革、市场布局不断细分、消费者个性化定制、粉丝经济崛起、直播电商模式兴起等，正在潜移默化地推动着服装行业的改变。我们服装行业要看清社会趋势的发展，才能抓住时代的风口。行业的变化是挑战，更是机遇。

林小虎

广东省惠州市惠东县国家外贸转型升级基地
（鞋类）工作站负责人
香港高源企业发展有限公司董事长
惠州龙源鞋业有限公司董事长
惠州上正鞋业集团有限公司董事长
缅甸龙腾鞋业有限公司总经理
惠州爱创产业服务有限公司总经理

　　世界女鞋看中国，中国女鞋看惠东！惠东自1981年兴办第一家制鞋企业至今，经过40年的培育，已形成了集研发、供应、加工、组装、包装、物流、销售一条龙和以时尚女鞋为主的发展格局，通过数字化转型、跨境电商、加大产品研发与创新、培养人才、科技赋能等方式不断寻求转型升级之路。

黄明华

中山市沙溪镇休闲服装基地负责人
广东省科学院测试分析研究所（中国广州
分析测试中心）中山纺织品实验室主任
中山市纺织工程学会会长

　　2022年，沙溪正在加速推进超千亩连片工改片区——凤凰产业园的土地整备，元一智造5G高端智慧产业园已顺利竣工投产，"抖音电商服饰行业·中山沙溪T恤节"正在如火如荼地进行……沙溪，以其日夜兼程、风雨无阻的精神状态，雷厉风行的工作作风，给2022年受疫情影响的企业注入了一剂剂强心针。当前，世界正处于百年未有之大变局中，工改、数字化、智能化、直播、跨境电商、独立站……一个个关键词伴随一场变革正在包括沙溪在内的广东服装行业中兴起。未来已来，您准备好了吗？

在个性需求越来越迫切的当下，服装具有核心创新力才能拥有细分市场份额。跨界是创新的好方法，运动需要商务的精致，商务需要运动的舒适，原创潮品引领未来。服装的生命点在于美和舒适。一件衣服要美和舒适，就必须从消费美学和人体工学入手。基于消费趋势提前布局设计方向，基于人体运动的机能特点去调整板型，才能做出适合不同场景的具有美感和舒适感的服装。

汤正荣

广州市汇璟服饰有限公司总经理

我的家乡在恩平。恩平有做服装产业的传统。从我小时候记事起就有很多大大小小的纺织厂，这个传统是老一辈留下来的宝贵遗产。我从17岁起做这个行业，也曾在外面闯荡过多年。2009年还是回到了家乡，我要扎根产业链的第一线，为广东纺织服装行业不遗余力，贡献终生。

余艺峰

广东省服装服饰行业协会童装专业委员会副会长
恩平市顺泓服装制造有限公司总经理

我从事服装行业已经有三十多年。在过去的一两年里，是我人生中最窘迫的时刻，就像一个老司机遇到了新问题。旧的订单模式被打破，我被迫做快反已经有两年多。从2019年直到今天我已经不再是被迫做快反，这是我重新进入这个行业的新面孔。老兵有新志，吾辈当自强。

吴兴辉

广东省服装服饰行业协会童装专业委员会
副会长
佛山爱婴悦制衣有限公司总经理

专家寄语

（以姓氏笔画为序）

鲜衣怒马少年时，不负韶华行且知。广东省服装产业正当年轻，在中国改革大潮起飞，在波涛汹涌中领航。祝愿广东服装在世界大变局与中国大发展之间的历史性交汇中奋勇前行，成为世界信息化、数字化服装产业革命发展领头羊。

王家馨

广东职业技术学院服装学院院长

- -

"当智慧遇到时尚，博士变形记"是大湾区时尚产业与博士人才融合的创新，探索人才链、产业链、政策链、平台链、服务链的"五链"融合，助力大湾区纺织服装产业的发展。

文丹枫

广东省服装服饰行业协会首席数据官
广东全域产业创新研究院院长

人尽其才，物尽其用。以国为傲，大隐于潮。

卞　静

中山大学　副教授
中山大学区块链与智能金融研究中心副主任

企业生存的外部环境快速从实体经济时代进入了数字经济与实体经济共存的时代。因此，传统产业需要进行数字化升维转型，充分运用数字化新技术，构建新的数字化生产关系，以适应新的数字化生产力的发展要求。

石柏军

华南理工大学　副教授

拥抱数字经济，重构新优势，凝聚品牌价值，激发文创新活力，实现服装产业数字化迭代变革，诞生世界级中国服装品牌群体，还看广东！

刘丁蓉

中南财经大学　经济学博士
广东财经大学公共管理　副教授

江少容

广州市白云工商技师学院服装系主任

创新设计，源于生活！《广东服装年鉴2022》根植于岭南服饰文化的沃土，是融学术性、知识性、鉴赏性、资料性为一体的重要著作，是汇集广东服装设计领域重大成果的结晶。其体例合规、框架科学、资料翔实、内容全面、记述准确，成为赓续、发扬中国现代服饰文化的重要载体。

汤 胤

暨南大学管理学院　教授
暨南大学创业学院互联网创新研究中心主任
暨南大学经济管理实验教学（国家级）示范
中心副主任

我国数字经济不断向纵深发展，深刻地改变着传统行业，服装及时尚行业同样面临着这样的危险和机会，这样的阵痛和激动人心。小到在设计中引入用户创造，大到商业模式变革，远到终端用户的营销，近到依订单柔性生产的深刻改造，高到人工智能指挥生产和业务投资，低到物联网对设备的感知，数字经济相关技术及理论无处不在，我们很幸运处在这样变革的拐点，如何把握住这样的机会，实现企业跨越式发展，是每个企业家不断追问的话题。

许 巍

广东金融学院会计学院　教授

服装产业数字化，需求端借助大数据技术提质，彰显亿万消费者个性品位；供给端依靠人工智能增效，实现服装产业链全要素优化配置。未来的数字化服装产业，每一位爱美人士都可能成为时尚的引领者，每一个服饰创意都将赢得为之倾倒的粉丝群，需求与供给的距离无限缩小，世界将会更加五彩斑斓。

本年鉴记述了广东服装服饰行业2021年度资料性文献。不仅体现了党的重要思想和科学发展观的指导，且观点正确、框架科学、资料翔实、记述准确、编写规范、编辑出版符合国家标准，更体现了广东服装人在后疫情时期奋发向上的精神风范。

孙恩乐

广东省科技厅现代服装工程技术
中心主任　教授

数字化设计助推个性化服装定制成为新时尚。

李征坤

广东省时尚服饰产业经济研究院联席院长
广东财经大学　副教授

在当前产业数字化转型的道路上，凯乐石作为国内极少的户外品牌，具有极强的自主研发能力，对标国际标准，已经走在了户外服装及装备的最前方，相信凯乐石能在孤独的道路上坚持走下去。

李　朋

广东技术师范大学自动化学院　讲师
李朋身着凯乐石登顶珠峰的科技产品
登上广东时装周

在服装产业数字化的高速路上，从生产技术到生产关系，从企业价值链到产业价值链，从产品到服务……一切都在被重塑，但归根结底是对人的重塑。

李 曼

广东财经大学　教授
广东省商业经济学会秘书长

展望当下百年未有之大变局，乃是服装行业新发展百年未有之大机遇。在疫情之下，我国服装行业积极变革，调整适应数字化应用，网红营销、共享经济、网络直播等新方式驱动着市场变革和消费升级。只要我们在这个数字信息时代持续变革创新，顺势而为，就一定会迎来服装产业更加美好的明天。

李 填

服装设计高级工艺美术师
岭南最具价值设计师

我们正处于从传统经济形态向数字经济形态转型的阶段，对服装行业在技术创新和商业模式上的转型提出了新的要求。通过平台提供窗口增加品牌曝光渠道，多维赋能时尚产业、培育时尚消费新业态，为企业提升品牌的市场影响助力。

李晓英

广东工业大学艺术与设计学院服装系　讲师

4718米，是我近两年来到达的最高点，经历了各种高反和不适，但最终拥有了蓝天白云、牛羊草甸。愿我们纺织服装人在常态化疫情防控背景下，危机中遇新机、突破行业瓶颈，我们必将三年铸剑，势如破竹。

吴秋英

五邑大学艺术设计学院副院长

环境因素千变万化亦是永远存在，我们要有求变及保持良好的心态面对，方能跳出困境。把变革化为机遇和动力，转向高质量发展，这是我们这一代服装人的时代使命。我作为服装行业教育工作者，也将为培养出新一代人才而努力。

张丹丹

广东文艺职业学院党委常委、副院长

数字供应链和品牌化发展成就服装产业的新辉煌。

陈海权

暨南大学　教授、博士生导师
日本中央大学博士
广东亚太电子商务研究院院长

作为服装设计教育的从业者，我见证了广东省服装服饰行业三十年的改革发展历程和经济发展趋势，《广东服装年鉴2022》为中国服装服饰行业的设计人才培养和学术研究提供了权威的史证资料，具有极高的指导价值，祝愿《广东服装年鉴2022》与时俱进，越办越好！

陈嘉健

广州美术学院工业设计学院　教授
服装与服饰设计专业副主任
时尚与品牌创新教研中心副主任

纺织服装，国之重业；衣食住行，衣者先行。

范福军

华南农业大学艺术学院　教授

随着时代的进步，机器人作业、自动化技术等数字化的生产模式将颠覆传统生产模式，促进服装产业的升级发展。

罗　红

中山大学社会学与人类学学院　法学博士
广州体育学院　副教授、硕士研究生导师

2021年面对全球疫情的反复变化，广东服装产业在两大协会的大力推动下，开启了非遗新造、元宇宙、数字化等诸多项目，使服装产业在逆境中稳步前行、不断超越。《广东服装年鉴2022》记录行业发展历史，打造了一批具有全球影响力的知名品牌和产业集群。

金　憓

华南农业大学艺术学院院长

广东服装产业历经半个世纪的发展，已成为全国乃至全世界最大的服装流通基地。《广东服装年鉴2022》以史为镜，传承历史文脉，引领产业升级，我们愿意与各位产业精英一起，以史明志，继续砥砺前行，为广东服装产业的高质量发展共同赋能。

周世康

香港服装学院院长

智慧与品牌结合，定义服装产业新未来。

周永章

中山大学　教授、博士生导师
中山大学地球环境与地球资源研究中心主任

根植岭南，服务湾区，辐射全国，以设计创新驱动服装服饰行业的高质量发展。忆往事，看未来，现在即是新的起点，寄望协会及同仁众志成城，秉承创新活力，在挑战中发现机遇，探索粤港澳湾区时尚产业新的征程。

胡小平

华南理工大学设计学院　教授

过去一年，在疫情常态化管理下，广东省服装服饰行业协会以顽强坚韧的态度守护着广东服装服饰行业，以卓越的创新精神不断创造广东时尚产业的新高度。此次出版的《广东服装年鉴2022》正是在新时代大潮中尽显其耕耘者和创造者本色的代表性成绩，也祝愿广东服装共同体，一起携手走向新未来。

贺景卫

广州大学美术与设计学院院长

数字化的发展是给服装这种传统型产业插上翅膀，特别是在现在新的阶段，就对个性化需求来讲，数字化能够使这种传统的产业更加迅速地转型和走向高端化、个性化的服务。

梅林海

暨南大学　教授、博士生导师
日本经济研究中心主任

用时尚装扮智慧，用智慧点亮时尚，博士
与美亦可兼得。

眭文娟

广东外语外贸大学　博士
广州国际商贸中心研究基地专职研究员

服装企业数字化转型的关键在于实现全流
程数字化，尤其是实现客户数据与设计、生产
数据的自动转化。服装企业的价值链比较长，
业务模式也是多种多样，因此，企业应该根据
自身的情况，做好数字化转型的顶层设计，有
针对性地设计相适应的数字主线，分步骤实现
数字化改造。

矫　萍

广东财经大学大湾区双循环发展研究院
教授、硕士生导师

面对产业技术及消费需求快速变化的外部
环境，服装企业需要加强自身的组织学习能力，
提升运营和管理的精细化水平。

彭　凯

广东工业大学通识教育中心　管理学博士
英国兰开斯特大学管理学院访问学者

谢耀荣

广州市秀丽服装职业培训学院院长

广东省服装行业进一步优化产业布局、调整产业结构，加大培养自主创新，早日实现"广东服装品牌国际化"。不断健全符合时代需求的人才体系和复合型时尚产业载体，夯实广东服装行业在全国服装行业的领先地位。

蔡 蕾

广东技术师范大学美术学院
教授、硕士生导师

数智化已经、还将更进一步地深刻影响、重塑服装产业的设计、生产、管理和消费模式以及审美价值取向。愿已取得丰硕成果的广东服装行业，继续引领数字化、网络化、智能化，再创辉煌。

熊晓燕

广东轻工职业技术学院艺术设计学院
副教授、高级服装设计师

"岁月无痕，流光难驻"。《广东服装年鉴2022》的诞生，让无痕的岁月缀满珍珠，让难驻的流光激情滚滚。期待本年鉴以它特殊的信息价值和存史意义，成为读者信任的优秀书刊，积极推进服装行业发展。期待协会再接再厉、继往开来、再创辉煌。

"广东时尚发布"图片专辑

领导关怀

图1　中国纺织工业联合会会长孙瑞哲在2021广东时装周—春季上致辞

图2　中国纺织工业联合会秘书长夏令敏（右）为广州市海珠区"中国纺织时尚名城"授牌

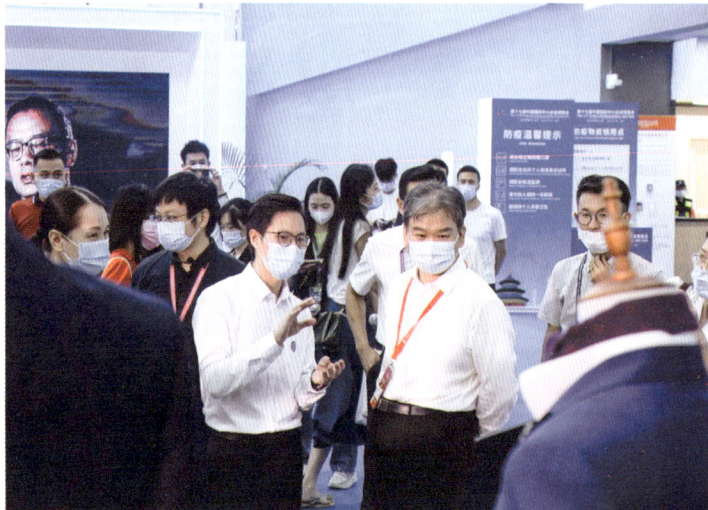

图3　工业和信息化部中小企业局局长梁志峰（右）参观第十届"省长杯"工业设计大赛纺织服装专项赛成果展

图4 广东省教育基金会理事长、广东省原副省长、省人大原副主任雷于蓝（中）出席2021湾区（广东）时尚文化周—秋季开幕式

图5 广东省商务厅一级巡视员殷焕明在"粤贸全国·云逛时装周"启动仪式上致辞

图6 广东省文化和旅游厅二级巡视员周显华为广东省非物质文化遗产工作站（服装服饰工作站）授牌

图7　广东省文化和旅游厅非物质文化遗产处武晨处长（右一）为第三届广东纺织服装非遗推广大使颁证

图8　时任广东省工业和信息化厅消费品工业处处长万淑萍（现任数字产业处处长）在2021广东服装大会上宣讲《广东省发展现代轻工纺织战略性支柱产业集群行动计划（2021—2025年）》

图9　广东省商务厅贸易管理处处长任君在2021新塘服装对外交流对接会上发言

1月

图10　2021年1月1日，刘洋亮相第六届中国（深圳）国际时装节

图11　2021年1月14日，第二期"非遗时尚·绣美瑶乡"主题培训活动在乳源成功举办

图12　为感谢2020年疫情期间佛山市全顺来针织有限公司做出的卓越贡献，2021年1月12日，广东省服装服饰行业协会为佛山市全顺来针织有限公司颁发"抗疫战友 行业榜样"牌匾，并向抗疫战士曾翔同志致敬

2月

图13　2021年2月1日上午，纺织服装产业数字化转型伙伴行动倡议签约仪式在广州轻纺交易园（现"广州红棉中大门"）国际时尚发布中心正式举行，暨广东省纺织服装产业数字化协同创新中心11家广东企业共同发布《纺织服装产业数字化转型伙伴行动倡议》

3月

图14 2021年3月17~19日，中国国际服装服饰博览会2021（春季）迎光而来，作为列入"粤贸全国"计划首个举办的服装、服饰全品类展示的时尚盛会，在广东省服装服饰行业协会的组织协调下，来自东莞大朗、佛山均安、中山大涌等产业集群的多家广东本土服装服饰企业、品牌、设计机构参展，集中开展广货展销推广活动，展示广东时尚产业力量和魅力，为广东时尚发声呈现新征程目标之下广东服装产业的全新姿容

图15 广东省服装服饰行业协会、新疆服装设计师协会力挺新疆棉花

图16　2021年3月30日，浪登董事长邓剑鸿（右）当选佛山市纺织服装行业协会会长

4月

图17　4月16日，2021年"粤贸全国"启动仪式在广州白云国际会议中心举行

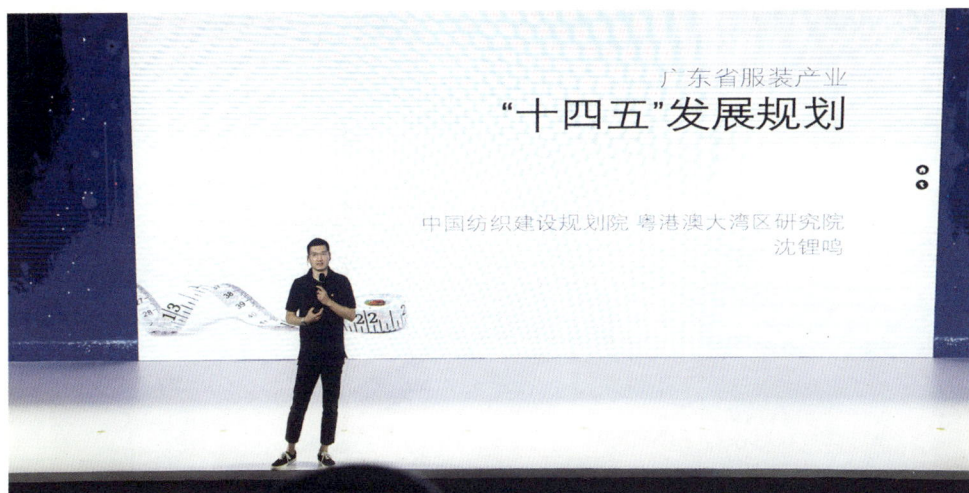

图18　《广东服装产业"十四五"发展规划报告》发布

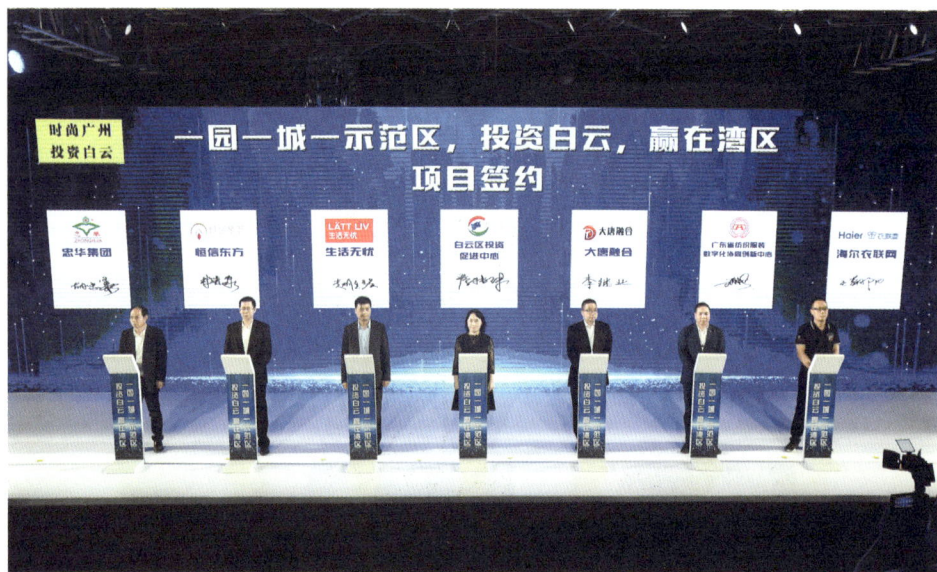

图19　白云新力量　湾区新生态　擘画十四五——2021广州（白云）时尚·设计产业发展战略论坛圆满举办

图20　数字新征程　时尚智未来——忠华广清中大时尚科技城2021广东服装大会成功举办

图21　非遗国风传承：比音勒芬×国潮联名亮相广东时装周大展魅力

图22 2021年4月23日下午，第十届均安（国际）牛仔博览会开幕式暨第五届"均安牛仔杯"全国大学生牛仔设计大赛启动仪式于广州白云国际会议中心隆重举行

图23 2021广东时装周一春季，林芝采风成果发布会

图24 2021年白马×中港响应"粤贸全国"，打造产业生态闭环，精准助力品牌拓展

图25　广东纺织服装人缅
怀袁公

图26　第30届中国真维斯
杯休闲装设计大赛总决赛

图27　2021中国（广东）
大学生时装周圆满落幕

图28　计文波国际时尚设计学院在广东白云学院诞生

6月

图29　计文波获意大利米兰最高奖 "金顶奖"，登顶全球首位双 "金顶"

图30　广东光荣在党50年，七一建党节前夕，为首任广东省服装服饰行业协会党支部书记、老党员于保穗（左二）颁发纪念章

7月

图31 2021年7月4日，商务部新认定105家国家外贸转型升级基地正式公布：这次全国新增外贸转型升级基地105个，其中广东省有6个，广东省普宁市国家外贸转型升级基地（内衣）是全省新增的唯一一个纺织服装基地

图32 首届"黑白杯"金奖《城·迹》（设计师：吴钰茵）

图33 2021年7月31日,广清中大时尚科技城举行了"鲲鹏"裸眼3D开屏仪式活动,中国时尚产业园首个3D裸眼屏正式亮相Ⅰ

图34 2021年7月31日,广清中大时尚科技城举行了"鲲鹏"裸眼3D开屏仪式活动,中国时尚产业园首个3D裸眼屏正式亮相Ⅱ

8月

图35 2021年8月26日，第22届"虎门杯"国际青设计（女装）大赛参赛作品初评在虎门会展中心举行

图36 2021年8月30日，广州市工信局召开推进时尚产业集群"链长制"工作会议

9月

图37 2021年9月16~19日，第十届"省长杯"工业设计大赛纺织服装专项赛成果展

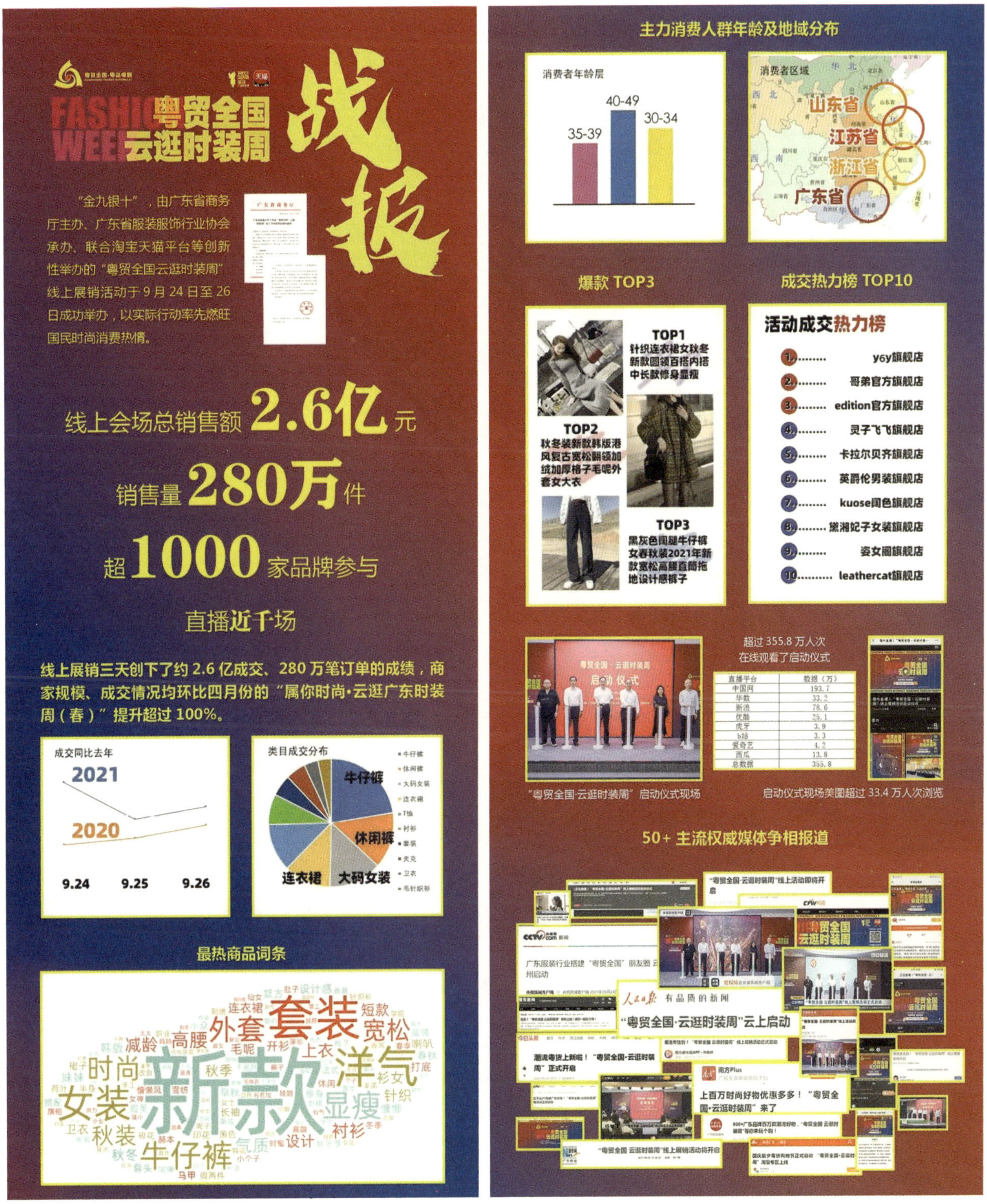

粤贸全国·粤品粤新

FASHION WEEK 粤贸全国 云逛时装周 战报

"金九银十",由广东省商务厅主办、广东省服装服饰行业协会承办、联合淘宝天猫平台等创新性举办的"粤贸全国云逛时装周"线上展销活动于9月24日至26日成功举办,以实际行动率先燃旺国民时尚消费热情。

线上会场总销售额 **2.6亿** 元

销售量 **280万** 件

超 **1000** 家品牌参与

直播近**千**场

线上展销三天创下了约2.6亿成交、280万笔订单的成绩,商家规模、成交情况均环比四月份的"属你时尚·云逛广东时装周(春)"提升超过100%。

成交同比去年
2021
2020
9.24 9.25 9.26

类目成交分布
牛仔裤 休闲裤 大码女装 连衣裙 大码女装
连衣裙 衬衫 夹克 毛针织衫 卫衣

最热商品词条

连衣裙 套装 短款 宽松
减龄 高腰 外套 毛呢 开衫 上衣 洋气
时尚 新款 显瘦 针织 衬衫
女装 秋季 衫女 冬季
卫衣 设计
秋装 牛仔裤 气质
马甲

主力消费人群年龄及地域分布

消费者年龄层
35-39 40-49 30-34

消费者区域
华北
山东省
江苏省
浙江省
广东省

爆款 TOP3

TOP1
针织连衣裙女秋冬新款圆领百搭内搭中长款修身显瘦

TOP2
秋冬装新款韩版港风复古宽松翻领加绒加厚格子毛呢外套女大衣

TOP3
黑灰色阔腿牛仔裤女春秋装2021年新款宽松高腰直筒拖地设计感裤子

成交热力榜 TOP10

活动成交热力榜

1. .... y6y旗舰店
2. .... 哥弟官方旗舰店
3. .... edition官方旗舰店
4. .... 灵子飞飞旗舰店
5. .... 卡拉尔贝齐旗舰店
6. .... 英爵伦男装旗舰店
7. .... kuose阔色旗舰店
8. .... 黛湘妃子女装旗舰店
9. .... 姿女阁旗舰店
10. .... leathercat旗舰店

超过355.8万人次在线观看了启动仪式

直播平台	数据(万)
中国网	193.7
华数	33.2
浙视	78.6
优酷	26.1
虎牙	3.9
b站	3.3
爱奇艺	4.2
西瓜	13.8
总数据	355.8

"粤贸全国·云逛时装周"启动仪式现场

启动仪式现场美图超过33.4万人次浏览

50+ 主流权威媒体争相报道

图38

广州地铁、维多利广场、百信广场、正佳广场、花城汇、红棉国际时装城、广州轻纺交易园、广州国际轻纺城等城央地标同步为活动亮灯打 Call

广东省商务厅

举办"粤贸全国·云逛时装周"线上营销专区活动，主要目的是借助当前消费旺季来临之际，抓紧时机推动我省企业在线上、在云端广结客户、抢抓订单、增加销量、开拓市场，让全国消费者更快更好购买广东产品，获得实实在在的实惠，进一步提高广东企业市场竞争力和广东产品美誉度。

此次"粤贸全国"选择在服装产业举办"云逛时装周"活动，正是对我们服装产业的高度重视，对我们众多优质服装企业的高度肯定。本次活动通过线上线下联动的创新形式，营造出浓厚时尚消费氛围，建立年轻消费者与优质服饰时装好物的多元、直接的联系，让全国消费者可以通过"粤贸全国"感受到广东服装的魅力。

刘岳屏
广东省服装服饰行业协会
执行会长

在这个服装秋上新的时节，"粤贸全国·云逛时装周"项目组织广东的天猫服装商家做好换季的营销活动，能够让广东的优势服装产品，获得更大的销售占比和长期的影响力，实现优质粤货的粤贸全国，并让广东的服装产业有更好的发展。

仟绘
淘宝天猫（广州）商家
运营中心负责人

广东省女装历来在服饰行业上起到举足轻重的作用，是潮流的领头羊。"粤贸全国云逛时装周"为天猫商家提供了更为靓丽的舞台，将助力广东的女装行业近一步繁荣！

羽挥
天猫服饰女装
内衣行业总经理

在新冠疫情反复冲击的形势下，本次"粤贸全国·云逛时装周"将是广东商贸企业发展的新起点，对行业发展有着积极的推动意义。

方建华
汇美集团董事长
茵曼品牌创始人

我们需要像"粤贸全国·云逛时装周"这样的创新活动，将省内服装品牌同聚一堂，在淘宝天猫这样最具流量的线上平台进行集中展示。通过丰富多彩的营销活动为消费者打造时尚购物盛宴，树立"粤货"品质优良、时尚多元、价格合理的正面形象。

李明光
快尚时装（广州）有限公司董事长
UR 品牌创始人

今年的"粤贸全国·云逛时装周"又一次将聚光灯打到了数千本土服装服饰企业之上。这股"粤势力"，将成为广东一张能让所有人穿在身上的名片。

孙羽嘉
南方日报记者

"粤贸全国 云逛时装周"创新打造了"政府引导+行业参与+平台承载"的商务领域促消费活动样本，实现了广东服装线上促销的一次新探索，让全国大众可以更加实惠更加便捷的方式购买到高品质粤货。

梁耐姗
新浪广东政务中心编辑

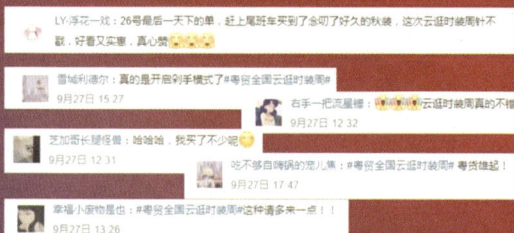

▶▶▶▶▶▶▶ **后续预告** ◀◀◀◀◀◀◀

本次活动还将为"粤贸全国·云逛时装周"期间销售额前十的商家授予 2021 年度"粤品粤靓"风尚品牌大奖，并于 10 月 29 日—11 月 8 日在广州举办的 2021 广东时装周·秋季上颁发。

注：本次线上展销活动销售等相关数据由淘宝天猫官方统计提供

图38　2021年9月24～26日成交达2.6亿元，"粤贸全国·云逛时装周"圆满举办

图39　东方根骨，西方情韵：计文波这样解码传统与时尚

图40　邓兆萍获第25届"金顶奖"（左二：杜钰洲，左一：孙瑞哲）

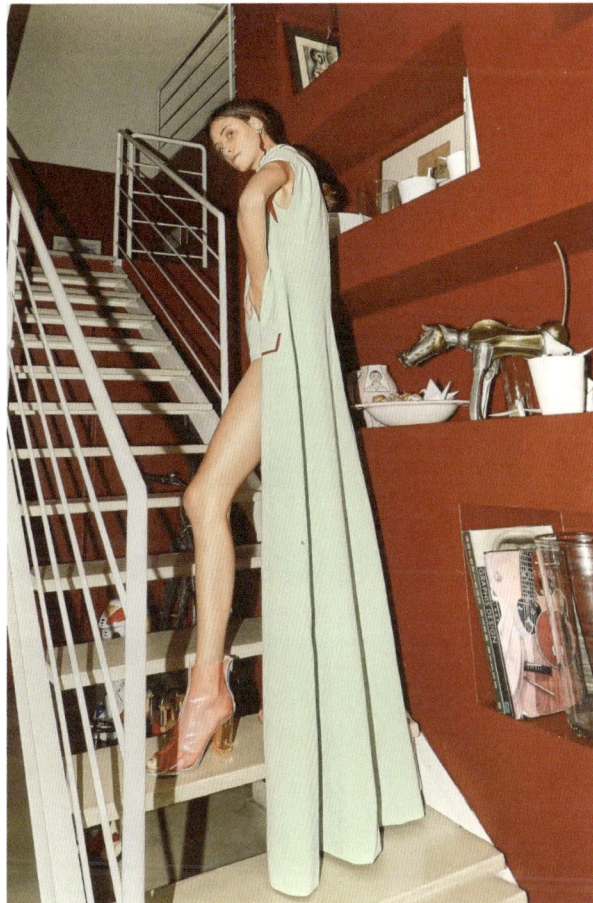

图41　2021年9月27日，赵卉洲"中国女书"疫情后首登米兰时装周

10月

图42　2021年10月12日，广东省服装服饰行业协会组织企业参加纺织服装产业转型升级专题研修班

图43　2021年10月29日，2021广东时装周—秋季以"致敬梦想"为主题于广州流花展贸中心盛大开幕

图44　2021年10月30日，2021湾区（广东）时尚文化周—秋季正式开幕，引领文化自信，促进非遗与服饰融合发展

图45　禾美基金与广东省非物质文化遗产工作站（服装服饰工作站）合作签约仪式，雷于蓝等嘉宾见证

11月

图46 践行"链主"责任，发力广东时装周，助力广州纺织服装产业高质量发展

图47 再现"源·创"魅力——轻纺城"时尚源创平台"专场大秀闪耀广东时装周

图48 "李小燕高级定制"首秀广东时装周

图49　2021广东时装周一秋季全球速卖通Fashion Show

图50　第21届广东十佳服装设计师

图51　广东省商务厅一级巡视员殷焕明、二级巡视员韦丹为粤贸全国云逛时装周TOP10商家颁奖

图52　顶级时尚　创延经典——HUAWEI Mate X2&P50 系列邂逅广东时装周

图53　林进亮携手HUAWEI P50系列带来MENSHEN创意时装发布

图54　设界·广州时尚产业创新服务综合体正式启幕

图55　数字引领　时尚升级——2021新塘服装对外交流对接会成功召开

图56　新塘国家外贸转型升级基地品牌发布大秀举办

图57　2021年11月，"聚合时尚 链动未来——2021中国时尚男装产业发展论坛"于广州轻纺交易园（现"广州红棉中大门"）圆满举行

图58　第八届红
棉国际时装周

图59　2021年11
月19日，广东省
服装设计师协会第
五届第三次会员代
表大会暨第五届第
六次理事会在深圳
大浪时尚小镇召开

图60　2021年11月30日～12月5日，
工布新年响箭旅游文化节期间，应林芝
市旅游发展局的邀请，作为广东省非物
质文化遗产工作站（服装服饰工作站）
的工作之一，在广东省服装服饰行业协
会、广东省服装设计师协会组织下，中
国时装设计最高奖"金顶奖"获得者李
小燕、中国十佳时装设计师屈汀南、广
东十佳服装设计师孙恩乐、广东十佳服
装设计师唐志茹等知名设计师参与了林
芝市旅游发展局举办的2022"冬游多
彩林芝·玩转工布新年"采风踩线及专
题直播活动

12月

图61 2021年12月10日，湾区（广东）时尚文化周携广东十佳服装设计师亮相澳门服装节

图62 2021年12月12日，汕头市纺织服装产业协会成立并举行揭牌仪式，标志着汕头市纺织服装企业正在形成"抱团出击"的新格局，产业发展迈入了一个新时期

图63 2021年12月17日，广东省外贸转型升级基地工作站联盟成立，下设纺织服装专委会，广东省服装服饰行业协会执行会长刘岳屏当选纺织服装专业委员会主任委员，普宁市服装商会会长陈奕生、广州市增城区新塘牛仔服装创新服务中心主任林月华当选纺织服装专业委员会副主任委员

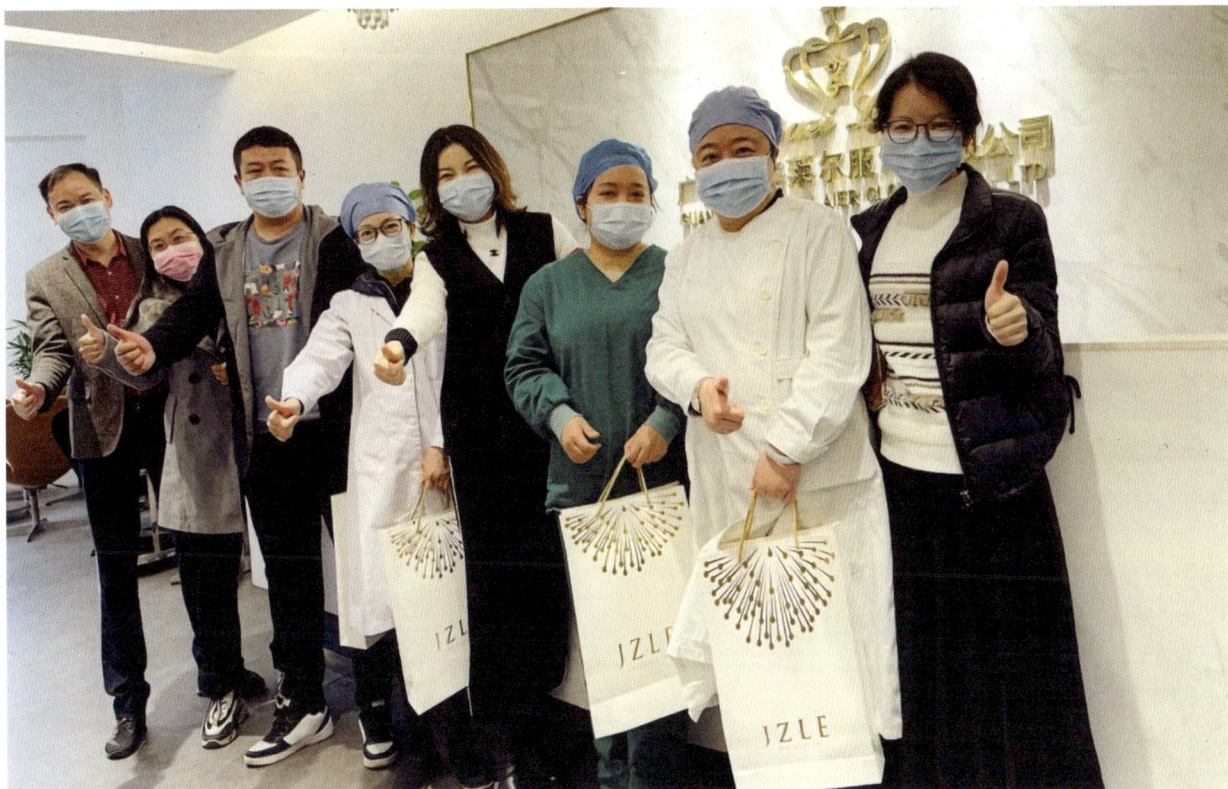

图64　2021年12月中下旬，在广州市工信局的协调安排下，广东省服装服饰行业协会发挥沟通联络协调的作用，为广州珈姿莱尔服饰有限公司等会员单位安排了新冠疫苗上门接种服务，帮助更多广东服装人完成新冠疫苗接种

图65　2021年12月24日，广州市增城区新塘国家外贸转型升级基地（纺织服装）工作站及公共展示中心迁址新塘服装商贸城A3栋五楼并正式揭牌

图66　2021年12月29日晚，广州国际轻纺城时尚源创平台与服装设计大师张肇达的联名大秀

图67　2021年12月30日，广东省服装服饰行业协会第七届第三次会员代表大会

图68　广东省服装服饰行业协会互联网电商直播分会正式授牌仪式

目 录
CONTENTS

第一部分 2021广东服装产业概貌

一、历史沿革

服装业是广东省九大支柱产业之一，在全省工业化过程中发挥了主体产业、先导产业、创汇产业、就业产业和致富产业的作用。2000多年以前，广东就已经是我国对外贸易的口岸，在唐代建成海上丝绸之路——广州通海夷道。1880年，广东创办继昌隆机器缫丝厂，率先进入机器纺织时代。改革开放之初，由于世界尤其是我国香港地区产业结构的调整，大量的服装加工企业转移到祖国大陆，广东利用毗邻港澳的地理优势，依靠"引进、吸收、创新"的发展思路，积极引进先进技术、先进设备和先进经验，服装业保持着较高速度的增长。

改革开放40多年来，广东服装业以粗放型规模扩张发展为主的模式夯实了产业基础，形成了自己的产业特色，奠定了在全国纺织工业和广东经济以及国内外市场的突出地位，成为中国服装第一大省，历年广东服装生产总量、出口总额均居全国首位。目前，广东拥有服装企业10万多家，规模以上4000多家，产品涵盖衬衣、西服、时装、牛仔服、休闲服、羽绒服、婚纱、晚礼服、真丝、针（毛）织服装、内衣、运动服、皮革服装、童装等十几大类，形成了门类较齐全、具有相当规模的工业生产体系。同时，产业集群化发展优势明显，形成了虎门女装、沙溪休闲装、新塘牛仔、潮州婚纱晚礼服、南海内衣、大朗毛织等28个服装特色产业集群，其经济总量占全省纺织工业的80%。

二、产业概况

步入"十四五"规划，服装行业，不仅是重要的民生产业、基础性消费品产业，更是体现技术进步、社会文化发展和时代变迁的创新型产业。2021年广东服装行业稳中有进，实现了"十四五"良好开局。尽管有新冠疫情冲击、原料价格波动、货运价格高涨、部分地区限电限产等因素影响，行业表现出强大的韧性与活力，构建新发展格局迈出新步伐，高质量发展取得新成效。

（一）生产情况

2021年广东服装行业规模以上企业累计完成服装产量39.16亿件，同比增长6.1%；工业销售产值2698.4985亿元，同比增长7.1%；工业增加值651.789亿元，同比增长9.4%。

（二）出口情况

2021年广东服装及衣着附件出口总额313.26亿美元，同比增速29.10%，占全国18.4%，仍居全国首位。

（三）经济效益

2021年广东规上服装服饰企业资产合计1854亿元，同比增长3.9%；负债累计920.02亿元，同比增长5.3%；主营业务收入2647.10亿元，同比增长6%；主营业务成本2186.59亿元，同比增长5.3%；利润总额95.03亿元，同比增长-4.4%；平均用工人数47.05人，同比下降6.5%。

三、设计力量

随着服装产业从劳动密集型、粗放管理向细分、专精、协作化的品牌化建设、知识密集型产业迈进，广东省服装设计师队伍日益壮大并逐渐走向成熟，国内四分之一以上优秀时装设计师聚集广东。截至2021年，广东服装设计师共有48人次被评为"中国十佳时装设计师"，12位获得中国时装设计最高荣誉"金顶奖"，累计共评出21届广东十佳服装设计师210名。服装设计师群体权益得到越来越多的重视和维护。

四、人才教育

据统计，目前全省共开设有服装相关专业的本（专）科院校近40所，服装专业高校在校生约3万人，每年为广东乃至全国的服装企业输送约1万多名专业人才。越来越多的211重点本科院校开设了服装专业，并在原有的服装设计、服装工程专业的基础上增加了服装表演、陈列设计等专业，人才培养结构更加完善，基本能满足服装企业的需求。随着服装行业的发展，人才的需求更细分、更专业，如买手、面料设计师和配饰设计师和色彩搭配设计师、图案设计师等专业人才缺口很大。尤其是私人定制成为当下服装行业的热词，由此带动了从量体、挑款、选料、打板、做样衣，到试穿、客户服务等一条龙的复合型人才的培养，而懂设计、会制板和制作的复合型定制服务类人才目前在市场上很紧缺，这将是下一阶段人才培育的重要方向。

五、发展特点

2021年是"十四五"开局之年，在新的历史起点，服装行业面临着新的历史任务和时代课题。尽管行业面对着不断深化的百年变局和变幻复杂的形势，承受着成本上升、疫情反复、消费复苏波动等困难、压力和挑战，但是整个行业以强大的韧性，持续转变着发展方式，聚焦产业本质，不断加快数字技术和产业的深度融合，转型、调整、创新都在不断深化。从发展形势看，2021年海外订单较充足，海外产能恢复并抢夺中国订单仍需时日，海运瓶颈的情况将继续影响，国内产能增加空间有限，成本上涨、劳动力短缺、能源供应有限、内需增长等因素将对我省服装产业发展产生交叉影响。

（一）产业数字化变革

当前的产业数字化变革是由若干技术群集成驱动、交叉融合、协同演进的产业革命，实时流动的数据形成全要素、全产业链、全价值链协同链接的新型制造和服务体系。产业基础高级化、产业链现代化，就是在产业更新中的能力升维和系统与价值的再造。从封闭的企业链转向开放的价值链，企业的全链路数字化能力已然成为赢得当下和未来发展的核心动能。

（二）企业竞争力重构

对标数字经济对企业管理方式和增长模式的新要求，通过组织的迭代更新与年轻化，提升组织能力、效率与活力，以内在的柔性延展到外部的协同，与上下游构建起具有系统效率的共生关系，实现协同价值是企业在新时代重构竞争力的关键所在。以希音

（SHEIN）为代表的具有国际影响力、具备全产业链辐射带动作用的创新型企业在2021年业绩瞩目。

（三）中华时尚文化激活

面对多元生活方式和文化景观的社会生态，文化、价值、体验成为消费的主要特征，同时随着社会经济的发展，中国消费者的民族精神价值和文化意识持续增强，不断激活中华时尚文化的独特识别。体现东方文化内涵和生活美学，并在融合当代生活方式和世界优秀文化中形成当代中华时尚，成为目前服装企业文化创造的重要课题，也是产业价值创造的重要支撑。

（四）坚守工匠与企业家精神

企业变革持续地迭代行动，品牌需要通过不断的积淀形成独特的价值与文化，形成不可替代的技术与能力。关注质量的增强与适应性的变化，告别机会主义，致力于长期价值的塑造，做耐力型的长跑者，是当下新时代企业创新发展的重要逻辑与路径，企业家精神、工匠精神、专注坚守的产业价值观得到行业更多的关注。

（五）产业软实力与可持续发展

可持续发展已成为全球的共识，成为衡量产业经济活动的重要标尺。社会责任、气候行动、减碳行动、可持续时尚，体现的是企业的社会意识和企业家的人文品格。打造向善和让世界更美好的企业，把责任、信仰赋予在产品和品牌之上，并根植于企业文化、价值观和愿景之中，成就有温度和伟大的企业，必定是新时代产业软实力构建的重要体现。

当前，广东服装业已逐步发展为高新技术应用和时尚创意集聚的现代都市型产业，集中体现着人类文化创意、科技进步和时代变迁，为人类创造美好时尚生活。区别于传统制造业，现代都市型服装产业以高级人力资本、知识产权资本、技术资本和文化资本等软性资本为核心驱动要素，将在我省经济发展、市场开拓、扩内需促消费以及人民生活质量提升、社会文化进步等方面进一步发挥重要作用。

第二部分 2021广东服装行业大事记

一、《纺织服装产业数字化转型伙伴行动倡议》正式发布

事件概述 2021年2月1日，广东省服装服饰行业协会、广东省服装设计师协会、广东省现代移动互联网研究院、蓝色时空企业管理顾问有限公司、德生科技、数字智能创新协同科技发展研究院、恒信东方、中信科大唐融合通信股份有限公司、数智视纪（东莞）高新技术产业孵化研究院、广州万格企业孵化器有限公司、广州潮社创意咨询有限公司11家广东机构共同发布《纺织服装产业数字化转型伙伴行动倡议》。10月29日，广东省服装服饰行业协会正式聘任文丹枫博士为"首席数据官"。

上榜理由 2021年是广东服装产业数字化高速发展的一年，《纺织服装产业数字化转型伙伴行动倡议》发布后得到了行业的积极响应，浪登、元一智造等服装企业开展了5G工厂、智能制造的建设，恒信东方等机构开启了"元宇宙""虚拟服装"的探索，而首席数据官的设立更是建立激发经济数字化创新活力的新机制。

二、"粤贸全国"在2021广东时装周—春季主会场正式启动

事件概述 2021年是"粤贸全国"工作的第一年，4月16日，由广东省商务厅主办、广东省服装服饰行业协会承办的2021年"粤贸全国"启动活动在2021广东时装周—春季主会场举行；9月24日至26日，广东省商务厅主办的"粤贸全国·云逛时装周"线上展销活动举办，参与活动的一千多个广东商家创下约2.6亿元的成交额、约280万笔订单的成绩。

上榜理由 在构建国内国外双循环发展新格局的背景下，"粤贸全国"工作是广东推进贸易高质量发展的具体措施，也是广东贸易高质量发展十大工程的一项重要内容。"粤贸全国"在广东时装周启动，并选择在广东服装产业举办首个线上展销活动，充分体现了政府对广东服装产业的高度重视，期待发挥广东服装产业优势，借助广东时装周平台作用，鼓励和支持更多广东企业积极参与"粤贸全国"计划，构建"粤贸全国"朋友圈，利用"粤贸全国"开拓国内市场。

三、跨境快时尚电商SHEIN取代亚马逊成为美国下载量最高的购物APP

事件概述 2021年5月17日，据应用追踪公司App Annie和Sensor Tower数据显示，来自番禺的中国跨境快时尚电商SHEIN是全球54个国家和地区中排名第一的iOS购物应用程序，并在13个国家和地区的Android设备类别中排名第一，取代亚马逊成为美国iOS和Android平台下载量最高的购物APP。

上榜理由 2021年，SHEIN让"跨境电商"成为年度热门词。广东服装行业开展了对"跨境电商"的一系列探索，12月9日，广东省服装服饰行业协会跨境电商服务中心落户广州番禺，通过建设跨境服装产业公共服务平台，实现原料采购、生产制造、终端销售等产业链上下游环节的业务协同，帮助传统制造企业"出海"。

四、广州开展构建"链长制"工作

事件概述 6月7日，广州市委、市政府办公厅联合印发《广州市构建"链长制"推进产业高质量发展的意见》（穗厅字〔2021〕17号），广东省服装服饰行业协会与广州纺织工贸企业集团有限公司共同担任时尚产业集群服装产业链"链主"。

上榜理由 在广东省实施"链长制"全面推进战略性产业集群建设的背景下，广州市率先开展构建"链长制"工作，作为时尚产业集群服装产业链"链主"，广东省服装服饰行业协会与广州纺织工贸企业集团有限公司围绕"链长制"工作部署，协调合作，利用各自的资源和优势，积极落实广州市时尚产业集群高质量发展的行动计划。

五、2021中国（广东）大学生时装周在广州国际轻纺城举办

事件概述 特别时期下举办的2021中国（广东）大学生时装周，共有27所广东本土院校参与，由于疫情原因部分院校取消了现场展演，进行了19场富有激情的毕业展演。超过7000名服装专业优秀应届毕业生发布作品，有20000多名院校师生、服装企业家、服装设计师、时尚达人、媒体记者等专业观众进场观看，同时超过5000万人次通过网络直播同步观看了现场精彩的展演。

上榜理由 受新冠疫情影响，2021中国（广东）大学生时装周部分院校取消了现场展演、延期调整，但仍然坚守"实现梦想的天桥"的主题，为服装新生代的梦想加持，助力服装学子从校园走向行业开启全新发展，为疫情影响下的广东服装行业注入不一样的活力。

六、第十届"省长杯"工业设计大赛纺织服装专项赛成果展在广州举办

事件概述 在第十届广东设计周上，工业和信息化部中小企业局梁志峰局长参观了由广东省服装服饰行业协会、广东省服装设计师协会承办的第十届"省长杯"工业设计大赛纺织服装专项赛成果展，广东省服装服饰行业协会秘书长陈韶通向梁志峰局长介绍了"省长杯"服装专项赛成果。

上榜理由 第十届"省长杯"工业设计大赛纺织服装专项赛以"设计赋能产业·创新改变生活"为主题，紧紧把握"一带一路"、粤港澳大湾区建设和我国全面建成小康社会的历史机遇，围绕我省纺织服装产业高质量发展需求，大力提升纺织服装设计创新能力，满足人民日益对健康美好生活的追求，进一步发挥纺织服装设计创新在培育发展先进制造业集群的引领作用，为建设纺织服装强省提供坚强支撑。

七、"广东省非物质文化遗产工作站（服装服饰工作站）"落户广东省服装服饰行业协会

事件概述 10月28日，广东省文化和旅游厅印发《关于公布2021年省级非物质文化遗产工作站名单的通知》（粤文旅非遗〔2021〕64号），确定了11家省

级非物质文化遗产工作站，其中"广东省非物质文化遗产工作站（服装服饰工作站）"落户广东省服装服饰行业协会。10月30日，2021湾区（广东）时尚文化周开幕式上，广东省非物质文化遗产工作站（服装服饰工作站）推出第三届广东纺织服装非遗推广大使：唐志茹、候晓琳、王晨、谭任璋、何建华、陈贤昌。

上榜理由 近年来，广东省服装服饰行业协会在非物质文化遗产保护传承方面开展了大量工作，得到了政府和社会各界的高度认可。作为阶段性的成果，广东省非物质文化遗产工作站（服装服饰工作站）的设立标志着非遗与服装产业的融合发展进入全新时期，第三届广东纺织服装非遗推广大使的推出将推动更多广东服装企业和设计师加入非遗双创发展的队伍中。

八、2021广东时装周—秋季在广州举办

事件概述 11天时间里，30余场时尚活动，200家时尚企业，300名设计师，发布了超1万件服装新品，数万名专业观众云集，多家直播平台全程全球同步直播，80多家媒体同步报道，4K摄影全程录制，呈现了一个精彩的广东时尚盛宴。

上榜理由 在疫情防控的背景下，得益于各级政府部门的关心和全行业的努力以及各界朋友的支持，2021广东时装周—秋季成为2021年下半年全国唯一一个顺利举办的线下行业活动，且创下了11天的历史最长举办时长，创造了一个属于广东服装人的奇迹。

九、2021湾区（广东）时尚文化周—秋季在广州举办

事件概述 2021湾区（广东）时尚文化周—秋季以"时尚湾区·非遗新造"为主题，带来了20场非遗时尚活动，超过150家时尚企业、非遗传承单位、文化机构参与，250名设计师、非遗传承人进行发布。

上榜理由 2021年，广东省服装服饰行业协会、广东省服装设计师协会在广东时装周的基础上，创办了湾区（广东）时尚文化周，专注于非遗展览展示，引领文化自信，探索非遗与活化利用新路径，推动大湾区时尚文化产业融合发展，致力于打造具有全国影响力、专注非遗展览展示的品牌活动。

十、2021年广东服装人取得了多个重要荣誉

事件概述 1月7日，广东省服装服饰行业协会会长、广州红棉国际时装城总经理卜晓强在韩国驻广州总领事馆，获韩国外交部部长康京和授予韩国政府外交部长官（部长）奖"推动韩中两国外交关系发展贡献奖"，成为首位荣获此项韩国国家级荣誉的外籍人士。6月21日，一场跨越万里的"云"颁奖在广州IFC国际金融中心JIWENBO PRIVE品牌中心举行。在意大利米兰和中国广州两地代表的共同见证下，中国设计师计文波获颁意大利最有影响力的奖项之一——Le Grandi Guglie della Grande Milano（意大利金顶奖），成为继卜晓强之后获得意大利金顶奖的第二位广东服装人，同时也是全球首位获得中国和意大利"双金顶"的时装设计师。9月13日，中国最佳女装设计师、中国十佳服装设计师邓兆萍获得第25届中国服装设计"金顶奖"，成为继张肇达、刘洋、房莹、计文波、罗峥、梁子、李小燕、卡宾、王玉涛、刘勇、赵卉洲之后获得金顶奖的第12位广东服装设计师。11月8日，第21届广东十佳服装设计师揭晓，由邓晓明、侯晓琳、李冠忠、张杰、吴晓蕾、胡浩然、刘祝余、谭靖榆、池坊婷、彭佩宜、帅桂英获得。

上榜理由 2021年，在疫情常态化及国际贸易环境多变的背景下，广东服装人表现出了顽强的韧性和卓越的创新精神，交出了一张漂亮的成绩单，让世界看到了广东服装人创新谋变的新姿态。

十一、第八届红棉国际时装周×云尚周在红棉国际时装城举办

事件概述 第八届红棉国际时装周×云尚周以"未来向尚力"为主题，通过秀场发布、新品订货会、多维媒体矩阵等形式，打造一个时尚全品类数字时装周。

上榜理由 2021年，红棉国际时装城继续发挥专业市场的聚集效应，联动广州轻纺交易园等产业链上下游战略伙伴，推出了第七届、第八届红棉国际时装周×云尚周，以云上秀场、线上直播、全媒体推广等数字化形式，发挥平台作用助力本土时尚品牌升级转型，刺激商贸需求，推动广州时尚之都建设和服装产业高质量发展。

十二、广东服装企业、广东服装人荣获全国纺织劳模先进表彰

事件概述 11月25日，人力资源社会保障部、中国纺织工业联合会联合下发《关于表彰全国纺织工业先进集体、劳动模范和先进工作者的决定》（人社部发〔2021〕93号），广东省服装服饰行业协会、广东省纺织品进出口股份有限公司、东莞市虎门服装服饰行业协会秘书处、比音勒芬服饰股份有限公司等11个广东单位荣获"全国纺织工业先进集体"称号，杨志雄、梁俊涛等32名广东服装人荣获"全国纺织工业劳动模范"称号，曹宇昕、欧钜伦荣获"全国纺织工业先进工作者"称号。

上榜理由 弘扬劳模精神，全国纺织劳模评选五年开展一次，是政治性、政策性、行业性很强的一项系统工程，也是行业的至高荣誉。

十三、广东省外贸转型升级基地工作站联盟正式成立

事件概述 12月16日，广东省外贸转型升级基地工作站联盟成立大会在珠海召开，在广东省商务厅的指导下，广东省外贸转型升级基地工作站联盟正式成立，广东省服装服饰行业协会当选首届理事单位，并承担起纺织服装专业委员会主任单位的重任，将协同广州市增城区新塘国家外贸转型升级基地（纺织服装）、深圳市龙华区大浪国家外贸转型升级基地（服装）、东莞市大朗国家外贸转型升级基地（服装）、揭阳市普宁国家外贸转型升级基地（内衣）、惠州市惠东县国家外贸转型升级基地（鞋类）工作站、佛山市南海西樵纺织基地、中山市沙溪镇休闲服装基地、潮州市婚纱晚礼服基地8个基地的工作站，共同促进广东服装贸易高质量发展。

上榜理由 广东作为外贸大省，多年来进出口一直稳居全国首位。经过多年的努力和发展，广东外贸转型升级基地总体实力稳步增强，已成为促进外贸高质量发展的重要平台。广东省外贸转型升级基地工作站联盟的成立将助推广东由"贸易大省"向"贸易强省"加速迈进。作为纺织服装专业委员会主任单位，广东省服装服饰行业协会将继续发挥广东服装外贸转型升级服务平台作用，扩大广东服装外贸产品的知名

度和影响力，促进服装外贸转型升级基地转型升级。

十四、"中国纺织时尚名城"广东省广州市海珠区入选产业集群共建试点

事件概述 12月24日，中国纺织工业联合会发布《关于命名新一批纺织产业集群共建试点的情况通报》，广东省广州市海珠区被命名"中国纺织时尚名城"，并纳入产业集群共建试点。

上榜理由 作为中国第一服装大省，广东拥有28个产业集群，海珠区的入选将进一步发挥广东服装产业优势，推动广东服装产业的升级发展。

十五、《广东服装产业"十四五"发展报告》正式印发

事件概述 12月30日，由广东省服装服饰行业协会主持，广东国际时尚艺术研究院、中国纺织建设规划院粤港澳大湾区研究院、广东省时尚服饰产业经济研究院联合编撰了《广东服装产业"十四五"发展报告》正式印发。

上榜理由 报告总结"十三五"广东服装行业发展情况，研究"十四五"将面临的机遇和挑战，提出高质量发展的新定位和路径，《广东服装产业"十四五"发展报告》从立项到印发，历时一年。期间，经过实地调研、研究分析、专家论证、概念发布、征求意见等程序，通过"独立第三方"的视角，对产业发展起到积极的参考作用。

第三部分　年度关注

时尚湾区 · 非遗新造

非物质文化遗产是中华优秀传统文化的重要组成部分，是中华文明绵延传承的生动见证，是联结民族情感、维系国家统一的重要基础。保护好、传承好、利用好非物质文化遗产，对于延续历史文脉、坚定文化自信、推动文明交流互鉴、建设社会主义文化强国具有重要意义。党和政府高度重视非物质文化遗产保护工作，特别是党的十八大以来，在以习近平同志为核心的党中央坚强领导下，我国非物质文化遗产保护工作取得显著成绩。

非遗为时尚加分，时尚助非遗落地。近年来，在广东省服装服饰行业协会的带动下，广东服装企业、设计师积极开展非遗在时尚领域的创造性转化、创新性发展，贯彻"保护为主、抢救第一、合理利用、传承发展"的工作方针，推进"时尚湾区 · 非遗新造"，为全面建设社会主义现代化国家提供精神力量。

一、政策导向

广东省文化和旅游厅《关于印发〈广东省"十四五"时期非物质文化遗产传承发展实施方案〉的通知》（粤文旅发〔2020〕6号）提出，"十四五"期间重点任务包括夯实非遗保护工作基础、推进非遗代表性项目保护、大力扶持非遗代表性传承人、做好非遗传播交流。

中共中央办公厅、国务院办公厅印发《关于进一步加强非物质文化遗产保护工作的意见》提出，到2025年，非物质文化遗产代表性项目得到有效保护，工作制度科学规范、运行有效，人民群众对非物质文化遗产的参与感、获得感、认同感显著增强，非物质文化遗产服务当代、造福人民的作用进一步发挥。到2035年，非物质文化遗产得到全面有效保护，传承活力明显增强，工作制度更加完善，传承体系更加健全，保护理念进一步深入人心，国际影响力显著提升，在推动经济社会可持续发展和服务国家重大战略中的作用更加彰显。

二、协会工作

近年来，广东省服装服饰行业协会积极响应国家加强中国优秀传统文化创造性转化、创新性发展的号召，按照《关于实施中国优秀传统文化传承发工程的意见》《中国传统工艺振兴计划》《广东省传统工艺振兴计划》等文件要求，以"时尚湾区 · 非遗新造"为主题开展了多项工作，凝聚了一批热心非遗的服装企业和设计师，取得了多方面的工作成效，得到政府、企业、设计师的广泛认可。

（一）积极为传承地和传承人提供设计对接服务

与韶关乳源、清远连南、东莞、广州南沙等非遗传承地建立了紧密合作，组织当地非遗传承人及绣娘与服装企业、设计师合作开展创新产品设计开发，包括国家级非遗瑶族刺绣传承人邓菊花、国家级非遗香云纱染整技艺代表性传承人梁珠、国家级广绣传承人陈少芳、市级小榄刺绣传承人陈逸芸、县级瑶族刺绣传承人赵咏兰等，举办"乳源瑶族自治县瑶族服饰设计大赛""连南瑶族自治县瑶族文化采风汇报会""广东服装设计师西藏林芝采风"等活动，推动非遗项目在纺织服装产品上的时尚化创新研发应用和价值开发。

（二）举办湾区（广东）时尚文化周，为非遗推广搭建有力平台

多次举办非遗服装发布会、非遗服饰设计大赛、非遗采风汇报会等活动。2021年4月在"广东时装周"的基础上，新辟创办"湾区（广东）时尚文化周"，以更灵活多元的方式，与非遗传承地、传承人和服装企业、设计师等进行互动，推动文化引领与文化赋能。

（三）推出了三届广东纺织服装非遗推广大使

包括金憓（香云纱）、屈汀南（广绣）、蔡中涵（潮绣）、孙恩乐（抽纱）、蔡蕾（瑶绣）等中国知名服装设计师及院校教授，推动非遗技艺活态传承，讲好广东故事，广泛推广中华传统文化。

（四）促进非遗人才培养，举办了多期民族刺绣人才培训班

通过培训，使学员及时了解时尚行业的前沿动态，学习广绣、潮绣、瑶绣等非遗技艺特色绣种的针法、技法、表现手法等，掌握传统刺绣与时尚用品相结合的设计原理，提升在刺绣技艺的应用能力、审美能力、策划能力和设计能力，注重实地教学，创新培训方式，引导学员将非遗技艺应用到旅游产品、服装服饰、鞋帽箱包等产品设计开发上，助力本土民族刺绣元素融入产品的市场化发展。

（五）整合产业链衍生合作资源，推进非遗服装创新成果的应用转化

协会与唯品会、梧桐玙、生活在左等电商平台合作，开展了"广东非遗时尚之美发现计划"，致力于联合时尚品牌唤醒非遗千年之美，设立广东非遗服装专窗，帮助非遗技艺变成时尚产品并开辟销售渠道，推动"设计扶贫"和美丽乡村振兴，让非遗时尚焕发新生，从多领域多层面推动非遗现代生活化、时尚商品化和发展可持续化。

（六）被认定"广东省非物质非遗工作站（服装服饰工作站）"承担单位

2021年，经多轮调研评审，广东省服装服饰行业协会被广东省文化和旅游厅认定为广东省非物质非遗工作站（服装服饰工作站）承担单位。工作站致力于推动非遗保护工作多方合作、跨界融合，吸引社会力量广泛参与，开展非遗新造物、非遗传播推广、非遗活化利用、非遗品牌塑造、非遗研学提升等多方面工作，探索非遗发展的新模式和新路径，进行非遗时尚化、生活化、价值化和数字化的多项实践，助力非遗传承、推动非遗双创性发展，链接全国各地非遗资源，为有公益心、有兴趣的非遗品牌提供公益性展示平台，持续、全力推进非遗传承创新工作。

（七）铺建全省服装非遗共建服务网络

工作站立足全省、湾区、全国层面，以建全国一流的纺织服装非遗工作站为目标，明确公益保护作为首要任务，将建立非遗人才库、非遗工坊，开展非遗扶贫，注重非遗创新，促进产学研对接，建立了共建共享机制，推动非遗传播，加强非遗交流，开展湾区合作，为筹建省级非遗工作站打下了坚实的工作基础。同时，协会已与乳源瑶族自治县文化馆、佛山市顺德区富德工艺品有限公司、中山市小榄镇商会3家非遗保护单位，华南农业大学艺术学院、广东工业大学等5家服装院校，广东名瑞（集团）股份有限公司等6家服装企业，以及非遗传承人梁珠签署了共建协议，同时协会发出的"时尚湾区·非遗新造"双创共建倡议得到了23家相关非遗保护单位、院校、企业的积极响应和参与。

三、湾区时尚文化周

湾区（广东）时尚文化周由广东省服装服饰行业协会于2021年创办，经省湾区办备案，由省文化和旅游厅作为指导单位，被列入广东省"十件民生实事"之非物质文化遗产宣传展示活动。文化周以"时尚湾区·非遗新造"为宗旨，为湾区时尚、文化创意、非遗创新、乡村振兴、跨界合作搭建展示交流平台，展现非遗创造性转化、创新性发展的成果，推动湾区时尚文化产业融合发展，致力于成为具有全国影响力、专注非遗展览展示的品牌活动。

2021湾区（广东）时尚文化周—春季于4月16~23日在广州白云国际会议中心成功举办。首届文化周以弘扬优秀传统文化、推动非遗活化传承为宗旨，整合湾区时尚产业力量，共同打造引领文化自信、推动非遗时尚、提升文化软实力的有力平台，历时8天，共举办30多场时尚文化活动，时尚、科技、文创、非遗等元素得到充分彰显，得到了全省服装产业集群、专业市场、服装企业、设计师以及相关机构的踊跃参与和高度认可。香港Fashion Farm Foundation、香港创意触动基金、澳门生产力暨科技转移中心等港澳机构作为支持单位积极参与了相关活动。

2021湾区（广东）时尚文化周—秋季秉持"时尚湾区·非遗新造"的核心理念，积极响应国家"推动非遗创造性转化和创新性发展"号召，于10月30日～11月8日在广州流花展贸中心成功举办。100多家时尚企业、非遗传承单位、文化机构参与，200多名设计师、非遗传承人等进行发布，举办了非遗服装发布、趋势发布、模特大赛等20余场非遗时尚文化活动，展示非遗创新成果、促进非遗跨界合作，多层面参与、多形式展现，为湾区时尚文化、创意、非遗、跨界合作搭建了集中展示平台，充分展现了湾区优秀传统文化，有力推动了非遗传承创新与湾区时尚文化产业蓬勃发展。

四、非遗案例

在广东省文化和旅游厅指导下，"时尚岭南·非遗新造"2022年广东非遗服装服饰展示交流活动于2022年4月正式启动。活动旨在以粤港澳大湾区"人文湾区"建设为契机，积极探索广东非遗项目深度参与服装服饰产业融合发展的可能性，展示广东非遗在服装服饰产业双创发展的丰硕成果，由广东省非物质文化遗产工作站（服装服饰工作站）主办，由广东省服装服饰行业协会、广东省服装设计师协会具体承办。

在广东省文化和旅游厅《关于组织推荐服装服饰相关非遗案例的通知》（粤文旅非遗〔2022〕31号）发动下，各地市文旅部门和服装企业、设计师对本次活动给予了热切关注，报名踊跃。最终评选出20组作品入围"2022年度广东省非遗服装服饰优秀案例"，涵盖了瑶族刺绣、粤绣（广绣）、粤绣（潮绣）、中式服装制作技艺（钉金绣裙褂）、粤绣（珠绣）、香云纱染整技艺、抽纱、墩头蓝纺织技艺以及麒麟舞等十几类广东非遗项目，突出非遗在服装服饰产品上的创新设计，体现"见人见物见生活"的保护理念。下述案例均产生于2021年，为此收录到本年鉴中。

（一）2022年广东非遗服装服饰优秀案例（产品案例）

图3-1

案例名称

知否·岭南

非遗项目

香云纱染整技艺

作者介绍

邓兆萍，中国时装设计最高奖"金顶奖"获得者、中国纺织非遗推广大使、广东省服装设计师协会常务副会长、广东普丽衣曼实业有限责任公司执行董事长兼设计总监、邓兆萍时尚设计创新机构营运总监。邓兆萍多年来致力于通过时装作品展现当代中国时尚文化生态新貌，代表作品："盛世中华""根""广府荟""西来初地""无界""知否·岭南""拾光"等，作品被"十香园博物馆""广东省博物馆""中国丝绸博物馆"等多家博物馆收藏。

案例介绍

"知否·岭南"以科技、时尚、艺术、非遗等多元因子结合，创作出"象牙白""莨绸黑""千丝红"三大系列46件作品，把岭南非遗文化"三雕一彩一绣"及红棉、洋紫荆、桃花、荔枝等常见花卉水果和满洲窗等建筑元素作为创作灵感，广彩、广绣配饰点缀其中。设计师独创"先画后绣"的艺术手法，将"画"与"绣"两个看似不同的艺术门类，天衣无缝地结合在一起，既保留了画家的自由之风，又突出了绣工的精妙，以达到笔墨针线传神会意。设计师把对岭南文化的热爱、对历史人文的思辨与时尚流行巧妙联结，以现代服装为载体，再现岭南传统技艺之美和艺术跨界之创意魅力（图3-1）。

案例名称

生活在左香云纱服饰

非遗项目

香云纱染整技艺

作者介绍

广州市生活在左服饰有限公司，是传统手工艺的追寻者。从成立至今，团队始终坚持寻迹失落的中国传统手工艺，如今已在全国建立七大手工艺基地，包含打银、绣花、手编织等多项传统手工艺。除此之外，生活在左还打造了一个专业的设计师合作平台，与国家非遗传承人联手开发传承人与生活在左联名系列，让传统手工艺精品融入更多现代人的生活。

图3-2

案例介绍

采用龟裂纹单色香云纱，以香云纱来表达旗袍、马面裙等服饰的质感，创新出彩色香云纱。作品以单色彩绸作为坯绸，由香云纱染色工艺进行染色，结合现代洗水工艺突出织造纹理，不规则的龟裂纹形成色彩层次，正反面色彩交互影响，印花香云纱采用彩色印花坯绸，并将香云纱与苗族刺绣相结合，提取了旗袍立领的结构，同时以粤绣的手法绣上了蝶恋花的纹样，大片的刺绣提升了连衣裙的文化质感，华丽感油然而生（图3-2）。

图3-3

案例名称

香云见萩

非遗项目

香云纱染整技艺

作者介绍

　　深圳德玺良缇时装有限公司，艺术人文品牌德玺见萩，以国家级非物质文化遗产香云纱为创作起点，以中国传统文化为精神内核，作为香云纱在当下重要的守护传承者、核心活化者，德玺见萩致力于在国际化视野之下，创造属于中华美学精神的当代表达，推动中国非遗手工艺的复兴与活化，代表中国设计走向世界，打造具有中国气度和人文风尚的世界品牌。

案例介绍

　　甄选了德玺见萩经典香云纱服装设计作品，用具有中国气韵的设计表达，不拘泥于传统形制和元素的表面运用，而是深入传统文化的宝藏中去，以国际化的视野找到属于当下的中国设计的当代化表达，面向世界的同时回归当下生活，把传统的内核带到鲜活的当下（图3-3）。

案例名称

天意

非遗项目

香云纱染整技艺

作者介绍

梁子（佛山市顺德区天意莨绸生态文化投资有限公司），TANGY collection、天意·TANGY品牌创意总监。生于江南，求学于西安，又曾游学于巴黎、纽约、伦敦。邂逅莨绸（香云纱）、痴迷莨绸（香云纱）、时尚活化莨绸（香云纱）二十多年，被《时尚芭莎》誉为中国时装界的环保大师。中国时装设计最高奖"金顶奖"获得者。梁子于1994年创立TANGY·天意，品牌视原创设计为灵魂，将"平和、健康、美丽"的品牌理念与中国文化精髓"天人合一"的和谐境界贯穿于服装设计开发的各个环节之中，产品以注重健康、时尚生活的日常女装及饰品为主。

图3-4

案例介绍

传统香云纱（莨绸）只有黑咖二色，天意将丝绸浸染天然植物染料薯莨汁18次的呈色效果称为"半莨"，且没有最终"过乌"涂河泥的工序，让莨绸有了更鲜艳的颜色。此系列除使用传统莨绸外，面料选择加入了半莨，让服装色彩更加丰富。采用拼接、层叠等设计手法和吊染工艺，让传统莨绸服饰有了更多元化的造型。在香云纱（莨绸）服装的基础上，天意对莨绸进行了多维度开发：饰品将半莨和扎染结合、层次渐变的山水画若隐若现、灵动写意的吊染、局部疏密渐变的线迹、勾勒心中的山水意境、氤氲东方人文气质（图3-4）。

图3-5

案例名称

自土地而生的艺术

非遗项目

香云纱染整技艺

作者介绍

卜红霞（广州市云上设计有限责任公司），air.u皑如品牌创始人及艺术总监，毕业于广州美术学院，从事服装设计及穿着方式研究二十余年。air.u皑如为广州市云上设计有限责任公司旗下女装品牌，创立于2001年。"皑如"来源于卓文君的古诗《白头吟》首句"皑如山上雪"，以诗之名，传递中国传统诗文书画文化精神及纯净禅意的东方美学，追求女性的由内而外的自我觉醒。air.u皑如作为融入中国文化底蕴的当代生活美学品牌，为美而生，实现当代独立女性的文化认同焕发时代生命力独立自主，寻找自我价值认同与文化自信的都市中坚女性。

案例介绍

取自桑蚕丝或天然绸织，轻触其间仍能感受到曾经莨汁与泥沙浸留的痕迹，演绎与时代交织、与古今对话、与人文相通的崭新意境。新中式的设计，具有东方美却不老气，细节精致，穿上后整个人的气质都变得不凡。衣缕细腻垂柔，恍若与自然真实地融合，在历经数载后愈显光泽，随着年月的累积，柔与韧也在不断发生微妙的变化。织物与人之间，香云纱，时间与自然的造物，自土地而生的艺术。取之为衣，延续传统织物的余温与容光像是走过了一场春华秋实，诠释非遗工艺设计之美（图3-5）。

案例名称

瑶绣时尚化应用

非遗项目

瑶族刺绣

图3-6

作者介绍

蔡蕾，连南瑶族文化推广大使。蔡蕾研究生团队长期致力于以非遗瑶族刺绣为主的服饰刺绣及其时尚化应用的理论、实践和教学研究。以瑶绣等非遗文化为核心元素进行现代化、时尚化、国际化的服装类、包类、鞋类、首饰类等多品类的设计实践，探索如何使非遗在生产性保护中不断传承和发展，让古老的瑶族刺绣在生产中焕发新的活力，走向现代生活。

案例介绍

在保护瑶族刺绣的文化内涵和社会意义的基础上，结合时代语境，进一步挖掘其深厚内涵与美学意蕴，坚持把非遗引入现代生活，才能有效进行非遗的保护和传承的原则，通过时尚化重构，设计出有现代时尚气息、良好市场经济价值和国际审美特征的服饰产品。将古老的民间刺绣与风格迥异的现代水洗牛仔相碰撞，以牛仔水洗、拼接、交叠等手法进行重组，从而产生新的审美趣味（图3-6）。

图3-7

案例名称

潮绣龙凤褂裙

非遗项目

粤绣（潮绣）

作者介绍

蔡中涵，"85后"美归婚纱晚礼服设计师，潮绣非遗传承接棒人。毕业于加州大学戴维斯分校，现任广东名瑞（集团）股份有限公司总经理和创意总监，致力于将源于欧美的婚纱礼服最新理念带进中国，并充分融合中国文化，为中国女性打造属于自己的完美婚纱礼服。近几年，他积极响应国家对非遗传承的重视及推崇，致力于把具有潮州地方特色的非遗推向全中国乃至全世界，让更多人了解中国，了解岭南的刺绣技艺传承。

案例介绍

中式手工金银线刺绣龙凤褂裙，是广东名瑞集团（原潮州市潮绣厂）原创作品。此件褂裙为对襟款上褂下裙，在红色真丝布空地用银线绣上迴型圈花纹，疏中有密，密中有疏，为疏丝绣，中袖的设计，让新娘穿金戴银的首饰耀眼夺目。裙摆的排须，也有绵延子嗣的好兆头。选用传统的如意纽，寓意新郎新娘吉祥如意，紧紧相扣，不离不弃，表达最美好的祝福（图3-7）。

案例名称

盛世华章

非遗项目

粤绣（潮绣）

图3-8

作者介绍

康惠芳，非遗项目潮绣国家级传承人，中国首届刺绣艺术大师，全国三八红旗手，"联合国文化大使"。

佘可燕，非遗项目潮绣市级传承人，国家高级工艺美术师，首位获联合国邀展华人刺绣服饰工艺师，文联最高奖项"山花奖"获奖者。

案例介绍

潮绣独有的"垫高立体"技法+创新"垫高立体"。在造型上，礼服借鉴中国传统服饰旗袍设计，运用蕾丝及雪纺来替代传统单一介质和以往平面化的数码印花技术，借鉴中国画留白艺术构建布局，用3D技术、现代蕾丝工艺和雪纺工艺来改良设计，既避免太多的刺绣重工又更贴合现代人的审美（图3-8）。

图3-9

案例名称
潮汕抽纱

非遗项目
抽纱

作者介绍

孙恩乐，教授（三级），高级服装设计师，硕士研究生导师，广东工业大学通识教育中心主任，文化素质教育中心主任，广东十佳服装设计师，广东纺织服饰非遗传承人。

案例介绍

香云纱和抽纱融合，使用了蕾丝。作品中钩花、贴补、抽通、镶嵌、刺线等抽纱工艺精巧、别致，展现了中西传统与时尚面料、图案的时空对话，将经典的五种抽纱技艺手法运用在现代礼服上，潮汕抽纱通花与潮绣垫绣相结合的通锦绣老绣片（图3-9）。

案例名称

鹭羽负月华
香云纱的另一种可能——银云纱

非遗项目

香云纱染整技艺

作者介绍

彭晴、陈嘉健，传承人梁珠弟子，佛山市顺德区第八批非物质文化遗产项目代表性传承人。

图3-10

案例介绍

银云纱是用不同材质的红云纱在鹭鸟天堂护林河淤泥浸染出的。通过服装设计把银云纱独有美感展现在服装作品中，并选择了真丝双绉、乔其纱、素绉缎、提花织锦、柞蚕丝、皱纹缎等不同品种材质的面料，采用不同的染整技艺制作出银云纱（图3-10）。

图3-11

案例名称

瑶魂

非遗项目

瑶族刺绣

作者介绍

成晓琴，成晓琴品牌设计总监，广东十佳设计师，广东非遗推广大使。同名品牌成晓琴（CHENGXIAOQIN）在以非物质文化遗产纺织品类为艺术创作载体，融入相关民间文化作为服饰设计灵感，以当代创新的艺术表现手法，运用手工制作的方式以及天然材质为主创作素材，传达当代人文精神，达到心灵与环境的平衡。

案例介绍

瑶族的魂就是对宇宙万物的崇拜，他们认为大自然的一切都是有生命的，都值得被尊重以及平等对待。他们的服饰刺绣图腾都是从大自然及身边的生长环境中提炼。本系列作品以瑶族刺绣图腾为灵感，把瑶族刺绣与现代版型结合，创造新中式风格的服装，传递瑶族特色文化（图3-11）。

案例名称

连南瑶族刺绣工艺《瑶》
系列服装设计

非遗项目

瑶族刺绣

作者介绍

连南瑶族自治县瑶艺堂文化创意有限公司，致力于成为瑶族文创产品的明星品牌，主要以瑶族工艺品的设计、销售，瑶族非遗项目瑶绣的创意研发、销售等为主。目前，瑶艺堂在4A级千年瑶寨景区及拾月拾陆瑶族（非遗）文创园内均有实体形象店。

图3-12

案例介绍

运用当地过山瑶刺绣图案纹样中的八角纹、菊花纹和排瑶刺绣图案纹样中的马头纹、原野纹作为服装图案设计的元素，以白红双色组合型八角纹为图案设计的主元素。整体的图案设计主要采用了对称的设计方法与排列方式，提取了瑶族服饰中热情的红和高洁的白作为图案主颜色。服饰材料以全棉提花复合面料为主，羊毛纤维面料再造，整体服饰显现出灰色厚薄渐变的肌理（图3-12）。

图3-13

案例名称
"纱罗垂烟雾，锦绣
昭霞光"——霓裳
广绣系列

非遗项目
粤绣（广绣）

作者介绍

屈汀南，中国非物质文化遗产项目广绣代表传承人，中国服装设计师协会艺术委员会执行理事，中国十佳服装设计师，广东省服装行业协会副主席，1992年毕业于广州大学艺术系服装设计专业后深造于法国巴黎，1996年创立广州汀南服饰设计公司并创立汀南女装品牌，2002年以莨纱广绣为元素设计作品荣获联合国教科文组织颁发的"二十一世纪设计大奖""力莱纤维奖"及法国颁发的"世界民俗文化大奖"。

案例介绍

紫罗兰盘金绣改良礼服：传统广绣融合礼服裁剪，紫罗兰色重磅丝绸配盘金海水纹。品红镶珠龙凤滚金边华裳：参考婚褂裁剪融合传统真金镶边手工，以纯金盘钉海水波浪纹，前襟绣龙凤呈祥，又以海棠承托。黑鹤羽盘金绣祥云纹滚金边旗袍：作品融合现代立体裁剪与传统真金绲边手工，体现国画传统"留白"审美，以纯金线盘钉成如意吉祥云和飞翔的凤鸾（图3-13）。

图3-14

案例名称
墩蓝青衿系列
服饰布艺

非遗项目
墩头蓝纺织技艺

作者介绍

　　黄秀丽、曾春雷、胡方，墩蓝青衿系列服饰布艺作品是由河源职业技术学院服装与服饰设计专业教师黄秀丽以及墩头蓝纺织技艺传承人、墩头蓝智文化有限公司法人曾春雷和河源职业技术学院客家文化学院院长、河源市客家文化研究会副会长胡方组成的"高校+非遗传承人+非遗保护专家"墩头蓝传承创新团队创作而成。

案例介绍

　　本系列将墩头蓝传统织染技艺与蜡染、扎染、刺绣等传统技艺以及手工型版印花工艺等多种工艺相结合，进行面料的二次再造设计。面料上，将墩头蓝手工织染面料与加厚挺括的贡缎、柔软的欧根纱和网纱相结合，色彩上采用深蓝、灰蓝、雾霾蓝等蓝色系，工艺上采用珠绣技法（图3-14）。

图3-15

案例名称

"传统服饰·时尚演绎"钉金绣裙非遗服饰

非遗项目

中式服装制作技艺（钉金绣裙褂）

作者介绍

唐志茹/小茹裙褂设计室，钉金绣裙褂服饰传承人，广东十佳服装设计师，广东纺织服装非遗推广大使。

案例介绍

钉金绣是广绣的一种独特绣法，以金、银线为主，铺或叠在真丝绸缎上，后用不同色彩的绣线，把金银线钉牢，以这些不同色彩的绣线来表现物象的色彩、明暗及其特点（图3-15）。

（二）2022年广东非遗服装服饰优秀案例（活动案例）

案例名称

共同富裕，共享非遗——岭南文化新园

非遗项目

抽纱

作者介绍

郑立红、刘千一（广州千一文化有限公司），郑立红女士，知名服饰设计师，著名规划师，中山大学硕士，广东省十佳设计师，华南理工大学设计学院硕士生导师，"摩尼菲格"品牌创始人兼设计总监，"翎悟"品牌联合创始人兼设计总监。

广州千一文化有限公司由知名设计师郑立红女士创建，致力于中国传统的文化的传播与推广真正的原生态非遗文化，通过设计师才能把中国传承5000年的非遗文化展现到我们的面前。目前的解决方案只能靠商业，就是做成让大家喜欢的产品，才能让这些非遗文化、传统手工艺得到传承和发扬。

图3-16

案例介绍

岭南印象园非遗创新艺术升级基地，以"人文、艺术、生态"全新定位，岭南印象园深入挖掘岭南建筑文化、民俗文化与岭南非遗特色亮点，结合原生态的自然环境，通过大师入驻、名企合作、高校联手等多种方式，共同打造独具岭南特色的文旅新IP；将岭南文化与新兴业态相结合，积极推动岭南传统文化的创造性转化与发展，使传统文化焕发出新活力，打造粤港澳大湾区彰显岭南文化特色旅游新名片。图3-16为岭南文化新园《流彩飞虹》万花筒作品展示。

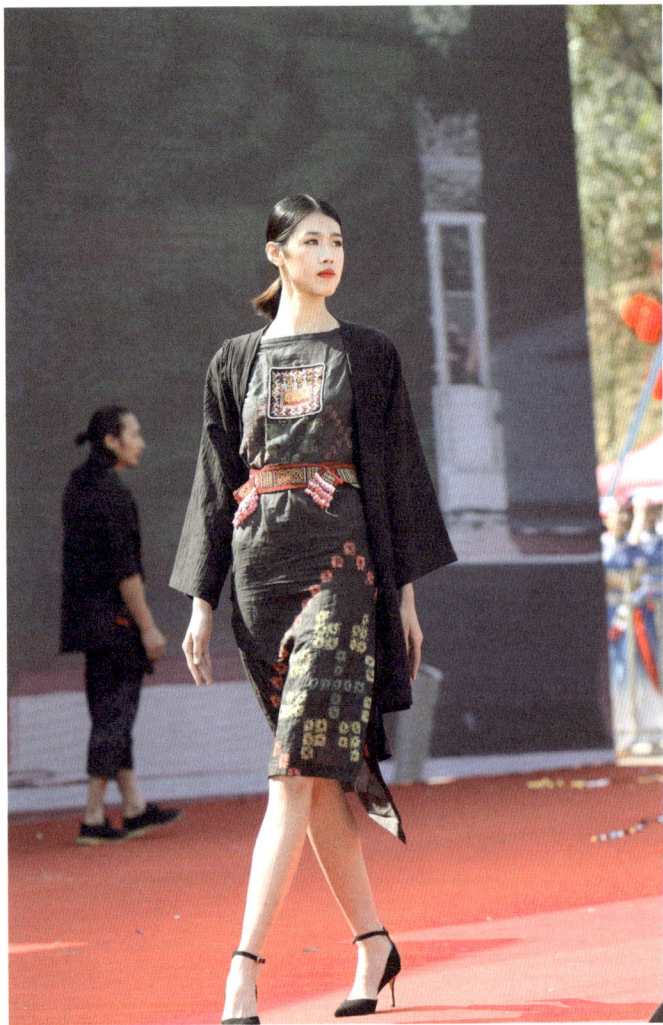

图3-17

案例名称

瑶绣+时尚设计，让传统工艺绽放华彩

非遗项目

瑶绣

作者介绍

乳源瑶族刺绣工作站，是在乳源瑶族自治县非物质文化遗产保护中心（乳源瑶族自治县文化广电旅游体育局下属独立建制的公益一类事业单位）主管下开展工作，是广东省非遗工作站，工作站成员有广东省服装服饰行业协会、广东技术师范大学美术学院、韶关学院美术与设计学院、广州市广服服装发展有限公司、韶关松山职业技术学院、乳源瑶绣文化促进会、乳源家园广告公司、乳源创锐广告公司、南岭明珠文化发展有限公司、瑶木兰公司、邓玉玲瑶绣工坊等单位和个人，共同致力于瑶族刺绣传承和发展，创新和产业化开发。

案例介绍

乳源不断加强瑶族刺绣的保护传承，在与传统对接守护核心文化的同时，让瑶绣通过时尚设计连接瑶族人民现代新生活，促进瑶绣技艺创新发展。以志愿服务讲述瑶族刺绣的文化美，以课题研究深挖瑶族文化的传统美，以传统刺绣衬托起工装的特色美，以工艺设计点缀生活的时尚美，以装饰设计镌刻城乡的特色美。

随着瑶族刺绣在服饰方面的创新运用，民间参与刺绣的群体不断扩大，吸引了一批汉族妇女加入瑶族刺绣传承创新发展队伍。瑶族刺绣的高投入低产出的现状得以改变，市场占有率不断提升，着瑶服成为时尚选择，传承人工坊、瑶木兰公司、创锐广告、瑶族文创促进会、非遗孵化基地等从事瑶族刺绣生产的个体、公司及社会机构不断成立并快速发展，瑶族刺绣的服饰产品、文创产品以衣家居布艺产品销往湖南、广西、湖北、珠三角等地（图3-17）。

图3-18

作者介绍

庄淦然，广东潮汕普宁的杰出企业家、中国十佳时装设计师。庄淦然的蕾沃尔兔绒时装已连续10年在中国国际时装周上唱响。在这个值得纪念的年份，庄淦然把家乡铿锵激昂的普宁英歌搬上了T台，一曲英歌颂英雄，以致敬我们伟大的祖国和以此纪念蕾沃尔走上中国国际时装周的10年征程。

案例介绍

本系列以普宁英歌为灵感，创新推出"蕾沃尔""普宁英歌"系列作品。灵思巧运，亘古烁今，表现出中国设计师对祖国传统文化的自豪和自信，洋溢着英雄主义的奇情壮采，并通过兔绒多彩提花工艺的最高水准，推进兔绒时装的时尚化、精品化的进程，把祖国"非遗文化"的精髓与时尚文化融会贯通，将作品提升至新的文化高度，将时尚升华至新的艺术境界（图3-18）。

图3-19

案例名称
东莞非遗原创
服装展演

非遗项目
麒麟舞等

作者介绍

　　东莞市文化馆（东莞市非物质文化遗产保护中心），位于东莞市万江鸿福西路，东莞非物质文化遗产底蕴深厚，资源丰富，并基本形成了国家、省、市、镇、村（社区）非物质文化遗产保护体系。近年来，东莞非物质文化遗产保护工作从过去重整理申报向重传承弘扬转变，全力促进东莞非物质文化遗产项目现代转变和产业转变。同时，以平台建设为抓手，全面布局，整体保护，动态管理，形成了东莞特色的非物质文化遗产保护体系，先后推出了非遗进校园、非遗墟市、非遗文创大赛等几大品牌活动。

案例介绍

　　重点以"服饰"为载体，以"非遗元素"为创作内涵，30多名中国十佳和广东十佳设计师设计完成的32个镇街的32套非遗服装，以"专场"形式亮相，以非遗时尚大秀展现东莞非遗魅力。这种以城市元素作为专场展出的形式，是中国服装史上的首创，也是世界时装周的首例（图3-19）。

案例名称

JOOOYS 2022A/W "双面嘉人" 发布会

非遗项目

粤绣（珠绣）

图3-20

作者介绍

赵亚坤，中国服装设计师协会艺术委员会委员，广东省服装设计师协会副会长，广东纺织服装推广大使。2013年获评"2013年度中国服装行业十大设计师"，同年其创办的潮州简绎服饰有限公司获评广东省"省长杯"工业设计大赛三等奖，2021JOOOYS品牌获得时尚深圳展时尚深圳·创新设计大奖，2021获评深圳时装节"2021礼敬百年非遗楷模"奖。

案例介绍

JOOOYS 2022 A/W "双面嘉人" 发布会是基于大多数传统非遗工艺在表现形式和题材上缺乏创新导致相关工艺的继承人、从业人数逐年减少，基于传统工艺独特、精致、文化的内涵，如何将传统工艺运用到现代工艺品当中，成为传承传统工艺的重要任务，本次发布会将潮绣、珠绣运用到礼服当中，通过铺花等新的表现形式演绎非遗传统工艺（图3-20）。

广东纺织服装外贸转型升级

一、情况综述

2021年，我省服装企业克服了疫情冲击、物流不畅、运费飙升、原材料价格上涨等诸多困难，表现出强劲的发展韧性，出口呈现出显著增长，实现了"十四五"良好开局。据中国海关数据，2021年广东服装及衣着附件出口总额313.26亿美元，同比增速29.10%，占全国18.4%，持续居全国首位，在全省出口重点商品总值中排名第六。

（一）政策导向

2020年5月，中央提出"逐步形成以国内大循环为主体、国内国际双循环相互促进的新发展格局"。一方面要以国内大循环为主，着重挖掘国内需求潜力，充分发挥国内超大规模市场优势；另一方面要注重发挥内外贸同频共振效果，以内贸促进外贸，以国内循环促进国际循环，共同推动我国对外贸易的高质量发展。

2020年5月，广东省人民政府发布《关于培育发展战略性支柱产业集群和战略性新兴产业集群的意见》（粤府函〔2020〕82号），将现代轻工纺织定位为十大战略性支柱产业集群，提出建设国内领先、具有全球竞争力的现代轻工纺织产业集群。重点任务：加速数字化赋能，推动产业重塑；供给创新，改善供给结构；加强质量建设，提升品牌质量；扩大开放合作水平。

2020年11月15日，区域全面经济伙伴关系协定（RCEP）的签署，为我国提供了更广阔的对外开放空间，RCEP各成员国均做出新一轮的关税减让承诺来促进货物贸易流动。

2021年7月，国务院办公厅印发《关于加快发展外贸新业态新模式的意见》（国办发〔2021〕24号），指出新业态新模式是我国外贸发展的有生力量，也是国际贸易发展的重要趋势，提出要积极支持运用新技术新工具赋能外贸发展、持续推动传统外贸转型升级、深入推进外贸服务向专业细分领域发展、优化政策保障体系。提出到2035年外贸新业态新模式发展水平位居创新型国家前列，法律法规体系更加健全，贸易自由化便利化程度达到世界先进水平，为贸易高质量发展提供强大动能，为基本实现社会主义现代化提供强劲支撑。

2021年11月，为落实全省贸易高质量发展大会精神，加快推进我省跨境电商高质量发展，促进我省贸易新业态扩容提质，广东省人民政府办公厅印发《关于推进跨境电商高质量发展若干政策措施的通知》（粤办函〔2021〕328号），提出要培育跨境电商龙头企业、加强跨境电商产业园区建设、开展"产业集群+跨境电商"试点、提升仓储物流效率、支持跨境电商海外仓建设、提高跨境电商通关便利化水平、优化跨境电商税收政策、加强对跨境电商企业的金融支持、引进培育高层次跨境电商人才、提高跨境电商企业海外风险防范能力。

（二）重大事件

1. 广东省外贸转型升级基地工作站联盟正式成立

2021年12月，在广东省商务厅的指导下，广东省外贸转型升级基地工作站联盟在珠海成立。联盟下设纺织服装、轻工工艺、生物医药和医疗器械、电子信息、机电产品、五金建材和农产品等七大专业委员会，其中纺织服装专业委员会主任委员单位设在广东省服装服饰行业协会，负责统筹广州市增城区新塘国家外贸转型升级基地（纺织服装）、深圳市龙华大浪国家外贸转型升级基地（服装）、佛山市南海西樵纺织基地、东莞市大朗国家外贸转型升级基地（服装）、惠州市惠东县国家外贸转型升级基地（鞋类）、普宁市国家外贸转型升级基地（内衣）、中山市沙溪镇休闲服装外贸转型升级基地、潮州市婚纱礼服基地等8个基地工作站开展外贸转型升级工作。

2. 普宁、惠东升级国家级外贸转型升级基地

2021年7月，商务部新认定105家国家外贸转型升级基地正式公布，其中广东省有6个，纺织服装板块有广东省普宁市国家外贸转型升级基地（内衣）和惠州市惠东县国家外贸转型升级基地（鞋类）。外贸转型升级基地作为产业和贸易有机结合的重要平台，已成为推进贸易高质量发展的重要载体和抓手。

3.独立站跨境电商出海新模式，驱动中小生产企业的智能化自我升级

希音（SHEIN）用独立站的方式出海，销售覆盖全球200多个国家和地区，日发货量最高超过300万件元。在希音"小批量、多品种"模式的驱动下，为其提供产品生产的小微企业开始进入智能化的自我升级，带动了我省服装产业最小单元生产方式的转型升级。广州市番禺区率先推出了针对"独立站"建站的补贴政策，鼓励企业借助新模式开拓国际市场。

4.国家外贸转型升级基地大朗被列入"市场采购贸易方式试点"

市场采购贸易方式是国家推动外贸创新发展和培育外贸新业态新模式的重要战略举措，是为中小微企业"多品种、小批量、多批次"外贸交易特点量身定做的新型贸易方式。2020年9月，商务部会同发展改革委、财政部、海关总署、税务总局、市场监督总局、外汇局联合发文，决定在广东等11个省（区）17家市场开展第五批市场采购贸易方式试点，其中包括东莞市大朗毛织贸易中心。这将推动东莞大朗传统服装市场转型升级，从而带动更多中小微服装企业参与对外贸易。

（三）外贸基地

1.广州市增城区新塘国家外贸转型升级基地（纺织服装）

新塘镇隶属于广州市增城区，是全国最大的牛仔服装生产基地和出口基地。2021年，新塘镇从事纺织服装的企业有近2000家，规模以上纺织服装企业269家，规模以上工业总产值99.21亿元。新塘牛仔服装产业拥有纺纱、染色、织布、整理、印花、制衣、洗水、漂染、防缩等完善的生产链，产业规模大，产业链完整，产业集聚效应明显。2021年漂染补链初见成效，正在逐渐慢慢恢复该产业链供应链重组升级。新塘镇纺织服装企业按出口和内销可分为两个群体，一类是规模以上服装生产企业，超过八成是以出口为主，2021年出口89.74亿元，同比增长18.33%，占增城区出口比重约1/3；另一类是以电商销售带动的一批规模以下企业，据淘宝天猫平台统计，在该平台销售新塘牛仔服装的、以发货地为新塘的天猫店铺约有2000家，淘宝店铺2000多家，合计年销售额约120亿元，

其中男装80多亿元，女装40多亿元，是全国牛仔服装销售额最大的地区。

新塘是第一批国家级外贸转型升级基地之一，也是广州市唯一的纺织服装外贸基地，承担着"打造广州东部国际时尚中心"的重任。2021年，新塘牛仔服装创新服务中心成为广州市增城区新塘国家纺织服装外贸转型升级基地工作站，积极发挥对外宣传和展示平台作用，带动新塘纺织服装企业走出去参加品牌发布会、展销会等线上线下展会活动，推动新塘纺织服装产业的高质量发展和外贸转型升级，打造新塘时尚纺织服装产业品牌的新名片、新形象，较好地提升了新塘镇纺织服装产业影响力。

2.深圳市龙华大浪国家外贸转型升级基地（服装）

深圳市龙华区大浪国家外贸转型升级基地（服装）位于深圳市龙华区大浪街道石凹片区，由机荷高速和九龙山围合而成，总体规划面积11.97平方公里，以时尚产业为主导，由龙华区大浪时尚小镇建设管理中心（深圳市龙华区政府直属事业单位）负责管理，2017年成为广东省首批特色小镇创建示范点、粤港澳大湾区第一个时尚特色小镇。小镇依托大浪女装时尚品牌优势、深圳时尚科技优势、粤港澳大湾区的国际商贸流通和消费市场网络优势，已形成以时尚产业为核心，集产、城、人、文、旅为一体的时尚创意产业聚集区，获得"国家自主创新示范区""国家外贸转型升级示范基地""全国时尚服饰产业知名品牌示范区""时尚产业集群区域品牌建设试点""中国服装区域品牌试点地区""广东省首批特色小镇创建示范点""大浪·中国服装区域品牌试点"等国家级、省级荣誉，已成为全国标杆性产业集群区，是深圳市龙华区的一张绚丽名片，是中国服装行业发展的一面旗帜。2019年，大浪时尚小镇被国家发改委作为"第一轮全国特色小镇典型经验：传统产业转型升级的新路径"向全国推广学习。2020年，大浪时尚小镇获批加入与中国纺织工业联合会共建"世界级时尚小镇"试点。

3.佛山市南海西樵纺织基地

西樵镇位于佛山市南海区西南部，辖区总面积177平方公里。西樵镇在"全国综合实力千强镇"排第26名，是中国面料名镇、广东省"双提升"示范专业镇、广东省外贸转型升级示范基地。目前，全镇有

纺织服装企业800多家（包括织造、浆印染、服装及其他配套企业），其中规模以上企业134家，全镇纺织从业人员5万以上，纺织设备3万多台套，其中高档设备占45%。2018年西樵荣获"中国纺织产品开发推动奖"，被认定为"2017—2018年度纺织行业创新示范集群"。2020年，西樵镇荣获"中国纺织工程学会突出贡献奖""2020全国纺织科技成果转化与合作大会突出贡献奖"。

纺织是西樵镇传统特色支柱产业，基本形成了"产业链条、产业基地、创新平台、交易市场、区域品牌"五位一体、相互支撑的格局。近年来，西樵大力实施产业、金融、人才、科技融合发展战略，以创新驱动为主攻方向，完善产业技术，创新服务机制和研发体系，支持企业瞄准科技前沿，不断强化纺织产业技术创新，提高产品研发能力，抢占产业发展高端环节，推动纺织产业由"工业制造"向"智能制造"转型升级，推动西樵纺织产业迈向高端化发展。中国（西樵）纺织科技成果展示对接会有助于对接全国资源，搭建高层次、高水平的纺织产业交流合作平台和国内纺织业科技创新的最前沿阵地。

4. 东莞市大朗国家外贸转型升级基地（服装）

大朗毛织起源于1979年，经过40多年的培育发展，已成为全国范围内最具规模、产业链最完善的产业集群，大朗于2002年被中国纺织工业联合会认定为全国首批"中国羊毛衫名镇"，于2019年被认定为"共建世界级毛织产业集群先行区"。大朗22张国家级名片中有20张是和毛织相关的，毛织产业是大朗最具发展底蕴的产业，也是大朗最重要的一张名片。

大朗拥有超过20071家毛织市场主体，毛织品市场年交易额达600亿元，全球每6件毛衣就有1件来自大朗。大朗毛织企业主要集中在巷头、巷尾、求富路、黎贝岭、高英、竹山、大井头一带。2021年，大朗镇生产总值达404.5亿元，同比增长10%，在中国综合实力千强镇中，大朗排名30位。2021年，大朗有规模以上毛织工业企业194家，其中主营收入超亿元企业12家；毛织工业总产值（纳入统计系统，下同）的有196亿元，其中规上毛织企业工业总产值为80亿元；毛织工业企业主营业务收入177亿元，其中规上毛织企业主营业务收入72亿元；年产毛衣约8亿件，其中

2021年纳入统计系统的有3.79亿件。此外，大朗还是国内重要的毛织产品交易基地，毛织服装、纱线、机械等全产业链年交易额超600亿元，仅纱线行业年交易额就超过300亿元。

大朗毛织，从研发到生产，从原料到机械，从人才到贸易，形成完善的全产业链。门类全、品种多、成本低、市场竞争力强，吸引了2万多家毛织企业在大朗集聚。4个大型专业市场、6个毛织配套片区、12条毛织专业街，构筑国内产业配套最完善、综合实力最强的毛织集聚区，年产8亿件毛衣畅销海内外，全球每6件毛衣就有一件产自大朗。

5. 惠州市惠东县国家外贸转型升级基地（鞋类）

从1981年惠东兴办第一家制鞋企业以来，惠东已培育出黄埠、吉隆、平山、大岭四个制鞋大镇，制鞋企业发展到5600多家，培育了9个国家免检产品、21个广东省著名商标、7个广东省名牌产品，形成了一定规模的名牌商标群体。全县鞋业从业人员达32.5万人，占该县非农从业人员的三分之二，年产鞋9.1亿双，其中出口约达6亿双，产值300多亿元，惠东女鞋遍布全球多个国家。其中1000多家企业建立了产品研发中心，100多家企业与高等院校、科研院所建立了长期合作关系。全县有自营进出口经营权的外贸企业达1000多家，到目前为止，以惠东公司名义出口的企业就有438家，2021年1~12月鞋业出口总额约达45.28亿元，同比增长约81.78%。在开展电子商务营销方面，有5000多家在阿里巴巴、淘宝、天猫和京东等平台店铺销售，其中电商销售女鞋超1亿双，销售额近70亿元。118家鞋企设立了"技术研发中心"等研发机构，其中省级技术研发中心有9个，市级有29个，研发人员达2000多人，研发创新能力显著提升。全县近500家鞋企实行机械化流水线生产，流水线550条，生产工艺呈信息化和智能化发展，部分企业已实现碎片化接单、个性化定制与柔性化生产、智能化管理、零库存销售的目标。

惠东县被国家和广东省有关部门评为"中国女鞋生产基地""广东女鞋名城""广东省鞋材生产基地"，是广东主要鞋业产地和鞋产品出口的重要力量。行内的说法，世界有80%的女鞋来自中国制造，而中国80%的女鞋产自广东惠东。2021年6月，惠东县被

国家商务部认定为国家外贸转型升级基地（鞋类）。2021年11月，广东省惠州市惠东县国家外贸转型升级基地（鞋类）工作站正式挂牌启用，将成为搭建惠东鞋类企业交流沟通、共谋发展的平台和桥梁，实现更优资源配置，更具规模的发展优势，聚集惠东鞋企探索数字化管理新模式、跨境电商新模式等措施，团结新生代力量，为继续擦亮惠东鞋业金字招牌，实现惠东县鞋类企业转型升级的宏伟目标做好服务。

6. 普宁市国家外贸转型升级基地（内衣）

普宁是中国最大的衬衣生产基地，粤东最大的服装、纺织品集散地，纺织服装是当地最大的支柱产业，拥有5家上市公司和3家新三板挂牌公司。普宁内衣、衬衫占据全国市场份额的2/3，形成了从纺纱、织布、印染、辅料、配件、设计、生产到销售的庞大产业链配套，实现了产研销全产业链一体化发展。2021年全市年产化纤31.2万吨，印染布5.1亿米，服装16亿件，基地从事内衣生产及关联企业约1500多家，其中规模以上企业142家，总产值400多亿元，从业人员约22万人，新增专利授权6732件，新增注册商标32757件、累计60809件，商标总量居全国县域城市第五、全省第一，涌现出了柏堡龙、名鼠、天姿芳、名韩、鹏源盛、雅秀纷、金凯莱、宏洋盛、忠源、怡和盛等一大批知名企业及品牌。品牌影响力和辐射力大增，产品远销海内外。

近年来，基地不断积极引导企业调整经营策略，开拓新兴市场，实现多元化发展，将出口产品链延伸到研发、设计、营销、服务等环节，鼓励企业实施市场多元化战略。巩固并扩大美国、欧盟等传统市场出口，进一步开拓港澳台及东盟市场，充分利用RCEP（区域全面经济伙伴关系协定）的政策框架，结合地缘优势和优惠政策，在保持与其开展服装等领域合作竞争的同时，扩大纺织原料、面料等对东南亚的出口。积极开拓非洲、拉美、中东、俄罗斯等地区（国家）市场，寻求新的出口增长点。同时积极动员和协助有发展潜力的民营企业申报对外贸易经营备案登记，充分利用国家出口优惠扶持政策，推动外贸主体多元化。

7. 中山市沙溪镇休闲服装外贸转型升级基地

沙溪服装产业，作为全镇的支柱产业、特色产业，经过多年发展，取得了中国休闲服装名镇、中国服装生产基地、中国男裤产业影响力纺织名都等荣誉，并于2011年被认定为广东省外贸转型升级示范基地。在习近平新时代中国特色社会主义思想指导下，在镇党委的坚强领导下，基地积极融入粤港澳大湾区，统筹推进疫情防控和经济社会发展工作，全面落实高质量发展要求，综合精准施策，全面造势聚力，实施创新驱动，倾心做好服务，政企一心加快推进复工复产复商复市，力促全镇经济走出疫情困局、转型发展，致力于为沙溪服装行业的外贸转型升级作出新的贡献。

目前，沙溪休闲服装外贸基地共有服装生产及销售企业约8000余家，600家服装上下游配套企业，有全市最大专业服饰批发市场及7000多家实体店，其中规上服装企业有90多家。2021年全年服装产业实现工业总产值约48.19亿元，同比下降7.5%，占全镇工业总产值的79%。全年规上服装产业实现工业总产值约34.2亿元，同比下降14.2%，占全镇规上工业总产值的67%。

8. 潮州市婚纱礼服基地

潮州是中国婚纱礼服名城，是中国最具产业影响力的纺织服装之都之一，也是中国主要的婚纱礼服生产基地和贸易出口聚集地。婚纱礼服是潮州颇具实力的特色产业，产品市场覆盖全国各地和世界各大经济圈，是潮州经济八大支柱产业之一。潮州是全国唯一一座"中国婚纱礼服名城"，经过三十多年的传承和发展，潮州已成为国内外最大的婚纱礼服生产集聚地和出口基地。潮州婚纱礼服90%以上出口，产品主要销往欧美等二十多个国家和地区，成为世界婚纱礼服最大的生产出口基地。潮州婚纱礼服将传承一千多年历史的潮绣手工工艺与时尚的国际流行元素结合在一起。目前，潮州已拥有婚纱礼服企业近千家，涌现一批著名婚纱礼服企业。潮州婚纱礼服产业集群发展具备优越的区域品牌优势和区域技术优势，2016~2020年连续五年被广东服装行业评为"最具影响力产业集群"荣誉称号，树立了"中国婚纱礼服名城"品牌形象。

2021年新冠肺炎疫情，使潮州婚纱礼服产业基地经历了不能及时开工、原辅材料缺乏、交通物流受阻等一系列挫折，但企业仍积极采取应对措施，行业全力进行全面复工复产。随着全球疫情的蔓延，彻底打乱了服装出口企业的生产、外贸秩序，国际市场短期需求冻结，采购意愿降低，外贸企业再度面临国内外买家大范围取消订单或要求延迟出货的局面，陷入履约困难、资金告急等经营困境，企业信心备受打压，部分企业进入半停产状态。但产业基地想方设法求生存、渡难关，积极通过出口转内销的方式，开拓国内市场，通过互联网巩固老客户，发展新客户，积极组织企业复工复产，加强研发力度，提升自主创新能力，促进产业稳步发展。

（四）外贸平台

响应广东省商务厅《广东省外贸转型升级基地高质量发展行动方案（2021—2025年）》文件精神，广东省服装服饰行业协会积极整合纺织服装专委会各成员资源优势，构建产业链贸易链生态体系，与新塘、普宁等基地工作站开展共建工作，促进各工作站间交流合作、协调发展、互利共赢，积极开展基地区域品牌整体宣传推广、公共展示、对接交流等活动，在新的起点上巩固提升纺织服装外贸传统优势，培育贸易竞争新优势，推动广东贸易强省建设。

广东省服装服饰行业协会搭建了全省服装外贸转型升级服务平台，设立了广东服装外贸展示中心，长期轮流展示广东外贸服装基地企业的服装新品，集中发布推介外贸基地服装产业和优势产品，定期邀请国内外采购商、代理商前来观展，整合产品研发、原材料选择、供应链支持、制造、营销、渠道、品牌、资金等环节对接资源，促进商贸合作。

同时，协会借助已经历30届的广东时装周平台，举办外贸基地产品集中展示和宣传推介活动，为外贸服装企业提供面向国内外市场的宣传推广、市场推介、商贸对接等专项服务。通过线下展示线上直播的方式，举办多场服装新产品动态推介发布会/订货会，吸引了服装企业、设计机构、知名品牌、商业百货、专业市场、行业机构、买手组织、权威媒体、产业资本、电商平台等全产业链的高度关注和踊跃参与。包括中山沙溪外贸基地分会场活动、新塘国家外贸转型升级基地品牌发布会等（图3-21、图3-22）。

不定期举办交流对接会议，邀请专家解析全球经济新形势、展望行业变革新趋势、探讨企业发展新模式、交流协同创新新渠道，帮助服装产业集群和外贸

图3-21

图3-22

企业转型升级。通过交流对接会议，推广产业集群区域品牌，集合了新塘、沙溪等外贸基地负责人，共同探讨产业合作前景与机遇，培育服装集群区域品牌。为广东外贸服装企业提供推介交流机会，推广企业新做法新模式，扩大"广东服装"美誉度和影响力；对"十四五"规划、湾区产业合作、商贸升级、跨境电商、外贸转型等热点问题进行深入解读，引导中小服装企业提升竞争力、优化升级。

二、广州市增城区新塘国家外贸转型升级基地（纺织服装）

新塘镇，隶属于广州市增城区，位于珠江三角洲东江下游北岸，西邻广州市黄埔区，东邻仙村镇，南与东莞市隔江相望，北接永宁街镇。20世纪80年代改革开放初期，纺织服装产业是推动新塘社会经济发展起步的发动机，历经四十年的长足发展，新塘已成长为全国最大的牛仔服装生产基地和出口基地。目前，新塘牛仔纺织服装行业正在进行调整和转型升级，2021年新塘镇

通过加快推进网络销售、网络直播等牛仔电商产业的发展，推动行业线上线下销售相融合及数字化转型，同时大力发动企业参加境内外的纺织服装行业相关的专业展会，开拓国内外新兴市场，并取得一定成绩。

（一）基本情况

2021年，新塘镇从事纺织服装的企业有近2000家，规模以上纺织服装企业269家，规模以上工业总产值99.21亿元。新塘镇纺织服装企业按经营侧重出口市场和内销市场可分为两个群体。一类是规模以上服装生产企业，超过八成是以出口为主。2021年新塘镇纺织服装出口89.74亿元，同比增长18.33%，占增城区出口比重约1/3。纺织服装商品出口额达5000万元的龙头企业有广州誉嘉服装有限公司、广州增城区广英服装有限公司、广州市凌盛服装有限公司、广州市享誉服装有限公司、广州富凯欣服装有限公司等10家企业。另一类是以电商销售带动的一批规模以下企业，据淘宝天猫平台统计，在该平台销售新塘牛仔服装的、以发货地为新塘的天猫店铺约有2000家、淘宝店铺2000多家，合计年销售额约120亿元，其中男装80多亿元、女装40多亿元，是全国牛仔服装销售额最大的地区。

据统计，全国70%以上的牛仔服装出自新塘，全国出口的牛仔服装35%来自新塘，全镇牛仔服日装加工生产能力可达250多万件、年产超过3亿件牛仔服装，产品远销俄罗斯、美国、欧盟等几十个国家和地区。目前，新塘镇聚集了多个纺织服装配套专业市场，包括新塘服装商贸城（图3-23，新塘牛仔服装创新服务中心提供）、广州东部服装辅料城、广州市万住商贸城、新塘国际贸易中心、新塘镇汇创贸易中心等。

新塘牛仔服装产业拥有纺纱、染色、织布、整理、印花、制衣、洗水、漂染、防缩等完善的生产链，产业规模大，产业链完整，产业集聚效应明显。该产业虽然在2018年的环保整治中出现过漂染环节的断裂，但2019年通过出台《增城区洗漂印染企业整治提升工作指引》，推动了致丰、万盛得、金日、奥诗诚、畅信等5家和创兴、广英、东方刺绣等3家企业分两批实施洗漂印染项目改造升级，年漂染能力能支撑全行业80亿元产值的漂染需求，补链效果显现，加上便利的交通、全行业的认知和认可，仍保持着纺织服装产业的活力。2021年漂染补链初见成效，正在逐渐慢慢恢复该产业链供应链重组升级。

（二）政策导向

新塘是第一批国家级外贸转型升级基地之一，也是广州市唯一的纺织服装外贸基地。一直以来，新塘服装产业得到了各级政府的高度重视，"十四五"规划发展新时期，新塘服装也迎来了全新的发展。近年来，新塘牛仔纺织服装产业因长期积累的资源要素和环保问题日渐凸显，经历中央环保大督查导致产业链洗漂印染环节断裂，又遭遇中美贸易战、全球新冠疫情冲击，行业发展困难重重。当前，受流动性泛滥、供需失衡、政策调整等因素影响，全球大宗商品价格大幅波动、海运费用持续攀高、劳动力与用能紧张，成本结构正在发生改变。疫情下的刺激政策正在引发通胀

图3-23

与通缩的彼此胶着，全球经济发展的预期不断转弱，新塘牛仔纺织服装产业如何通过补链强链、转型升级尤为迫切。

2020年《广州市打造时尚之都三年行动方案》提出"打造广州东部国际时尚中心"，新塘服装产业面临转型升级的新课题，如何打造时尚创意、设计研发、品牌推广、时尚发布、时尚服务、电商直播等全产业链的新载体，是新塘企业共同关注的问题。

广东财经大学商贸流通研究院院长王先庆发布了《广州如何打造东部国际时尚中心》研究报告，提出广州应以新塘为中心，着力打造广州东部国际时尚中心，形成全面增强国际商贸中心功能的新增长极。

（三）行业事件

1. 新塘牛仔抱团参展2021CHIC

2021年10月，2021中国国际服装服饰博览会（秋季）在上海国家会展中心举行，增城区贸促会以"时尚广州、魅力增城、新塘牛仔"为主题组织16家新塘牛仔服装企业抱团参展。此次增城以产业集群统一参展方式汇聚区内16家优质牛仔品牌企业亮相牛仔世界展区，展出面积超过300平方米，来自增城原创设计的牛仔衬衫、牛仔外套、牛仔裤等产品参展，旨在通过展示增城区各参展牛仔企业的优质产品及增城区的投资环境，进一步扩大新塘牛仔服装品牌的影响力和市场知名度，促进纺织服装产业的转型升级，推动增城纺织服装行业高质量发展。

2. 新塘牛仔服装创新服务中心新任新塘外贸基地工作站

2021年，新塘牛仔服装创新服务中心在推动新塘区域品牌发展中发挥了重要作用，得到省市区政府的高度认可，经评估审核被认定为"广东省广州市增城区新塘国家外贸转型升级基地（纺织服装）工作站"，负责为基地企业提供市场开拓、品牌培育、宣传推广、业务培训、信息交流等相关服务，推动基地纺织服装外贸转型升级，积极发挥对外宣传和展示平台作用，搭建了基地公共服务平台——新塘纺织服装公共展示（展销）中心，带动企业抱团参加品牌发布会、展销会等活动，推动新塘镇时尚纺织服装产业的高质量发展和外贸转型升级，打造新塘时尚纺织服装等产业品牌

的新名片、新形象，提升新塘镇时尚纺织服装产业的全球影响力。2021年12月，在广东省商务厅指导下，广东省外贸转型升级基地工作站联盟成立，新塘牛仔服装创新服务中心成为联盟第一届理事单位，并担任联盟纺织服装专业委员会副主任委员单位，协助开展联盟纺织服装板块相关工作。

3. 新塘牛仔抱团参展2021广东时装周—秋季

2021年10月，粤贸全国系列展会之2021广东时装周—秋季在广州举办，新塘外贸工作站组织了新塘代表企业联合举办展示推广活动，以"数字引领·时尚升级"为主题举办了新塘国家外贸转型升级基地品牌发布会和2021新塘服装对外交流对接，对外贸转型升级基地企业及产品进行了宣传展示推介。本次活动得到了广东省商务厅、广州市商务局、增城区政府、新塘镇政府的大力支持，有效地提升了新塘服装区域品牌影响力，促进服装外贸基地转型升级，推动新塘服装外贸高质量发展。

4. "新业态·新路径"服装外贸转型升级研讨会召开

2021年12月，广州市增城区新塘国家外贸转型升级基地（纺织服装）工作站组织召开本次主题研讨会，政府、行业协会、专业市场、博士专家、服务机构及服装企业等各方代表齐聚，共同探讨新塘服装外贸基地转型升级及服装产业高质量发展问题，为新塘服装企业及产业的创新发展指点迷津。

5. 广州东大门时尚中心项目正式启动

项目位于广州市增城区新塘镇坭紫村，该项目占地面积35000多平方米，建筑面积约为9万平方米。该项目创新运营模式，将打造一个时尚化、品牌化、数字化、产品多元化的集服装生产、设计研发、品牌孵化、产品销售、形象体验、互联网等多功能的广州东部时尚中心。项目建成之后将为新塘镇乃至增城区、广州市服装产业转型升级迈向新台阶奠定坚实基础贡献一份力量。作为广州东部的新兴地标，广州东大门时尚中心将在广州市及增城区政府的支持和引导下，积极推进新塘国家级纺织服装外贸转型升级基地建设，打造展贸展示中心，并携手广东省服装服饰行业协会共建新塘牛仔服装数字化实验室，在新塘服装外贸公共展示中心的基础上，加入数字化元素，共建"全省

037 ●● 第三部分 年度关注

第一个牛仔产业数字化公共服务平台",为新塘时尚产业数字化发展打下坚实基础。大力推广增城区新塘时尚纺织服装品牌,建设特色时尚纺织服装产业生态圈、品牌生态链,打造精品时尚产业新生态园区,将新塘时尚产业推向新高度,将品牌效应发挥至最大化。

6.云享新经济生态园E.C.PARK项目落成

该项目位于增城区新塘镇香山大道南2号,占地面积约3万平方米,建筑总面积约10万平方米。由广英公司投资开发打造,定位全球首个百亿级数字化时尚网红生态园,立足广州,面向国际,打造数字驱动的时尚、创意活力网红生态圈。领衔Z世代全新的生活方式,建设包括直播电商的垂直百货商厦、牛仔艺术博物馆、个性化时尚智能制造文旅工厂、4K影音制作基地、融合艺术网红打卡停车场、云享展会、供应链产品预选中心、网红公寓、生活体验馆及餐饮等产业完善配套,旨在打造宜居、宜商、宜学、宜创、宜旅的大湾区网红生态圈。

(四)未来展望

步入"十四五",新塘作为牛仔时尚的起源地,面向广州,背靠东莞及深圳,位于粤港澳大湾区核心区,是广深科技走廊和珠江创新带的交汇点,区位优势得天独厚,成为穗莞深的"黄金走廊"。新塘镇将立足"国际化"视野、"大湾区"大局,依托广州东部交通枢纽中心,锚定广州东部CBD的发展定位,打造成为融合综合交通、科技创新、总部经济、现代金融、网络直播等产业为一体的科技创新高地,以广英创意园网红孵化基地为新载体,大力发展牛仔服装直播带货,通过与新塘国际牛仔服装纺织城、四季牛仔网批城等专业批发市场深度契合,发展"线上引流+实体消费"新模式,推动传统牛仔纺织服装产业由过去的粗放生产向私人定制、高端时尚、直播电商转型升级,聚力建设美丽时尚东江新城。

三、普宁市国家外贸转型升级基地(内衣)

普宁市位于广东省东南部,粤港澳大湾区和海西经济区的连接点,是潮汕平原上的璀璨明珠,面积1620平方公里,总人口约250万人,是全国人口最多的县级市,也是粤东交通中枢。普惠、揭普高速公路穿城而过、国道、省道贯穿全境,厦深高速铁路设站普宁,密集的公路铁路勾勒出一张四通八达的立体交通网,实现了"两小时经济圈",为普宁的发展注入了一股源源不断的动力。2021年,普宁市获商务部认定为"国家外贸转型升级基地(内衣)",是全省新增的唯一一个纺织服装基地,纺织服装集群重回千亿级产值,成为广东省服装产业集群中工业总产值最大的县级市。

内衣,已成为普宁一张靓丽的名片,普宁内衣一枝独秀享誉全球,当前普宁的内衣产业已形成完整的产业链条,在全国纺织工业和广东纺织服装产业以及海外市场中均居突出地位,享有"中国纺织产业基地市""衬衣第一市""时尚衬衣的王国"等美誉,成为我国内衣产业集群地的重要板块,也是中国纺织工业联合会命名的全国7个内衣产业集群之一。

(一)规模大、配套齐、分工明确

2021年普宁纺织服装工业总产值1200多亿元,其中服装加工占比达85.9%,是普宁绝对的主体产业。在服装产品中,内衣、衬衫产值合计占84.7%,是主要类别,内衣、衬衫是普宁最主要、最具影响力的产品。普宁内衣产量13.6亿件,占全国总量的11.4%,普宁内衣和衬衫产量在全国占比非常高,几乎10件中就有一件产自普宁。而且,普宁内衣品牌众多,截至2021年底,普宁服装类商标有效注册量超过3万件,活跃品牌近千个,其中多数为内衣品牌,占比高达71.6%。

普宁市场商贸活跃,特别是以纺织服装为龙头的专业市场不断发育壮大,成为闻名遐迩的"中国纺织产业基地市"(图3-24,普宁市国家外贸转型升级基

图3-24

地·内衣工作站提供）。普宁面料、服装、市场的良性互动造就了产业基本面，借助坯布和面料的强大原料优势，内衣加工业逐渐发展出以规模大、配套齐、分工明确为特点的核心竞争力，并传导给一级产地型专业市场，而市场透过良好的运行将这种竞争力转换成影响力和流量，并不断放大、扩散、反馈，进而带动整个产业持续迭代升级，最终促成普宁成为特色鲜明的业内先进产业集群。

（二）公共服务平台及配套完善

普宁市纺织服装产业集群着力于加强公共服务平台建设，加强人才建设，加强电商及物流服务，加强融资服务，多措并举地推动了产业的转型升级。在政府部门的引导支持下，投资29亿元建设了纺织印染环保综合处理中心，按照"产业集聚、企业集中、统一治理、土地集约"的原则，推动印染企业、印花企业、洗水企业入驻及升级，目前已有66家企业入驻，在装备方面，大量先进设备得到应用。例如，新松利印染购置的意大利比安可公司自动开幅机、布匹自动包装设备等，大幅提升了企业生产加工效率；多数企业采用小浴比、能耗低的气液色机，适应面料品种较多，可柔性化生产，提高了织物的匀染性，大幅减少了能源和水耗的同时，也提升了产品品质，为实现产业绿色生态的发展打下了坚实的基础。

此外，基地还拥有国家服装产品质量监督检验中心（广东），建有中国·普宁国际服装城（图3-25，普宁市国家外贸转型升级基地·内衣工作站提供）、中

图3-25

国·普宁商品城、普宁市布料城、普宁轻纺城、金莎时代中心、万泰汇购物中心、华美创意园等一批专业市场及融合商务办公、商业零售、酒店餐饮、休闲娱乐等功能于一体的城市商业综合体，背靠内衣产业基地，形成了强大的商圈辐射，为普宁加快振兴发展注入强劲动力。

（三）全力推动"电商强市"工程

近年来，普宁市委、市政府高度重视电子商务发展，以服装产业及国家级电子商务进农村综合示范县建设为依托，从完善规划、政策扶持、金融扶持、人才培训等方面大力实施"电商强市"工程，积极推动电子商务与传统行业渗透融合，不断探索有地方特色的电子商务发展之路，取得了优异成绩。已建成县、镇、村三级电商服务体系，超40家快递公司及分支机构在普宁开展业务，行政村物流服务100%全覆盖。

目前，基地从事内衣生产及关联企业约1925家，拥有3个省级技术创新专业镇和1个揭阳市级技术创新专业镇，18个淘宝镇、70个淘宝村，进入全国淘宝100强县名单，位列全国第12位（广东省第2位）。五年来，累计有32家高新技术企业通过评审，216个高新技术产品通过认定，新增揭阳市级工程中心48家，新增省级工程中心4家，新增"四上"企业319家。分别获评"2017年广东省电子商务进农村综合示范县"和"2019年全国电子商务进农村综合示范县"称号。

据不完全统计，普宁市工商注册经营为网上经营的电商个体户和企业8932家，网上开店超10万家，电商从业人数超50万人。"十三五"期间，普宁市电子商务交易额从2016年的361.5亿元到2020年的661.53亿元，年均增长16.31%。2021年，全市全年电子商务交易额826.34亿元，增长24.9%，快递业务量完成16.77亿件，增长34.5%，快递业务收入累计80.28亿元，增长6.4%。

产业规模的不断增长，也必将带来专业市场和电子商务等流通渠道的交易额不断提升。预计到2025年，随着普宁产业规模突破千亿，纺织服装专业市场交易额将达到200亿元，电子商务交易额将达到千亿元。

（四）不断激发高质量发展新动力

为更好地培育、增强基地产业创新力、竞争力，近年来，普宁市委、市政府制订出台了《关于推进科技"四众"促进"双创"的实施意见》《普宁市加快创新驱动发展若干政策》《普宁市落实揭阳市促进产业发展"1+1+12"政策体系的若干措施》，2021年印发《普宁市国民经济和社会发展第十四个五年规划和二〇三五年远景目标纲要》等一系列鼓励发展和创新的政策措施，基地研发创新支撑更加有力。其中，普宁市"十四五"规划从深化经济领域改革、支持民营企业发展、创新招商引资机制、优化创新政策环境、加强人才队伍建设、推动产业园区扩能增效、培育壮大支柱产业、加快发展现代服务业、做大做强商贸物流业、培育发展数字经济等多方面，对普宁市纺织服装产业创新发展做出了全面的规划。

目前，普宁市拥有高新技术企业40多家，星河·领创天下、潮汕学院创业学院荣获"国家备案众创空间"称号，商标总量居全国县域城市第五，全省第一。基地重视研发创新，积极引导企业树立创新意识，与华南理工大学、东华大学等高等院校和国家、省内科研机构合作开展多种形式的技术合作、技术攻关，提高研发和创新能力，增强企业核心竞争力。扶持企业开展技术改造，推动企业开发纺织新材料、新产品，重点开发生态、环保和特殊功能纺织品，着重发展中、高端产品，实现产品升级换代。

基地企业"秋盛资源"产品获欧盟OEKO-TEX STANDARD认证，参与国家行业标准和规范的制定，多项科技成果经省级科技成果鉴定达到国际先进水平，是国家废旧聚酯废旧纺织品循环利用生产研发基地、国家纺织行业资源综合利用技术应用示范基地；"瑞源科技"组建了"广东省无缝服装工程技术研究开发中心"，与东华大学联合开展"高品质超柔无缝针织服装加工关键技术及其产业化"创新，为企业的研发提供强大的技术支撑，根据人体工程学原理及人体体型测量方法及装置，利用自主研发的瑞源ERP、三维设计等系统设计出了"艾沃芭""依雪妮"等广受世界各地人们喜爱的内衣系列品牌。

目前，普宁有11家内衣生产企业引进850多台（套）世界先进的无缝内衣生产设备，基地积极鼓励引导企业创品牌争市场，形成创新品牌矩阵，深化"互联网+"应用水平，推动新一代信息技术与纺织服装业融合发展，推进纺织服装产业创新生态系统建设，紧跟国际时尚服装潮流，引进国际知名设计理念和资源，促进行业向高端化、品牌化、个性化、绿色化转型；提高时尚服装设计水平，培育高端服装设计能力，发展个性化定制、众包设计、生产制造、经营管理、销售服务全流程和全产业链的综合集成应用。

（五）产业升级规划先行

2021年，为进一步推动传统优势产业外贸转型升级，增强区域品牌影响力和辐射力，将普宁内衣这一特色产业做大做强，普宁市政府部门专题委托中国纺织建设规划院编制了《普宁市纺织服装产业"十四五"发展规划》。此发展规划提出，在国家"十四五"期间，普宁纺织服装产业将定位于建设以"普宁内衣"为区域品牌的世界级产业集群，重点围绕"功能性"和"可持续性"，打造产品核心竞争力，以线上特别是平和型跨境电商为切入点，提升产品营销能力，从三个方面推动产业数字化转型。

普宁是国内体量巨大、特色鲜明的先进纺织服装产业集群，拥有良好的产业生态，具备建设世界级产业集群的条件和责任。历经多年发展，普宁产业已经形成了"内衣"特色，成为驰名中外的内衣产业集群地，并围绕这一特色集聚了众多产业资源，有着先进的管理制度和设计，极强的创新能力和营销网络，同时向上下游产业链拓展，面料、衬衫、T恤、卫衣等品类更加丰富，作为贸易窗口拉动了整个潮汕地区纺织服装产业的发展。

四、日销千万：中山沙溪如何以数字化重振休闲服装业

抖音算法、希音、柔性快反、犀牛制造……这是中山市沙溪镇服装业的老板们在日常聚会中谈论最多的话题。

在当地政府的大力推进下，以数字化来重振已沉寂达十年之久的服装业浪潮席卷了这座"休闲服装之都"。

在沙溪，占地7万平方米的服盟国际科技园已基本

建成，正在引进企业：广东金鼎服装科技有限公司目前在建的工厂约7万平方米，中山市霞湖世家服饰有限公司新工厂达6万平方米，中山巨邦服饰有限公司新厂则有3万~4万平方米……与当下一些地区企业深陷困境的情况不同，在政府支持和生产需要的双重推动力下，沙溪的服装企业都在厉兵秣马，投建大型数字化工厂，准备"大干一场"。广东绅维纪纺织服饰有限公司负责人透露，他有100%的信心让今年的产值比去年提高100%，下半年甚至要瞄准200%的目标。

（一）工厂车间科技感满满

进入新落成的广东元一智造服饰科技有限公司车间，发现这里的工人吹着空调，与自动流转的吊挂系统进行着高效的互动。在这里，天花板下方和比人稍高一些的两个平面上，布置了大量轨道，夹着半成品和布片的衣架在其间按照工序的顺序流动着，时不时停在工人面前。"工人从夹子上取下衣料，完成自己这道工序后再夹到夹子上，下一份衣料马上就能送到手边。这样既大大减少了搬运衣料的时间，又能保证衣料的干净。"车间相关负责人介绍说，在每一列的尽头，都装有看板，显示着生产目标、产量、达标率、返工率、员工工序达成率等信息；在总面板上，则可以监看到站内衣架的数量、容量以及在制的这批产品的信息等（图3-26）。

元一智造董事长杨涛是新厂区的设计者，他要求

以数据化来推进"智慧工厂"的诞生，引进了国际先进的针织T恤智能制造设备，改进了T恤的整体生产流程。凭借强大的标准供应链整合能力和生产能力，目前元一智造不仅与男装品牌"海澜之家"达成了长期合作，也与安踏集团高端智能智造品牌斐乐形成了良好的合作关系。

他介绍，目前的智能车间还在调试阶段，全部完成后，制造方一生产，品牌方就能有实时数据。衣服生产进度、可生产量、可发货数都做到了实时可见，不依赖报表、传真。通过数据分析和算法，可以准确安排生产交付流程，如下午有一批货要出库，对方收到指令后就能提前安排好收货时间、负责人等，大大提高了效率。

在另一个车间，工人们熟练地将衣料放进模具，然后用机器自动车缝。据介绍，衣领位置的缝纫技术难度较高，3~5年从业的老师傅才能缝制出比较完美的衣领。这些正在使用的自动化机械，将老师傅的手艺数字化、模具化。布料进仓时通过AI成像自动验布、用自动定位的小车在楼层间运送布料、使用电脑软件控制激光裁布流程、全面升级吊挂系统和缝纫模具……从布匹到成衣，元一的制衣流程科技感满满（图3-27）。

广东绅维纪纺织服饰有限公司的车间也运用了同样的吊挂系统和数据看板。在布料车间，每一捆整理好的裁片上都有二维码标签。负责人白女士介绍说：

图3-26

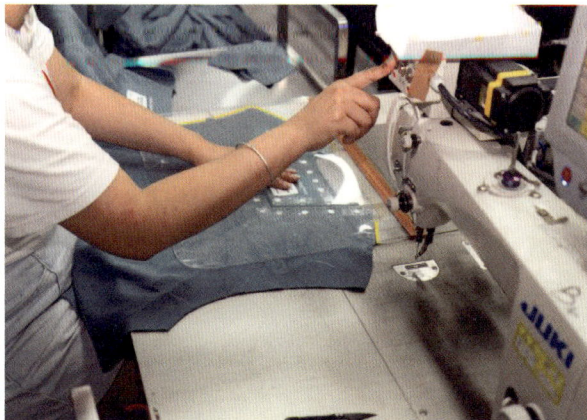

图3-27

"扫一下二维码就能马上溯源，了解这捆材料的所有信息。"所有的裁片都会被放到有编号的裁片超市中，井井有条，"通过样衣制作、裁剪、车缝和后整理四个环节的数据收集，管理者可以生成关于生产时效、超期订单、周转天数、产能、断码和扣款等的统计报表，经过数据分析提前发现异常，可以反向寻找问题根源。"

（二）首日直播销售额破千万元

绅维纪公司的负责人黄信助表示，当下的沙溪乃至中国服装业已经到了不得不转型的地步。"我们不能再去跟越南等国家争劳动密集型产业，怎么样结合工业互联网进行全流程、全领域的数字化转型才是重点。而数字化转型到底该朝哪个方向走，每个人都在摸索。"他介绍，公司准备建一个全数字化车间，虽然这在很多同行看来还是天方夜谭，但是必须走出这一步，这是沙溪服装业要升级不得不跨过去的一道门槛。

在广东省服装服饰行业协会互联网电商直播分会会长陈锦康看来，除了在硬件和管理上做数字化升级外，依托抖音等平台的数字化运营也是非常重要的一个板块。作为中山波特邦威服饰有限公司的董事长，他亲自在抖音上带货，拥有百万粉丝。陈会长谈到，目前沙溪服装业面临最大的困境之一是人才短缺，"优秀的人才都喜欢留在一线大城市，在我们这小地方待不住，所以很多企业都把研发设计部门放在大城市，这也就催生了通过网络平台的合作方式。"

沙溪镇党委书记徐成彬指出：沙溪镇的服装行业经历了"沉寂的十年"，"数字赋能"能够助力沙溪这一中国休闲服装名镇再出发。目前正对12个村镇低效工业园进行改造升级，整备出土地资源，建设标准化厂房，让传统服装转型升级有了物理空间，扶持更多的服装企业完成智能化、数字化的变革。镇政府每月都举办服装企业座谈会，邀请专家及先进企业介绍经验，大家互相学习。现在全行业都变成学习型组织——绅维纪打造了商学院来培养员工的创新思维；元一公司成立数字化研究院为未来发展蓄力……企业家们都马不停蹄地学习，希望赶上时代的大潮。

徐书记介绍，沙溪正积极谋划在镇中心地段建设一片集服装研发、设计、展销于一体的"中央活力区"，通过产业、资金、政策资源投放、营商和人居环境改善，打造广珠澳科技创新走廊上的美丽时尚之都。

（三）学习犀牛智造的模式

广东省服装服饰行业首席数据官、数智视界产业融合研究院首席研究员文丹枫博士向我们介绍：20世纪90年代的中国，全国服装行业集散流通的最重要平台就是各地的大型服装批发市场。当年沙溪可谓是品牌林立，有鳄鱼恤、汉弗莱、剑龙、柏仙多格、菲猎、意丹奴、智威龙、雷柏高、圣玛田、交叉点等，沙溪成为国内休闲服饰开发、生产的桥头堡。在全国各大中城市最繁华的商业街，这些休闲品牌专卖店占据着最优良的地理位置。2012年是一个重要的分水岭，此时的各类传统服饰品牌都已经进入红海竞争格局，随着国际休闲快时尚品牌Zara等进入市场，以及国内电商服饰品牌的迅速崛起，对于沙溪传统休闲品牌来说，曾经的大卖场辉煌转瞬即逝，在渠道急速变更的时间游戏里，越来越多的落伍者被市场淘汰。

文博士介绍，基于以上情况，沙溪部分企业家正借助数字化推动产业转型。传统服装业有诸多痛点，如生产链始终赶不上外部流行趋势的变化，买卖双方的信息严重不对称，可以直接拖垮一家大中型服装品牌……沙溪目前要学的就是阿里的犀牛智造的模式：智能打板、云端工艺匹配、优化供应链等。沙溪现在的企业家们都在做主播，与抖音合作，获取消费者数据，就是正在完成与消费者进行连接这重要的第一步。他认为，沙溪目前数字化转型仍处于初期阶段，即以直播电商、数字营销作为抓手，培育粉丝群，获取

数据。下一步发展升级的方向，就是通过庞大的粉丝群提供的需求数据来促进生产制造的改变，像元一公

司一样建造更多的数字化车间，实现传统产业的彻底升级。

广东服装产业集群创新发展

一、情况综述

（一）政策导向

2020年10月，广东省工业和信息化厅、广东省发展和改革委员会、广东省科学技术厅、广东省商务厅、广东省市场监督管理局联合印发《广东省发展现代轻工纺织战略性支柱产业集群行动计划（2021—2025年）》（粤工信消费〔2020〕119号），指出我省轻工纺织产业基础较好，是全球主要的轻工纺织生产基地之一。到2025年，形成产业特色鲜明、创新要素集聚、网络化协作紧密、生态体系完整、区域根植性强、开放包容，具有全球影响力和竞争力的现代轻工纺织产业集群。

2021年7月，广东省人民政府印发《广东省制造业高质量发展"十四五"规划》（粤府〔2021〕53号），规划现代轻工纺织产业细分领域纺织服装发展空间布局：优化广州、深圳时尚创意与品牌建设，增强品牌优势，提升纺织服装原材料产业物流与供应链的国际影响力。依托汕头、佛山、惠州、汕尾、东莞、中山、江门、湛江、阳江、潮州和揭阳等市纺织服装专业镇，强化纺织服装原材料及辅料、制品研制、设备制造等产业链优势环节，优化建设若干集研发、设计、生产等功能为一体的区域产业集群。

（二）集群概况

截至2021年12月，广东省与中国纺织工业联合会建立纺织服装产业集群试点关系的地区共计28个，2021年广州市海珠区被中国纺织工业联合会授予"中国纺织时尚名城"。

广东省服装产业主要集中在三大区域，分别为潮州、汕头、揭阳区域，产品以婚纱礼服、工艺毛衫、内衣、家居服为主；东莞、惠州、深圳区域，产品以品牌女装、品牌男装、毛衫、休闲装、设计师品牌服

装为主；广州、佛山、中山区域，以服装流通、休闲装、内衣、童装、牛仔服装、牛仔洗水为主。

创新关键词：数智赋能、直播电商、跨境电商、产业新载体、公共服务平台

（三）集群发展简况

1. 广东省开平市：中国纺织产业基地市

开平市是中国纺织产业基地市（县），开平市三埠街道是中国牛仔服装名镇。近年来，开平市针对优势传统支柱产业出台多项专项规划，推动传统支柱产业优化升级。目前，正加快制定先进制造业发展"十四五"规划，从园区建设、产业链发展、技术改造、品牌建设等方面为产业把脉，指明发展方向和明确发展目标。如今，开平市重点发展纺织面料、纺织制品、产业用纺织品以及具有自主品牌成衣产品，以健康化、智能化、个性化、时尚化、绿色化为重点方向，通过加快转型升级步伐、打造产业集聚区、产业改造升级、加强龙头企业培育等多措并举，推动纺织服装产业高端化发展。

据统计，目前，开平市共有化纤纺织服装企业502家。2020年，开平市纺织服装产业实现工业产值超86.77亿元，现有规上企业62家，其中1亿元以上企业15家，10亿元以上企业1家，2021年1~8月实现工业产值58.21亿元，同比增长12.37%。

2. 广东省普宁市：中国纺织产业基地市

揭阳普宁市是"中国纺织产业基地市""广东省纺织服装产业集群升级示范区"，揭阳市普宁市流沙东街道是中国内衣名镇。普宁市2021年全市纺织服装产业总产值达1200多亿元，拥有纺织印染服装企业4000多家企业、超过30万从业人员，是广东省服装产业集群中总产值最大的县级市。2021年，普宁市成功升格认定为"国家外贸转型升级基地（内衣）"。

目前，普宁拥有占陇镇（纺织服装）、流沙东街

道（内衣）、军埠镇（服装）3个省级技术创新专业镇和沁尾街道（衬衣）1个揭阳市级技术创新专业镇。全市有纺织服装企业6000多家，纺织服装产业直接从业人员31万人，纺织服装产业电商从业人员超30万人。2021年全市规上纺织服装企业142家，占全市规上工业家的47.97%；纺织服装出口约28亿元，占全市外贸出口总值70%以上。

3. 广东省汕头市：中国纺织产业基地市

纺织服装是汕头市最大的支柱产业，以家居服装、针织内衣和工艺毛衫为主，是中国最大内衣家居服生产基地，形成了从捻纱、织布、染整、经编、刺绣、辅料、成品的完整产业链。汕头市澄海区是中国工艺毛衫名城，潮南区是中国内衣家居服装名城，该区的谷饶镇是中国针织内衣名镇，两英镇是中国针织名镇，峡山街道是中国家居服装名镇。

2021年，全市纺织服装规模以上企业688家，实现工业总产值1144.19亿元，占全市工业总产值的34.3%；工业增加值246.57亿元，占全市工业增加值的33.2%。其中，内衣家居服产量约占全国45%，拥有"芬腾""浪漫春天""奥丝蓝黛""秋鹿""美标"等一大批内衣家居服名牌，内衣家居服名牌数量位居全国同行业第一，名牌产品占全国75%以上。

2021年12月，汕头市纺织服装产业协会成立，汕头纺织服装产业发展迈入新时期，形成抱团发展新格局。协会成立后提出建设全球纺织品采购中心、纺织工业园区、展会展览中心、纺织服装产业总部大厦"四大工程"，整合资源畅通产业循环。

4. 广东省广州市越秀区：中国服装商贸名城

广州市越秀区是"中国服装商贸名城"，坚持举办"中国流花国际服装节"。中国流花国际服装节已连续举办23届，是广州市越秀区时尚产业标志性的盛事。越秀区作为中国服装商贸名城，也是广州市"时尚之都"核心区，一直致力于发展成为国内顶级、国际知名的时尚高地。本届服装节联合广东时装周—秋季、湾区（广东）时尚文化周同址举办，打造一场高品质、高规格、高审美的时尚盛宴，助力国际消费中心城市建设。

5. 广东省广州市海珠区：中国纺织时尚名城

2021年，广州市海珠区成功入选产业集群试点名

单，荣膺"中国纺织时尚名城"。海珠区政府专门成立中大国际纺织时尚中心推进建设工作领导小组，大力推动海珠区纺织时尚产业发展情况。海珠区正在加速构建"一区一谷一圈"的空间发展布局，进一步厚植培育纺织时尚产业蓬勃发展沃土，成为广州建设时尚之都重要产业支撑。未来，海珠区将继续以中大纺织商圈为产业基础，夯实发展优势，发挥好人工智能与数字经济、城市更新的"双引擎"作用，实现产业升级和消费能级"双提升"。

6. 广东省潮州市：中国婚纱礼服名城

潮州是中国婚纱礼服名城，也是中国主要的婚纱礼服生产基地，世界婚纱礼服最大的生产出口基地。潮州婚纱礼服90%以上出口，产品主要销往欧美等20多个国家和地区。潮州婚纱礼服将传承一千多年历史的潮绣手工工艺与时尚的国际流行元素结合在一起，目前，潮州已拥有婚纱礼服企业近千家，涌现一批著名婚纱礼服企业。2021年潮州市规模以上服装工业增加值同比下降13.8%，服装及衣着附件出口9.68亿元，同比增长22.6%。

7. 广东省惠州市惠城区：中国男装名城

2021年惠州市和惠城区政府积极鼓励和支持纺织服装产业加大品牌创建、研发设计、技术攻关、质量检测、新型销售网络建设等方面的力度，全面推进服装产业转型升级，增强产品的市场竞争力。惠城区现有纺织服装企业近400家，其中规上企业60多家，年产男装8000多万件（套），从业人员3万多人。2021年惠城区1~12月纺织服装、服饰业总产值同比下降10.2%。惠城高新科技产业园（东江湾产业园）位于水口、马安，规划面积30平方千米，已开发建设8.45平方千米，重点发展新一代电子信息（5G智能）、先进装备制造业、纺织服装产业。

8. 广东省东莞市大朗镇：中国羊毛衫名镇、世界级毛织产业集群先行区

大朗是全国首批中国羊毛衫名镇、全国纺织模范产业集群、国家外贸转型升级专业型示范基地、世界级毛织产业集群先行区。大朗毛织，从研发到生产，从原料到机械，从人才到贸易，形成完善的全产业链。2021年，大朗拥有超过20071家毛织市场主体，其中规模以上毛织工业企业194家，主营收入超亿元企业

12家；毛织工业总产值（纳入统计系统，下同）的有196亿元，其中规上毛织企业工业总产值为80亿元；毛织工业企业主营业务收入177亿元，其中规上毛织企业主营业务收入72亿元；年产毛衣约8亿件，其中2021年纳入统计系统的有3.79亿件。大朗毛织品市场年交易额达600亿元，全球每6件毛衣就有1件来自大朗。全镇拥有4个大型专业市场、6个毛织配套片区、12条毛织专业街。大朗纱线销售企业超过2000家，年销售纱线超过100万吨，交易额超300亿元，占全行业市场交易额的一半以上，花式纱专利数量占全国三分之二。

9. 广东省东莞市虎门镇：中国女装名镇、中国童装名镇、世界级服装产业集群先行区

改革开放40多年来，虎门大力发展服装服饰产业，形成了规模庞大的产业集群、配套完善的产业链条、成熟发达的市场体系，成为享誉国内外的以女装、童装、休闲装为特色的"中国服装服饰名城"，荣获了"中国女装名镇""中国童装名镇""全国服装（休闲服）产业知名品牌创建示范区""中国服装区域品牌试点地区"、首批"全国纺织模范产业集群"首批"中国服装产业示范集群""国家火炬计划服装设计与制造产业基地"等多项国家级荣誉。截至2021年底，虎门有服装服饰生产企业3100多家，总生产面积251万平方米，从业人员超过20万人，年工业总产值约410亿元；有服装服饰及面辅料市场区域面积约7平方公里，总经营面积245万平方米，有40个专业市场、1.5万经营户，年销售额超830亿元。拥有各类服装服饰注册品牌50000多个，形成了"金字塔"形的服装品牌架构，逐渐成为华南地区最具凝聚力和影响力的区域服装品牌中心。全镇除3100多家生产企业外，另有面辅料企业，物流、绣花、印染、洗水等配套企业，以及咨询、培训、设计、策划等配套服务机构共1000余家，形成了集研发、设计、生产、销售、服务于一体的完整产业链，实现全环节生产销售及配套。

10. 广东省东莞市茶山镇：中国品牌服装制造名镇

东莞市茶山镇先后荣获"中国品牌服装制造名镇""中国服装产业示范集群""广东省服装产业转型升级重点培育集群"等荣誉称号后，经过精心扶持和培育，形成了以服装制造为主、相关产业配套发展的

产业集群，全镇纺织服装行业及其配套产业共有企业约600家，其中拥有自主品牌的服装企业有30多家，从业人员6万多人。茶山服装产业以时装、风衣、内衣、休闲装、童装等门类为主，覆盖梭织、针织、家纺等多种类别。

11. 广东省中山市沙溪镇：中国休闲服装名镇

沙溪镇是中国休闲服装名城、广东省外贸转型升级基地，以休闲服装享誉国内外，素有"休闲服装看沙溪"的美誉。沙溪拥有4000多家服装企业，250多个自主品牌，近6000家上下游配套企业，服装产业体系完善产业集群效应强劲，为产业升级腾飞、直播基地的打造、直播人才孵化提供了充足的养分。2021年，沙溪镇新诞生4位"广东十佳服装设计师"，是全省新产生"广东十佳"最多的一个产业集群；涌现出了波特邦威、合拍传媒、澜沃服饰等为代表的一批电商直播领域活跃群体；以"凯斯迪"为代表的新一代沙溪休闲装品牌企业；以"元一智造"为代表的新一代"智造"企业。

12. 广东省中山市大涌镇：中国牛仔服装名镇

大涌镇俗称"隆都"，地处广东省中山市西南部，拥有"中国牛仔服装名镇"等国家级区域品牌和"广东省纺织服装专业镇"省级品牌。大涌对产业结构进一步优化，落实名牌名标战略，以高新技术提升传统产业，促进内源外源经济同步发展。大涌镇现有牛仔纺织服装及布匹辅料配套企业超过3000家，全镇纺织服装企业标准厂房面积达到100多万平方米，各类制衣社保超过10万台（套），年均牛仔服装生产能力达到1.5亿件，牛仔布匹用量为2.5亿码，用工人数约为5万人。大涌牛仔服装产业经过40年的发展历程，目前已经发展成为具有良好产业基础以及较强竞争力的牛仔纺织服装产业集群。

13. 广东省中山市小榄镇：中国内衣名镇

小榄内衣自20世纪80年代起步，由"三来一补"的港资企业做起，主要以生产男士内裤为主，兼顾生产女士内裤、休闲便装、内衣、泳衣、睡衣、文胸、男女童装等产品，现已成为小榄镇的支柱产业之一。小榄内衣产业经过多年发展，培育了100多个内衣裤知名品牌，在新产品开发、设计和生产水平方面都已具备国际竞争力。目前，全镇内衣企业1500多家，产

业链配套完整，上下游企业数量超过1000家，为全国男士内裤提供了60%的产能。

14. 广东省广州市增城区新塘镇：中国牛仔服装名镇

新塘镇是中国牛仔服装名镇，国家外贸转型升级基地（纺织服装）。2021年，新塘镇从事纺织服装的企业有近2000家，规模以上纺织服装企业269家，规模以上工业总产值99.21亿元。新塘镇纺织服装企业按经营侧重出口市场和内销市场可分为两个群体。一类是规模以上服装生产企业，超过八成是以出口为主，2021年新塘镇纺织服装出口89.74亿元，同比增长18.33%，占增城区出口比重约1/3。另一类是以电商销售带动的一批规模以下企业，据淘宝、天猫平台统计，在该平台销售新塘牛仔服装的、以发货地为新塘的天猫店铺约有2000家，淘宝店铺2000多家，合计年销售额约120亿元，其中男装80多亿元、女装40多亿元，是全国牛仔服装销售额最大的地区。目前，新塘牛仔服装产业拥有纺纱、染色、织布、整理、印花、制衣、洗水、漂染、防缩等完善的生产链，产业规模大、产业链完整，产业集聚效应明显。2021年漂染补链初见成效，正在逐渐慢慢恢复该产业链供应链重组升级。

15. 广东省深圳市龙华区大浪时尚小镇：中国品牌服装名镇、世界级时尚小镇先行区

大浪时尚小镇位于深圳市龙华区，前身为深圳市服装产业集聚基地，规划面积11.97平方千米，可开发面积3.79平方千米，核心区1.08平方千米，是湾区唯一特色时尚小镇，也是广东省首批时尚特色小镇。2020年7月14日，大浪时尚小镇获批加入与中国纺织工业联合会共建"世界级时尚小镇"试点，已成为全国标杆性产业集群区。作为粤港澳大湾区唯一的时尚小镇，大浪时尚小镇多年来重视扶持服装产业发展，坚持培养时尚创意人才，积蓄产业发展动能，并与中国纺织工业联合会共建"世界级时尚小镇"，努力向着世界级时尚产业集群的目标迈进，已成为引领服装产业发展的一面示范旗帜。

16. 广东省佛山市南海区西樵镇：中国面料名镇

西樵镇位于广东省佛山市南海区的西南部。目前全镇拥有纺织服装企业近千家，包括织造、浆印染、

服装及其配套企业。全镇纺织从业人员约6万人，纺织设备3万多台套。据统计，2021年1~11月，全镇规上工业总产值386.25亿元，同比增长3.4%，其中规上纺织产业实现总产值102.76亿元，产值占比26.6%。目前，西樵共有纺织生产性企业860家，规上纺织企业137家，年产各类纺织面料40亿米。

17. 广东省佛山市南海区大沥镇：中国内衣名镇

大沥镇是中国内衣名镇，作为国内最早生产内衣的地区，大沥盐步已形成全国中高档品牌最集中的内衣产业集群，"盐步内衣"区域品牌估值为69.57亿元。汇集了众多全国中高档内衣品牌，被称为中国时尚品牌内衣之都，拥有完善的产业链以及相关配套服务，集群优势明显。盐步不仅为国内提供大量的内衣产品，而且出口到美国、欧盟、韩国、日本、南美等30多个国家和地区。随着盐步内衣发展转型及品牌意识的增强，盐步拥有自主品牌的内衣企业超过20%，而且仍在保持一个较快的发展速度。2021年，盐步内衣产业也加速数字化转型，将网红直播、爆款产品、品牌企业整合在一起打通产品源头到销售终端，形成商业新形态。

18. 广东省佛山市禅城区张槎街道：中国针织名镇

张槎是中国针织名镇，是全国最大的针织产业集群基地、全国最大的纱线交易聚集地和最大的丝光棉面料及丝光棉T恤的产业基地。集聚针织服装企业5800余家，从业人员约7万人，形成了完善的产业链，能够为辖区企业整体发展提供强有力的原料、技术和信息支持。2021年，张槎街道积极推动搭建平台促进产业规模化，引入世必达物流、中恒智能仓储、亿锋物联网等，积极打造行业公共服务平台，实施优化升级改造，提升行业数字化、智能化、网络化水平。一批平台企业选择张槎、立足张槎、扎根张槎，利用互联网技术整合上下游资源，让当地针织企业进入原料采购、研发生产、营销服务为一体的快速反应通道，同时探索全行业转型升级的良方。

19. 广东省佛山市禅城区祖庙街道：中国童装名镇

祖庙街道位于广东省佛山市禅城区东北部，是佛山市中心城区的核心街区。经过30多年的沉淀发展，祖庙童装产业逐步发展成从童装设计、加工、生产到资讯、物流、面辅料供应、电脑绣花、印花等完整的

产业集群。产品从零岁开始的婴童到小童、中童、大童、青少年服装一应俱全,产品远销东南亚、欧美、中东及全国各地。目前,祖庙街道辖区内拥有不同层次的童装品牌企业3000多家,童装相关从业人员20多万人,主要以集群式、园区式分布。

20.广东省佛山市顺德区均安镇:中国牛仔服装名镇

均安是全国首批4个"中国牛仔服装名镇"之一,形成了集纺织、设计制造、印染水洗、贸易、检测于一体的、具有完整产业链的牛仔产业集群。作为佛山顺德粤港澳协同发展合作区的重要组成部分,通过加深与港澳合作,对接港澳先进科技,实现产业创新的协同发展、现代服务业的协同发展、青年交流的协同发展以及文化、人文交流的协同发展,为均安本地制造业赋能升级。均安镇持续推动牛服装仔产业转型升级,增强"均安牛仔"集体品牌效应,成功举办第十届均安国际牛仔博览会及第五届"均安牛仔杯"全国大学生牛仔设计大赛。未来将打造以时尚创意为特色的牛仔总部经济体,以设计师、设计企业资源形成创新优势,赋能均安牛仔从传统制造业向高端制造和时尚文化产业转型升级。

21.广东省博罗县园洲镇:中国休闲服装名镇

纺织服装产业是园洲镇的传统、支柱产业。目前,全镇拥有制衣及配套企业1000多家(其中,规模以上60多家),纺织服装从业人员达10万人,纺织服装产业总产值约60亿元,年产各类服装1.2亿件(套),产品销往全国各地及全球90多个国家和地区。园洲镇纺织服装产业目前已形成集织造、染整、水洗、印花、制线、成衣加工、包装、物流等较为完整的服装产业链,并已成为广东省知名休闲服装产业集中区。

22.广东省广州市番禺区

广州市番禺区高度重视纺织服装产业高质量发展,将在广州市构建"链长制"框架下,重点加大对纺织服装产业的政策扶持力度。"十四五"期间,将打造"时尚之都"重要节点,面向世界、面向年轻一族,扶持壮大快时尚产业,总结推广互联网、柔性边界、个性化、快时尚的全产业链枢纽型创新模式,以及商业模式、生产模式。对标广州市打造时尚之都要求,围绕珠宝钻石、服装、家具、汽车等优势产业,鼓励企业按照国际一流标准,提升产品性能、款式设计、工艺水平,缩小与境外产品的差距,推出一批满足个性化、多元化、高端化消费需求的产品。推动国际知名时尚设计师、大师工作室在番禺集聚。

推动时尚产业园区集聚发展。依托南大干线泛经济带现有产业基础优势上,通过新增工业用地、盘活村级工业园、改造升级旧厂房等途径,采取统一建设、分割转让、统租统管、租金返利等模式,积极配套人力、交通、公寓等资源,建设多个时尚产业园区,遴选适配时尚产业链企业进驻,支持引进新经济、新业态、新模式项目,培优育强一批骨干企业,打造一批主业突出、综合实力强、智能制造和创新示范显著的特色产业园。

23.广东省广州市白云区

2021年白云服装限额以上批发零售业销售额为94.33亿元人民币,在全市的占比为12.7%;规上制造业产值为94.62亿元人民币,全市占比18.26%。商贸与制造规模相当,业态完整,在广州市服装产业中具有重要的地位。2021年底白云区涉及纺织服装产业市场主体登记数74586户,占全区市场主体近15%。

2021年,由政府主导的广州设计之都、广州时尚之都等重点产业平台的迅速崛起,白云区逐步形成了集时尚创新、文化引领、设计研发、品牌培育、营销推广等功能于一体的完整产业链条。按照规划,广州时尚之都范围约8平方千米,其中核心区面积2.58平方千米,以服装、皮具、化妆品等产业为主导。广州时尚之都将以研发设计、展贸、体验、个性定制等高端环节为价值导向,打造面向国际的时尚总部基地、潮流发布中心、消费体验中心、产业交流平台和创新创业基地。

2021年4月,"粤贸全国"启动活动暨2021广东时装周一春季活动在广州市白云区举办,同期举行2021广州(白云)时尚·设计产业发展战略论坛,共商产业发展、共谋合作机会。

二、虎门镇:打出组合拳,突破瓶颈探寻产业新机遇

产业发展空间受到制约,实体市场老化,转型升

级困难，高端人才及研发机构引进难……与所有珠三角地区服装产业集群一样，正在积极推进"世界级纺织服装产业集群先行区"建设的虎门镇，也遇到了这些发展瓶颈。

2021年，虎门通过打出"给政策、拓空间、数字化、树品牌、推创意、拓市场"等组合拳，推动虎门服装向技术高端化、创意多元化、产品时尚化、品牌国际化的时尚产业全面转型，助力虎门建设粤港澳大湾区时尚中心、中国服装服饰时尚品牌名城、世界级时尚产业集群。

（一）给政策：实施"四名工程"，助推产业高质量发展

为做强虎门服装服饰业，加快打造世界级纺织服装产业集群先行区，推动产业高质量发展。近年来，虎门计划实施名师、名牌、名企、名园"四名工程"，希望通过该工程，育名企、创名牌、树名师、建名园，即实施"名师"工程，强化产业的人才支撑，实施"名牌"工程，提升产业的品质魅力，实施"名企"工程，巩固产业的基础实力，实施"名园"工程，拓展产业的发展空间，以此完善虎门服装人才培育机制，打造更高附加值、更强竞争力的产业链体系，加快推动虎门服装产业向技术高端化、创意多元化、产品时尚化、品牌国际化的时尚产业全面转型。2021年，为推进《关于实施虎门服装服饰"四名工程"推动产业高质量发展的若干措施（试行）》实施，虎门多次召开研讨会，召集相关部门就政策相关细节进行交流探讨。目前，该政策第四次征求意见稿已征求相关部门的意见，将于近期出台。

（二）拓空间：打造重点高端产业园区，提升产业承载能力

近年来，虎门通过打造以"虎门高铁站TOD时尚产业研发及展销中心+大湾区国际时尚谷+大湾区衣流时尚产业园"三大重点项目为主、其他项目为辅的服装高端产业园项目，强化产业集聚区的载体功能。

其中，虎门高铁站TOD时尚产业研发及展销中心占地约560亩，总投资为240亿，建设规模为135万平方米。项目已被纳入市重点项目。中国中丝集团南方

区域总部项目、中国轻工集团南方区域总部项目即将进驻。

大湾区国际时尚谷占地约220亩，总投资30亿元，将建设国际时装品牌中心、国际时尚产品智造中心等五大产业中心，同时打造具有知名度的总部空间、具有纵深度的智造空间等"八度空间"，推动以纯集团在时尚谷新建营销研发总部，带动一批优质服装企业入驻时尚谷发展。

大湾区衣流时尚产业园占地约900亩，投资20亿，属连片改造项目，通过产城融合理念的科学升级改造，拟导入高品质时尚服装产业集群，打造时尚服装产业生态圈、高校及服装科技研究院，与服装人才企业资源平台、完善供应链服务体系及相关配套设施，形成产业链闭环，构建"职住一体"的时尚产业社区。

至2021年底，这三大重点产业园区项目进展顺利，其中，虎门高铁站TOD核心区域综合开发项目一期工程正在建设中，商场部分已进入设计深化阶段；大湾区国际时尚谷正在同步进行新型产业用地主体准入资格审核以及项目用地规划调整；大湾区衣流时尚产业园正在推进物业回收清租的工作。此外，由旧厂房升级改造而成的、占地近十万平方米的产业园区项目虎门寨衣品同创跨境电商产业园已完工并投入使用。

（三）数字化：赋能虎门产业升级

虎门镇积极推动前沿数字技术优化制造业生产的各个环节，推动传统产业加快重构和创新，推动制造业向智能化、数字化转变，加快制造业的高质量发展，实现数字产业和传统产业、数字经济和实体经济的深度融合格局。

2021年，虎门镇通过第三方平台实现网上销售额556亿元，增长7.3%；全镇从事电子商务的企业及个体户超过10000家，其中经营服装服饰的达90%，全年快递业务量超过6.4亿票。

不仅如此，虎门服装还以智能科技为抓手促进产业转型升级，通过实施"虎门服装工业4.0"，积极与科研院所、研发机构合作，推动互联网、大数据、人工智能等信息网络技术与行业的深度融合，推动服装产业向功能性、高端化、智能化、时尚化发展，成效明显。

虎门镇不少企业通过装备升级和技术创新，开发新型智能产品，涌现了一批科技创新成果：以纯集团个性定制服装商业生态平台，实现全过程数据化驱动和网络化运作；欧点、乾道、贝娜丝、奔踏、峻邦、老虎服饰等多家企业运用模板化生产、自动吊挂系统、自动裁床等设备，促进供应链的快速运转；圣天虹、墨子星等开发出具备实时监测身体状况、实时定位和一键呼救、调节冷暖等功能的智能穿戴服装服饰产品；戴世拉链开发出具备防盗、防丢、众寻等功能的新型智能拉链。

（四）树品牌：打造大湾区时装周，升级区域品牌

2021年，虎门对已成功举办八届的虎门时装周进行华丽升级，举办了首届大湾区时装周即2021大湾区时装周（秋季），突破空间的局限，在本土品牌及设计师的基础上，引入更多大湾区乃至全国的优质时尚资源，以更加开放的姿态玩转时尚，旨在展示原创设计、碰撞时尚灵感，汇聚自主品牌、促进商业落地，努力打造"大湾区时装周"这一区域品牌。

2021大湾区时装周（秋季）于当年9月举办。主会场设在虎门会展中心，分会场包括镇内各大酒店及相关服装企业，共有21场时尚活动，主要涵盖：启动仪式、服装品牌新品发布会及订货会、服装设计师流行趋势发布、服装院校专场发布、少儿时尚盛宴、时尚买手和DCI原创设计讲座等，包括以纯、富民、乔帛、卡蔓、纽方、意澳等近20家品牌企业及深圳蝶讯、广州大学纺织服装学院等企业及机构参加，还有蜚声海内外的两大知名设计师郭瑞萍和白曳帆（其中，郭瑞萍为中国十佳时装设计师、白曳帆为BYF COUTURE高级定制工作室创始人）联袂举办设计师联合秀（图3-28）。

（五）推创意：促进创新创意，活跃时尚氛围

虎门多措并举，举办创意赛事，搭建时尚载体，培育挖掘优秀创意人才。

2021年，虎门举办了两大创意设计赛事，即第22届"虎门杯"国际青年设计（女装）大赛、第九届中国（虎门）国际童装网上设计大赛。其中，童装大赛参赛稿件达1217份。"虎门杯"大赛收到来自俄罗斯、马来西亚、泰国、日本等8个国家和地区的2235份作品，同年8月进行了初评，从中选出了30份作品进入决赛，决赛原定于第26届虎门服交会期间举行，后随服交会延期至2022年举行。

虎门还发挥虎门服装创意设计孵化器的作用，为企业及设计师提供创业基础设施，以及针对性的政策、技术类个性化服务，尤其是所推出的免租政策，给处于起步阶段的设计师莫大的支持，培植了数百名创业型设计师，提升虎门设计师的实力，培育出了中国十佳时装设计师、欧点创始人徐花，广东省十佳时装设计师、卡蔓创始人卡文等10余位省十佳时装设计师，纽方、意澳、艾加茜等知名品牌研发团队，以及俪闻工作室等拥有300多人的设计团队。

（六）拓市场：线上线下联动，助力企业降成本拓市场

虎门镇积极组织企业借助国际平台拓展国内外市场，树立品牌形象；引导鼓励企业发展电商，拓展线上市场，促进企业从传统生产经营的模式转向"互联网+产业"的模式，推进有形市场与无形市场同步发展、线上与线下良性互动。

此外，疫情之下，企业发展受阻，为帮助本土服装企业拓展市场、清理库存，同时让利给终端消费者，

图3-28

2021年1月1-10日，虎门举办了为期10天的湾区时尚品牌贺岁乐购展。展会汇集了三苑宜友、巴迪小虎、彩色笔、卡蔓、意澳、木棉道等百家知名品牌企业，产品涵盖女装、童装、男装及鞋类、包等服装服饰产品，全场商品4折以下出售，还有30万元乐购代金券及数千份礼品助力，并设童模大赛、音乐节、美学美妆讲座、美食节等丰富多彩的配套活动（图3-29）。

图3-29

三、双"链主"持续推动广州市时尚产业集群服装产业链建设工作

2021年6月7日，广州市委办公厅、市政府办公厅印发实施《广州市构建"链长制"推进产业高质量发展的意见》（以下简称《意见》），提出聚焦先进制造业、战略性新兴产业、现代服务业、现代农业等领域的21条重点产业链，全面实施以市领导为"链长"和以龙头企业为"链主"的双链式"链长制"。

《意见》是围绕深入贯彻落实党中央、国务院关于优化和稳定产业链供应链的重要部署以及《广东省战略性产业集群联动协调推进机制》文件精神，结合时尚产业集群发展特点，推出产业链强链补链稳链的又

一创新性举措，对于我市进一步提升产业基础高级化、产业链现代化水平，打造广州市具有国际竞争力的现代产业体系具有重要意义。

按照《意见》分工安排，广东省服装服饰行业协会（以下简称"省服协"）、广州纺织工贸企业集团有限公司（以下简称"纺织公司"），担任时尚产业集群服装产业链"链主"。

（一）率先响应，体现"链主"担当，成立工作专班，建言献策

《意见》发布后，在广州市工业和信息化局指导下，省服协与纺织公司作为时尚产业集群服装产业链双"链主"立即响应，并建立起专项工作联络机制。

通过召开构建"链长制"推进产业高质量发展（时尚产业集群服装产业链）研讨会/座谈会等系列工作会议，通过与政府、协会、企业和智库专家等展开对话，梳理广州市服装产业链发展现状，协助相关职能部门逐步厘清服装产业链全景图、项目清单、龙头企业清单、产业链创新体系、产业区块或重点园区清单、产业链招商清单和战略咨询支撑机构等。

2021年8月30日，广州市工信局会同市商务局、市贸促会召开时尚产业集群链长制工作推进会，通过会议，市工信局介绍了"链长制"政策工作要求、数字建链工作思路以及纺织服装分链"九个一"工作试点情况，各链主、分链主及支撑机构围绕链长制"九个一"工作路径畅所欲言、建言献策（图3-30）。

图3-30

（二）开展产业调研，传递政策方针，聆听行业声音

广州市"链长制"时尚产业集群服装产业链工作专班建立起来后，省服协和纺织公司两家"链主"单

位积极发挥头雁引领和生态主导优势，群策群力，协同推动链群共建，积极开展产业调研、政策宣贯等工作。

工作专班陆续深入走访调研了广州市相关政府职能部门、城市更新项目、产业园区、跨境电商供应链代表企业、服装品牌企业、设计师品牌代表以及电商平台、产业链平台、工业互联网平台等。包括比音勒芬服饰股份有限公司、快尚时装（广州）有限公司、广州华多网络科技有限公司、广州希音国际进出口有限公司、广州市捷展贸易有限公司、南极电商股份有限公司、广州春晓信息科技有限公司、广州尚捷网络科技有限公司、广州衣布就到味网络科技有限公司、广州市路书征途科技有限公司、巨大创意产业园、禧媚莲依（Charming lotus）高定女装、广州尚睿服饰有限公司、广州熙然服装有限公司、广州蓝色时空企业管理咨询有限公司、广州亿格纺织科技有限公司、广州悦蒂威服饰有限公司、广州市汇美时尚集团股份有限公司、广州设界科技有限公司、中国工业互联网研究院广东分院、广州致景信息科技有限公司、广东时谛智能科技有限公司、广州奥宝房地产发展有限公司、广州白马服装市场、广州巨大创意产业园、广州红棉中大门、广州市钻汇商贸集团有限公司等。

其中，10月29日，2021广东时装周一秋季举办期间，省服协与纺织公司作为召集人，在广德大厦召开了广州市服装产业链专题工作大会（图3-31）。市工信局、服装企业、专业市场、电商平台及相关机构和媒体等共同参与，围绕"链长制"工作进行深入交

图3-31

换意见。大会一致认为，双"链主"可以继续发挥引领作用，推动"链长制"市区联动工作落地，举办广州服装行业性专业性大会或时尚活动，让链长制更加深入和贴合产业需要。

此外，为响应省工信厅呼吁在我省优势行业设立"首席数据官"的倡议，会上省服协还正式聘任了文丹枫博士为广东省服装服饰行业协会"首席数据官"，以更好地建立全面激发经济数字化创新活力的新机制，加速纺织服装产业数字化转型进程。

（三）双"链主"践行责任，合力打造纺织服装产业时尚发布平台

2021年11月8日晚，由省服协主办，纺织公司联合主办的2021广东时装周一秋季在广州流花展贸中心圆满落下时尚帷幕。在本届时装周11天的时尚时间里，30余场时尚活动，超10000件服装新品在此发布，200家时尚企业，300名设计师，数万名专业观众云集广州，在疫情防控的压力之下，充分凸显了行业提振回归的坚定与决心（图3-32）。

纺织公司党委书记、董事长简玮仪在开幕式上作为广州"链长制"服装产业链"链主"企业代表作主旨发言（图3-33）。发言提道："作为时尚产业集群纺织服装产业链'链主'企业，纺织公司将积极践行链主责任，与省服协一起为产业搭建具有国际影响力的时尚发布展示平台。'链长制'与广东时装周的结合，必将对广州市纺织服装行业在品牌培育、创意设计、模式创新等方面，向国际化、高端化、品牌化迈进发挥重大作用。"

展望未来，广东省服装服饰行业协会和广州纺织工贸企业集团有限公司将在市人大、市工信局、市商务局等部门的指导和大力扶持下，集中力量将"广东时装周"打造成一年全球时尚产业的风向标和订货季，吸引更多的时尚品牌在羊城进行新品首发和成果发布，助力城市的"首发经济""创意经济""总部经济"。"双链主"希望依托广州市"链长制"时尚发布平台的打造，去带动旅游、交通、住宿、购物等一系列的消费行为，助力广州时尚之都和广州国际消费中心城市建设。

图3-32

图3-33

广东纺织服装产业数字化迈出大步

一、政策导向

2021年4月23日，《广东省人民政府关于加快数字化发展的意见》（粤府〔2021〕31号）提出"以数字化转型重塑广东制造新优势"。推动传统制造装备联网、关键工序数控化，积极建设智能车间、智能工厂。持续完善工业互联网网络、平台安全体系，加快建设跨行业、跨领域工业互联网平台以及面向重点行业、区域和领域的特色专业型工业互联网平台。支持发展"5G+工业互联网"。支持企业利用互联网平台提升品牌影响力。强化数字化转型公共服务供给，探索面向中小微企业发放"数字券"，促进中小微企业数字化转型。在"上云"基础上，促进企业研发设计、生产加工、经营管理、销售服务等业务数字化、网络化、智能化转型。

2021年6月30日，广东省人民政府印发《广东省制造业数字化转型实施方案（2021—2025年）》和《广东省制造业数字化转型若干政策措施》（以下简称《政策措施》），聚焦10个战略性支柱产业集群和10个战略性新兴产业集群，以深化新一代信息技术与制造业融合发展为主线，以工业互联网创新应用为着力点，深入推进制造业数字化转型和高质量发展。《政策措施》详细列出了9条实实在在的具体措施。分别是：支持龙头骨干企业数字化转型，支持中小型制造企业数字化转型，支持产业园、产业集聚区数字化改造，支持工业软件研发及应用推广，支持数字化基础设施建设，培育制造业数字化转型服务商，强化人才支撑以及提升公共服务能力。

2021年12月12日，国务院印发《"十四五"数字经济发展规划》，就产业数字化转型部署了四个方面重点任务：一是加快企业数字化转型升级；二是全面深化重点产业数字化转型；三是推动产业园区和产业集群数字化转型；四是培育转型支撑服务生态。在"数字中国"背景下，传统纺织服装产业需要进行全面升级转型，才能形成新的竞争优势。广州市工业和信息化局，从支持数字化产业集群建设、支持"定制之都"消费体验中心建设、支持数字化转型发展生态建设三个方面给予政策支持，推动传统产业集群向数字化特色产业集群转型。

二、协会推动

（一）广东省服装服饰行业协会发起《纺织服装产业数字化转型伙伴行动倡议》

当前的产业数字化变革是由若干技术群集成驱动、交叉融合、协同演进的产业革命，实时流动的数据形成全要素、全产业链、全价值链协同链接的新型制造和服务体系。为了帮助行业更加深刻地认知数字经济时代产业变革的新方向、新特征和新逻辑，2021年2月，广东省服装服饰行业协会联合跨行业跨领域的11家产业数字化服务机构，共同发起《纺织服装产业数字化转型伙伴行动倡议》，聘任文丹枫博士为"首席数据官"，组建智库博士团队，与各方机构合作建立起"广东服装产业大脑实验室""数字化供应链实验室"等，并向社会各界征集"数字化服务商"，以期建立全面激发产业数字化创新活力的新机制，加速纺织服装产业数字化转型进程。

（二）广东省服装设计师协会会员代表大会首提"时尚元宇宙"

作为广东服装行业首次聚焦"元宇宙"，本次理论分析与实践分享结合的精彩内容，为产业数字化带来了全新的启发，也让设计师、企业对数字时尚、数字经济有更深刻的认识。数字经济发展速度之快、辐射范围之广、影响程度之深前所未有，正在成为重组全球要素资源、重塑全球经济结构、改变全球竞争格局的关键力量。为满足国家数字经济发展战略的要求，当前广东服装敢为人先、扬帆起航，但产业数字化仍需要各方面的努力，各方代表需要更深入参与、更快速反应，紧紧把握"元宇宙"等新兴事物的热点和机遇，加速纺织服装产业数字化转型进程。会上，广东省服装服饰行业协会首席数据官文丹枫博士，带来了主题为"拥抱元宇宙成为互联网新世界头号玩家"的分享，他指出作为未来人类的数字化生存，元宇宙将重塑我们的数字经济体系。元宇宙是整合多种新技术而产生的新型虚实相融的互联网应用和社会形态，仍是一个不断发展、演变的概念，不同参与者以自己的方式不断丰富着它的含义。当前，时装系列正在从实体活动和T台秀进入数字世界，包括视频游戏或社交媒体，随着Z世代逐渐成为消费主体，数字时尚虚拟服饰发展潜力巨大。数字让时尚回归了本质，以一种有趣的方式，探索、表达我们的身份和个性。

（三）广东省服装服饰行业协会会员代表大会探讨数智引领服装产业高质量发展

2021年作为"元宇宙"元年，各行各业纷纷针对"元宇宙"开展了多层次探索。为加速产业数字化步伐，广东省服装服饰行业协会在本次大会上亦正式携手"小米智能生态"建立战略合作伙伴关系，发挥各自优势，推动服装产业数字化发展，让科技赋能时尚，编织出更美丽的衣裳，带来更高品质的时尚生活。同时，广东省服装服饰行业协会互联网电商直播分会正式设立，聚集直播产业资源，助力服装产业加速数字化转型。圆桌对话：数智引领服装产业高质量发展。"数智化"作为数字化在技术上的应用，以解决实际问题为导向，随着数字技术的发展，应用程度的快速提高，"数智化"的概念也在不断地丰富与扩展。会议最后，在广东省服装服饰行业协会首席数据官文丹枫博士的主持下，小米智能生态TOB业务（湾区）授权平台总经理谭任璋、春晓科技创始人陈波、欢聚集团副总裁牟丙忠、诺曼琦董事长侯东美、波特邦威董事长陈锦康作为嘉宾，向与会代表分享了在数智化领域的实践探索，探寻行业数智化的发展之道，共同求索产业共融互通的前行之路。

三、企业践行

（一）以纯集团：5G+柔性制造项目入选2021年"中国5G+工业互联网典型应用"

以纯集团5G+柔性制造项目，运营方为东莞市以纯集团有限公司和中国联合网络通信有限公司。以纯集团是广东省服装行业龙头企业，主要生产销售快时尚休闲服装，旗下拥有以纯、A21、Y：2等服装品牌，主要以门店销售（加盟店）和电商销售为主。近年来，随着互联网的进一步演化，传统大订单开始萎缩，新的订单不再是大批量、稳定的，而是小批量、高批次和动态变化的。市场的变化要求时尚制造行业必须要实现从刚性制造到柔性制造的转型，中国联通依靠自研5G+AGV+柔性产线调度系统的智能矩阵制造技术，通过改变传统产线刚性生产的特点，解耦并离散化工序，全面提升了以纯集团柔性化生产水平。

1. 项目优越性

以纯作为广东省首家落地验证5G+服装柔性生产系统的工业企业，以纯的生产场景较为全面地反映了服装行业中典型的生产场景，涵盖了服装纺织行业目前普遍存在的数字化转型痛点。5G+柔性产线应用根据现场实时生产资源情况通过系统算法与5G AGV结合，实现高效排产调度。该项目的成功实施不仅解决了以纯原在面对小批量订单时不敢接、节奏乱、胡乱赶的问题，更是为整个服装行业的数字化转型发展提供了新的思路和方向。

2.经济和社会效益

本项目成功解决了传统服装行业在新型市场环境下的信息化水平不足、柔性化水平不够的问题。通过本项目的实施，员工留存率提升到100%，人均CAC产值提升34%，并线生产款数从3款提升至9款，员工平均工资提升1097元，单机台生产毛利润提升2010元。在社会价值方面，本项目将服装行业生产过程与5G技术深度结合，解决服装行业的生产信息化不足问题的同时，以5G+AGV应用提升服装行业的自动化水平。为推动5G应用在服装行业的规模化复制提供了案例基础。

3.对企业发展的意义

然而以纯目前还属于劳动密集型企业，难以吸引年轻人加入，因此如何高效、弹性地利用现有的生产资源，同时以人为本、吸引更多年轻人，一直是以纯追求的目标。通过本次项目的实施以及未来进一步大范围5G+应用的增强企业内驱动力，有助于以纯吸引更多年轻人加入，实现做强中国品牌的宏伟目标。中国联通助力以纯5G+柔性制造项目是传统制造业龙头在5G新环境下数字化转型的一次重要尝试。

（二）致景科技：牵头打造广州纺织服装产业集群平台

致景科技以工业互联网平台赋能传统产业转型升级为主线，以"定制之都"建设为牵引，在广州市工业和信息化局的指导下，牵头打造了广州纺织服装产业集群平台。通过一站式、集约化的生产设计服务，提升纺织服装供应链条的整体效率和速度，形成集群数字化转型解决方案，推动广州纺织服装行业向柔性化定制、小单快反模式转型。在项目中，致景科技携手传统工厂打造广州纺织服装（产业集群）智能制造赋能中心，围绕"小单快反"的目标进行生产组织模式革新，通过数字化转型进行提质增效，并逐步形成可推广复制的标准化解决方案。赋能工厂以互联网技术为基础，围绕数据融合、降本增效、品牌赋能等目标投入了先进智能化设备，打造数字化、智能化云工厂。经过机台联网、数字化改造后，打通订单、采购、

仓库、交付等各个节点环节，实现全过程数据目视化控制。其次通过大数据分析，对排产、工序、效率进行实时控制，快速响应服装品牌商小单快反的需求，提升生产效率、降低开发成本、上新时间以及起订数量等，实现纺织服装产业柔性化生产。同时，在品牌赋能方面，结合织布、面料的数字供应链能力，赋能设计师、服装品牌商聚焦自身品牌的建设和打造，促进服装时尚行业的高质量发展。

（三）元一智造：企业数字化转型"排头兵"

广东元一智造服饰科技有限公司是一家专注研发、信息智能装备技术、针织类服装制造的现代化综合性企业，通过数字科技赋能服装智造，建设集设计、生产、仓储于一体的广东元一智造5G高端智慧产业园。

该企业引入当下最先进的3D设计打样系统，研发效率和打样成功率提升30%；引入AI智能验布机设备，用设备检验替代人工质检，投产后原检验人员降低50%，产品合格率提升30%。

近年来，企业全力打造"智慧工厂车间"，通过数字化吊挂生产线将传统的缝纫设备串联起来，把每道生产工序之间的步骤导入MES系统，全程基本由设备自主完成，节约了人工成本，保障了良品率，在服装生产缝制环节的生产效率提高20%，实现服装生产全流程自动化、数字化、智能化。

未来，元一智造将坚定走"专精特新优"发展道路，通过技术创新、产品质量和品牌塑造等手段提升产业发展竞争层级，从具备一定产业基础的大中型企业向"旗舰型""单项冠军"发展。

（四）浪登：通过数字化转型为客户提供更加优质、高效的产品

广东浪登服装有限公司开发的《西服面料全工序数字化裁切智能装备关键技术及应用》项目荣获2021年度广东省科学技术奖二等奖。浪登公司近年来持续投入科研资金，开展数字化转型工作，获得了包括佛山市数字化智能化车间等在内的荣誉，通过数字化转型为客户提供更加优质、高效的产品。《西服面料全工序数字化裁切智能装备关键技术及应用》项目，是浪登公司在推动西服面料全工序数字化裁切上的一次探

索与技术深化。通过投入专项资金，研发了针对西服面料全工序数字化裁切智能装备的关键技术应用，有效解决纤维材料、纺织面料等柔性件的数字化裁剪面临的需求和难点问题，项目研制出了全工序集成的数字化裁切智能装备及智能裁剪数据处理中心平台系统，可用于拉伸断裂和撕裂强度高的各类弹性面料的快速、精准裁切加工。目前，此项关键技术已全面应用于浪登西服生产，充分实现高效、高标准、高质量制造。浪登公司解决了针对服装行业的数字化裁切智能装备关键技术问题，对于提升市场占有率及智能化切割设备应用有着重要提升作用。作为广东本土的优质企业，也进一步擦亮了"广东智造"品牌。

（五）优布纺织：数字时尚柔性供应链

优布是一家基于数字化智造技术的垂直时尚柔性供应链企业。公司通过打造设计选品中心、创新研发中心、星链工厂三位一体核心基地为服装跨境电商、直播电商、独立服装品牌提供从面料到成衣一站式采购体验。通过建立弹性和绿色的清洁生产交付能力，满足服装快时尚产业小单快返、散单快返、爆单快返供应链需求。衣术家设计选品中心，让设计被展示，精准的数据把控，订单生产数据在线跟踪，实现广泛的设计协同。筑梦师创新研发中心，让创意可实现，全系列数字化制板工艺，快捷实现全品类设计成品展现，安全的数字化储存，无国界的生产服务。优布星链工厂，让柔性更简单，数字化标准化生产管控，去中心化分布的星链工厂在疫情时代保证供货与交付。

四、技术赋能

（一）时谛智能：为传统时尚行业提供数字化设计及制造的技术服务及解决方案

通过数字化建模和AI驱动的方式，结合虚拟渲染（Virtual Sample）等模块，极大地缩短鞋类产品开发的时间，提升效率和降低成本。时谛智能正在改变传统劳动密集的开发生产模式及纸质资料+口头交流的信息传递方式，将产品开发—制造—销售等环节在线化、数据化、智能化，打造连接各方的智能数据协同生态，

为大小设计及制造企业赋能。公司已获得红杉资本、线性资本、顺为资本、CMC资本、GGV纪源资本、钟鼎资本等投资机构数亿元投资。

（二）尚捷科技：数字化快反供应链综合服务商

自主研发SCM数智化供应链管理平台，基于大数据及AI算法赋能柔性供应链的快反能力，服装"快反智造+时尚供应链+大数据"三位一体产业互联网平台，解决企业在管理透明、流程优化、运营效率及盈利能力等的全面提升。以数字驱动供应链，帮助企业搭建供应链基础设施，协同企业打通上下游资源，提供精准的数智化服务和开放的商业资源，帮助时尚行业数智化转型之路，加速企业转型，实现业绩倍增。

（三）春晓科技：专注时尚行业IE/GST软件

致力于为时尚企业提供专业的IE工业工程软件、工艺分析软件、GST标准工时软件，以及精益标准化管理体系建设整体解决方案。春晓科技先后为数百家大型时尚企业提供软件产品和服务，软件应用包括：服装、帽子、玩具、箱包、手套、家纺、家具、户外用品、鞋业九大时尚行业，同时支撑百亿级企业，10+品牌，150+供应商、300+产品品类、300+亿产值、数十家集团公司深度实践经验。以精益标准化管理软件实现"标准创造价值"推动时尚产业，由制造走向智造。

（四）罗斯智能：时尚行业供应链、服装智能制造、产业云平台解决方案提供商

"互联网＋"专业合作伙伴，5G IOT和AI人工智能行业应用服务商。罗斯智能，以数字化驱动服装C2M生产模式，打造服装智能快反工厂，通过服装生产过程的数字化和高效协同，提高计划与生产的灵活性，最终达到制造到流通环节的效率最大化；致力于打造全产业链智能化，颠覆传统生产模式，为服装产业提供智能柔性快反供应链整体解决方案，通过云MES进行工厂数字化改造，SCM云供应链提供计划、物料、产前等强力支撑，建立PaaS大数据生态平台，驱动服装生产制造向"数字化、智能化、精益化"的转型升级。

（五）马蹄铁：打造全数据维度智慧门店

马蹄铁独创的RDC智能数据采集标签给每一件服饰产品戴上"智能手环"，通过蓝牙通信技术和传感器技术结合机器学习建模实现了对于每一件服装触摸数据、试穿数据95%以上精度的抓取。为门店的过程数据分析引入了类似于线上PV（浏览量）、UV（点击量）的过程数据。实现"货"精细到单款，单件颗粒度的触摸、试穿转化率分析。同时，结合AOA室内定位网关，实现了对于门店的陈列数字化管理。

重大活动

一、2021广东时装周—春季

2021广东时装周—春季暨广州（白云）时尚·设计产业交流推介系列活动于4月16～23日在广州白云国际会议中心圆满举办。本届时装周由广州市白云区政府联合广东省服装服饰行业协会、广东省服装设计师协会共同举办，吸引超过6268.6万人线上观看直播，单场超过301.6万人次，充分彰显了广东时装周的强大影响力与辐射力。

作为"十四五"开局之年广东省服装行业的一大盛会，在为期8天的时间里，106个时尚品牌、超过300位设计师共同参与，以广东时装周为载体，相继举办了时装发布会、论坛交流会、商贸合作对接会、创业大赛、趋势发布、设计大赛、模特大赛等30余场系列活动，打通服装产业全链条，链接时尚与商业、文化、科技，真正从深度与广度上展现了广东时尚产业的发展成果。

作为持续助力"广州时尚之都"和"广州设计之都"项目发声的有力载体，本届时装周延续"致敬梦想"的主题，时尚要素及优质产业资源汇聚，举办了"2021广州（白云）时尚·设计产业发展战略论坛"，有力推举"白云时尚崛起"。

作为"粤贸全国"的重点活动之一，依托广东服装产业优势和广东时装周平台效应，2021年"粤贸全国"启动活动特别在开幕式上隆重举行。随后，"时尚源点·粤贸全国"——2021白马×中港原创时尚周、品牌发布、会议论坛、主题展览、线上直播、商贸对接等一系列活动陆续展开，广东产业集群、全国百强大型商超、省主要行业协会、电商平台、省外采购商等齐聚，围绕新时代新广货交流对接，以"粤贸全国"助力广东畅通内外循环，推进贸易高质量发展，增创发展新优势。

此外，在广东时装周的基础上，广东省服装服饰行业协会全新开辟湾区（广东）时尚文化周，汇聚、展示和推广粤港澳大湾区时尚领域与非遗项目的跨界文化创新成果。聚焦"非遗新造"话题，推动非遗文化活态化，"时尚湾区·非遗新造"纺织服装非遗双创交流研讨会隆重举行，展现湾区非遗时尚成果。比音勒芬、慧霞旗袍、玄憬龙、中山装文化馆、墨话、巽彩、邓兆萍、金憬、林栖、孙恩乐、刘亮、成晓琴、韩银月、江小云等品牌及设计师持续发布了数百套展现岭南文化的时装，使传统文化和现代创意碰撞出新的火花，联袂呈现非遗时尚盛宴。

同时，本届时装周作为广东服装力量的展示窗口，聚合各方力量，提炼新思路，展现新业态，助力新发展。在忠华广清中大时尚科技城2021广东服装大会上，《广东服装产业"十四五"发展规划报告》正式发布，各方力量齐聚助力广东纺织服装产业数字化转型；进一步培育优质设计人才，推动广东设计力量建设，HERBEL"黑白杯"中国极简男装设计大赛正式启动；集聚多领域创业资源，联动众多行业协会及资本资源，致敬梦想2021—时尚品牌创业大赛挖掘并培育一批优秀的时尚黑马品牌……

（一）2021广东时装周—春季开幕式暨2021年"粤贸全国"启动活动

2021年4月16日，2021广东时装周—春季暨广州（白云）时尚·设计产业交流推介系列活动在广州白云国际会议中心举办，广东省政府林积副秘书长主礼并宣布广东时装周开幕。开幕首日，由广东省商务厅主办、广东省服装服饰行业协会承办的2021年"粤贸全国"启动活动在广东时装周主会场举行（图3-34）。

图3-34

（二）时尚广州　投资白云——2021广州（白云）时尚·设计产业发展战略论坛

2021年4月16日下午，2021广州（白云）时尚·设计产业发展战略论坛在广州市白云国际会议中心珠江C厅举办。本次会议邀请了国内外时尚行业权威人士、政府、产业集群、企业以及行业专家，各方代表共同探讨湾区时尚产业发展和时尚之都打造路径，凝聚湾区时尚力量，助力白云区"广州时尚之都""广州设计之都"项目建设，推动粤港澳大湾区打造世界级时尚产业中心（图3-35）。

（三）"源·创"——广州国际轻纺城"时尚源创平台"专场发布

2021年4月17日，作为2021广东时装周一春季系列活动之一，"源·创"——广州国际轻纺城"时尚源创平台"专场发布上演。这是广州国际轻纺城于2019年11月启动"时尚源创平台"后推出的第三场重要发布。本次发布会共推出五组面料商与设计师的合作系列，分别为俪森×彭锡妹、宏度×胡文邦、益天隆×陈季红、中麻×唐亚男、明店×赵家琪，展示了一场时尚之源与设计灵感相碰撞的时装大秀（图3-36）。

图3-35

图3-36

（四）"时尚源点·粤贸全国"2021广州白马服装市场×中港皮具城原创时尚周

2021年4月17日，由白马公司联手广东省服装服饰行业协会共同举办的"时尚源点·粤贸全国"2021广州白马服装市场×中港皮具城原创时尚周正式启动（图3-37）。本次活动，广州白马联手中港皮具城，将18个原创设计师品牌，来自广州白马的凯撒、洛俪尹/则麦迩、优娜、异闻、设计谷、其用、品味、达兰特，来自中港皮具城的秀蔻、潮黛、Cuud、爱黛、古笛、百豆、太阳熊、威尔逊、伊梵希送上了广东时装周的舞台，带来粤派时尚发布。

（五）溯潮而尚2021粤港澳品牌发布会

2021年4月17日下午，溯潮而尚2021粤港澳品牌发布会在广州白云国际会议中心举办（图3-38）。在中国香港Fashion Farm Foundation、香港创意触动基金、澳门生产力暨科技转移中心等港澳机构的大力支持下，MORIGIRL SEASON森女季、Ai118麻铺原创、SAILOR WU、伟帮WeiBang、VIRTUE富绅、华锦荟（中国香港）、SARA LOLO（中国澳门）等粤港澳原创设计品牌带来了新品发布，展现了湾区原创设计魅力，引领湾区时尚潮流趋势。

图3-38

（六）乾·坤——邓兆萍私人定制2021/22春夏秋冬时尚作品发布会

2021年4月17日，中国最佳女装设计师邓兆萍携

图3-37

"乾·坤——邓兆萍私人定制2021/22春夏秋冬时尚作品发布会"亮相广东时装周（图3-39）。本次发布会共展示60套春夏秋冬的服装设计作品，邓兆萍从自然获取灵感，冰与火、天与地，演绎春夏秋冬的时尚，她用简单实用纯粹的设计语言和细腻的表达，展现出"邓兆萍私人定制"的独特风格。

图3-39

（七）广东时尚设计团走进广州市白云区北村

2021年4月18日下午，在白云区人民政府的指导下，广东省服装服饰行业协会、广东省服装设计师协会特别组织中国十佳时装设计师、广东十佳服装设计师、专业市场代表、服装企业代表、时尚文化机构代表等20余人组成广东时尚设计团走进白云区北村村，先后参观了粤剧名伶兰桂纪念铜像、书舍群、北村大戏台，并召开了北村传统文化交流座谈会（图3-40）。

图3-40

（八）点亮童心，砥砺前行—广东省服装服饰行业协会童装专业委员会主题发布

2021年4月18日下午，点亮童心，砥砺前行——广东省服装服饰行业协会童装专业委员会主题发布在广州白云国际会议中心正式举行。本次发布会带来优质童装品牌新品发布、童装主题分享等丰富内容，打造童装产业盛典，展现广东童装魅力，引领童装产业新发展（图3-41）。

图3-41

（九）花誓时尚×MINI—"ALL IN ON"系列发布会

2021年4月18日晚，花誓时尚携手MINI联合打造的"ALL IN ONE"系列时尚发布会于广州白云国际会展中心上演。本次发布会，花誓时尚带来了本季的三大主题系列：MINI跨界潮牌、都市西装·穿越生活、完美女孩礼服，并联合宝马MINI共同发布了跨界潮牌系列（图3-42）。

图3-42

（十）SΛKΛ跨界设计艺术节

2021年4月19日下午，SAKA跨界设计艺术节以全新的活动形式在广州白云国际会议中心举办，多位艺术家和时尚界人士通过自己的方式，展示他们的另外一面，演绎不同的跨界故事，共同呈现了一个跨界艺术交流盛典（图3-43）。

图3-43

（十一）云丝尚原创设计"数字化"发布会

2021年4月19日，云丝尚原创设计"数字化"发布会在广州白云国际会议中心举行，云丝尚纺织服装工业互联网平台联合中国（大朗）毛织产品研发中心、广州爆点服装设计有限公司，携手大伟、刘平、钟才、李小裁、仲夏五位潮牌服装设计师，诠释了一场"数字化+国潮"概念大秀（图3-44）。

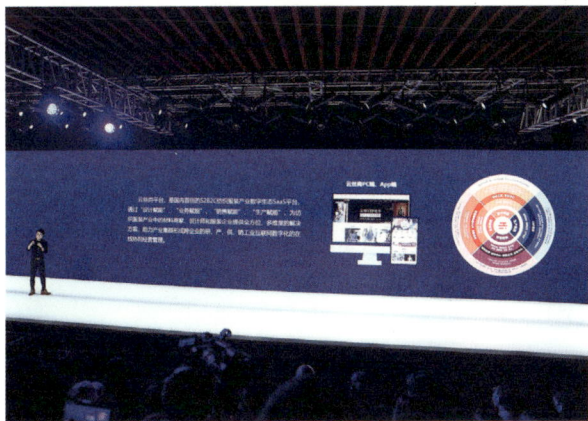

图3-44

（十二）高级定制·时尚推动力品牌联合发布会

2021年4月20日，"高级定制·时尚推动力品牌联合发布会"在广州白云国际会议中心上演，FDC携手

The BP Design、Anny Lin Bridal、乾鑫钏饰、妍绣工房等高级定制品牌进行新品发布（图3-45）。

图3-45

（十三）数字新征程·时尚智未来——忠华广清中大时尚科技城2021广东服装大会

2021年4月21日下午，数字新征程·时尚智未来——忠华广清中大时尚科技城2021广东服装大会在广州白云国际会议中心珠江C厅召开，政府、企业、机构、专家等共聚一堂，围绕"产业数字化"，以"数字新征程·时尚智未来"为主题展开讨论，为服装行业数字化发展问题献言建策（图3-46）。

图3-46

（十四）"无边"——YI WAY面料胶囊新品发布会

2021年4月21日晚，作为2021广东时装周一春季主推创新面料、时尚科技和智造新模式的专场特色秀，由POP趋势、设界时尚产业服务平台联合YI WAY新品制造局共同推出的"无边"——YI WAY面料胶囊新品，在时装周主会场——广州白云国际会议中心首次向公众动态呈现了五个主题系列（图3-47）。此外，本届广东时装周期间，面料胶囊项目系列静态展同步举行。

图3-47

（十五）"致敬梦想2021·时尚品牌创业大赛"总决赛

2021年4月21日，由广东时装周×中国时尚品牌创孵平台·时尚家主办，赢商tech·赢商网×时尚创投协办的"致敬梦想2021·时尚品牌创业大赛"总决赛在广州白云国际会议中心举办，Unimi、婳池、DC、盒子王国、优优集、LIULIU MO成为全国六强（图3-48）。

图3-48

（十六）广州设计之都智慧城市论坛

2021年4月22日下午，广州设计之都智慧城市论坛在白云国际会议中心举办。本次论坛由广州市白云区人民政府联合思城控股有限公司开展，以"未来城市·智造美好"为主题，来自建筑业的行业专家共同探讨建筑工业化、数字化、智能化发展实现路径，为广州和大湾区描绘出城市未来发展的蓝图（图3-49）。

图3-49

（十七）慧霞旗袍2021岭南旗袍发布会

2021年4月22日，慧霞旗袍2021岭南旗袍发布会于广州白云国际会议中心珠江C厅发布。慧霞旗袍展出60套旗袍，慧霞旗袍创始人兼设计总监张慧霞女士通过对现代女性审美细致入微的观察，打造更加贴合现代女性生活的旗袍，以四个岭南印记主题呈现旗袍的独特魅力，采集岭南风花雪月的浪漫文艺入衣裙，更凸显女性的娴静温柔气质（图3-50）。

图3-50

（十八）第十届均安（国际）牛仔博览会开幕式暨第五届"均安牛仔杯"全国大学生牛仔设计大赛启动仪式

2021年4月23日下午，第十届均安（国际）牛仔博览会开幕式暨第五届"均安牛仔杯"全国大学生牛仔设计大赛启动仪式于广州白云国际会议中心举行（图3-51）。活动现场进行了"均安牛仔&陈闻"时装新品发布会，展示其设计主题为"牛潮涌动"共4个系列80套作品。

图3-51

（十九）2021广东时装周—春季暨广州（白云）时尚·设计产业交流推介系列活动闭幕式颁奖晚会

2021年4月23日晚，伴随着广州本土原创设计师品牌MOHUA墨话、巽彩XUNCAI的开场大秀和邓兆萍、华南农业大学艺术学院设计团队，以及林栖、孙恩乐、刘亮、成晓琴、韩银月、江小云等设计师带来林芝采风成果展示，2021广东时装周—春季暨广州（白云）时尚·设计产业交流推介系列活动闭幕式及颁奖晚会在广州举行（图3-52）。

图3-52

二、2021广东时装周—秋季

2021广东时装周—秋季于10月29日～11月8日在广州流花展贸中心举办，在为期11天的日程中，举办了秀场发布、新锐设计、广东十佳、主题展览、颁奖盛典、非遗新造和多元跨界等30余场时尚活动，发布服装新品超过10000件，约200家时尚企业、300名设计师、数万名专业观众共赴时尚盛宴。同时汇聚多家直播平台全程全球同步直播，80多家媒体同步报道，4K摄影全程录制，全方位展示广东服装力量，展现广东时尚魅力。

"双周一节"同期举办。2021年，广东省文化和旅游厅在全省范围内开展了省级非物质文化遗产工作站申报工作，其中"服装服饰工作站"落户广东省服装服饰行业协会。与时装周同期举办的"湾区（广东）时尚文化周"，围绕"时尚湾区·非遗新造"主题，展示非遗创新成果、促进非遗跨界合作，致力于建设成为具有全国影响力、专注非遗展览展示的品牌活动。广绣、钉金绣、木雕、赏石艺术、香云纱等非遗项目的时尚化产品，在湾区（广东）时尚文化周的舞台上演绎传统和现代碰撞出的新火花，推动非遗活化传承、价值转化。

中国流花国际服装节已连续举办23届，是广州市越秀区时尚产业标志性的盛事。越秀区作为中国服装商贸名城，也是广州市"时尚之都"核心区，流花商圈发展时尚产业有得天独厚的优势，也一直致力于发展成为国内顶级、国际知名的时尚高地。本届服装节再度打造一场高品质、高规格、高审美的时尚盛宴。

数字引领，外贸升级。作为省商务厅"粤贸全国"活动之一，本届时装周在双循环新发展格局下举办，广东时装周联合阿里巴巴全球速卖通等跨境电商平台及机构，向全球消费者推广广东服装优势产品，提升企业产品竞争力和市场开拓力；作为广东纺织服装外贸转型升级基地产业及产品的展示推介平台，举办了"新塘国家外贸转型升级基地品牌发布会""2021新塘服装对外交流对接会""2021沙溪服装对外交流对接会"等活动，并开设中山沙溪分会场，重点推介广州市增城区新塘国家外贸转型升级基地（纺织服装）和中山市沙溪镇休闲服装基地产业及产品，推动广东服装外贸高质量发展。

双"链主"合力构建"链长制"发布平台，引领行业全面开启数字化征程。在2021广州服装产业链大会筹备会上，广东省服装服饰行业协会正式聘任文丹枫博士为"首席数据官"，建立全面激发经济数字化创新活力的新机制，加速纺织服装产业数字化转型进程。广州纺织工贸企业集团携属下TIT品牌登陆广东时装周，突出绿色环保、重视中西融合，传递出"中国设计"力量，惊艳全场。

时尚发布，精彩不断。时装周期间，轻纺城携手"金顶奖"设计师李小燕领衔开幕大秀，利工民、ANOTHER ONE、墨话、帼民女神、女神战袍、巽彩、元一智造、凯施迪、初榆、婳池、女哲、巾帼印象、铠琪KAISERIN、小茹裙褂、GOSO香蜜闺秀、LAMIU兰缪、WENDY HUA等品牌持续发布，"门神"跨界华为P50系列发布创意时装掀起闭幕晚会高潮……流行趋势发布会、时尚消费品牌创业＆投资高峰论坛、童模大赛及相关主题时尚赛事等多形式的时尚文化活动精彩纷呈，为更多时尚文化领域及年轻设计师提供上升平台及未来发展的优质阶梯。

初心不改、勇于创新，积淀29届的广东时装周承载着对时尚的不懈追求，已长成一棵枝繁叶茂的大树，汇聚国内外众多优秀设计师和时尚品牌。在2021年这个疫情常态化、国际形势多变的特殊时期，广东时装周再次扬帆起航、踏浪而来，为进一步引领广东时尚产业走向，积极推进时尚产业价值链中设计、品牌、市场、人才等各环节的合力共赢贡献力量，也为中国时尚产业的发展注入无限活力。

（一）2021广东时装周—秋季开幕式

2021年10月29日，2021广东时装周一秋季以"致敬梦想"为主题，于广州流花展贸中心开幕。广州市商务局、广州市工信局、广东省服装服饰行业协会、广东省服装设计师协会等领导，以及来自全国各地的服装企业、品牌设计师、业内专家学者等嘉宾参加了开幕仪式（图3-53）。

图3-53

（二）源·创——广州国际轻纺城"时尚源创平台"×李小燕专场发布

2021年10月29日晚，作为本届时装周的开场大

秀，广州国际轻纺城"时尚源创平台"携手中国服装设计最高荣誉"金顶奖"设计师李小燕，与轻纺城优质商户素色纺织、穗成行、辉艺纺织，共同为现场观众带来时尚之源与设计灵感相碰撞的视觉盛宴。这也是广州国际轻纺城"时尚源创平台"自2019年11月启动以来的第四场重磅发布（图3-54）。

图3-54

（三）2021湾区（广东）时尚文化周—秋季开幕式

2021年10月30日上午，2021湾区（广东）时尚文化周一秋季正式在广州开幕。开幕式上，时尚女装品牌铠琪、广州市非物质文化遗产保护单位小茹裙褂率先带来"时尚湾区·非遗新造"主题作品发布，唐志茹、王晨、候晓琳、陈贤昌、何建华、谭任璋获颁第三届广东纺织服装非遗推广大使证书（图3-55）。

图3-55

（四）AliExpress 2021 Fashion Show暨阿里巴巴全球速卖通2021新品全球发布——时尚·重定义

2021年10月30日，继连续在广东时装周举办三

届秋冬时尚发布会后，2021年全球速卖通以"时尚·重定义"为主题，携手特步、CINEMORE等12家中国时装品牌进行运动鞋服、女装及男装走秀，将中国品牌、中国时尚、中国制造的魅力推向全球（图3-56）。

图3-56

（五）ANOTHER ONE "半糖主义"主题大秀

2021年10月30日下午，源自意大利的轻奢品牌ANOTHER ONE，带来"半糖主义"主题大秀，以具有潮流前瞻性的设计表达与品质工匠心的缝制工艺，将中西文化相融的美学设计理念带到时装周的舞台上，以意大利式的优雅、浪漫，治愈疫情后灰暗和压抑的情绪（图3-57）。

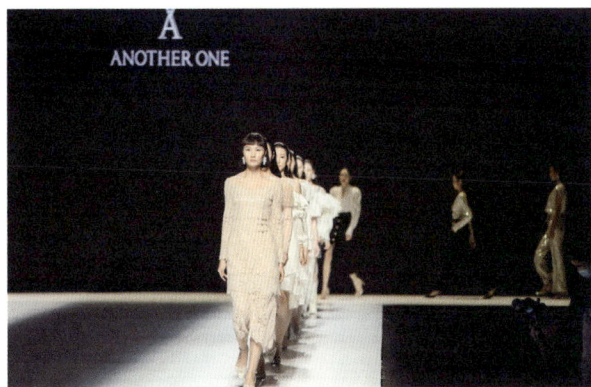

图3-57

（六）MOHUA墨话2021 "染&绣" 非遗时尚秀

2021年10月30日晚，原创高端非遗私人订制品牌MOHUA墨话2021 "染&绣"非遗时尚秀在广东时装周主会场拉开帷幕。品牌创始人墨话，运用扎染和刺绣等非遗技艺，将品牌寄语里的"陌上花开，可缓缓归矣"融入系列作品中，带来了"墨上"与"花开"两个新品系列（图3-58）。

图3-58

（七）中山沙溪分会场：帼民女神新品大秀

2021年10月31日，第29届广东时装周沙溪分会场在中国服装名镇沙溪镇正式启幕，来自沙溪的知名企业女神战袍服饰有限公司带来了帼民女神新品大秀（图3-59）。

图3-59

（八）中山沙溪分会场：女神战袍冬季新品发布会

2021年10月31日晚，作为2021广东时装周—秋季的系列发布会之一，女神战袍冬季新品发布会在中山沙溪分会场举行。本季作品以"女神诞生"为主题，正是希望借此作品表达对当代女性的敬畏感，并展现现代女性的自信与独立的灵魂（图3-60）。

图3-60

（九）"笃行致远，童心飞越"童装盛典

2021年10月31日晚，由广东省服装服饰行业协会童装专业委员会主办的"笃行致远，童心飞越"童装盛典，在广州市越秀区流花展贸中心5号馆举办（图3-61）。

图3-61

（十）巽彩XUNCAI旗袍发布秀

2021年11月1日下午，巽彩XUNCAI旗袍发布秀在2021广东时装周—秋季主会场举行。本次发布的新季产品，对旗袍进行了进一步改良，在浅色系的基础上加入了惊艳的孔雀蓝、祖母绿等，以及红、黑等深色系，整体呈现更加日常、年轻化（图3-62）。

图3-62

（十一）TIT品牌原创设计发布会

2021年11月1日，作为联合主办方，广州纺织工贸企业集团有限公司带来了一场走秀活动。本次纺织公司共发布了49套服装，以三大系列呈现，突出绿色环保，重视中西融合，传递低碳环保、回归自然的理

念（图3-63）。

图3-63

（十二）华氏定制WENDY HUA2021秋冬发布会

2021年11月1日下午，华氏定制WENDY HUA2021秋冬发布会在广州流花展贸中心举办。首次登上广东时装周的舞台，WENDY HUA以"妩物"为主题发布了2021秋冬系列，向观众传达"我们可以在自己的眼里看到妩（万）物，却唯有在自己的心里看到自己，为此保持心灵明澈"的设计理念（图3-64）。

图3-64

（十三）2021沙溪服装产业交流会

2021年11月2日下午，作为2021广东时装周—秋季的系列活动之一，2021沙溪服装产业交流会在广州流花展贸中心召开，政府、行业、企业代表齐聚，围绕沙溪服装产业发展问题进行深入交流（图3-65）。

图3-65

（十四）CAISEDI凯施迪专场大秀

2021年11月2日下午，CAISEDI凯施迪专场大秀在广东时装周主会场举办。本次发布会，CAISEDI凯施迪以"释放""憧憬"为主题带来两组不同风格的服饰（图3-66）。

图3-66

（十五）元一智造"概念宇宙"系列秋季新品发布会

2021年11月2日下午，元一智造"概念宇宙"系列秋季新品发布会在广州流花展贸中心进行，同步线上云直播。本次发布的"VESSYCLUB概念宇宙"是由元一智造首席设计师、VESSYCLUB项目负责人胡浩然提出的，元一智造概念产品系列（图3-67）。

图3-67

（十六）初榆"轮回"主题大秀

2021年11月2日晚，初榆服饰品牌亮相2021湾区（广东）时尚文化周一秋季，呈现了一场非遗广绣与传统汉服结合的发布会。本次，初榆以"轮回"为主题，分别展示了秦朝、晋朝、南北朝、唐朝、宋朝、明朝六个朝代不同形制的汉服，向大众展示了古人对于服装审美的追求（图3-68）。

图3-68

（十七）"致敬梦想·第二届时尚黑马品牌创业大赛"总决赛

2021年11月3日，Jellytoyboy、魔鬼ZOMBI-ESCAT、DR海璞诺、RESILIENT衡世霾、西西弗利亚、复古名媛、MYMIX、蓬沙馆、MY TIME完成路演，"致敬梦想·第二届时尚黑马品牌创业大赛"总决赛正式结束（图3-69）。

图3-69

（十八）2021新塘服装对外交流对接会

2021年11月3日下午，2021新塘服装对外交流对接会在广州流花展贸中心成功举办（图3-70）。本次对接会以"数字引领·时尚升级"为主题，在广东省商务厅、广州市商务局、广州市增城区政府、广州市增城区新塘镇人民政府的指导下，由广东省服装服饰行业协会和新塘牛仔服装创新服务中心共同主办，广州东大门实业有限公司承办，政府、行业、专家、企业、设计师等各方代表齐聚，围绕新塘服装外贸发展问题进行深入交流。

图3-70

（十九）新塘国家外贸转型升级基地品牌发布会暨广州东大门时尚中心项目启动仪式

2021年11月3日下午，以"数字引领·时尚升级"为主题的新塘国家外贸转型升级基地品牌发布会暨广州东大门时尚中心项目启动仪式在广州流花展贸中心5号馆举行（图3-71）。活动上，不南兽、EMC、FORGODDESS弗高戴斯、李小裁LIXIAOCAI、芄莯、逆思维、TREND ORANGE、UNU-i联合带来了新塘国家外贸转型升级基地品牌服装大秀。

图3-71

（二十）VOGVACHI婳池品牌新品发布会

11月3日，VOGVACHI婳池品牌新品发布会在2021广东时装周一秋季秀场上举行（图3-72）。本次发布会以"梦想"为主题，共展示了70余套新品服饰，包括定制礼服、成衣时装、高定男士西服。

图3-72

（二十一）若水——NUI CHOICE女哲·彭佩宜发布秀

2021年11月4日下午，设计师彭佩宜携手新品牌NUI CHOICE女哲推出"若水"大秀，她从海洋和沧浪的"蓝"和"青"，夜深时水的"黑"和水清透明亮的"白"出发，用这四个主色调串起整个系列的构思（图3-73）。

图3-73

（二十二）"青春密码"最具潜力青年女性创始人时尚盛典

2021年11月4日，广东时装周与海上丝绸之路国际时尚周联合主办的"青春密码"最具潜力青年女性创始人时尚盛典在广州举行，青年女性创始人、基金投资人、行业专家、媒体人、新国货达人、时尚达人等共同参与，见证多项内容发布（图3-74）。

图3-74

（二十三）第五届世界夫人模特大赛风尚盛典

2021年11月5日，由世界文艺联合会、世界夫人模特赛事机构主办，广州梅谐文化传播有限公司和广州好好活呗科技有限公司联合承办的第五届世界夫人模特大赛风尚盛典在广州举办（图3-75）。

图3-75

（二十四）巾帼印象香云纱新品发布会

2021年11月5日，来自香云纱原产地顺德伦教的香云纱品牌巾帼印象首次踏上广东时装周。本次发布作为巾帼印象品牌的首次亮相，由创始人兼设计总监帅桂英率领团队，共发布了50余套香云纱服饰作品（图3-76）。

图3-76

（二十五）GOSO香蜜闺秀内衣大秀

2021年11月5日晚，GOSO香蜜闺秀最新唯美大秀，在广东时装周拉开帷幕，线上同步直播，带来了最新三大塑适系列产品：力量塑适、平衡塑适、轻盈塑适（图3-77）。

图3-77

（二十六）LAMIU兰缪新品发布会

2021年11月5日，高端时尚内衣品牌——LAMIU兰缪举办了新品发布会，带来了创新与改良的平衡系列、玲珑系列、治愈系列，将东方性感渗透至女性多场景的社交生活，满足消费者不同的穿着需求（图3-78）。

图3-78

（二十七）设计无界·产业互联——设界·广州时尚产业创新服务综合体启幕仪式

2021年11月6日上午，设界·广州时尚产业创新服务综合体正式启幕。广州海珠区政协邓玲副主席、广东省服装服饰行业协会卜晓强会长、广东省服装服饰行业协会执行会长刘岳屏、设界时尚产业创新服务综合体POP趋势董事长陆平一，共同揭幕"一基地四中心五服务"，挂牌正式生效（图3-79）。

图3-79

（二十八）国风童潮2021中国少儿模特大赛复赛

2021年11月6日晚，国风童潮2021中国少儿模特大赛复赛首次亮相广东时装周，历时数月，国风童潮举办了数场初赛和海选赛，正式揭晓了网络超人气冠亚季军选手（图3-80）。

图3-80

（二十九）2021广东时装周—秋季闭幕式颁奖晚会

2021年11月8日晚，随着2021广东时装周—秋季闭幕式颁奖晚会的举办，本届时装周以及同期举行的2021中国流花国际服装节、2021湾区（广东）时尚

文化周-秋季落幕。当晚，林进亮携手HUAWEI P50系列带来MENSHEN创意时装发布，粤贸全国云逛时装周"粤品粤靓"风尚品牌大奖、2021广东时装周—秋季时尚品牌大奖、2021广东时装周—秋季指定合作伙伴、"比音勒芬"第21届广东十佳服装设计师等奖项——揭晓并颁发（图3-81）。

图3-81

三、2021中国（广东）大学生时装周

中国（广东）大学生时装周创办于2006年，由广东省教育厅指导，广东省服装服饰行业协会、广东省服装设计师协会和广州国际轻纺城共同主办，凯华公益·真爱梦想专项基金作为公益合作伙伴，以"实现梦想的天桥"为主题，是国内首创、规模最大、规格最高，专门为广东省内各高校服装设计专业学子打造的大型公益性时尚盛会（图3-82）。

图3-82

特别时期下举办的2021中国（广东）大学生时装周，共有27所广东本土院校参与，由于疫情原因部

分院校取消了现场展演，进行了19场毕业展演，超过7000名服装专业优秀应届毕业生踏上了天桥，演绎自己的作品，展现中国新生代设计，有2万多名院校师生、服装企业家、服装设计师、时尚达人、媒体记者等专业观众进场观看了毕业展演，同时超过5000万人次通过网络直播同步观看了精彩的现场。

（一）"广州国际轻纺城杯"2021指定面料团体创意大赛

2021年5月18日晚，"广州国际轻纺城杯"指定面料团体创意设计大赛在广州国际轻纺城举办（图3-83）。本次大赛得到特亮纺织、明尚纺织、华棉世家、鸿盛布业、中麻、恒达·横间纺、法绅芭莎、益天隆·嫒悦时光、俪森、宏度等十家官方指定面料供应商的支持。经过李小燕、李明光、王仪祉、成晓琴、彭颖五位评委的专业评判，北京理工大学珠海学院"发酵"获得最具市场价值奖，广东培正学院"天山脚下"则获得最佳舞台效果奖，广州大学纺织服装学院"霭"获得最佳面料运用奖，广州市广播电视大学纺织服装分校"庆余年"获得最佳工艺制作奖，广州大学美术与设计学院"另'疫'面"获得最具时尚风潮奖。

图3-83

（二）2021广东纺织服装产业供应链对接交流会

2021年5月18日下午，2021广东纺织服装产业供应链对接交流会在广州国际轻纺城举办，作为2021中国（广东）大学生时装周的重磅活动之一，本届交流会汇聚行业领导、服装企业、设计师、面辅料企业和服务平台代表，聚焦"纺织服装产业供应链"优化升

级的热点话题，展开专题交流研讨思辨（图3-84）。

图3-84

（三）湛江科技学院服装设计毕业作品展演

2021年5月19日晚，首场院校发布会——湛江科技学院服装设计毕业作品展演在广州国际轻纺城7楼1号展馆举办（图3-85）。经过一番角逐，最终夺得复赛入场券的三组选手分别是19号选手刘美怡的作品"缴里"，6号选手吴锶敏的设计作品VANISH，以及20号选手吴静的设计作品"巫风湛傩"。

图3-85

（四）北京理工大学珠海学院服装设计毕业作品展演

2021年5月20日上午，第2场院校发布会——北京理工大学珠海学院服装设计毕业作品展演举办（图3-86）。经过评委们的严格审核，9号选手吴蝶的作品"归客"、28号选手郑景曼的设计作品"年年有例"以及18号选手裴永伟的设计作品GAME LIFE脱颖而出，成功获得"广州国际轻纺城"杯2021广东大学

生优秀服装设计大赛复赛入场券。

图3-86

（五）广州涉外经济职业技术学院服装设计毕业作品展演

2021年5月20日下午，第3场院校发布会——广州涉外经济职业技术学院服装设计毕业作品展演共展示了16个系列作品，5号选手陈海铃的作品*haggle over*，16号选手李彩凤的作品*BLUE TRIBE*，以及9号苏嘉禧选手的作品"圈里圈外"入围"广州国际轻纺城"杯2021广东大学生优秀服装设计大赛复赛（图3-87）。

图3-87

（六）广东文艺职业学院服装设计毕业作品展演

2021年5月20日晚，第4场院校发布会——广东文艺职业学院服装设计毕业作品展演举办（图3-88）。经过评委们的严格审核，第27个系列朱璐露、陈雨瑶的作品"罗生门"，第28个系列聂伟林、吴子建的作品"印衣"，第31个系列陈嘉欣、张援敏的作品"第二生

命"入围"广州国际轻纺城"杯2021广东大学生优秀服装设计大赛。

图3-88

（七）东莞市技师学院服装设计毕业作品展演

2021年5月21日上午，第5场院校发布会——东莞市技师学院服装设计毕业作品展演举办（图3-89）。经过评委们的严格审核，18号选手张冬闲、张娜娜、谢瑜的作品"白月光"，16号选手张婉婷、程琪琪、王丹丹、陈明耀的设计作品*Neo-expressionist*以及22号选手谢莉英、卢娇、黄丽虹、吴华芳、廖晓言、陈瑶的设计作品"上班也可潮"获得"广州国际轻纺城"杯2021广东大学生优秀服装设计大赛复赛资格。

图3-89

（八）广州市广播电视大学纺织服装分校服装设计毕业作品展演

2021年5月21日下午，第6场院校发布会——广州市广播电视大学纺织服装分校服装设计毕业作品展演举办（图3-90）。最终，6号选手何诗敏、陈桂艳的

作品"鼓·异",3号选手冯贝贝、吴凡、郭嘉晋的设计作品"共存",以及12号选手曾庆婷、梁春霞的设计作品"方寸之间"成为前三名,入围"广州国际轻纺城"杯2021广东大学生优秀服装设计大赛复赛。

图3-90

（九）广东工业大学艺术与设计学院服装设计毕业作品展演

2021年5月21日晚,第7场院校发布会——广东工业大学艺术与设计学院服装设计毕业作品展演举办（图3-91）。本次展演共展出20个系列优秀设计作品,并以开场舞"唱支山歌给党听"、军体操"战士宣言"唱响时代主旋律,向党的百年华诞致敬。同时将非遗传统文化融入服装服饰,回顾历史,展望未来,凝聚青春力量,第2个系列彭薇、谭颖欣的作品*Hey! Is that you*?,第15个系列梁芷淇的作品"潜凌",第20个系列黎明岚、陈慧颖的作品"无声的呐喊"成功入围复赛。

图3-91

（十）广东白云学院服装设计毕业作品展演

2021年5月22日上午,第8场院校发布会——广东白云学院服装设计毕业作品展演举办（图3-92）。本次展演共展示了25组作品,25号选手肖景而的作品"木兰辞"、3号选手郑妍月的设计作品"大漠梵音"以及10号选手王晓杭的设计作品"潮绣·弄影"获得入围复赛资格。

图3-92

（十一）广东女子职业技术学院服装设计毕业作品展演

2021年5月22日晚,第9场院校发布会——广东女子职业技术学院服装设计毕业作品展演举办（图3-93）。本次展演共展示了25组作品,13号选手陈炜琦的作品"沧海横流"、23号选手罗丽珊的设计作品"食"以及25号选手陈家欣的设计作品"情绪"获得评委的肯定,入围"广州国际轻纺城"杯2021广东大学生优秀服装设计大赛复赛。

图3-93

（十二）广东省轻工业技师学院服装设计毕业作品展演

2021年5月23日上午，第10场院校发布会——广东省轻工业技师学院服装设计毕业作品展演举办（图3-94）。本次展演共展示了20组作品，最终夺得复赛入场券的三组选手分别是：17号选手谭光阳、蓝剑锋的作品"韵"，5号选手张婉琪、罗名政、曾志濠、廖烊烊、周树明的设计作品"呼吸"，以及20号选手詹国强、李华培的设计作品"家·园"。

图3-94

（十三）广东科技学院艺术设计学院2021届毕业作品展演

2021年5月23日下午，第11场院校发布会——广东科技学院艺术设计学院2021届毕业作品展演举办（图3-95）。本次共展演了25个服装设计系列作品，最终入围复赛的三组选手分别是：4号选手苟晓琳的设计作品"怦然心动"，5号选手欧阳志林的设计作品"战疫"，以及10号选手程静雯的设计作品 Hermaphroditus。

图3-95

（十四）中山大学新华学院（现广州新华学院）2017级服装专业毕业作品展演

2021年5月23日晚，第12场院校发布会——中山大学新华学院（现广州新华学院）2017级服装专业毕业作品展演举办（图3-96）。本次展演以"臻"为主题，共展示了26组作品，13号选手郭彤的作品"他们"，26号选手罗逸瑶的作品"牛仔爷爷"以及20号选手施薏的作品"谜"获得复赛资格。

图3-96

（十五）撷英—香港服装学院服装设计毕业作品展演

2021年5月24日上午，第13场院校发布会：撷英——香港服装学院服装设计毕业作品展演在广州国际轻纺城7楼举办（图3-97）。本次发布会，来自香港服装学院深圳、广州、长沙等校区的23个系列115套作品携手参展，1号甄明明设计的作品"树之魂"、10号叶浩设计的作品"城市丽人"、7号邓淼玲设计的作品"战·疫"晋级"广州国际轻纺城杯"2021广东大学生优秀服装设计大赛复赛。

图3-97

（十六）五邑大学艺术设计学院服装设计毕业作品展演

2021年5月24日下午，第14场院校发布会——五邑大学艺术设计学院服装设计毕业作品展演举办（图3-98）。本次共展出16组服装设计作品，13号选手肖娅婷的设计作品"孵化生命"，15号选手雷宝华的设计作品"修补日记"，以及16号选手尹月峰的设计作品"重塑"入围"广州国际轻纺城"杯2021广东大学生优秀服装设计大赛复赛。

图3-98

（十七）广东轻工职业技术学院服装设计毕业作品展演

2021年5月24日晚，第15场院校发布会——广东轻工职业技术学院服装设计毕业作品展演举办（图3-99）。本次展演共展示了26组作品，21号选手李施欣、杨康再的作品"巫傩"，17号选手林东怡、陈倩怡的作品kobe以及25号选手杨惠锦、邓智颖的作品"逃"获得评委的认可，进入"广州国际轻纺城"杯2021广东大学生优秀服装设计大赛复赛。

图3-99

（十八）始于尺，成以衣—广州市工贸技师学院服装设计毕业作品展演

2021年5月25日上午，第16场院校发布会：始于尺，成以衣——广州市工贸技师学院服装设计毕业作品展演举办（图3-100）。本次展演共展示了20个系列作品，最终夺得复赛入场券的三组选手分别是：4号选手曾梦洁、陈梓敏的作品"呼唤"，7号选手黄敏仪、邓雅倩的作品"断讯"以及8号选手杨慧怡、陈诗文的作品"渲染"。

图3-100

（十九）华南农业大学珠江学院服装设计毕业作品展演

2021年5月25日下午，第17场院校发布会——华南农业大学珠江学院服装设计毕业作品展演举办，共展示了16个系列服装（图3-101）。最终入围复赛的三组选手是7号选手周宝盈的作品"生生不息"，14号选手黄政晖、何嘉泓的作品"尘肺之殇"以及16号选手刘潼的作品"打翻废纸篓"。

图3-101

（二十）广州南洋理工职业学院服装设计毕业作品展演

2021年5月26日上午，第18场院校发布会——广州南洋理工职业学院服装设计毕业作品展演举办（图3-102）。本次展演共展示了23个系列，第1个系列欧美欣、江泳茹的作品"麻韵"，第10个系列薛思佩、刘芷君的作品"军馨·艺术"以及第12个系列谭慧婷、陈沛霖的作品"无彩印象"夺得前三名。

图3-102

（二十一）中山职业技术学院服装设计毕业作品展演

5月26日下午，第19场院校发布会——中山职业技术学院服装设计毕业作品展演举办（图3-103）。本次展演共展示了21个系列作品，最终夺得复赛入场券的三组选手分别是：2号选手的作品"造解禀冬"、12号选手谢芊芊的作品"夜幕"以及17号选手刘丹妮的作品"青城山下"。

图3-103

（二十二）"广州国际轻纺城杯"2021广东大学生优秀服装设计大赛总决赛

2021年6月23日，受新冠疫情影响，"广州国际轻纺城杯"2021广东大学生优秀服装设计大赛总决赛经历了延期调整后，通过线下静态评审的形式在广州国际轻纺城举办。总决赛当日，刘洋、计文波、李小燕组成了顶级评审团，对来自非首次参与大学生时装周的27所服装院校、经过层层选拔的27组作品进行严格审核，最终广东白云学院的肖景而设计作品"木兰辞"和广州市广播电视大学纺织服装分校的何诗敏、陈桂艳设计作品"鼓·异"分别斩获本科组、专科组的桂冠（图3-104）。

图3-104

四、第七届红棉国际时装周

2021年7月11~13日，以"破格潮前"为主题的第七届红棉国际时装周×云尚周高能上线，以数字时装周模式，通过线上直播面向全网发布，为本土原创设计品牌聚集能量。

广州是中国首屈一指的时尚之都，时尚产业在这里既有根基底蕴，又有与时俱进的潮流元素。后疫情时代为本土服装行业带来的考验依然严峻，但行业企业在动荡环境中仍然展现出了极大的灵活性和韧性。

例如，以红棉国际时装城为代表的、拥有传统优势的专业市场与品牌并肩同行，快速组织，积极应对迅速变化的形势。通过持续打造时装周平台，以云上秀场、线上直播、全媒体推广等数字化形式，在时装城内乃至全行业引发集聚效应，助力本土时尚品牌升级转型，刺激商贸需求，提振行业信心（图3-105）。

图3-105

（一）数字盛宴优势尽显　用科技为品牌做加法

据介绍，本届时装周所有精彩发布可在中国网+、华数TV、新华网、西瓜视频、优酷、视界背景、一直播、花椒直播、映客、乐直播、新浪网、PP视频、哔哩哔哩、新视界、抖音等超过15家直播媒体平台同步收看。强大的直播矩阵，不仅让国际时装新潮触手可及，全网观众动动手指即可一键抵达时髦前线。

云上秀场和线上直播等形式的优势在于，在数字时装周的世界中，每个品牌都能找到属于自己的表达方式。本届时装周全网超过15家平台同步直播，这让曾经看起来遥不可及的T台时尚变得更接地气。潮流趋势、新季选品和设计元素一目了然，利于全国各地的时尚买手和采购商获得更高效、更便捷的商贸效果（图3-106）。

图3-106

（二）集聚原创设计势力　演绎前沿潮流风尚

可以说，这场数字盛会不仅完成了让时尚保持在雷达上的使命，更让发布品牌尽享传达自有品牌精神

和新品发布形式的创意空间。尚定、亚玑以及新锐原创品牌联合秀等先锋秀场在官方日程中进行了发布，以别出心裁的秀场装置，演绎前沿潮流风尚。

作为中国原创服装设计的优质商贸交流平台，历届红棉国际时装周×云尚周成功吸引了众多国内外优秀的自主品牌及设计师，带着他们的强烈风格与原创作品在舞台上尽情闪耀。

值得关注的是，除了参与云上秀场官方日程发布的品牌，红棉国际时装城场内品牌商户也将新品订货会集中在本届时装周期间举行。超过200个原创时尚品牌、设计师品牌和生活方式品牌，通过微信、小红书、抖音等多平台开展线上发售。以集聚之势，最大化时装周的平台效应（图3-107）。

图3-107

（三）打造城市潮流风骨　让时尚之都始终闪耀

时装周不仅是品牌的实力跳板，也是城市的时尚风骨。广州不仅拥有完整的服装产业链，还有一批以红棉国际时装城为代表的、有影响力的服装品牌孵化基地。

去年，《广州市打造时尚之都三年行动方案（2020—2022）》正式发布，提出要把广州打造成为具有国际影响力的时尚流行策源地、时尚文化交汇点、时尚品牌集聚区等，初步建成国际时尚之都。在这新的时尚进程中，红棉国际时装城被寄予更高期待。

未来，广州将进一步汇集时尚产业资源、创意人才，成为大湾区流行趋势的风向标，带动周边城市的时尚产业发展，这一发展轨迹与巴黎等欧洲时尚之都非常相似。"广州原创""广州设计""广州定制""广州智造"成为提升广州时尚产业创新设计能力的焦点。

本届时装周主题"破格潮前",是对建设广州时尚之都的明确呼应。"破格潮前"象征涌动的生命力,寓意打破格局、焕新希望。采取数字化时尚技术为品牌做加法,让本土原创设计拥有更强大的韧性与更开阔的创意空间;通过融合原创设计力量与数字化浪潮,振奋行业信心、焕发广州时尚之都的深层活力。

今夏,第七届红棉国际时装周×云尚周,坚持立足本土兼备国际视野的时尚格局,聚焦本土新锐原创设计,全面覆盖时尚男装、女装等品类,积极引进更多意大利、韩国高端原创潮流品牌,联动广州轻纺交易园等产业链上下游战略伙伴,持续打造以作品展示发布、商贸交流对接、促进时尚消费为核心的生态系统,致力为优秀的国内外设计品牌提供推广、交易和成长的平台,为建设广州时尚之都集聚能量(图3-108、图3-109)。

图3-108

图3-109

五、第八届红棉国际时装周

2021年11月18日,第八届红棉国际时装周×云尚周在红棉国际时装城启幕,深度发挥原创设计核心优势,激活广州国际时尚都会的向心之力(图3-110)。

图3-110

中国纺织工业联合会副会长、中国纺织工业联合会流通分会会长夏令敏,中国纺织工业联合会流通分会副会长徐建华,中国纺织工业联合会新闻中心副主任、《纺织服装周刊》杂志社社长徐峰,中国纺织工业联合会流通分会秘书长王水元,中国服装设计师协会副主席、武汉纺织大学服装学院党委书记熊兆飞,杭州希疆新零售研究院院长及创始人、原阿里新零售研究中心负责人游五洋,中共广州市越秀区委常委吴刚强,广州市商务局副局长林国强,广州市越秀区政协副主席韩志鸿,广州市越秀区商务局局长罗芸和副局长黄韶岚,广州市越秀区贸促会副主任江虹,广州市越秀区流花街道办事处副主任余国庆,广东省服装服饰行业协会会长卜晓强和执行会长刘岳屏,广州工业经济联合会、广州市企业联合会、广州市企业家协会会长王泽新,广州专业市场商会秘书长李英,越秀区服装商会会长余锡能,流花商会秘书长柳依,广州国际轻纺城董事长郑凯,广州轻纺交易园总经理杨志雄,韩国明宝纺织社长崔宝永,深圳华海达(国际)服装交易中心总经理肖由杰,虎门富民投资有限公司副总经理、虎门富民时装城总经理黄坤,深圳丰滢世纪服装市场副总经理周宏,广州市诚大置业有限公司总经理连健文,广州市红棉国际时装城副总经理卢浩江等领导嘉宾参加了活动。

夏令敏在致辞中表示,广州是粤港澳大湾区的核心城市,也是中国最具影响力的时尚城市之一,广州的时尚产业不仅具有雄厚的产业根基和文化底蕴,更拥有与时俱进的设计风尚与创意力量,不断引领中国时尚产业的升级换代。红棉作为广州时尚流通领域久负盛名的专业市场,围绕时尚化、品牌化、国际化的日标，积极探索产业升级的发展路径；通过外引国际时尚资源，推动新锐设计师和本土品牌的成长，助力原创设计和中小商家的发展壮大。红棉国际时装周运用数字技术，创新表现形式，丰富活动内涵，链动时尚资源，展示了原创设计和时尚品牌的实力，也让本届时装周无论是活动规模、品牌参与度、产品时尚度，还是行业影响力都达到了新的高度。希望红棉国际时装城和广州的时尚产业一道，借助大湾区时尚建设的东风，聚合能量，砥砺前行，为地方经济发展和行业发展做出新的更大贡献。

罗芸在致辞中表示，越秀区在近年来，抢抓国际消费中心城市建设和粤港澳大湾区重大战略机遇，以时尚产业为引领，以"数字经济+消费经济"为抓手，推动流花商圈服装专业市场蝶变升级，带动流花商圈由服装集散地向产业链价值链高端延伸，并逐步成为时尚潮流发布高地。希望红棉国际时装周继续发挥平台集聚效应，吸引更多国内优秀的自主国潮品牌，持续引进国际高端时尚资源，办成越秀区时尚产业标志性的盛事之一；促进流花地区专业市场引入优质资源转型升级，促进国际消费中心城市建设，为广州服装行业从传统批发迈向新型现代产业发展树立典范，争创国家级转型升级标杆市场。

刘岳屏在致辞中表示，红棉国际时装城一直发挥专业市场的产业集聚效应和渠道创新的示范引领作用，把时装周打造为中国原创设计发展推广的最优化的交流平台，展示本土原创时尚的包罗万象与实力优势，帮助原创品牌开展落地的商贸对接、行业互动，推动中国时尚产业高质量发展。例如，在交易园成功举办2021中国时尚男装产业发展论坛，行业、专家、企业、专业市场等齐聚，共同探讨了服装产业变革问题，交流碰撞出全新的思想成果。本届时装周将通过融合原创设计力量与数字化浪潮，提振行业信心，唤醒广州时尚之都的新力量。

（一）聚焦原创，锐意"向尚"：线上线下共享潮流灵感之旅

本届"时装周×云尚周"以"未来向尚力"为主题，高浓度聚合国际潮流趋势、本土原创设计、产业发展论坛、新媒体数字展销等极具竞争力的时尚产业

优势，深度打造"前沿、多元、高效"的数字时装周模式招牌。

本届时装周上，由HIVE SHOWROOM新锐国际设计师品牌，市场表现亮眼的原创品牌三福时尚、BATON、OV，以及广州轻纺交易园国际面料商与本土原创设计师共同呈现的联合秀等，将领衔红棉场内品牌同频联动；同时，强强联合抖音、快手等头部短视频平台，从线下引流至云上秀场并辐射全网，进一步释放"线上直播+云上采购"的模式优势；汇聚国内外设计、时装、文化、艺术等各领域的先锋创意人，共享一场时髦"上天"、锐意"向尚"的线上线下潮流灵感之旅（图3-111）。

图3-111

值得关注的是，作为本土原创力量的摇篮，在红棉国际时装周上颁出金棉花奖与时尚贡献奖，旨在激励对当年引领时尚风潮的品牌、为时尚产业做出杰出贡献的品牌。历年来，两个重磅大奖不仅是对众多新锐设计师的认可，也是对时装周中坚力量的荣誉嘉奖。无论是创造力十足的新锐品牌或是商业表现突出的成长型品牌，都以紧张的心情期待大奖的揭晓。

最终，三福时尚、OV、BATON、逆思维服装设计中心、韩国明宝纺织、莱纱、圣玳、简定获得金棉花奖；执著男装、南通大个、霞湖世家、胡轩108、波特邦威获得时尚贡献大奖。随着大奖揭晓，夏令敏宣布第八届红棉国际时装周正式开幕。

（二）探索神秘，解构未来：新锐原创领衔开幕大秀

首日，由HIVE SHOWROOM国际新锐设计师联袂打造的开幕大秀震撼登场。作为每一届时

装周的保留项目，本场开幕大秀依然是焦点所在。JTKZHENG、UNIX T、NONHUMAN三个原创设计师品牌携手打造酷感十足的先锋秀场，以时装带领我们遁入未来主义的世界（图3-112）。

图3-112

JTKZHENG 2022春夏系列以"DIAGRAMS"为主题，灵感来源于各种人类文明历程中所遗留下来的特殊图形符号。设计师以超现实主义基调为背景，用不断强化的切割细节与裁剪手法，并全新融入磁吸扣元素等更为极简的设计，体现品牌所追求的未来主义精神。光泽性面料，皮质激励，刷漆工艺，结合"DIAGRAMS"主题的手绘印花，以及重现优化的标志性经典设计，展现了设计师新一季系列的奇妙幻想。

UNIX T是彻底的结构主义者，擅长硬朗性感、充满未来神秘感的先锋设计。2022春夏系列以"幻想"命名，借用海洋元素和材质改造工艺，传递再生、复兴与生命循环的理念。设计师以立体针织、反光面料和透明材质来表达波光粼粼的海洋质感，在色彩对比中加入图案变化与材质对比，采用晴空蓝、黄梅、血石红、海藻绿等色彩将海洋世界的局部放大，警示人与海洋的和谐共生。

NONHUMAN本季系列名为"未来森林"，强调数字实验化的虚幻视觉。设计师围绕中性风格，在服装中对大自然元素进行重新演绎。反复调整的廓型、板型适合男女混穿，多种面料与工艺的碰撞，挖掘中性实验的无限可能。秀场上屡屡出现的工装元素，跳动的荧光色次，面料错位形成的解构落差，以及无处不在的"蚂蚁"标志性图案，都显示出品牌在趣味细节与实穿性之间的柔韧平衡。

（三）从时装周到产业生态，从时尚商圈到时尚之都

4天的时尚日程，覆盖高端产业论坛、国际潮流趋势与原创新锐设计发布、Showroom订货会以及线上时尚交易，为城中潮人打造一场全方位的年末时尚盛会。本届时装周的精彩秀场发布也在全网多个平台同步直播，让全网观众与"时尚未来"时刻同频在线。

从时装周到时尚产业生态，从流花商圈到广州国际时尚之都，红棉国际时装周在自身的升级迭代中不断吸纳优质产业资源，将国际化视野与本土文化特色有机融合，为本土市场产业聚合更多原创设计、新锐品牌、潮流趋势、多媒体创意。真正做到为品牌带销量、为设计师带声量、为城市带流量。

经过八届的成功运作，红棉国际时装周对潮流世界的先锋探索不断升级，"时装周×云尚周"已发展成红棉积极探索数字化时尚商贸模式的重要载体。在"高质量、双循环"大格局下，随着广州建设国际消费中心城市的步伐加快，发展"大消费"产业，必须以提高"产品"的附加值为重心，在生产方式和商业模式上与国际接轨。

未来，红棉国际时装周将进一步发挥具有国际影响力的时尚产业优势，创新创意引领和数字化驱动发展，精益打造一个更新潮、更包容、更高效的数字时尚周IP，联动广州轻纺交易园等产业链上下游资源，构建具有本土特色、国际影响、时代特征的时尚产业生态，着力打造广州国际时尚消费中心，全力构筑时尚文化发展新高地。

第四部分　年度创新案例

产业项目创新案例

一、广州红棉中大门：打造"一基地三中心"，构建纺织服装时尚生态港

广州红棉中大门，前身是广州轻纺交易园，建成于2012年。项目位于广州市海珠区新港西路82号，地处全国最大的面辅料集散中心——中大纺织商圈核心位置，占地面积约15万平方米，建筑面积达28.3万平方米，汇聚纺织服装商户约2000家、服装及面料设计师超过3000名，建立了完善的纺织服装时尚产业生态运营体系，荣获国家工信部授予全国首批"纺织服装创意设计试点园区"称号，是"全国十大著名品牌市场""中国商品市场百强""广东省工业设计中心"（图4-1）。

图4-1

广州红棉中大门原由工业旧厂房改造而成，在建设之初便锐意以创意设计为重要抓手推动传统纺织服装产业的转型升级。走过初始轮的升级发展摸索，近年红棉中大门在"创意设计+时尚创新"的发展道路上越走越成熟，以"面料研发+服装设计+制板服务"为核心发展内容，通过空间、功能、场景、业态的多重塑造，初步形成了"产业核心+产业延伸+配套服务"的纺织服装产业生态有机雏形，是广州市内创意设计特色突出、产业融合优势明显的产业载体标杆（图4-2）。

图4-2

站在新时代的起点上，为推动纺织服装产业时尚化创新发展，前身"广州轻纺交易园"自2022年1月1日起，正式更名为"广州红棉中大门"，全速前进建设面料总部基地、T11服装设计师品牌中心、纺织服装设计制板中心、供应链电子商务中心。以"一基地三中心"为载体，通过应用新技术、拓展新渠道、打造新平台、引领纺织服装时尚化创新模式，打造国际时尚发布中心，全力构建纺织服装时尚生态港，为广州的纺织服装产业基础高级化和产业链现代化发展创造活力源，支撑海珠区建设中大国际纺织时尚中心，助力广州打造国际时尚之都、建设国际消费中心城市。

（一）项目建设情况

1. 稳步优化产业服务环境，推动形象品质双提升

为注入更多创新活力，构建成熟的时尚生态，近年来红棉中大门以产业空间服务革新为抓手，在现有建筑形态和功能空间基础上进行微改造，不断优化空间布局、提升空间时尚形象、升级公共服务能级，逐步打造了更多兼具时尚性、创意性、设计感和功能完善的产业物业空间和延伸配套服务空间。

在产业物业上，2021年，红棉中大门在构建"纺织服装时尚生态港"的远景目标引领下，大力整合和优化功能分区，推动建设"一基地三中心"（面料总部基地、T11服装设计师品牌中心、纺织服装设计制板

中心、供应链电子商务中心），以塑造全新的产业链上下游互链融合的立体产业空间。

另外，红棉中大门同时推动产业配套服务空间的完善，升级建设国际时尚发布中心、红棉花艺术馆、水上演艺广场、T11时尚交流中心、时尚广场、直播/摄影基地、裸眼3D数字显示屏等多元化的展示营销和交流合作场景，更新硬件设施设备，全方位打造融合时尚、艺术、文创、社交、科技的活力空间。

通过系列对空间外观和内装的优化升级，现时红棉中大门正逐步呈现出时尚现代的空间形态和舒适有活力的环境氛围，空间形象、功能场景跃阶升级，韩国设计机构、设计师品牌等时尚创新主体逐步落户，在业态结构优化、功能配套和经营品质方面，红棉中大门正在向高质量发展方向全速迈进（图4-3）。

图4-3

2.激发设计品牌力量，持续壮大产业发展能级

多年来，红棉中大门积极引导商户开展新品研发、展厅升级、培育品牌、服务转型，推动整体业态结构不断优化、交易功能慢慢淡化，设计及研发业态成为主导业态，超过60%以上的商户企业都具备面料创新开发和服装设计能力，常驻办公的服装设计师和面料设计师逾3000人，拥有从原料开发到服装设计、从产品柔性制造到发布营销的强大供应链和产业配套能力，创意设计集约化发展程度高。

正在精心打造的T11服装设计师品牌中心，定位展贸设计工厂一体化平台，未来将导入上千家来自国内以及意大利、韩国等国家和地区优质的服装设计机构、设计师品牌、时尚潮牌、个性定制、直播电商机构，通过综合空间帮助整合设计制板、品牌旗舰店、总部办公、展贸、直播、社交分享等业务链条，以激发本土服装时尚企业的创新动能，培育更多的服装原创设计品牌，推动中大纺织商圈乃至广东省服装产业向时尚化、品牌化、国际化发展。

3.夯实平台功能，丰富时尚产业内生态

多年来，红棉中大门以活动、科技、趋势、教育为抓手，不断加强自身的软实力建设，搭建了"广东时装周""红棉国际时装周""面料趋势周""广东省十佳服装制板师大赛"等交流合作活动平台，年举办各类行业时尚盛事、趋势发布、贸促活动共计100多场；打造"商学院"品牌教育培训系列项目，开设面料开发、设计及应用、品牌营销、供应链管理、人才培训等纺织服装行业专题课程，以专业+职业化的教育培训活动赋能产业的进步、行业技术的提升，孵化创新应用型高端人才，至今培训商户及行业专业人士超过1000人次；投资孵化产业供应链创新服务平台"广州·设界"，通过设界平台的"产业+数字化科技"服务功能，辅助商户打通产品创新开发、服装创意设计、供应链服务、数字化营销等方面壁垒。

此外，为促进产业资源的协同流动，加快推进纺织服装产业的时尚升级发展，多年来红棉中大门深耕行业，与中国纺织工业联合会、中国服装设计师协会、中国纺织建设规划院、广东省服装服饰行业协会、广东省服装设计师协会、广东省纺织协会、广州专业市场商会、中大国际创新谷纺织产业联合会等国家、省、市、区级行业权威组织建立有长期、紧密的项目合作关系，并牵头搭建了广州市服装制板技术学会、广东省服装服饰行业协会时尚买手分会，吸引了中国男装高级定制研究中心"产学研实习基地"、华南农业大学艺术学院"产学研合作基地"落户，在发展中不断充实产、学、研合作基础以及行业资源平台，拥有较强的创新资源的整合能力。

4. 推进产业配套优化升级，精耕细作打造管理精品

2021年，红棉中大门开展园区仓储物流的全面整顿和集中清退工作，联合中大纺织商圈共同构建安全、智能、高效的物流环境。同时，对园区内道路开展车道拓宽、路面修复和软景装饰等改造更新，并新建智能立体车库强化停车配套，大大提升了中大门的通行效率和环境品质。2022年，广州红棉中大门推陈出新打造融汇多元功能的全新服务场所——管理服务中心，一站式实现客服咨询、物业缴费、工程报修、合作洽商、商户对接等服务业务，不断优化完善客户管理服务体系，持续创新更高效、精细、品质的体验服务和模式。

（二）产业效益

在"一基地三中心"产业生态传动链条的带动下，红棉中大门将通过更多的创新举措推动传统纺织服装产业向产品质量和创意、品牌、创新的经营管理模式转变。未来，红棉中大门的创意设计、科技创新、时尚服务等新业态将更加丰富多元，商户组织形式公司化程度也将越来越高，并将吸附更多的智能科技、金融、物流、商务服务、零售餐饮等创新资源和商业配套活跃在这个生态圈内，满足高端人才、时尚人群、年轻新生代等人群对工作场景、生活场景、休闲场景的需要，实现产业业态和经营品质的协同提升。预计升级完成后项目整体总产值突破百亿元，带动就业人数超过5万人。

二、广州红棉国际时装城：探索数字化时装周模式，引发行业集聚效应

广州市红棉国际时装城作为广州时尚流通领域久负盛名的专业市场，围绕国际化、时尚化、品牌化的目标，积极探索产业升级的发展路径。2021年，在新国潮崛起、国内消费市场全面复苏的背景下，时装城成功举行一年两届红棉国际时装周，积极探索数字化时装周模式，联动国内外时尚资源，使时装周在活动规模、品牌参与度、产品时尚度、行业影响力等方面提升至新高度，助力本土时尚品牌升级转型，在全行业引发集聚效应，促进行业发展。

2021年，第七届、第八届红棉国际时装周坚持以国际时尚潮流融合为面板，引进电商意大利、韩国高端原创潮流品牌，聚合本土原创品牌势能，又联动广州轻纺交易园（现"广州红棉中大门"）等产业链上下游战略伙伴，高浓度聚合国际潮流趋势、本土原创设计、产业发展论坛、新媒体数字展销等极具竞争力的时尚产业优势，深度打造"前沿、多元、高效"的数字时装周模式招牌，致力于打造后疫情时代全新升级的产业服务平台。

（一）第七届红棉国际时装周：以集聚之势，最大化时装周的平台效应

2021年7月11～13日，第七届红棉国际时装周×云尚周成功举行。本届时装周以"破格潮前"为主题，采用"时装周×云尚周"的数字化时装周模式发布品牌，通过线上直播面向全网展示，使"流量时代"的品牌商贸推广效应实现最大化（图4-4）。

图4-4

1. 从男装周到时装周，更大平台、更多商机

面对外部诸多不确定因素，红棉国际时装城各部门协同工作，排除万难，快速组织、积极应对迅速变化的形势。在前六届成功运作的基础上，本届时装周全面加入时尚女装等品类，引进更多意大利、韩国高端原创潮流品牌，持续打造品类和品牌更丰富的时装周平台，以云上秀场、线上直播、全媒体推广等数字化形式，并携手云尚周、广州轻纺交易园（现"广州红棉中大门"），刺激商贸需求，提振行业信心。

简定、圣玳以及新锐原创品牌联合秀等在先锋秀

场进行了发布。红棉国际时装城场内品牌商户也将新品订货会集中在本届时装周期间举行。超过200个原创时尚品牌、设计师品牌和生活方式品牌，通过微信、小红书、抖音等多平台开展线上发售（图4-5）。

图4-5

2. 时装周×云尚周持续释能，15+直播平台撑起"云"秀场

本届时装周深度触网，结合数字化浪潮与实体经济，持续打造品牌与消费者互动交流空间。中国网+、华数TV、新华网、西瓜视频、优酷、视界背景、一直播、花椒直播、映客、乐直播、新浪网、PP视频、哔哩哔哩、新视界、抖音等15家流媒体平台联合打造红棉国际时装周直播矩阵，全程为全网观众第一时间送上最新的潮流趋势视觉大赏。全网观看人数超百万，让服装人获得一手时装周资讯，利于全国各地的时尚买手和采购商获得更高效、便捷的商贸效果，对品牌宣传起到了积极有力的作用。

3. 人气小程序上线，助力品牌开拓商机

除了线上同步直播品牌秀场视觉大赏，本届时装周还上线了时装周专属小程序，提供品牌创意视频、多媒体邀请函、集字卡人气互动等个性化服务。持续打造品牌与买手的互动交流空间，为场内品牌挖掘更多高调"出圈"的机会，助力品牌冲高人气、原地出道。

4. "链"接时尚，原创设计与潮流面料联合发布

本届时装周与广州轻纺交易园（现"广州红棉中大门"）强强联合，携手打造了一个精准、高效、时尚的产业上下游接洽平台，以时装周、发布秀等多元时尚活动为载体，共同开发、推广最新潮的服装与面料时尚趋势，推动本土原创服装品牌与优质面料供应商强强联

合、协同创意创新，开辟更广阔的时尚合作前景。

来自时装城的男装品牌DreamMCworks、搜式SOUSHI、铭翰格、阿木成，女装品牌26 YEARS OLD、PP+、唯洛伊，携手交易园实力面料品牌，将原创服装设计理念与前沿面料技术相结合，发布服饰与面料流行趋势，发掘更多时尚产业跨界合作新灵感，本届时装周圆满闭幕。

（二）第八届红棉国际时装周：深度释放"线上直播+云上采购"模式优势

2021年11月18日，第八届红棉国际时装周隆重启幕，聚集来自国家行业协会、行业机构、线上线下品牌、原创设计师等资源，广邀来自全国各地的产业精英，深度聚焦互联网背景下的时尚商贸升级路径，为中国时尚产业打造了一场极具深度和行业影响力的年度收官盛会（图4-6）。

图4-6

1. 有深度——行业大咖论道男装产业升级发展

2021年11月17日，"聚合时尚，链动未来"——2021中国时尚男装产业发展论坛拉开本届时装周序幕。论坛由中国纺织工业联合会流通分会、广东省服装服饰行业协会、广东省服装设计师协会主办，广州市红棉国际时装城、广州轻纺交易园、广东省时尚服饰产业经济研究院、广东国际时尚艺术研究院承办，邀请到来自国家行业协会、时尚机构、院校、服装专业市场代表、服装设计师等百余人参加活动，共同探讨互联网驱动下的产业供应链创新与时尚商业生态塑造。

与会嘉宾纷纷表示，在本次活动上，不仅深入了解了行业未来发展趋势，还吸收到不少优秀品牌企业

的实践经验，未来将通过不断实践与探索，为广州打造时尚之都提供更强支撑，为中国男装产业的创新发展凝聚更雄厚的力量。

2.有活力——新锐设计师开幕大秀引领新潮

由HIVE SHOWROOM国际新锐设计师联袂打造的开幕大秀震撼登场。JTKZHENG、UNIX T、NONHUMAN三个原创设计师品牌携手打造酷感十足的先锋秀场，以时装打开未来主义的世界，实力展示了时装周引领国际时尚潮流、趋势风向标的影响力。

3.有热度——15家平台"云"秀场触达全网

本届时装周持续发挥数字时装周模式优势，结合数字化浪潮与实体经济，持续打造品牌与消费者互动交流空间。时装周官方日程期间，线上线下主会场、分会场将实时同步开启，集合15家流媒体平台联合打造红棉国际时装周直播矩阵，全程为全网观众第一时间送上最新的潮流趋势视觉大宴，全网观看人数超百万。

4.有广度——从时装周到时尚之都，产业链上下游全联动

本届时装周再度与广州轻纺交易园（现"广州红棉国际时装周"）强强联合，打造融合服装上下游优势资源的产业平台。除了融汇最新面料与服饰设计元素的活力秀场，在本届时装周上，双方以产业论坛、时尚发布等多元时尚活动为载体，携手打造产业上下游接洽平台，发挥"链长制"效应，推动行业协会、本土原创服装品牌、设计师、创意机构等与优质面料供应商强强联合，开辟了更广阔的时尚合作前景。

5.有成果——原创本土设计品牌力量孵化崛起

作为本土原创力量的摇篮，在本届时装周上，国家行业协会领导等嘉宾为年度市场表现突出的品牌颁奖。三福时尚、OV、BATON、逆思维服装设计中心、韩国明宝纺织、莱纱、圣玳、简定获得金棉花奖；执着男装、南通大个、霞湖世家、胡轩108、波特邦威获得时尚贡献大奖。

2021年，红棉国际时装城创新创意引领和数字化驱动发展，精益打造一个更新潮、更包容、更高效的数字时尚周IP，深度联动广州红棉中大门等更丰富的产业链上下游资源，构建具有本土特色、国际影响、时代特征的时尚产业生态，助力打造广州国际时尚消费中心。

在时尚传达方面，以创新前卫的舞台视觉、与国际前沿接轨的趋势发布、线上线下联动的数字时装周规模效应，奠定时装城及广州服装服饰潮流策源地的地位，体现了广东时尚始终与时俱进、抓住时代先机的时尚基因；在时尚影响力方面，深度发挥原创设计核心实力，聚集包括国家行业协会、国内外原创设计品牌、新锐设计师、文化创意机构、知名服装院校、面料供应商、专业买手等全产业链优质资源，无论在专业领域、品牌领域还是大众领域，都得到了高度曝光关注，美誉度极高，为广州建设国际时尚之都、国际时尚消费中心发挥引领作用。

三、广州国际轻纺城：紧握"时尚"主线，"源·创"链接未来

广州国际轻纺城位于国家级纺织交易枢纽——中大纺织产业商圈的核心地段，于2005年开业，带动了当时周边商场经营模式转变，让中大纺织产业商圈实现了从传统市场形态向现代市场形态转型。经过十几年如一日的匠心运营，轻纺城已汇聚近3000家国内外纺织品品牌商户，常年展示数千万种最新、最潮面料，吸引了全国一级、二级批发商家以及服装厂买手和时装设计师到此采购，成为集纺织品交易、展示和商务于一体的国际化面辅料一站式采购基地，是中国最具影响力的纺织面辅料主题商城之一。

作为中大纺织产业商圈的龙头企业，近年来，轻纺城紧握"时尚"主线，围绕时尚产业创新发展的四大要素——人、产品、信息、资源，积极探索在新形势下的发展新模式，持续完善包括原创设计中心、科研创新中心、时尚趋势中心、产业联盟中心在内的时尚源创平台建设，在原创设计、面料研发、设计人才培育、时尚展示、直播、智能采购、流行趋势发布、贸易促进以及产业对接等领域不断创新，并取得显著成绩。

（一）"源·创"设计师联盟

广州国际轻纺城以近3000领导品牌面辅料供应商资源为基础，以设计交易和时尚发布为核心支点，通过整合服装设计师、服装企业及高等服装院校等优质产业资源，成立"源·创"设计师联盟，为设计师与服装面辅料经销商、生产商、服装企业构筑一个实现产业链上下游对接、信息低成本共享的平台。

自成立以来，联盟致力协助设计师会员将优秀设计产品推向市场，并为设计师会员持续提供在行业内重要时装周、展览专场发布及展示机会，打造良好的成长环境。截至2021年12月，联盟已吸引了包括中国服装设计最高荣誉"金顶奖"获得者计文波、李小燕、刘洋等超过100名优秀设计师加入。

（二）"源·创"系列专场发布

为集聚产业链优势资源，加快与国内外优质时尚资源的高质量交互与合作，广州国际轻纺城以各大时装周、时尚活动为窗口，通过联合发布会形式，尝试包括"设计师×轻纺城面料商"、大咖专场等模式。举办"源·创"系列专场发布活动，展现产业链联动合力，并以前瞻高度的视野，探索行业未来流行趋势。

2021年，轻纺城携手中国服装设计最高荣誉"金顶奖"获得者张肇达、李小燕，以及省内新兴原创设计品牌，共举办了三场重磅联合发布，为观众带来时尚之源——面辅料与设计灵感相碰撞的视觉盛宴（图4-7）。

图4-7

（三）中国（广东）大学生时装周

广州国际轻纺城联合广东省服装服饰行业协会、广东省服装设计师协会已连续16年成功举办中国（广东）大学生时装周，为广东服装行业乃至全国时尚产业，源源不断地培养优质的新生代设计师。自开办以来，参加高校已累计达到55所，累计超过30万名年轻设计师从这个平台成长为行业的中流砥柱。

在受疫情影响的特别时期举办的2021中国（广东）大学生时装周，共有27所院校参与，近10000名服装专业优秀应届毕业生踏上了梦想的天桥，演绎自己的作品，展现中国新生代设计力量，同时超过5000万人次观众通过网络直播同步观看了精彩的现场（图4-8）。

图4-8

（四）FATF面辅料采购节

广州国际轻纺城以时尚为窗口，创办多元化、多形式、线上下结合的展贸活动，积极为商户和采购商之间搭建沟通的桥梁，联动产业上下游，其中FATF面辅料采购节是轻纺城每年最重磅的贸促活动之一。根据季节产品特色，以市场需求为导向，轻纺城通过细分不同专业主题展，让商户精准对接采购商，以创造更多商机，业已成为行业内具影响力的专业化、精品型交流、展示、贸易平台。

2021年的两届面辅料采购节，共30天展期，10期特展，期间举行了23场专题讲座，130+场配套活动，共吸引了近30万采购商、设计师、专业人士到场参与（图4-9）。

图4-9

（五）中国纺织面辅料流行趋势发布

广州国际轻纺城联合中国纺织信息中心、国家纺织产品开发中心等权威机构，致力建立以市场为导向的产品研发管理体系和趋势研究预测发布体系，于每年的4月和11月（春夏、秋冬）举行面辅料流行趋势发布。以静态展方式，多层次立体展示未来产品特色、色彩趋势，引导培养中小企业、中小商户及时掌握面料流行趋势与产品开发方向。

2021年中国纺织面辅料流行趋势发布静态展，共展示了来自全国近700家知名企业开发的中国流行面辅料入围产品；活动期间更接待了超过50批次的院校师生参观交流团队，成为各大院校纺织专业师生重要的第二课堂（图4-10）。

图4-10

（六）"5+1"智能化体系

广州国际轻纺城持续升级覆盖各场景的"5+1"智能化体系，积极推动现代信息技术在商圈市场和经营商户中的应用进程和深度，通过智慧商圈、智慧市场、智慧门店、智慧商户的打造，并增强O2O联动力度，使电商体系产品线向外、向下延展；从面辅料到成衣，致力搭建打通纺织行业全链条的"时尚智慧展贸综合体"。

截至2021年12月，轻纺城智能化平台总用户数超过23万人，2021年通过平台向商户推送求购信息高达6821274次，回复给求购商的次数超15000条信息，微信和线下接待咨询超11000次。

未来，广州国际轻纺城将持续通过自身的创新发展实践，聚合优质产业资源，带动产业链上下游及产业外各参与方互益共生，为广州时尚产业发展提供源源不断的发展动力，助力广州打造国际时尚之都（图4-11）。

图4-11

四、广州白马服装市场：创新发展谋突破，以史为鉴创未来

2021是国家"十四五"规划元年，也是广州提出建设国际消费中心城市的首年。白马作为越秀集团"批发零售行业链主"企业核心成员，积极响应广州建设发展国际消费中心城市、建设时尚之都行动纲领，紧跟行业潮流，实现自我革新。在消费升级的大背景下，白马不断创新突破，在多个领域取得质的变化（图4-12）。

创新商业模式，打造专业市场的生态闭环。2021年白马积极响应广东省政府工作报告关于"开展粤贸全国计划"的部署，开展"粤贸全国·白马时尚行"系列活动。4月17日，"时尚源点·粤贸全国"2021广州白马服装市场×中港皮具城原创时尚周启幕（图4-13）。在时尚周上，广州白马正式发布了新的商

图4-12

图4-13

业模式，打造"批零展"三位一体的"新概念"白马，联动武汉云尚等重点专业市场及河南南阳豪盛百货等知名零售商场，成立"粤贸全国白马商业地产联盟"。这不仅是2021广东时装周—春夏系列发布活动之一，更是广州专业市场响应广东省商务厅"粤贸全国"行动计划，助力粤派时尚开拓国内市场的重大举措。悦尚荟广货品牌中心分别在湖南、武汉开业，品牌联展参加深圳国际服装供应链博览会，拓展广货新渠道。

白马集合3000多家广东服装箱包品牌，在"粤贸全国商业地产联盟"覆盖的城市和渠道打造BM品牌馆并建立产业城市服务中心，减少流通环节，打通产地与销地，并通过BM流量体系为各个渠道引流，提升渠道效率，降低渠道成本，实现销地、终端与白马品牌的零距离精准对接，打造专业市场的生态闭环。

创新营销活动，扩大粤派服装声量。2021年3月，白马春季时装周如约而至，活动联动了江苏常熟天虹服装城、越秀中港皮具城等多个专业市场，充分发挥广东时尚产业生态链优势，整合诸多优质原创品牌资源和供应链资源。白马还组织了"走进梦工场"工厂考察活动，带领采购商实地考察品牌生产基地。为采购商和品牌、厂家之间提供高效沟通与达成合作的机会，让采购商精准拿到优质产品，让粤派服装输出更多原创设计，为市场注入新动力。下半年秋季，多位时尚产业大师齐发声，打造广州白马服装市场时尚影响力。计文波、张肇达、邓兆萍、金憓、林进亮等大师为白马发声助力，携优秀品牌亮相广东秋冬时装周，扩大粤派时尚声量。

焕新市场形象，集聚创新品牌。2021年9月，白马完成了场内二楼的升级改造，形成了多品类服装+配饰汇聚的创新集合模式。白马二楼的创新升级，吸引了众多高端国货品牌进驻，二层的逆市而上是民族品牌消费赛道兴起的缩影，国货品牌崛起将是时尚产业的长远趋势。集合店模式为实体商业注入新鲜血液，成为未来必然趋势。白马二楼在打造品质女装的同时成立了童装区，一楼、三楼保持女装基地定位不变，加上一楼的潮流饰品包包品牌区和6/7/8层的高端男装区，形成了汇聚女装、男装、童装、配饰的"1+1+1+1"的创新集合模式，满足采购商一站式采批需求，让采购变得更简单。

2021年10月，8楼高端时尚男装的升级紧随其后，这是白马打造创新集合市场模式的新篇章，更为广货男装的发展、资源协同和整合提供了更强大的平台，为专业市场注入新力量。消费升级引领专业市场不断提质升级。白马高端时尚男装采批基地现由6、7、8三层组成，融合商务男装、潮流男装、运动男装、精品展贸、前店后厂等多元为一体，迎合市场年轻化、时尚化的发展趋势，为采购客商带来高品质高性价比的时尚男装和便捷的采购体验。

2021年底，白马服装市场以全新的外立面营造未来视觉。外立面的焕然一新积极响应流花商圈转型升级的政策，翻新后的全新形象更是符合白马高端原创服装品牌的市场定位。白色波浪铝格栅搭配深灰色穿孔铝板，立体模块化造型尽显国际范。以海岛风情为主题的春夏橱窗全新亮相，设计简洁大方，用色轻巧明快，凸显春夏季节的清新明媚。崭新的外立面加之白马大厦场内1、2楼潮流女装区、8楼男装区的创新升级，更是白马服装市场内外双提升的体现。

数智转型，推进专业市场信息化建设进程。2021年白马持续研发多款信息化管理和营销工具，新开发的白马四好商户评价系统、一手严选相册系统、白马严选平台均获得软件著作权。在营销方面为提升白马数字营销能力，提升客户黏性，做好商家品牌运营与推广，白马自主研发了"白马严选"平台，积极为场内商家赋能（图4-14）。通过线上探店直播、线下吸粉会员活动等方式拓展采购商会员，丰富会员权益，提升采购商黏性，拓展B端采购商逾5万人，成立超过770个品牌社群，建立高效社群服务体系。此外，白马还搭建BM超级直播间，通过抖音和腾讯直播两大平台，盘活私域流量，2021年共开播近300场，累计观看量超400万人；为采购商提供线上看板服务，赋能场内品牌商户，扩大新客户来源，精准对接促成交易，受到商户一致好评。下半年，白马进一步完善"白马采购商会员系统"和"全员营销系统"，打通了白马收银和采购商会员的关联，更好地提升黏性和勾勒采购商画像。为吸引更多采购商到场购物，推出采购商停车费减免、采购商购物补贴和粉丝团带客活动等各种营销小程序应用，取得了良好的效果。在经营方面，为提高商户的市场竞争意识、经营水平和服务质量，营造良好的营商环境，打造"四好商户系统"，建设白马自己的客户评价体系。改进白马客流统计系统，增加智能通知功能，提高市场经营管理的效率。

专业市场CRM

图4-14

创新发展谋突破，以史为鉴创未来。未来，白马将积极寻求新突破，以广州为原点，与服装行业共谋新发展。

五、忠华集团有限公司：云尚产城，数链产业

享有"纺织金钻"美誉、广东省百强民营企业称号的忠华集团成立于2001年，总部位于广东省清远市。历经20年沉淀，扎根于纺织实业制造，现已发展成为集纺织实业、时尚、文旅、地产开发等多板块并进，实力雄厚的大型企业集团，下属20余家公司，分布广东、浙江、湖北、香港等地（图4-15）。

图4-15

（一）广东最大的牛仔用纱绿色生产企业

集团立足纺织实业20年，是国家高新技术企业，以超强的产品研发、创新和市场拓展能力，近十年均位列中国纺织服装企业竞争力前100强（图4-16）。

图4-16

我们坚持"自主创新，科学纺纱"的产品创新理念，十分关注纱线的特性，以客户对面料风格的追求为出发点，从面料的手感、特性、质量档次、后处理方法等方面去改进纺纱工艺，改变纺纱技术以及利用开发纺织新原料，改善手感、提升吸色能力、增强纹路清晰度、增加视觉感官效果等方面开发出高附加值、绿色环保的新产品，拥有十多项发明专利。坚持清洁生产，建设绿色企业，被授予"2021年中国棉纺织行业绿色制造创新型棉纺织企业"，参与《棉纺织行业绿色工厂评价要求》等多项行业标准制定，部分产品首创行业标准，在针织及牛仔用纱开发新品领域上处于领跑地位，现为广东最大的牛仔用纱生产企业，成为行业的风向标。

（二）扎根纺织，打造纺织全产业链体系

依托纺织产业的背景，集团共投资40亿元，沿产业链上下游打造了广东忠华棉纱交易市场（广东省重点项目）；建设湖北祺润中部棉花交易市场（湖北省重点项目）；特别是打造云纱控股—产业互联网平台，致力成为全球领先的纺织产业数字经济服务平台和科技基础设施提供商，现已入选腾讯产业区块链加速器全球32强。

（三）2000亩云尚产城，数链产业大生态

粤港澳大湾区是全球时尚产业发展的动力引擎，忠华集团看准这一契机，积极聚力转型时尚产业发展，发挥自身深耕时尚产业、打造现代产城的经验与资源优势，通过搭建全产业链体系，建立具有国际特色的时尚产业集群。由忠华集团和云尚智城集团在广清特别合作区倾力打造的云尚产城，将重点引进纺织服装、大美妆、芯片制造、机器人、汽车零配件、声光产业、元宇宙产业、时尚家居、智能制造等数字时尚产业，打造高端数字产业集群。云尚产城规划总用地面积2000亩，总投资150亿元，是广东省重点项目，坐落于广佛清4万亿GDP经济"黄金三角"区、广清接合片区黄金门户，是广清产业园的园中园，建成后将聚合成为全球时尚产业航母（图4-17、图4-18）。

云尚产城将打造成世界级地标，矗立城市精神建筑，成为大湾区数字化时尚产业名片。这里将引进具

图4-17

图4-18

有时尚魅力的商业体，打造数字化"新零售中心"，培育国际化时尚"橱窗经济"，探索及打造产业元宇宙体验中心。这里将出现时尚中国产业创新中心、产业数智化协同创新中心，建设"一实验室一平台两片区"（产业实验室、公共服务平台、成果展示与发布片区、智能服务片区），强化研发及应用服务关键共性技术、前沿引领技术、现代工程技术、颠覆性技术创新，促进科技成果转化、育成新产业、培育新动能。项目将打造大数据运用、创新创业创造基地、博士站、专业院校实习基地、人才培养及孵化基地。

"十四五"规划提出，推动生产性服务业向专业化和价值链高端延伸，推动现代服务业同先进制造业深度融合。云尚产城提出"发展生产性服务业，构建产业大生态体系"的规划理念，打造链接全球的高能级生产性服务经济体，提供供应链管理服务、产业电商服务、研发和设计服务、检验检测认证服务、智能运维服务、生产性金融服务、现代物流服务。目前，第三方权威检测机构——广清中大检测研究院，时尚中

国运营有限公司已落户广云尚产城，高质量的广城融合必将推动新型经济的高质量发展，未来项目将建设成为国际知名时尚智造产业基地、粤港澳大湾区时尚产业新城、广州时尚产业转移的新高地（图4-19）。

图4-19

六、广东元一智造：打造服装智能化生产新标杆

元一智造致力打造成为时尚与文化融合、制造与信息化融合、研发产销一体化的工业互联网示范标杆，旗下有广东元一智造服饰科技有限公司、中山市元一服饰有限公司、中山元创服饰科技有限公司等多家公司，是一家专注于流行趋势探索、服装设计研发、5G应用、传统制造与互联融合集一身的多功能大型服装企业。公司在广东中山和浙江桐乡分别自建超6万平方米和4万平方米的生产研发基地，于2021年相继落成投入使用（图4-20）。目前公司有2000多人的员工队伍，其中研发团队超过100多人，每年开发过万款各类服装新产品，年产销量超过2000万件（套）各类服装产品。

图4-20

2021年对元一智造来说是具有里程碑意义的一年，同年是公司发展的第一个十年计划收官之年，这一年公司完成了几大标志事件，分别是：自建超10万平方米现代化智慧园区完工并投入使用；公司获得中山市首批职业技能等级认定资格；公司培养的年轻一代设计精英荣获"广东十佳服装设计师"称号；连续第六次荣获海澜集团颁发"最佳设计奖和最佳生产奖"。通过这一系列事件的成功，为公司的下一个十年计划从人才培养、技术升级、智能化生产和数字化管理等方面打下了扎实的基础（图4-21）。

图4-21

广东元一智造工业园坐落在中山市沙溪镇，第一期总建筑面积超过6万平方米，于2021年12月建成并投入使用。整个园区的建设围绕公司智慧管理、人才培养和构建员工幸福家园的发展理念进行规划设置，目前已经成为当地乃至整个服装行业技术最先进、智能化水平最高、员工生活环境最舒适的现代化工厂之一。下面将从技术升级、5G智能应用、人才培养和关爱员工几个方面对元一智造工业园进行介绍（图4-22）。

图4-22

（一）技术升级

公司与多家国内外最先进的缝纫设备供应商达成战略合作关系，引进30条自动吊挂生产线（900个工作站），配套智能仓储、AGV无人车、AI智能验布机、自动裁剪机、自动分检系统等全套自动化生产设备。全新研发智能生产中控管理平台，实现了客户关系、供应链管理、设备集成管理、大数据分析等全程数字化管理模式。通过设备和系统的有效融合、管理流程的升级优化，公司的总体生产效率提升20%以上，产品合格率提升25%以上，同时，公司的生产损耗和材料损耗降低50%以上，各项指标均已达到行业最先进水平。

（二）5G智能应用

公司与中国电信合作已经完成园区内所有生产车间的5G网络构建，对持续的5G智能化应用打好了基础。目前公司已经应用5G网络基础的AGV无人车和AI智能检测两个场景实现了人、机、物、系统的对接应用，正在对包括园区安保、智能巡逻、车辆识别等应用场景进行研发测试。

（三）人才培养

公司始终基于发掘人才、重视人才、培养人才、赋能人才的人力资源管理体系，建设学习型组织，打造专业化人才管理团队。每年培养各种岗位技能工300人以上，特别是在2021年，公司培养的青年设计精英首次参加广东时装周即荣获"广东十佳服装设计师"称号。在新落成的元一智造工业园里，目前已经规划了超过3000平方米的培训基地，结合人社局颁发的"职业技能等级认定资格"，坚持长期培养人才、用好人才的方针，为公司的发展乃至整个服装行业培养和输送更多优秀的高技能人才。

（四）关爱员工

"智造中国一流企业、构建员工幸福家园"是公司的长期发展愿景，在"元一智造工业园"的规划建设上也得到了完美的诠释。针对当前制造业工厂普遍存在的生产车间闷热脏乱、工厂宿舍环境阴暗、铁门噪音、员工隐私无保护、食堂伙食差等影响年轻员工入厂意愿的差评因素，园区规划上按星级酒店标准建设独立生活区，包含了酒店式自助餐厅、酒店式人才公寓，所有车间配备智能环保中央空调系统，实现了让员工工作安心、生活舒心，构筑员工幸福家园的企业愿景，同时也成为了当地现代化园区建设的新标杆。

七、致景科技：构建纺织服装纵向一体化的数智化综合服务平台

（一）企业介绍

致景科技成立于2013年12月，是领先的纺织产业互联网企业，国家高新技术企业。旗下拥有"百布""全布""天工""飞梭智纺""致景金条""致景智慧仓物流园""致景纺织智造园"等业务板块，致力于通过大数据、云计算、物联网等新一代信息技术，全面打通纺织服装行业的信息流、物流和资金流，帮助行业实现协同化、柔性化、智能化的升级，构建纺织服装纵向一体化的数智化综合服务平台。

致景科技立足广州，放眼全球，深耕纺织产业互联网领域。目前，致景科技为高新技术企业，中国针织工业协会"常务理事单位"，广东省纺织协会"常务理事单位"，2022年初获得数亿美元E1轮融资，2021年连续两年荣获广州科技局颁发的"广州独角兽企业"、胡润全球排行榜颁发的"胡润全球独角兽榜单"。在数据安全和信息系统的建设中致景科技荣获中华人民共和国公安部颁发的"国家信息系统安全三级等保认证"，同时还获得国家工信部2021年工业互联网APP优秀解决方案，2020纺织行业工业互联网平台示范项目，2021中国产业互联网百强榜，投资界"数字科技VENTURE50"等荣誉资质（图4-23）。

图4-23

（ ）项目建设

2021年致景科技——基于工业互联网平台的纺织产业链数字化解决方案。

"全球服装看中国，中国服装看广东，广东服装看广州"。广州市拥有在全国甚至全球都具有产业竞争优势的纺织服装产业链。其中最具代表性的是海珠中大布匹市场，无论是从经营面积、从业人员、日客流量，还是从经营品种、交易规模以及影响力，它都是全球最大的纺织服装辅料市场。此外还有十三行、流花、沙河等六大服装商圈，加起来的年交易额超过万亿元，是全国乃至全世界最大的服装流通中心。

广州还是全国重要的服装加工中心。广州服装厂主要集中在海珠区、白云区和番禺区。其中海珠区的服装厂多集中在中大轻纺城周边的城中村，以小作坊居多，制衣相对低端。白云区的制衣厂主要在罗冲围、棠溪、新市一带。番禺区的服装厂规模相对较大，生产的服装质量也比较好，主要集中在南村一带。在以海珠为中心的一个半小时车程范围内，拥有着大量的中小型服装工厂、服装品牌商和设计工作室，有服装面辅料最大的供应市场中大纺织商圈，有多个服装批发商圈和批发市场，有佛山的仓储基地，有广州白云机场，生产要素健全，这是广州经过三十几年发展积累而成的，在全国其他地方都是少有的。

尽管广州纺织服装产业规模庞大，但是总体上还处于价值链低附加值环节。大多数服装企业的规模较小，研发设计能力比较薄弱，产品附加值低，导致企业竞争力低下。此外，有很大一部分服装企业对信息化认识不足，缺少对信息化建设的投入，无法进行市场分析和快速掌握市场动态，陷于被动跟风状态，产品同质化严重。在此背景下，以致景科技为牵头单位，联合广州其他八家数字化转型合作伙伴，以及广州互联网协会、中国银行等行业资源、金融支持伙伴，共同建设打造广州纺织服装数字化特色产业集群平台。

（三）数智赋能

致景科技通过整合广州市数字化合作伙伴的优势产品服务资源，搭建了一个面向服装品牌商、服装加工厂、服装设计工作室、服装面辅料供应商等用户群体的一站式服务平台，聚焦服装行业款式设计、打板

打样、大货生产、面辅料采购等供应链各环节业务焦点，形成集群数字化转型解决方案。

项目通过"2+1+1"（云设计创意中心、云板房生产中心 + 云工厂 + 面辅料供应链）的建设，能够为用户提供简单易用的服装设计建模工具软件，以及快速打板打样的板单全流程数字化管理，并通过打造"云板房""云工厂"模式聚合中小企业产能，精准匹配订单，通过线上系统实现过程管理，结合牵头单位在面辅料交易流通领域强大的供应链优势和精准高效的匹配能力，能够极大地提升服装供应链条的整体效率和速度，推动广州服装行业向柔性化定制、小单快反模式转型，助力广州"定制之都"目标的实现。

（四）科技创新

致景科技在项目实施中以互联网技术为基础，在合作的赋能工厂围绕数据融合、降本增效等多个方向投入了智能裁床、智能缝纫机等先进智能化设备以及"易菲"服装制造数字化系统，打造数字化、智能化云工厂。经过机台联网、数字化改造后，打通订单信息、采购信息、仓库存储、流水线生产、交付履约、质量把控等各个节点环节，实现了订单的智能生产制作全流程智能管控及跟踪，全过程数据可视化控制。譬如

在流水线生产环节，通过大数据智能分析，实现员工生产工序智能组合和调配、生产效率实时控制，实时了解生产进程，并对环节进行分析，提升生产效率。而对于整个工厂数智化升级后，管理人员可以精准管理运营工厂、对接客户需求，对排产、工序、效率进行实时控制，实现服装行业的"快""好""省"生产，提升产业链协作效率和供应链一体化协同水平，快速响应服装市场"小单快反"的需求。

八、广州设界科技有限公司：智能化特色搜索，提升服饰研发效率

（一）创新模式一

基于大数据和人工智能的POP服装趋势信息服务平台，通过开发运用大数据和人工智能技术，建设成为拥有30W图案库+2W大牌服装图案适用于印花生产的矢量图案大数据库，为服装行业提供未来6～18个月的流行趋势信息服务，让企业设计开发的产品更贴合市场需求，帮助企业更好地做好开发决策，提升服装行业在大数据和人工智能新技术环境下的数字化能力升级，让科技与产业深度融合，促进服装行业的整体发展。在2021年通过工信部首批纺织服装创意设计示范园区（图4-24）。

图4-24

项目总投资1000万元，自2019年1月开始开发建设，于2020年12月已建设完成。本项目建设采取如下技术构建方案：采用MYSQL、MONGODB、PostgreSQL、Redis、Memcache做数据存储及缓存处理，采用solr搜索引擎结合自然语言分析等技术实现智能检索，运用PHP、PYTHON、JAVA语言编写；平台的整体系统架构由以下两部分构成。

1. 整体业务架构

推荐系统的目标是通过全方位的精准数据刻画用户的搜索意图，推荐用户感兴趣的信息，给用户最好的体验，增强用户黏性（图4-25）。

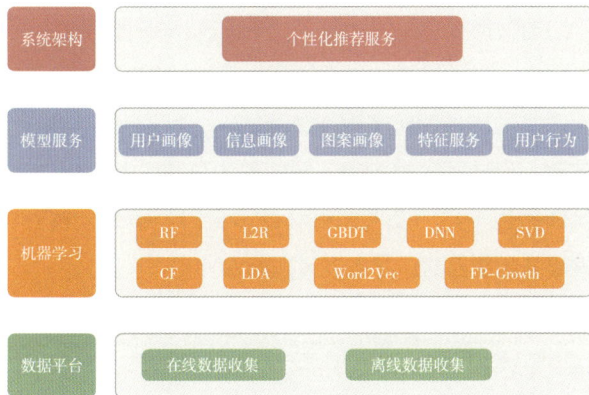

图4-25

（1）系统架构：对外提供统一的HTTP推荐服务，为服务平台所有的信息推荐。

（2）模型服务：为了提高个性化的效果而开发的一系列公共的个性化服务，用户维度有用户行为服务和用户画像服务，资讯维度有信息画像和图案画像，特征维度有特征服务。通过这些基础服务，让个性化推荐更简单、更精准。

（3）机器学习：算法模型训练阶段，尝试多种机器学习模型，结合离线测评和在线A/B，验证不同场景下的算法模型的效果。

（4）数据平台：数据是推荐的源泉，包括数据收集和数据计算。数据虽然是整体推荐架构的最底层，却是非常重要的，因为数据直接关系到推荐的准确度和精度。

2. 个性化推荐架构

平台的推荐系统是一个系统性工程，其依赖数据、架构、算法、人机交互等环节的有机结合。推荐系统

的目标，是通过个性化数据挖掘、机器学习等技术，将"千人一面"变为"千人千面"，从而提高用户忠诚度和用户体验（图4-26）。

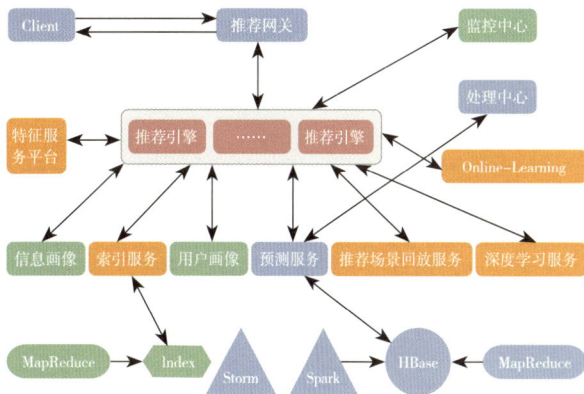

图4-26

个性化推荐系统的主要优势体现为支持多类型推荐，支持算法模型A/B实验快速迭代，支持系统架构与算法解耦，支持存储资源与推荐引擎计算的解耦，支持预测召回与推荐引擎计算的解耦，支持自定义埋点功能；推荐特征数据服务平台化，支持推荐场景回放。

平台上的云图设计工具，积淀了我们创始人近15年来对生产设计制造的行业认知。用户可以通过平台上的以图搜图、个性化推荐、相关推荐、搜索引擎等功能在线快速找图。可将选中的图案花型或者自己制作的花型快速模拟样品效果。目前可支持男装、女装、童装、床上用品、家居用品、软装布艺、家居服等多个品类进行实景模拟。同时平台上的云图3D模拟成品功能可以让服饰品企业及面料商客户通过此功能，实现3D全景下，面料和花型图案模拟到服饰成品模型上看效果，并且可以针对不同部位裁片进行面料和图案的更换，而且可以上传本地面料和图案进行效果模拟，生成的效果图支持一键下载。极大程度地缩减了设计时间，提升了研发效率，实现了在线设计。

基于我们智能化的服务定位及平台技术架构，目前平台具有行业内领先的智能化特色，用户在平台网站浏览了相关图案、款式后，平台系统能根据用户浏览下载的足迹等，结合AI精密计算相似度之后，可以精准地推送更多猜你喜欢的内容，帮助用户快速建立属于自己的"资讯库"。同时，每一次搜索，都会记录

用户从列表页、推荐页等地方进行的浏览历史；每一次浏览，包括款式、图案和报告，可以按日期查找对应的历史，自动记录历史，每次资讯浏览数据，都被无声留住，随时追溯。我们开发建设的设计趋势信息智能服务平台具有强大的色彩趋势数据分析中心，应用智能AI技术能够呈现多维度色彩走势，从而大大领先于国内同行。

通过本项目的建设，大幅提升了公司的数字化服务能力，并为服装行业提供未来流行方向、市场数据对比等深度融合服务，实现科技助力服装这个传统行业的发展！

（二）创新模式二

项目平台的开发建设，运用了相关大数据和人工智能技术，围绕着服装设计开发过程中所涉及的面辅料需求，提供全链条服务。建设了包含：面料素材库、灵感找料、智能以图搜料、拍照找料、3D试衣等在内的核心服务功能，平台具有如下技术创新点。

1. 面料素材库方面

建成拥有超过500万SKU的在线面料素材库，通过追踪热门品牌、T台、订货会等最新流行情况，提炼最具代表性的面辅料供应信息，面料素材库款式丰富多样（通过创新性地运用"MYSQL、Redis、Memcache"技术来实现）。

2. 灵感找料方面

通过提供专业服装设计趋势资料，汇聚前沿优质面料，种类多元，应有尽有。以设计师灵感或研发思路就能找到所需好面料，让灵感变现实，让创意更自

信，全面助力设计，满足服装设计师的设计开发灵感。

3. 智能以图搜料方面

结合大数据算法，设计师只需在我们平台上进行上传面料图片，平台即能快速精准从已有的百万级面料素材库中一键匹配所有相似面料（通过采用solr搜索引擎结合自然语言分析等技术来实现）。

4. 拍照找料方面

轻松一拍所需面料，业内首创图案识别，在平台系统内进行面料花型匹配，为设计师推荐超精准近似面料。让设计师不用在面料市场奔波，也能自己轻松找到货源，提高服饰研发和设计效率。

5. 3D试衣方面

男女青年中数百种款式，一键3D试衣即可获得面料在真人身上呈现的立体效果，在线360度逼真展示，无需实物样衣即可了解款式面辅料，打破实物与设计差别。设计师再也不用为看效果浪费精力做预览，面料商再也不用为卖面料做样衣，省时、省力、省心，该服务版块目前已具备以下几点。

（1）模板支持自由旋转，全方位无死角查看款式细节设计。

（2）一键更换面辅料，实现"所想即所见"的设计效果体验。

（3）支持上传本地面料、花型在线即时模拟。

（4）模板品类丰富、品种齐全，定期更新不同单品模板。

（5）减少物料、人力资源成本，缩短设计单品出样周期。

品牌创新案例

一、比音勒芬：传承创新，致敬时代

回望不平凡的2021年，反复的疫情、无情的天灾，中国服装业在高低起伏中依然守望相助，走出了自己的创新发展之路。对于比音勒芬而言，2021年是波澜壮阔的一年，有陪伴国家队征战东京奥运会的豪情，有作为国家名片登录央视的至高荣誉，也有在洪灾面前众志成城的温暖团结……在过去充满挑战与机遇的一年里，比音勒芬积极转型，拥抱科技、拥抱创新。

2021年7月，东京奥运会盛大开幕，比音勒芬作为中国国家高尔夫球队合作伙伴，再度陪伴国家队荣耀出征，续写中国高尔夫传奇。在本届东京奥运会，比音勒芬为国家队倾力打造第二代中国国家高尔夫球队奥运比赛服——五星战袍Ⅱ。五星战袍Ⅱ以国为潮，将国旗色与故宫传统色相结合，在色彩的渐变中，"飞龙"腾空而起，掩映在祥云瑞气之中，饱含吉祥如意的祝福与祈愿，一展华夏文明的经久不息

和华夏儿女的豪气风貌，作时尚达上与业界化内，展现出中国高尔夫的魅力，也体现大国品牌的风度。五星战袍Ⅱ在功能性上也实现一定的技术创新，比音勒芬通过反复研究高尔夫人体工程学，不断采集奥运健儿的运动数据，在多次调整后，为运动员定制出舒适合体的最佳板型。同时，选取功能面料，具有吸湿、速干、透气、抗UV等强大功能，确保轻盈零负担。多年来，比音勒芬以高品质的产品作为实力支撑，让品牌在动荡的市场环境中持续保持竞争力（图4-27）。

图4-27

传承创新，致敬时代！比音勒芬在2021年不携手CCTV-1，以自身发展为故事原型，共谱中国品牌故事。在CCTV-1播出的短片《创造者的时代》中，比音勒芬董事长谢秉政先生、知名影视演员杨烁、中高协奥运启蒙队运动员陈子豪倾情出演，共同讲述比音勒芬传承创新、致敬时代的动人故事。作为中国品牌名片，比音勒芬用一句"以热爱为动力，以执着为信仰，用创造，让世界与众不同"的品牌号召，引起了行业和社会的强烈关注。每个行业都在颠覆过去，每一个品牌都在以一步步微小的改变，来实现中国人民对美好生活的向往。比音勒芬的故事也是中国万千品牌故事的缩影。

2021年，也是比音勒芬与中华民族文化集大成者故宫宫廷文化第二年战略合作。在这一年，比音勒芬继续深挖中华文化，取"敬天爱人"的价值理念，以"得胜回朝""天圆地方""故宫的雪"为设计主题，创新性地携手CG界顶级绘画师张浩，为大众演绎高端国潮风尚，以衣为语，传承国粹经典，领略东方美学（图4-28）。

图4-28

此外，比音勒芬在2021年搭乘中国高铁，搭载中国速度，与中国高铁广告第一媒体——永达传媒达成战略合作，通过亿万大屏，覆盖中华大地，将品牌理念与价值文化传递给数亿级用户，提升品牌势能，建立品牌新高度，开启比音勒芬大传播时代（图4-29）。

在产品创新方面，比音勒芬继续汇聚世界力

图4-29

量，做好每一件衣裳。先后与国际面料供应商达成合作，在春夏推出拥有智能调温性能的Outlast®空调纤维系列、抗菌除臭的黛奥兰抗菌纤维系列；在秋冬推出黄金羊毛系列、波兰鹅绒系列、Polartec拼接系列、一衣多穿系列等，为用户带来更多功能与时尚的穿着体验，更为消费者带来高品质高品位的美好生活。据中国商业联合会和中华全国商业信息中心发布，比音勒芬T恤品类自2018~2021年连续四年荣获市场综合占有率第一位，比音勒芬高尔夫T恤品类自2017~2021年连续五年荣获市场综合占有率第一位（图4-30）。

纵观2021年，比音勒芬在营运力、品牌力、产品力等多方面同步前进，为自己打造了丰富多彩的2021。当然，2021年的坚守与奋斗，也成了比音勒芬继续深耕自身、奋发图强的勇气与动力。

二、比华利保罗："全流程创新"模式，成就持续发展的新动能

一个品牌要持续不断地发展，就必须在不同阶段获取不同的新动能，这是品牌之树长青的密码之一。多年来，比华利保罗为何能持续引领中国高端商务男装的潮流，核心就在于其"全流程创新"模式，从标准到研发，从面料到工艺，从产品呈现到终端服务，把创新融入实际工作的每一个流程，融入品牌规划的灵魂跟血液中。下面，用三个案例以点带面，呈现比华利保罗的全流程创新魅力。

（一）高屋建瓴：标准创新，唯有站到制高点，才能掌握核心动能

2022年1月7日，广州市质量强市办公室发布了《高品质商务男装》团体标准，这是2021年比华利保罗参与制定的众多标准之一，该标准首次从原材料、生产加工、用户体验和顾客服务等方面，对高品质商务男装进行了全链条规范。该标准填补了国内空白，创造了三个"国际首次"和三个"国内首次"，包括首次将高品质商务男装的限量物质要求与国际接轨（图4-31）。

作为《高品质商务男装》的起草单位之一，比华利保罗在品牌发展的初期，华新集团董事局主席冯耀良、比华利保罗品牌总裁冯耀权，就高屋建瓴提出，要全面制订比华利保罗的高品质标准体系。这一标准体系落实到产品后，赢得了消费者一致好评，正是因为有这样扎实的标准基础，这次，比华利保罗有幸参与《高品质商务男装》标准的起草，既是社会对比华

图4-30

图4-31

图4-32

利保罗多年来标准创新的肯定，也是比华利保罗承担社会责任的一次机会，把自己在高品质男装原材料、生产加工、用户体验和顾客服务等方面，多年积累的经验、数据形成标准奉献给社会，让广大的消费者享受到更多、更好的高品质服装。也正是得益于这样的一次标准起草机会，让比华利保罗找到了标准创新的新空间，找到了不断发展的核心动能。

（二）全面布局：形象创新，唯有抢占流量入口，才能拥有市场动能

高铁带动的三四线城市，地铁带动的城市副中心，是线下流量快速增长的新高地，在这些新高地上诞生的两类业态，购物中心跟奥特莱斯，是线下购物的两个巨大流量入口。

比华利保罗早在十多年前，就已经提前布局这两个渠道，抢占流量入口，十多年来，比华利保罗始终根据终端业态的变化，不断推陈出新打造终端新形象。

特别是2021年，比华利保罗根据购物中心、奥特莱斯业态的特点，全新推出第六代"环保店铺"终端形象，让市场跟消费者都感觉到耳目一新。新形象分区更科学，动线更清晰，沉浸式体验感更强，产品呈现的层次感更丰富。新形象中，大量使用环保可回收材料，是比华利保罗"环保店铺"创举的首次落地（图4-32）。

新形象提出的环保理念，让比华利保罗在奥特莱斯跟购物中心两个流量业态中，取得了非常好的社会效应跟经济效应，在2022年召开的第九届中国奥特莱斯产业发展论坛上，比华利保罗荣获"中国奥莱20年

影响力品牌"大奖，公司总裁冯耀权先生，也荣获了"中国奥莱20年卓越奥莱人"称号（图4-33）。

图4-33

拥抱市场变化，在变化中创新，比华利保罗以高品质男装的身姿，在市场上完成了一次完美的俯冲，成功获得了市场趋势变化的新动能（图4-34）。

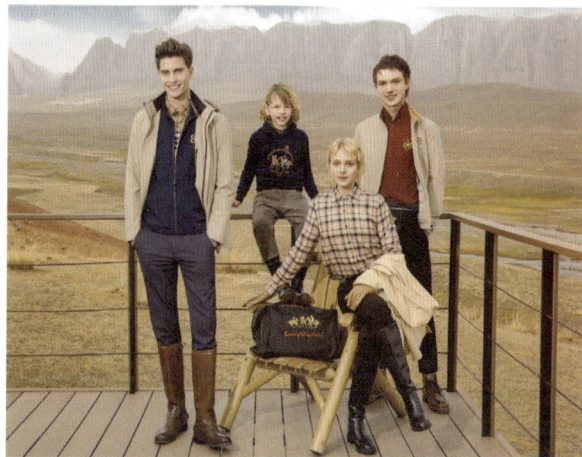

图4-34

（三）聚焦变化：模式创新，唯有颠覆买跟卖的关系，才能吸引消费动能

比华利保罗一直认为，品牌跟消费者的关系，不仅仅是买跟卖的关系，而是一种互相成就互相融合的朋友关系。近些年，互联网的发展，加上疫情的原因，品牌与消费者的互动模式，出现了巨大的变化。比华利保罗聚焦这些变化，在高端品牌中，率先推出"网联"互动模式，微信、微博、视频号成为比华利保罗与消费者互动的有效平台。

疫情期间，比华利保罗终端店铺全面推行了"刘畊宏女孩系列"视频跟直播，全国各地的店铺员工，采用当地民族服饰的方式，在当地标志性景点，以视频连线方式，呈现的"本草纲目""毽子舞"等，在消费者中引发强烈导向，吸引一大批顾客参与了进来，这些视频的点击率、互动率创造了历史新高，在疫情期间，给消费者带来了一抹暖阳，一路欢笑。这样的创新跟变化，在比华利保罗的发展历程中比比皆是，也是比华利保罗的基因，因此，无论在什么时刻，比华利保罗都能成功吸引消费新动能。

到2022年8月，比华利保罗品牌已经创立了40周年，40年来，从面料到设计，从工艺到生产，从销售到服务，从社会责任到企业使命……比华利保罗都在引领时代的步伐，不断推陈出新，不断自我革命，把创新融入全流程，把创新融入每一个员工，这就是比华利保罗拥有强大生命力的创变密码（图4-35）。

图4-35

三、Bambini：一路玩到大，科技强守护

Bambini亲子户外生活方式领导品牌成立于1997年，隶属于德永佳集团（港交所：0321）。集团47年匠心工艺，从种植—纺纱—织布—染整—成衣—品牌零售全面一体化，Bambini将生活方式与服饰穿着巧妙融合（图4-36）。

图4-36

基于近年来消费年轻化、体验场景化、传播多元化等特点，Bambini营销快速精准地顺应时代的发展。品牌通过产品创新和内容创新，突破大部分传统品牌无故事、无场景而靠渠道取胜的模式。2020年开始从户外场景切入，用亲子陪伴成长的故事，"一路玩到大"的品牌精神，进行品牌文化沉淀和内容运营。

Bambini通过倡导高质量的亲子陪伴方式，聚焦户外生活方式，打造露营文化生态，2021年举办首届大湾区露营节，更加确定品牌定位和产品风格。2022年首季度销售额超过2021全年，并创下首场户外直播超300万业绩。同年，在备受年轻新消费主力军喜欢的小红书上，Bambini占领户外亲子服饰类目TOP 1，打造"亲子户外服饰"标签（图4-37）。在亲子户外服饰中处于领军地位代表着一份责任，不同于日常的服装，Bambini依托户外生活方式的场景，对产品设计以及功能性都在不断创新。通过硬核科技面料，打造户外防水、抗UV、防风、防蚊虫等科技功能，同时塑造一衣多穿，可拆卸、可收纳，轻量化的产品，诠释"时尚"与"科技"并重的设计理念。

深入了解户外环境保护和生活方式之后，Bambini将环保列入每一季的设计灵感中，从两方面尝试在保

图4-37

护环境和可持续生活方式上做出突破。一方面，通过模式创新：50%期货，50%快反，通过快反降低库存风险，紧跟热点和爆款，采用以电商为主的销售模式，精准私域运营，服务消费者；另一方面，采用可降解的绿色环保面料，让衣服源于自然，归于自然，采用可再生来源纤维Sorona®、优可丝、T8等面料，将环保低碳融入日常穿搭中。

Bambini的主要客户群体为Z世代家庭父母，他们是看中"体验"的一个群体，为此Bambini尽力去挖掘最好的价值和服务。专门建立玩伴部落中心，围绕Z世代家庭的生活方式和新的育儿理念，探索不一样的亲子关系。例如，把周末露营变成家庭文化的一部分，Bambini与广州、佛山、清远等露营地建立合作关系，陪伴更多家庭在大自然玩乐的过程中成长，找到更好的亲子相处方式（图4-38）。

图4-38

Bambini以"一路玩到大"的品牌精神，倡导高质量的亲子陪伴方式。以"科技守护未来"为使命，创造功能科技服饰，守护孩子去不断探索大自然。玩，就要放开玩、放心玩，Bambini希望陪伴更多家庭一路玩到大。

四、KAILAS凯乐石：以山为名的中国品牌，展现中国硬核实力

KAILAS凯乐石，全球三大全系攀登品牌之一，由极限玩家、机械工程师钟承湛先生创立于2003年，品牌名源自中国冈仁波齐山（KAILASH）。2021年，凯乐石被授予2017～2020年度全国群众体育先进单位荣誉称号，创始人钟承湛先生被授予全国群众体育先进个人荣誉称号。

凯乐石秉承"只为攀登"的企业精神导向，产品研发以攀登为项目核心，覆盖登山、攀岩、攀冰、徒步、越野跑山等多项户外运动。多年来，凯乐石一直专注于高品质的户外装备设计、研发、生产以及销售，自主研发产品申请国内外商标多达1000个，荣获德国iF设计奖、ISPO全球设计大奖、亚洲户外装备大奖等国内外各类产品大奖71座，专利29个。在2020年珠峰高程测量工作中，承担科考任务的国测大队，首选凯乐石全系列攀登装备作为重要技术保障。

凯乐石致力于推动攀登及探险运动的发展，坚持打造民族品牌，发起"未登峰计划""寻岩中国""领攀户外教育"等大型公益活动；也是国际攀岩联合会（IFSC）、法国登山联合会（FFCAM）、中国国家攀岩队、澳大利亚国家攀岩队、美国国家攀岩队、法国国家登山队等权威攀登组织和专业队伍的官方器材供应商；是攀岩世界杯、欧洲户外展攀石赛、俄罗斯攀岩锦标赛与澳洲国家抱石公开赛等多个著名国际专业赛事的合作伙伴，并以此为契机把中国登山及户外运动的精神向群众推广普及，推向世界。2021年，凯乐石以"热爱、勇敢、探索、极致"的品牌价值观为内核，实现多维度创新性突破，传递户外运动与探索的力量。

（一）产品为先，专业彰显实力

贯彻产品为先的理念，积极推动品牌的自主研发力量，彰显攀登专业。2021年，凯乐石作为中国国家攀岩队首席赞助商及指定装备供应商，与国家攀岩队一起征战东京奥运赛场。2015年至今，凯乐石与中国国家

攀岩队共同成长，无数次陪伴国家队征战赛场。东京奥运会是攀岩入奥的首届比赛，凯乐石为攀岩国家队备战奥运投入研发力量，打造专业攀登战服及装备，与奥运健儿一同见证攀岩运动站上世界舞台（图4-39）。

专业的产品备受业内认可。在2021年"亚洲户外装备大奖"评选中，凯乐石SKI-MONT冲锋衣荣获攀登类金奖，在高海拔技术服装领域占一席之地。持续推动产品创新及测试，对产品升级迭代，凯乐石致力将MONT打造成专业攀登者最值得信赖的产品（图4-40）。

图4-39

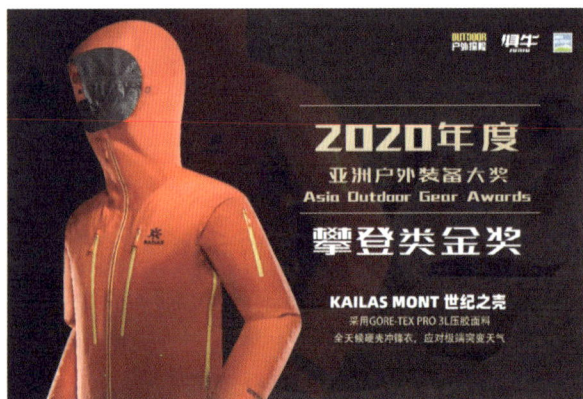

图4-40

（二）创新设计，以用户需求为导向

我们深知装备对于户外爱好者们的重要性，凯乐石坚持以用户需求为导向，为户外专业人士打造优质产品。在长距离的越野跑中，跑山杖的轻量化、耐用性和灵活度都是跑者的重点需求，Vortex旋风越野手杖正是为此研发。凭借优秀的研发设计理念、创新性、功能性，Vortex旋风越野手杖从上万件作品中脱颖而出，荣获素有"设计界奥斯卡"之称的德国iF设计奖。

Vortex旋风越野手杖创新的旋钮式索锁系统获得国家发明专利（专利号2021107002775），帮助跑者几秒就能完成手杖安装。杖杆采用T700级高强度碳纤维，产品净重110g，比手机还轻。手柄采用了人体工程学设计的手杖造型，符合手掌曲线弧度。高强度编织钢丝连接绳，强韧耐磨、柔软顺滑，解决市面产品容易老化的问题（图4-41）。

AWARDED ENTRIES

Kailas Vortex Trail Running Poles
Trail Running Poles

图4-41

（三）创新性营销策略，借社交打造品牌势能，实现跨圈层触达

2021年，凯乐石携手《大闹天宫》推出联名系列。中国品牌与中国经典文化IP共创，借势中国文化崛起大背景，传递中华民族自信与情怀，彰显中国品牌和文化影响力。借力"齐天大圣"敢于释放天性、追求自由，勇敢探索未知的个性，与广大用户展开深层的精神、价值对话。

全渠道社交媒体打造品牌势能，其中抖音平台达近亿次曝光，获得户外人群尤其是年轻群体的关注，联名款MONT冲锋衣入选"bilibili Z100"年轻人的百人口碑国货榜单。在第13届金鼠标数字营销大赛中，凯乐石创新性的营销策略得到业界认可，荣获IP营销类铜奖（图4-42）。正如凯乐石品牌创始人钟承湛所说："中国人的山峰，应该由我们中国人完成首登。"延续"只为攀登"的企业精神，凯乐石将砥砺前行，让世界看到中国品牌的硬核实力。

图4-42

五、东莞市卡蔓时装有限公司：布局多品牌集团化，开启数字化社群零售

卡蔓（CARMEN）品牌创立于2007年，是一家具有独特的品牌文化理念，先进的研发设计中心，现代化的生产基地和健全的营销服务系统的优秀企业。秉承着"轻经典"的品牌设计理念，结合精湛剪裁和优选面料，烘托女性独有的气质风韵，重视舒适愉悦的穿着体验与时尚大气的形象视觉。立足"优雅·经典·精致"的品牌风格，满足都市女性的个性品位与多场合着装的需求（图4-43）。

图4-43

（一）营销创新：开启新媒体矩阵，品牌数字化运营

卡蔓以实体门店销售为主，致力于为都市女性提供优质的线下选购穿搭体验。线下门店有一套自己的用户数据系统，不断支撑门店业务及产品的发展方向，同时利用其他相关的服务数据作为辅助，满足客户的需求，增强她们的参与感，满足她们的荣誉感。为核心客户群甄选最符合她们品味的着装需求、在陈列方式上更贴近不同场景下用户的需求。

历史会员线上化，精准用户画像，导入服务方式与精准营销实现千人千面、千人千种方式针对性营销，节省时间、成本，提升效率，实现最大化价值。实现服务零售，关注服务的SKU化，围绕用户端提供服务体验的差异化。以会员制用户管理的新零售模式筛选核心用户，重点服务。为VIP客户分配专属客服，进行个性化服务，极大提升消费者的体验。

随着互联网蓬勃发展、电子商务的迅速扩张，传统服装零售业受到冲击。各类网购平台如雨后春笋般涌现，卡蔓顺应时代的发展，开启新媒体矩阵，通过小红书、微博、微信、视频号、抖音等媒介平台强化品牌的推广，进行线上线下联动营销，除在天猫、抖音开设旗舰店进行网络销售以外，更把CRM系统推行到各店铺，发动店员借助微信朋友圈等私域引流，进行垂直传播销售，直达目标客户群，达至人人皆店铺、人人可销售，充分利用私域流量。私域会员运营，选好主阵地，打造微信生态、小程序、微商城、企微社群、视频号用户，以长期主义为纲领，通过推动私域拉大品牌流量池。

对品牌的信仰，对做好品牌的经营初心、价值观与企业愿景，支撑着卡蔓人前进，精神为粮，信念为枪，身体力行践行企业理念。

（二）激励创新：推行店长合作制，提升店长经营意识

为了提高品牌的盈利能力和创立东莞市卡蔓时装有限公司的标杆榜样，卡蔓为直营店店长创造持股的渠道，构建企业利益共同体，双方共享利润。

推行店长合作制，股权激励作用于直营店店长，促使店长用经营者的思维进行店铺管理及运营，在进行决策时以品牌持续性的盈利为主导，形成利益共同体，同心同德，携手向上发展，实现"整体布局、单点深挖市场潜力、扩大市场占有份额"，共享利益。股权激励使得店长更愿意承担风险增强创新投入，对于品牌而言，保持一个极具竞争力的品牌企业形象也非常重要，一定程度上会影响市场对品牌的估值，会影响到股权激励制度最终给店长带来的实际利益，所以店长也会注意不断提

升公司品牌价值，加强产学研合作，提升品牌知名度。

（三）品牌创新：多品牌集团化，推动数字化社群零售

随着90后、95后的消费能力增强，以及他们所处的生命周期，让他们拥有更多时间金钱可以花在自己感兴趣的事物上；同时年轻人追求新事物、新体验、社交需求旺盛、文化自信的特征也给了国货品牌崛起、获得年轻人青睐的机会，品牌的年轻化是为了适应当下已经改变的消费主体环境。为了拓展年轻圈层，探索女性独立与多角色的一面，平行空间的多维触达，卡蔓推出新品牌Carmen.Cheng，以心理年龄24～35岁的女性客群为主。基于Z时代更多元灵活的生活方式与工作方式，作为品牌集团化运作矩阵，更精准地定位市场、产品，与时俱进、保持创新、持续输出，构筑出一个更为广阔的演绎空间。

内容创作成为新时代年轻人自我表达、实现个体价值的重要方式，不少人将创作发展为自身职业。对当代年轻人来说，依托互联网提供的公共空间进行创作，成为其实现自我价值和拓展社交圈子的重要途径，因此，新品牌Carmen.Cheng将加大新媒体推广的力度，布局线上平台投放（图4-44）。

为进一步拉近与潜在客群的距离，新品牌Carmen.Cheng在研发产品前期，将对私域用户进行

图4-44

调研，了解用户画像跟需求，明确产品定位，从为产品理念、功能、设计、包装等提供灵感跟决策依据。初代产品出来之后也可给这些用户体验样品，让用户体验后给反馈建议，根据体验评价，快速调整设计细节。用户在参与品牌产品研发的过程中，输出了自己的观点，如果建议被品牌方采纳，那将给用户带来巨大的成就感跟荣誉感，等产品开始正式推广时，这些用户也会极力帮品牌去推广该产品，带动口碑传播。

对当下的年轻人来说，颜值即正义，他们追求与高颜值相关的一切事物，使得"颜值经济"在新世代年轻群体中盛行，除了美妆、护肤等商品因此受到追捧，高颜值的物品也更能获得消费者的注意跟喜爱，新品牌Carmen.Cheng将在店铺氛围及包装上满足年轻群体的"颜值"需求，用仪式感和体验感打动年轻客群。

可持续、环保的理念越发得到当代年轻人的认可、传递、践行。90后、Z世代消费者可持续观念超前，在可持续消费意愿上表现突出，未来会成为可持续产品的购买主力军。卡蔓携手新品牌Carmen.Cheng将更多地关注并应用环保面料及绿色工艺，为品牌的可持续发展夯实基础。

Carmen卡蔓在逐渐覆盖国内高端商圈的同时，始终保持敏锐的时装触觉和商业睿智，多年以来，在市场中稳健前行，快速、健康的发展推动了品牌进程。卡蔓时光，承质载美，屡获佳绩，也收到多项荣誉和认可，包括但不限于以下奖项：

（1）2008年被中国中轻产品质量保障局评为"中国著名品牌"。

（2）2013年被广东省教育厅评为"广东省职业教育校企合作基地"。

（3）2014年被中国纺织工业联合会评为"中国纺织服装人才培养基地"。

（4）2014~2015年被东莞企业联合会授予"年度市优秀企业"称号。

（5）2016年11月荣获广东省工业和信息化厅举办的第八届"省长杯"工业设计大赛服装专项赛产品组一等奖。

（6）2017年广东省服装行业协会颁发"最具商业价值品牌"。

（7）2017年12月获东莞市文化馆颁发收藏证，公司作品"莞草编织"被列为非遗原创服装，被永久收藏。

（8）2020年被评为东莞儿童智能制造执行单位。

（9）2021年被评为中国3·15诚信企业。

（10）2021年为虎门女企业家会长单位。

六、莱克斯顿（LKSD）：智慧时尚型走世界，创新发展之路

广州市莱克斯顿服饰有限公司成立于1999年，经营至今已有23年，公司主营"莱克斯顿"品牌高端男装业务，经营范围包括了高级男士西服、夹克、衬衫、领带、T恤、毛衣、皮鞋、皮具等所有男士服饰。公司投入巨资，全面致力于LAXDN品牌在中国市场的拓展与开发，为迎合中国消费者的需求，在中国广州、香港、上海设立产品研发中心，准确捕捉消费者的感觉与需求，并与自身独特的设计风格与品牌魅力融为一体。最高峰时期在全国设立20多个省一级营销中心，全国连锁门店数量超过700家。

莱克斯顿自成立起，就遵循品牌整体发展战略，以科学的营销理论为基础、发展的市场理念为原则，导入个性的以品牌文化为纽带的CI管理系统，先进的营销管理体系、高效的培训体系、完善的支持体系、严谨的监督管理体系，以确保品牌形象及网络维护水准，使莱克斯顿尽显国际品牌之卓越风范，成为中国高端男装品牌的佼佼者，广受消费者好评及市场喜爱。

这几年全球疫情肆虐，贸易摩擦接连不断，中小企业都面临着巨大的挑战。为应对如此巨大的挑战，融入新发展的格局，莱克斯顿不断在经营模式上创新创造，寻求破冰方向，优化改革，用创新的力量在风雨中乘风破浪，稳健前行（图4-45）。

图4-45

（一）经营模式创新

自2013年起，传统服装产业的发展进入分水岭，在激烈的市场竞争之下，各大品牌经营陷入困境，甚至濒临倒闭。2015年起，在严峻的市场环境下，莱克斯顿启航了转型的变革，坚持以"利他为中心"，莱克斯顿大胆打破传统行业固有的买卖关系，打造出全新的共享平台商业模式，完成了从高端男装转为时尚品牌男装的战略转型。以"全心全意为合作伙伴谋发展、谋幸福"为己任，莱克斯顿摒弃中间层层环节，通过高效运营，让产品回归本质。莱克斯顿的转型获得了上下游的鼎力支持，赢得了合作伙伴的高度认可，论证了"品牌+平台"的共享模式，顺应了时代的发展趋势。

为最大化激发供应链的协同，避免相互间恶性竞争，莱克斯顿以共赢理念整合优质供应链，制订了严格的合伙机制，坚持"好产品、真实价"的开发理念，最大化让同品类供应商通过更深入走近市场，研究消费者需求，相互勉励学习，共同协作，打造出高质价比商品。为支持合作伙伴可持续成长发展，新模式解决了原有加盟商的顾虑与经营压力，货品更新快、品质好、无库存，品牌形象不断创新提升，获得了合作伙伴的一致好评。再加以贴心舒适的服务，莱克斯顿广泛收获了市场良好口碑，迅速在全国铺开，新店所到之处，很快成为各地市场的领跑者，发展经营逆势而上。

转型后的莱克斯顿，以打造"赋能和服务产业链的平台"，为推进新模式的发展，自上而下进行全方位的优化升级，全力打造高收益发展平台。为助力新模式的高效运转，莱克斯顿聘请专业的管理顾问机构，全年完善企业标准流程，优化组织架构，构建科学管理体系。在终端综合运营能力的提升上，莱克斯顿全面推进优化升级，让店铺标准规范化、流程专业化，同时推行"奋斗者梦享计划"，让员工不用投资也能当老板，激发更多员工积极参与到公司经营中，快速成长并共享利润成果。在物流优化上，莱克斯顿不遗余力投入巨资整合百世物流体系，借助百世强大而专业的WMS仓储物流系统，助力商品快速流转、灵活调拨，让时尚以最爱速度送达全国的千万消费者。

（二）产品创新优化

"以消费者为中心"是莱克斯顿设计研发的关键点，莱克斯顿投入巨资组建强大的自有研发设计中心，积极赋能供应商，让产品回归亲民价格的本质，以丰富多样的款式满足了男士各种场合的穿着要求，通过一站式的便捷购买，让消费者"省钱、省时、省思考"，赢得了客户的信赖，也赢得了市场的尊重（图4-46）。

图4-46

围绕消费者需求，提供深受大众消费者喜爱的男装产品，莱克斯顿跳出原有局限，创新"以新商务为核心，以时尚休闲为重点，以正装为突破"的产品定位精准化。强化新商务系列，获得市场绝对竞争力，以时尚休闲系列赢得更多年轻消费者的青睐，以实现结构性突破的正装系列有效扩大市场份额，通过研发创新，使莱克品牌获得稳步发展，实现量变和质变的突破。同时，莱克斯顿专注提升以裤子、T恤等核心优势品类的产品策略，并再次深化明确了"用真诚之心为顾客提供高品质、高性价比、满足不同生活场景的着装风格，用时尚服饰传递有爱有美的人生"的产品使命，始终保持初心，以满足消费者的需求、口碑为主导，心全意为消费者打造优质时尚商务的国货男装品牌。图4-47为莱克斯顿携手MENSHEN门神推出联名系列。

图4-47

（三）新零售运营模式创新

2019年12月，莱克斯顿微信官方商城全新上线，为广大消费者开启了全新购物模式，商品同步线下专柜款式，足不出户就能把握时尚脉搏。2020年的疫情，全球经济受到了影响，线下实体门店遭受暴击，消费者居家不出，同时也改变了购物习惯，也代表着新模式、新机遇到来——新零售模式的开启，线上线下相融合的销售趋势，莱克斯顿也迅速发力，升级官方商城"0接触"购物，一同凝心聚力、众志成城，提升社交内容转化能力，以质和量为公司业绩获得了更多的增量。这几年直播电商成为新零售的关键增长势能，应运而生，借助近几年兴起的自媒体和直播带货潮，现在的莱克斯顿，摸索创新出"成熟市场加快发展，成长市场持续发展，线上业务实现突围"的组合渠道模式，积极推进线上线下的有效融合，多渠道多业务，增加品牌影响力与曝光度，实现线上线下联动引流。并在2021年，在全国线下门店创新提出"一店四开"的概念，实现线下门店以"线下+社群+线上+直播"始终盈利的模式与渠道，让企业在疫情等各种不确定的市场因素影响下，依然能够实现门店经营的逆势上升。

2022年，莱克斯顿再次升级提出了："革新产品、赋能品牌、提升专业、稳健发展"的年度战略，持续

加大力度，持续打造产品力和服务力，进而赋能品牌力的提升；加快团队的学习成长，通过整体专业性的提升，促进企业市场竞争力的提升；通过持续提高单店的经营能力和盈利能力，实现企业的稳健发展。

无论现在还是未来，莱克设定做的是信任，更是责任。以"利他"为经营核心，以合作伙伴的发展为己任，赋能产业链，全心全意成就合作伙伴。今天，"以消费者需求为原点，向顾客提供服务和价值"，不仅是莱克斯顿的使命，更是零售业的未来。值此全产业链命运共同体的合力年代，让我们携手共创商业硕果，共建千亿财富共同体。

七、Rorrisa：艺+遗，设计让非遗焕发生命力

Rorrisa是诞生于当下新中产阶级女性思想与艺术的轻生活品牌，她不仅代表服装，更是一个赋予当代博物馆艺术思想的生活品牌，并以现代女性当下的轻生活思想与生活方式为设计基础，为有独立思想与价值观的新中产阶级女性服务，针对消费者对生活的深度追求，以纯粹自然、精致简约的艺术气质为设计根基，植入博物馆美学与生活艺术，满足内心丰富、态度平和的独立女性。

Rorrisa以当下新中产阶级的人物灵魂、生活哲学及艺术思想为创作基石，深度追求生活未曾触及之美，展示新中产阶级女性思想与艺术美，在职场、社交、生活中创造女性当下的最佳生活状态与生活美学，推进一个有当代新中产阶级独立价值观的国际轻生活艺术品牌。

2021年，2021湾区（广东）时尚文化周一秋季开幕式上，Rorrisa品牌董事长谭任璋协同作品展示非遗时尚，成为第三届广东纺织服装非遗推广大使。本次Rorrisa展示的非遗服装，在设计上运用进口金色树皮皱桑蚕丝麻与原色龟裂纹非遗面料——香云纱相结合，搭配古老的金漆木雕做装饰。在大廓型的服装造型上，重点叠加了古香古色的配饰。头部为香云纱与地母珠、黄龙玉、蜜蜡等玉石材料纯手工制成的头饰，而腰部则是以镂空的花鸟纹金漆木雕，搭配同样花鸟兽纹样的黑漆古玉吊坠，与香云纱面料通过布帛的手法系于腰间，使得整体造型突显出端庄秀丽的古韵

（图4-48）。非遗不只是传统艺术，随着新工艺、新理念的不断加入，在定制、混搭、"互联网+"等多种方式下，传统非遗也变得越来越时尚。Rorrisa品牌把创新刻进品牌基因，希望通过对于非遗的再创造和再传播，让更多的传统非遗文化走进时尚圈，让我们得以更好地传承过去，创新现在。

图4-48

2021广东时装周—春季开幕式上，Rorrisa与玄憬龙博物馆联合设计高定时装举办了一场观赏石艺术非遗秀。赏石艺术作为非物质文化遗产，其核心强调审美主体通过体验想象对于意象的描述。"瘦"强调石头的平面的立体形象，"皱"着重石头的表面纹理，"漏"和"透"则展示三维空间下的立体意象。在设计过程中，决定采用西方的剪裁方式去营造观赏石变幻无穷的多维度美学。整个系列强调布料在动态下的灵动感，在静态下的多角度空间感和机构上的多重层次感。融合中西文化，尝试去打造一种审美平衡。发布作品意为在"石"的大宇宙观下，集合天地万物的形虚之境和东方意蕴进行创作，以简洁柔和的中性色为基调，通过深沉暗雅的色相过渡、舒适面料的融合渗透，把生命体无形的能量融入其中，创造出独特的审美意蕴，传递着当代东方美学安然、笃定和恒久之美（图4-49）。

Rorrisa品牌一直秉承设计创新与精益求精的匠心精神，以专业贴心的服务理念，为具有新中产阶级独特思想的女性提供多元化的生活方式品质体验，并致力于传承与推广非物质文化遗产的使命，将传统非遗文化融入服饰设计中，让非遗在全新的设计下，也能焕发如此强烈的生命力。Rorrisa品牌将坚持"生活

图4-49

相"，坚持"生活潮"，坚持"生活流"，让这些非物质文化遗产重新融入当代生活。

　　Rorrisa成立于2014年，随着消费升级及数字化转型的加快，Rorrisa仅仅八年时间，就已经获得一大批粉丝的喜爱，Rorrisa品牌发展史，每一页都记录着品牌带给消费者、行业市场的价值。2019年，Rorrisa品牌设计总监王晨被评选为广东省十佳服装设计师，Rorrisa被获评广东时装周2019年度优秀女装设计奖，并成为佛山电视台珠江形象大使合作伙伴品牌。2020年成为第七季SIUF国际超模大赛指定集训基地品牌，2021年成为第三届广东纺织服装非遗推广大使品牌（图4-50）。

图4-50

八、SANI：锚定"独树一帜"，把握"创新源动力"

　　SANI是尚睿服饰旗下中国原创设计师女装品牌，以"自然、成长、喜悦"作为品牌DNA，聚焦28~38岁中产女性，打造休闲、商务、度假三大产品系列，

目前在全国主流购物中心开设近200家零售门店，致力成为中高端时尚女装头部品牌。

　　中国有句古话，常有所疑，是创新的开端；勇于破疑，是他新的动力。行业要发展，就需要有创新意识，如果行业缺乏创新意识，那么它只会停滞不前，只有坚持创新精神，勇于实践，行业才能得到发展。

（一）营销创新

　　自进入新消费时代，SANI急需解决全渠道线上线下触点、全方位订单中心、线上线下结算、库存与物流体系、全网会员体系等各业务维度的难题，实现货品通、渠道通、会员通、订单通、服务通等一系列业务在线化目标。为了解决这个难题，SANI引进百胜E3全渠道中台项目并成功上线，迈向由传统服装零售向新消费时代数字化战略转型的步伐，以实现运营数智化和决策智能化（图4-51）。

图4-51

　　2020年6月起项目正式启动，双方建立项目组织和管理机制，随即开始项目蓝图设计，进行业务调研、蓝图梳理与确认，并在数据管理、订单管理、库存管理、结算管理、系统接口管理上成功解决一系列围绕业务的企业中台项目问题。

　　2021年10月28日，SANI全渠道中台项目成功上线。

　　2021年，在疫情危机下，各企业的发展都受到了不同程度的影响，许多品牌选择了收缩战线，许多企业更是步入了生存奋战期。但SANI反其道而行，除了继续深化打造全渠道体系，更是积极布局线下渠道，

对接近40%的线下门店做形象升级，SANI实现线下门店数量净增长超30家。

（二）产品创新

在产品创新上，SANI活用国潮元素，坚守原创开发，展现文化自信和品牌自信。2021年4月14日，SANI首次于2021/22秋冬深圳时装周完美起航一场自由随性放纵身心的时尚之旅。本场大秀以敦煌国风为灵感来源，以道家"乘物游心"思想为主题，为向往漫步自然、渴求挣脱桎梏的都市灵魂带来一场发现自我、放空身心的敦煌之旅，在感受大自然无限魅力的同时，从聚光灯下为世人见证灿烂中华文明的辉煌历史，充分展示了中华民族的文化自信。

SANI力争通过ONLY-1战略，构筑"拉动式"业态体系，与世界顶级时尚机构合作，践行前沿的设计理念，采用高档、天然、舒适的面料，创造性地将女性自然、自信的生活态度融入服饰设计，致力于打造自信、阳光、知性的现代气质女性形象，打造SANI成为中高端时尚女装头部品牌，实现全体尚睿人物质富裕和精神富有。除了深圳时装周，SANI还登上了2021广东时装周—春季，成为林芝采风成果展示环节最大的亮点之一。SANI以独树一帜风格发布林芝非遗新作，获得业内一致好评（图4-52）。

图4-52

SANI用服装设计作品记录下在林芝最强烈的所闻所感，用服装作为独特语汇来传承非物质文化遗产。这些充满东方色彩的演绎，不再是符号化的简单挪用，而是取材于山水地貌、人文风俗的巧思妙想，使SANI

不仅成为本届时装周上一道亮丽的风景线，也充分体现出中国服装设计师在全球时尚产业发展的大语境下，立足时代发展背景对文化传承进行的全新表达。

（三）形象创新

在形象创新上，2021年12月26日，SANI全新5.0形象在广州天河城旗舰店盛装启幕。5.0形象以黄色沙土作为主色调，代表着自然，隐喻与自然界元素的联系，通过提取自然界的色彩元素，SANI希望5.0形象成为消费者连接自然与品牌的无声媒介，由此带给粉丝更多舒适自然的体验。在最新5.0店铺形象上，SANI推崇自然与艺术融合，倡导自然简约，自由随性的生活方式，这些调性与SANI产品的设计手法融为一体（图4-53）。

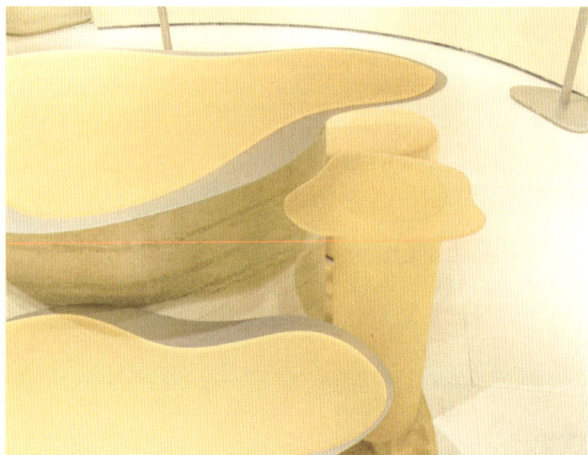

图4-53

当今国际社会是一个飞速发展的时代，创新精神尤为重要。只有拥有创新精神的国家，才能让自己立于世界强国之林。市场是无情的，竞争是残酷的，只有坚持创新，个人才能体现价值，企业才能获得优势，国家才能繁荣富强。SANI也必将跟随国家的步伐，将创新创意融入日常的方方面面，从而使企业得到更大、更好的发展。

九、茵曼：店铺+电商+社群，打造新零售模式

2008年，创始人方建华创立了"茵曼"品牌，成为国内首批诞生于互联网的女装品牌。得益于从事ODM业务积累的设计研发能力，以及独特的"棉麻文艺风"人群定位，茵曼的诞生迅速获得了顾客青睐，并进入高速发展阶段。

2013年，创立五年的茵曼，在当年"双十一"网购狂欢节中，以单日1.26亿销售额拿下全国女装品牌第一名。

2015年，结合品牌的全渠道战略布局，茵曼开始涉足线下实体零售，正式启动"茵曼+新零售"战略，首创"店铺+电商+社群"的零售模式，也由此成为第一个从线上走向线下的女装品牌。至今，茵曼店铺已经积累粉丝超过1500万，开设了实体店铺600多家，遍布全国200个城市，先后入选"CCTV中国品牌榜""微信年度智慧服务品牌""2018年度中国连锁品牌成长潜力50强""2018年度新零售标杆企业"等多项殊荣，是新零售服装标杆品牌。

（一）茵曼+新零售

作为全国首批提出"新零售"战略的服装公司，与传统服装行业加盟店运营模式不同，茵曼新零售是要建立一个立足于粉丝经营的慢生活圈空间，围绕场景、边界、社群、效率四个核心要素展开（图4-54）。

场景即打造茵曼+，该场景下涵盖由衣服延伸的全品类产品、舒适的家庭化7米可视空间和围绕慢生活理念与粉丝互动、聚会的空间。边界指线上线下融合，实现同款同价同库存同时上新，实现会员通、商品通和利益通。社群则改变了品牌单向宣传式输出，运用微信社群矩阵、微博等互联网的手段，与消费者更好地结合，去聆听他们的反馈并进行修复。而效率则是指获取市场份额的速度，茵曼通过完善的培训体系，保姆式的店铺管理指导，完善的货品管理体系，帮助合伙人快速运营好门店，这背后也体现了茵曼强大的收集数据和分析数据的能力。

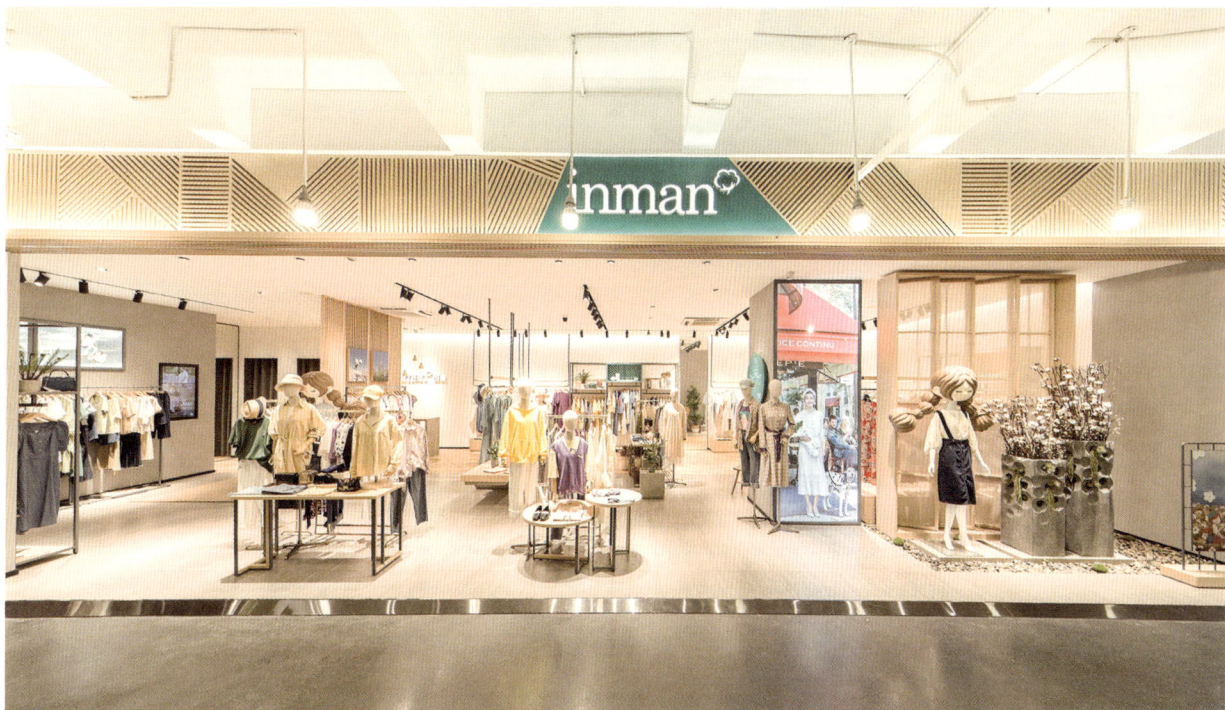

图4-54

（二）科技+智能化

"没有数据思维驱动的时尚品牌100%要被淘汰"，居于企业效率的提升，茵曼把整个产业生态链进行数字化改造，包括BI、供应链生产系统以及品牌、商品、客户、销售等在内各板块全面打通，实现品牌运作系统的数字化。

结合对销售与库存ERP系统数据进行监测，同时通过分析热销产品的返单数量和不同区域的消费数据与消费者画像，挖掘消费者的购买偏好、行为特征和潜在需求，助力线上线下渠道打造周期"畅销款"。与此同时，茵曼母公司在江西战略投资建造了占地14万平方米的智能制造产业基地，构建了服装设计、成衣智能制造、第三方质检、客退处理、仓储物流为一体的数字化时尚产业体系。脉动智能制造产业园肩负"智造中国·脉动世界"的企业使命，秉承"共创、共融、共享"的经营理念，旨在打造"网、云、链"三位一体的服装供应链云平台（图4-55）。

图4-55

园区内包含了智慧办公展示、智能工厂生产、智能物流配送、智慧研发培训、智慧生活配套等多个区域，涵盖了品牌研发、服装设计、大数据运营、电商培训学校及成衣生产等多项功能。项目投产达标后，可实现年主营业务收入15亿元，纳税1亿元以上，并可为当地创造就业机会5000个以上。

汇美集团希望，能将脉动智能制造产业园打造成为全球领先的时尚产业智能制造供应链生态平台。与具备代工国际品牌能力的供应商合作，利用更先进的生产设备提高品质和生产效率，打造汇美供应链升级的样本，为实现工业化4.0和中国制造2025的宏伟目标而奋斗。

（三）环保&低碳

环保是全社会的责任，"衣起重生"代表了茵曼的企业责任感，也是推进可持续发展的重要实践。在汇美集团董事长兼CEO、茵曼品牌创始人方建华先生看来：一个品牌的价值，不仅仅在于放大品牌的影响力，更在于对社会责任感的价值再造，并且付诸行动。

衣起重生是茵曼践行环保的重要项目，不仅仅是提倡旧衣回收环保行动那么简单，更是要打造一个具备旧衣回收、改造设计、助力环保的可持续环保设计平台，去影响更多人关注和参与环保（图4-56）。

图4-56

茵曼作为首家发起旧衣回收环保行动的女装电商品牌，从2016年起，就联合中国再生资源回收利用协会、环保公益闲置处理平台飞蚂蚁、百世公益，对回收的闲置衣物，通过专业环保再生处理。消费者除了可以在茵曼线上旗舰店了解旧衣回收环保行动，还可以通过茵曼官方微信、微博、线下门店获悉相关资讯。目前，全国600多家茵曼线下门店都已经设置旧衣回收点，带动更多人用行动支持环保。截至2019年10月，已有来自全国179个城市的环保人士参与，旧衣回收总重量超过80305斤，相当于减碳超过145吨。

"衣起重生"环保项目受到众多媒体的关注和认可，曾获2016年度最佳公益大奖、2018"广东十佳企业优秀公益项目"荣誉称号、2019年度广东服装行业公益慈善奖等荣誉。

企业的良好经营能力以及对社会责任的践行，也令汇美集团获得"国家电子商务示范企业""广州总部经济企业"等诸多荣誉称号。未来，汇美集团将继续弘扬企业担当精神，践行企业社会责任，并充分发挥其在品牌运作、数字化管理、供应链协同以及新零售领域的优势，满足消费者需求，不断赋能、扩大品牌影响力，打造最具影响力的时尚生态圈。

十、艾维斯（广州）时尚服饰有限公司：乐观色彩安抚情绪，渠道布局实现新增量

艾维斯（广州）时尚服饰有限公司扎根于中国服装时尚的最前沿广州，是一家集研发设计、生产营销、品牌运营的时尚服饰机构。近年来，公司秉承"稳健经营、持续发展"的经营理念，不断推陈出新，锐意进取，以高品质、低价位、大品牌、小投入为核心竞争力，摸索出独特的品牌发展之路。

旗下主推女装品牌"AMONAVIS依我之见"诞生于2007年，以自然时尚为设计理念，以日本美学文化为创作源泉，具有混搭时尚女装的开创性，满足现代都市女性追求新生活的态度，传递出表达自我、活出自我的品牌文化，引导消费者对时尚精神的追求，通过审美搭配服务，协助消费者实现美的追求，深受消费者喜爱并倍受时尚界追随。

（一）营销创新：加速线上线下融合，打造全渠道布局矩阵

作为扎根广东的服装品牌，依我之见多年销售业务以线下销售为主，致力于为各式顾客提供良好的线下服装选购体验服务。2021年，在构建国内国外双循环的经济背景下，品牌积极响应国家号召，在四川、贵州等省份开展了联营合作项目，加速线上线下融合，打造全渠道矩阵，让更多消费者体验和购买优质产品，全力开拓国内时尚消费市场。

为应对疫情对实体店销售的冲击，品牌还通过吸纳海外优秀设计人才，组建起实力强大的国际设计团队，不断丰富产品类型和提高产品的独特性，满足不同场景的穿衣需求，给顾客提供不一样的体验感、满足感和舒适感。

（二）品牌升级：紧贴消费新变化，实现市场新增量

2021年，疫情对全球经济产生了持续影响，不仅服装企业面临着全新的挑战，人们的生活也不可避免地受到负面影响，乐观、安抚性的色彩变得更加重要。针对这一消费变化，依我之见在经典百搭的廓型上增加了安抚色彩，开发出全新的治愈色彩系列，通过色彩来辅助和增进心理与身体健康，用色彩来重塑信心，传递乐观情绪，建立起与消费者的全新联系，更让品牌实现逆势新增长。

蜂蜜绿介于翠绿与深绿之间，以极具生命力的一抹浓郁绿色，让人获得"满血复活"的治愈感；森林精灵来源于自然界植物的颜色，富有饱满的生命力自带奇幻主义的艺术气息，色调天然而浓郁；清澈与优雅的"芭蕾舞步粉"，成功入选2022春夏最美色系，兼顾轻盈透亮与显贵养眼的质感，极具梦幻少女感，若隐若现的粉红色增添一丝温柔感；源于沙暴的大地色系单品，经典实用，以厚实的触感更新迭代，其拥有的沙砾质感显得中性十足……一系列取自于大自然的色彩，不仅治愈了消费者的阴霾情绪，也让品牌成功实现市场新增量（图4-57）。

图4-57

如今瞬息万变的消费市场，单一风格已无法代表当代人的个性表达，真正的百搭好物才能满足时尚人士的日常需求。无论时代如何更换，倡导"无定义undefined"的穿衣风格，以不挑场合、不挑身形、不与其他单品互斥的产品，让消费者无须多加考虑直接穿上出行的同时，突显个人风格和满足场景需求。

十一、广州依趣服装有限公司：推动循环经济，打造绿色时尚

2021年是风云变幻的一年，中美经贸摩擦持续，全球经济增长放缓，新型冠状病毒疫情（下称"疫情"）常态化。面对局势变化，大小企业也备受影响。

无论时代如何迭代变换，衣食住行永远是民生大事。在着衣方面，从以前的追求如何穿暖，到后来讲究舒适感、搭配感、时尚感、艺术感、环保性，审美是一个没有极限的追求。

广州依趣服装有限公司秉承12年来积聚的专业实干精神，积极寻求企业的稳健发展，以"时尚、科技、绿色"为方向，通过绿色面料、品牌营销等方面的创新，探索服装行业的未来发展之路。

使用循环回收生物基材质，探索生物材质的潜力，自然生物基材质处理成为新一代性能方案，可降解生物的纤维可以在特定的环境下在三个月内分解，也可以通过水洗在水中降解，从而降低微纤维污染。生物科技秉承生命体系、物质和功能的本质，打造出新的材质。这些自然衍生的材质可再生、可降解，并在生产过程中对水资源和能源的消耗更低。

从循环经济的角度出发，"依趣"采用由SSFC环保纤维公司研发的RecoTexTM技术，新开发的环保纤维是主要使用回收的PET瓶制成，采用专业的聚合纺丝技术生产高质量的再生PET纤维。

回收PET瓶可有效地减少环境中的塑料污染，减少化石燃料和能源消耗并减少二氧化碳的排放，有助于减缓全球变暖的趋势，希望在未来我们能运用更多先进的环保材质，研发设计出越来越多有利于地球可持续发展的服装产品。

（一）营销创新：线上线下加速融合，打造全渠道布局矩阵

依趣多年销售业务以线下销售为主，致力于为各式顾客提供良好的线下服装选购体验服务，随着疫情对实体店销售的冲击，依趣加速拥抱多媒体平台，加大线上天猫、唯品会等平台的投入，独立开发电商产品。

通过小红书、微博、视频号、抖音、快手等媒介平台做好品牌的推广。依靠多媒体平台的集合传播力量，打造线下线上一体化营销闭环，除在天猫、唯品会开设旗舰店进行网络销售以外，更发动销售人员借助微信朋友圈、微店等手段进行垂直传播销售，直达目标客户群。随着网上直播事业如火如荼地展开，依趣迅速紧跟步伐开展直播销售渠道。线上线下渠道加速融合，打造全渠道布局矩阵。

（二）品牌升级：紧贴消费新变化，实现市场新增量

除了局势在变化，消费者也在变化，健身经济、健康生活理念带来了运动品牌的业绩增长；消费者对贴身衣物的重视度提升，带来了内衣品牌的发展；随着消费者对仪式感和个性化的需求，个性化定制也开始日渐升温；下沉市场、小镇青年成了更多品牌想抓住的市场增量机会；环保成了各品牌、产品的加分项……针对这些洞察，依趣进行了一系列品牌创新及产品改良，从而找到适合自己的落脚点。依趣旗下品牌熙然XIRAN的理念是"始终相信美有千面，美不止一面"，一直在探寻多元时尚美态的内蕴与表现方式，让每一个女性都能尽情展现自身优点。不断尝试拓宽品牌产品线，适应不同圈层的成年女性客群，做到每一个女性顾客都能在依趣找到适合自己的风格搭配（图4-58）。

作为国内早期时尚布衣开创者之一，依趣不局限于早期布衣的材质与风格，创新出更多适合现代都市女性的多场景穿搭，办公通勤、休闲放松、约会赴宴、旅行运动……丰富的穿着场景以及对多年龄及身材的包容性是依趣不断推陈出新的动力。图4-59为2021年度广州依趣服装有限公司获得的荣誉。

图4-58

图4-59

企业创新案例

一、富绅男装：高端智能生产，数字个性定制

富绅集团有限公司创立于1990年，是国内最早开发高档服装产品的企业之一，是中国服装协会男装专业委员会的副主任委员单位，是广东省首批获得"中国名牌""中国驰名商标"的服装企业之一。

富绅服装以其优异的品质获得了众多的荣誉和奖项，先后被评为"中国十大男装品牌""中国十大名牌衬衫""最具市场竞争力品牌""4A级'标准化良好行为企业'"等荣誉称号；曾连续6年获评全国销售"金桥奖"；连续多年在中国服装协会举办的年度服装大奖中获品质奖项；连续15年荣列同类产品市场销量前十位；连续14年被评为全国服装行业销售收入、利润"双百强"企业；连续17年荣列全国市场同类产品十大畅销品牌；连续21年获评"守合同重信用"企业。

当今世界数字化是制造行业的未来，数字化制造也已经成为解决复杂的生产工艺和改进生产车间业务的关键。数字化制造有助于促成产品创新设计和最佳性能的完美结合。只有拥抱数字化制造的企业才能加速产品上市、降低风险、增加利润、提升市场地位、提高产品质量、降低生产成本并缩短企业交付产品时间等。为了适应国内国际服装发展潮流，加大产品开发力度，提高生产效率和市场占有率，公司于2021年添置了世界先进的服装设计工程软件（服装CAD系统）和智能数控切割机、计算机全自动裁床机等一大批高端智能化生产设备，根据服装流行趋势，进行产品与面辅料的设计、服装生产加工、后整理等新工艺、新技术的开发，进一步提高无缝生产过程中的人员、系统和资源的联动，进一步向大众展示更完善的私人定制效率，开发出更适合东方人体型特征的板型，设计更具国际工艺水准的富绅私人定制精品服饰（图4-60）。

2021年4月，富绅参加了在广州白云国际会议中心盛大举办的溯潮而尚2021粤港澳品牌发布会，作为首届湾区（广东）时尚文化周的重磅活动，此次活动具有重大的意义，其展现了湾区原创品牌设计的魅力，代

图4-60

表着湾区的时尚潮流趋势，更为原创品牌带来更多的鼓励与支持。此次发布会中，富绅以"千锤百炼，富绅精品"的质量理念立于市场前线，秉承"衣品如人品"的富绅企业作风，荣获"优质定制品牌"奖。2021砥砺前行，为消费者带来更舒适的穿着体验（图4-61）。

图4-61

悠悠几十载，多少男装品牌湮灭在岁月的长河中，富绅却依然屹立在国内男装品牌的前线，严控品质、改革创新是富绅一路走向成功的密码，实实在在地做衣服，让品质去做口碑，这样的品牌才会得到消费者的肯定和支持。脚步从未停歇，只为在男装的世界里，永世流传。千锤百炼富绅精品，富绅以正装、商务休闲装为定位覆盖男士着装全系需求，致力于打造男装百年经典品牌，演绎精英男士自信、卓越、睿智、进取的个性品质，成为男士着装的形象顾问。

二、奥丽侬集团：一店一商城，一地一直播

奥丽侬集团成立于1989年，至今已发展三十多年，业务范围涉及内衣的研发、设计、生产以及营销、贸易、服务，旗下拥有十几家分公司和子公司、五大生产基地，还涉足了房地产、金融、教育等领域。现有奥丽侬、美芝婷、水晶秘密、摩登本色、紫兰蒂等多个内衣品牌，并承担世界知名内衣品牌的代加工，产品涵盖文胸、内裤、塑身衣、家居服、保暖衣、精品袜等。拥有香港、广州、佛山三大研发基地，设计

及技术人才约150人。作为一家隐形冠军企业，品牌销量位居全国前列，产品远销海内外多个国家和地区，并与多个国际知名企业和品牌建立贸易合作关系。

时代不断在进步，未来，数字化、智能化和5G等工具必然是零售行业和传统制造行业的全新利器，"高质量、高体验、高智能"的新零售业态即将出现在我们身边。作为一个深耕内衣行业三十多年的大型集团公司，奥丽侬将努力拥抱数智化浪潮，加大在新媒体平台的投入，拥抱互联网，与时俱进进行营销创新，推进老牌企业持续焕发新的生命力（图4-62）。

图4-62

（一）以数智转型赋能终端升级

近年来，随着互联网的发展，以及直播带货、短视频带货、社交电商等线上购物平台的爆发，内衣行业的渠道业态发生了巨大变革。以往线上线下分离、层层分销、烧钱营销等商业模式逐渐失去了竞争力，单一渠道的重要性正在下降。尤其是5G时代的来临，大数据技术的快速发展，企业必须将线下体验、线上购买与现代物流结合，开辟新的零售模式，以新零售体系应对挑战、迎战未来。

从几年前开始，奥丽侬集团各品牌已经布局线上营销模式，打造了O2O奥云商城等。2020年为应对疫情带来的冲击，集团加快推进奥丽侬、水晶秘密、美芝婷等品牌的直播互动，打通了品牌与代理、终端的线上互联，以更多线上活动直抵消费者，极大地带动了产品的销售，提高了各个终端及消费者参与的热情。

2021年，奥丽侬集团重塑天猫电商、O2O奥云

商城及直播体系，使筹划直播团队、直播平台搭建及选品、熟练运营社群引流变现和后期数据分析等环节不断提升和优化。最终，在串联集团现有的代理、终端和消费者的基础上，成功激发了公域流量的潜能，为代理、终端吸引更多优质公域流量的消费者，使消费端反哺渠道形成良性闭环。2022年1月，抖音账号"Oleno奥丽侬内衣旗舰店"开播，在奥丽侬集团董事长何炳祥亲力亲为的带领下，奥丽侬直播电商团队从第一场在没有任何费用投入情况下依然有3000多单场观看量，到后期单场观看量、GMV和ROI逐步提升，奥丽侬新媒体直播电商未来可期。

在营销策划方面，奥丽侬集团除了传统的订货模式，还开启了线上直播间看板模式和各电商平台的直播活动，多场直播出现"包款"的现象。值得一提的是，奥丽侬把一部分代理商转变为服务商模式，进一步为终端商降低进货折扣，使终端商让利消费者和有更多的空间进行优惠活动，盘活市场，实现资金周转通畅，对整个市场的良性循环有着重大的意义。这些尝试和转变，对于传统企业来说，犹如空白市场待开发的商机一般，前景无限。奥丽侬集团总结了四大终端营销打法：舍得、增量、快反、减法，让终端活动更加贴近消费者的需求，让终端运营更具有持久竞争力。四大终端营销打法经过一段时间的实施，证明能够取得非常好的业绩增长，为更多的终端商提供了实际的参考意义。

未来，奥丽侬集团将进一步借助互联网进行营销创新，串联线上和线下，实现"一店一商城·一地一直播"的理念，落地直播营销模式，将代理、终端、消费者纵深垂直串联，让奥丽侬互联网营销模式，成星火燎原之势，让奥丽侬代理、终端和广大消费者实实在在地受益。奥丽侬集团的目标是：帮助终端店铺在激烈的市场竞争中立于不败之地，让终端没有难做的生意。

（二）以创新设计专利赢得消费者

在"后疫情时代"，实体店经受着疫情加电商的双重冲击。这要求生产企业、批发商和实体店经营者在环境剧烈变迁的时代下，积极迎合市场变化，不断拥抱改变，才能不被时代抛弃。应对市场消费需求新变化，奥丽侬积极创新求变，增强商品、业态等供给结构对需求变化的适应性和灵活性，以围绕新需求主动

作为的姿态，赢得消费者，赢得市场。

奥丽侬新一季的2022年秋冬系列产品，以"国韵重塑"为设计主题，迎合"国潮澎湃"的时尚流行趋势，将新的设计元素融入奥丽侬品牌文化中，以全新的姿态与消费者见面，凭着一贯的匠心品质赢得信赖。奥丽侬多年坚持为消费者提供真正超高性价比的产品，新品除了始终贯彻"健康、时尚、品质"的原则，还从内衣的面料、板型、舒适度等方面进行了大幅的升级，并将塑形与穿搭功能做了充分的结合。其中美体衣品类"倍丽挺"、本季新增的"草本养护"系列，以及具备全身塑形功能的专利产品，塑形功能更丰富、完整，奥丽侬专业美体衣的优势更加凸显。

此外，不少创新面料也运用在新品上。除了保留市场上女性消费者都比较认可的"美肤功能温变面料""桑蚕丝平纹布""墨玉石"等优质面料和材料之外，还增加了如"铜纤维平纹导湿印花布""桃花纤维平纹布"等新型面料和材料，使产品更具竞争优势。

三、佛伦斯集团：思路要跟着时代走

只此二十年间，佛伦斯集团脱胎于传统时尚行业，从一个高端服装品牌公司渐渐成长为面向"时尚科技"多栖发展的创新型企业。

从在中国的第一条服装生产线到已有32个销售终端覆盖国内的城市核心商圈；从2003年第50家FOLUNSI专卖店在上海开业到如今品牌店铺布局超200家、旗下员工超600名；从行业首家入驻广州CBD办公到领衔数字化智造转型升级的多元格局，佛伦斯在高端服装领域竿头直上，大放异彩，为广东服装企业创新发展贡献重要力量（图4-63）。

图4-63

不仅如此,吴国胜董事长建设性地提出的"思路要跟着时代走,不同时代做不同事情"的重要精神作为佛伦斯集团的核心发展理念,成为全佛伦斯人的精神火炬,不断引领着集团越走越远,越走越"新",越走越开放。为扩大时尚产业,2003年,佛伦斯集团高瞻远瞩,在黄浦区购置100多亩土地建立现代化工业园区,正式命名"佛伦斯中心",这为日后顺利建设粤港澳大湾区高端产业生产性服务园区奠定了坚实基础。与此同时,吴国胜先生一直坚持全方面培育优秀人才、集团接班人,实现准确把握数字化智造转型升级的突破,因而形成不囿于服装领域的"时尚"认知。而佛伦斯集团的接班人传承父辈创业精神,并在创新方面更有担当,前瞻性地将"时尚"与"数字科技"深度融合,全面提高生产制造的科技含量。

随着佛伦斯集团从传统时尚转向科技时尚的目标越来越清晰,一些焕然一新的变化正悄然发生。2018年,集团全面向"时尚科技"转型升级,集团和品牌公司总部迁往"佛伦斯中心",同步开启产业园扩建工程,从此便在有粤港澳大湾区"湾顶明珠"之称的广州市黄浦区中新知识城稳稳立足。并且仅花了一年时间,"佛伦斯中心"扩建工程正式封顶。值得一提的是,"佛伦斯中心"落户于知识城北部,与国际生物医药创新园仅一路之隔,目前与百济神州、卡尔蔡司、阿斯利康、诺诚健华、GE、龙沙、康方生物等世界一流的标杆性企业成为"邻居"。在"知识城北起步区"区位优势和产业升级共同作用下,佛伦斯中心确立了生产性服务业的定位,同时接轨大湾区生物医药发展高质量规划,致力服务高端产业高质量发展。正是在同年10月,佛伦斯集团构筑起了深度服务高端产业集群的"粤港澳大湾区时尚智造中心",并在佛伦斯中心挂牌成立。聚焦于智能时尚、科技时尚、文化时尚的高新技术现代服务型产业园,从此在知识城北部熠熠生辉。随着科技力量成为粤港澳大湾区高质量发展的重要依靠,佛伦斯集团也将迎来第二次腾飞机遇。

佛伦斯集团乘势而上,抓住机会,最大限度发挥立足在粤港澳大湾区核心的区位优势,积极推动建设"黄埔光圈产业园"。目前,已有黄埔银海眼健康集团强势入驻。2021年,随着黄埔区政府正式启动对"黄埔光圈产业园"的规划建设,以及"粤港澳大湾区时尚智造中心"的投入运营,集团渐渐呈现出智能时尚、科技时尚、文化时尚多栖发展的大格局,并致力于打造成为全球领先的优质时尚产业的智能化、自动化、数字化、信息化平台(图4-64)。

"黄埔光圈产业园"包含 **4** 大产业, **15** 类重点行业与领域

图4-64

纵观佛伦斯集团二十年的澎湃发展之路,不难发现是科技奏响了佛伦斯集团发展的乐章。寄予未来,佛伦斯集团不忘初心,与时俱进,以创新驱动产业积累新科技,以"新科技"反哺时尚产业发展。正如吴国胜先生那句洞若观火的话:"思路要跟着时代走!"

四、广东领英集团:C2M驱动柔性生产,在线定制改变穿衣方式

随着我国家庭年均收入的增加和人均消费水平的提高,过往的"大规模生产、同质化消费"模式已经难以满足人们日益增长的物质精神文化需求,"个性化消费、定制化生产"趋势日渐明显,消费升级已成大势所趋。

广东领英集团积极响应"把人民对美好生活的向往作为奋斗目标"的国家使命和供给侧结构性改革的产业升级的需要,推进从传统大规模生产转型升级为按需服务、按需生产和按需迭代的精准制造和智能制造的大规模定制,并更好地与互联网、物联网相融合,凭借集团公司自主品牌(量品、欧定和觉衣)和自建销售渠道的产业互联网先发优势,构建起了一个产业互联网的现代服务型企业。

(一)模式创新:关系化营销方式

基于C2M模式更强的客户黏性,广东领英科技一举从过往的客户画像模糊、与客户弱关联弱关系中跳脱出来,积极转向客户画像清晰、与客户建立强关联和强关系,基于与消费者的关系重构,重建商业生

态。重新解构了传统男装品牌沟通用户的"人、货、场"模式，通过贴近用户真实的工作场景、生活场景、社交娱乐场景，把交换价值、驱动购买的行为，用生动化的内容，"润物细无声"地表达了出来，不止满足用户穿衣超舒适、得体的实际需求，还提供了深层次的情感抚慰与精神呵护，真正解决了传统零售中品牌与用户的关系只建立、维持在购买环节的尴尬处境，领英科技多角度的品牌内容传达，把领英科技与用户之间的关系营销，锁定在了日常生活、茶余饭后的放松时刻，大幅度降低了用户抵触销售行为的情绪。欧定品牌更是用"编剧+导演"的模式，真正讲述用户关心的话题内容，势必赢取用户的持续关注与追随（图4-65）。

从过往"人找货"转型升级为产业互联网模式下的"货找人"，针对目标客户从过往千人一面的营销与销售模式升级为千人千面的个性化服务模式，从公域流量到私域流量的深度运营，构建起适合自身的"获、复、转、留"的水坝经营哲学，因人而异、因地制宜

也为客户提供从"合体—关体—得体—优雅"的个人形象提升全套解决方案（图4-66）。

（二）科技创新：在线服装定制系统

基于领英科技五年多的积累的人体尺寸特征大数据及AI算法IT系统，将人工智能技术与服装定制相结合，前端通过人工智能在线量体定制IT系统，用户只需简单地填写身高、体重与体型特征，就能通过大数据运算出消费者各个部位的身材尺寸，再通过一人一板的个性化放码系统，生成适合消费者的成衣尺寸，导入后端工业4.0智能制造工厂开始个性化定制。

欧定通过对"互联网+人工智能+服装定制+社交新零售"模式的创新性运用，实现了C2M（Customer-to-Manu-facturer用户直连制造）模式驱动的柔性生产，C端用户在线AI量体下单、M端智能工厂一人一板定制、快递到达客户手中，解决了传统企业严重的库存成本，省去了高昂的门店租金，极大地提高了产品的性价比，真正实现了让奢侈品衬衫大众化（图4-67）。

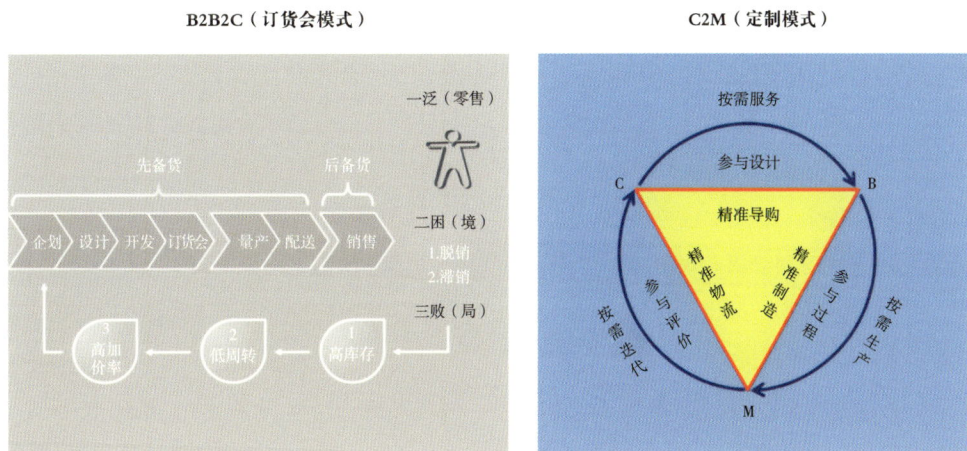

图4-65

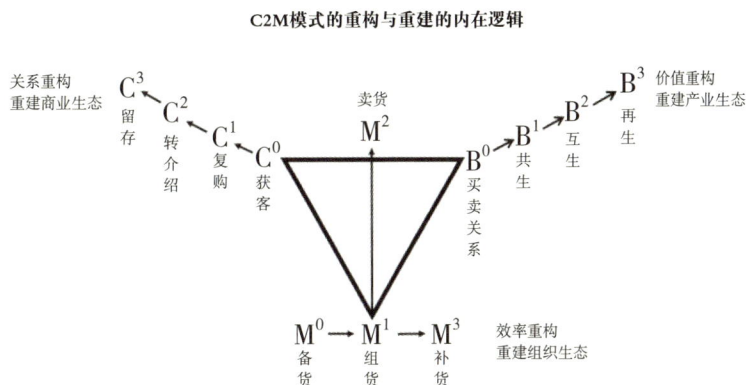

图4-66

数字化转型及算法推送的应用

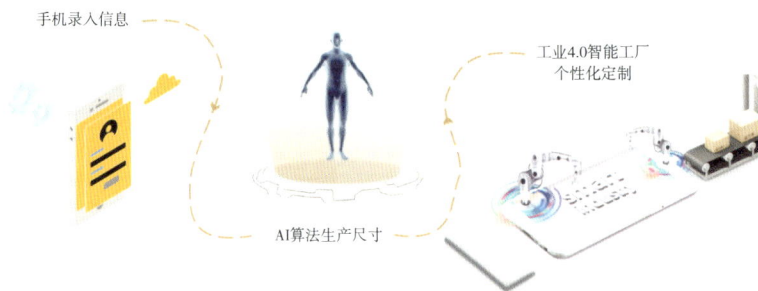

手机录入信息

工业4.0智能工厂
个性化定制

AI算法生产尺寸

图4-67

（三）品牌升级：精准化市场定位

以领英科技旗下"OUDING欧定"AI智能定制品牌为例，欧定以"让人人尽享个性化定制的高品质生活"为使命，定位高端超舒适商务男装，通过研发高科技超舒适高弹亲肤面料，十倍级提高用户的穿衣幸福指数，再用"人工智能+大数据云计算"，实现全球不同地区不同身材的男性在线一分钟"量身定制"合体男装，呈现给用户舒适而讲究的生活方式，传递自由舒展、科技带来超未来感的生活态度。欧定开创了全球男装人体工学精算领域的新高度，与欧派、尚品宅配并肩广州"定制之都"示范企业。

欧定以科技为中心实现男士超级舒适的穿衣体验，从定制头等舱级舒适衬衫开始，不断扩容到西装、夹克、POLO、男裤等全品类，用8000多参数算法，重新解构高端男装人体工学，围绕极致舒适指标，做到了108道工序，全流程量化体验感设计，对一件衣服的顶级舒适，欧定做到了狂热追求！

欧定品牌定位商务运动风格，聚焦社会精英男士群体，秉承让奢侈品级服装大众化的创业初心，欧定追求极致的工匠精神，品控标准直接对标国际顶级奢侈品大牌，消费者直接对接供应链，去除了一切不必要的中间成本，为消费者带来了高价值的穿衣解决方案。欧定致力于为全球男性群体提供头等舱级的云端男装顾问服务。

（四）营销创新：精细化客户运营

欧定把"穿衣场景+用户痛点+解决方案"，用短视频的形式，在抖音等新媒体渠道生动展现。短视频实现前端获客、形成首单，私域网销团队通过用户分层、精细化运营，做2购到5购的用户生命周期管理，与前端联动打造欧定全线上数字化营销平台。顺应传媒技术的不断变迁，不断深刻重塑商业生态，特别是创新的营销与销售的探索（图4-68）。

领英科技脱胎于传统的大规模生产，基于过往二十多年纺织服装所积累的产业认知，不拘泥于传统产业模式，积极探索纺织服装产业的未来，积极迈向大规模定制乃至于不断向前沿迈进——对定制生态的

传媒技术变迁下的商业生态重塑

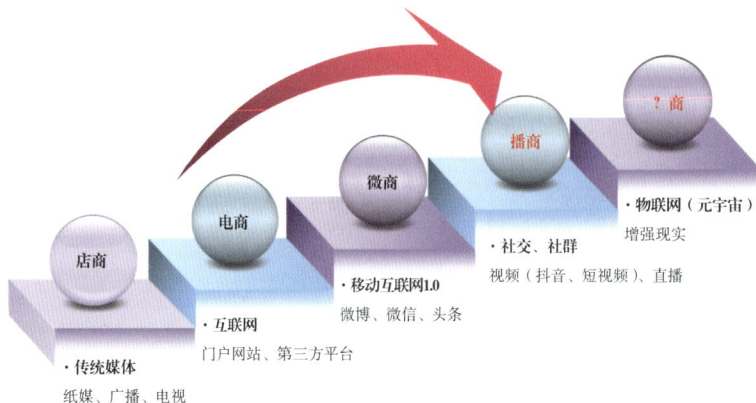

店商
·传统媒体
纸媒、广播、电视

电商
·互联网
门户网站、第三方平台

微商
·移动互联网1.0
微博、微信、头条

播商
·社交、社群
视频（抖音、短视频）、直播

？商
·物联网（元宇宙）
增强现实

图4-68

探索，也期待更多的纺织服装产业的同仁一同来参与，一同来见证中国纺织服装业的再次腾飞，续写广东纺织服装业的辉煌（图4-69）。

社会荣誉

定制之都示范单位
2020年12月/量品荣获广州市政府授予的"全球定制之都"示范企业称号

创新贡献奖
2019年1月10日/量品在中国经济网推动中国影响力品牌评选中获得"创新贡献奖"

中国服装协会定制专业委员会副主任委员
2018年10月/中国服装协会聘请量品创始人虞黎达担任中国服装协会定制专业委员会副主任委员

CHIC2018（春季）创新大奖
2018年3月14日/量品亮相中国服装服饰博览会，并获得CHIC2018（春季）创新大奖

寻找独角兽亚军
2017年12月29日/以估值10亿人民币的成绩，获得第一财经《寻找独角兽》亚军

2017新零售创新TOP奖
2017年12月12日/获得36Kr新零售大会颁发的2017新零售创新TOP奖

新锐商业模式奖
2017年12月13日/获得《商界》颁发的新锐商业模式奖

图4-69

五、名瑞集团：厚积薄发，让潮流焕发光彩

潮绣、潮雕、潮塑、潮剧以及工夫茶、潮州菜等是中华文化的瑰宝，弥足珍贵，实属难得。我们爱这个城市，就要呵护好它、建设好它。

随着城市发展重心逐渐向旅游城市偏移，潮绣这项国家级非遗也迎来了它的春天，它，不应再沉寂；它，应该大放光彩；它，应该被世人所熟识、所欣赏。

名瑞集团，是由潮州市潮绣厂改制成立的，是潮绣厂的延续，也是潮绣这一传统艺术的最权威的发声者、宣传者（图4-70）。60年的沉淀，从最传统的潮绣，到对全国各大绣种进行融合创新，留下了上千精美的作品。

名瑞·源自1955

图4-70

厚积薄发，在适合的时间点展现。历经一年的重新规划、装修、布展，名瑞——潮绣艺术馆（图4-71）已隆重开馆，展馆共3层4个展厅，分别为传统潮绣及佛庙堂刺绣展区（4楼一号展厅），展示的是传统潮绣在明末清初到20世纪90年代期间，潮绣在时代的进步中扮演的不同角色和不同的应用：从民俗拜神祭祀、游神赛会花车，再到祝寿场景布置、现代艺术品展示等。巨幅刺绣展区（二号展厅），以巨幅现代刺绣作为代表，来表现现代技术，刺绣的巨大、精

潮绣艺术馆
非遗 文化
CHAOZHOU EMBROIDERY ART MUSEUM

图4-71

细、气势恢宏以及技艺的精湛。传统戏剧服饰和现代婚纱晚礼服展区（三号展厅），以服装的历史演变为主线，以不同的功能、用处划分，展示了潮绣厂（现为名瑞集团）60年代至今，从剧服到婚嫁褂裙，再到现代婚纱晚礼服的演变。中国精品刺绣展区（四号展厅），以中国刺绣包罗万象的特性，展示了我国刺绣体系中，不同绣种之间技艺的融合与碰撞。劈丝精细、配色丰富、人物惟妙惟肖以及现代浸染技术支持下的丝线表现出来的观感如图4-72、图4-73所示。

目前展馆配备多名讲解员为参观者进行系统、详细的讲解，并为个人自驾游提供了约100个停车位，后续还会开启研学体验，让更多人参与到保护非遗、传承非遗的活动中来。

展馆的设立，可以说是潮州人对潮绣的一种情怀，也是名瑞人对潮绣的一种使命感。它更多的作用是弘扬和传承文化，延续这一门古老技艺的生命之火。展馆的开支，是靠收取门票，以及接待各种参观团、研学团来维持。名瑞人相信，待到疫情过去那一天，待到大家重新背上行囊去旅游时，潮州的旅游会重新焕发生机，我们的潮绣艺术馆，也会更加焕发光彩。

广东名瑞（集团）股份有限公司，是目前世界上高级晚装、婚纱最大生产制造商之一。名瑞集团植根于潮绣，并将潮绣的传统手艺，注入了现代西方的艺术时尚元素，创立了现代设计理念和中国元素相结合的名瑞钉珠婚纱晚礼服（图4-74）。

"名瑞品牌"是国家第一批"重点支持和发展的名牌出口商品"，2005年被商务部评为"中国出口名牌"；2007年名瑞婚纱晚礼服产品荣获"中国名牌"产品称号。"FAMORY名瑞"是目前唯一一个同时获得"中国名牌""中国出口名牌"的婚纱晚礼服品牌。

为传承和发扬非遗文化，从2010年至今，名瑞走

图4-72

图4-73

图4-74

访全国各绣区，研究出数百幅手工刺绣精品。推动改变了传统的、单一的地域性限制，奔向开放的、融合的中国刺绣大家庭的怀抱，中国刺绣的定义被推上一个新台阶。2017年至今，由文化和旅游部中外文化交流中心和广东名瑞集团中国刺绣研究中心主办的"锦绣丝路——中国刺绣精品艺术展"在巴黎、莫斯科、曼谷，以及新加坡等中国文化中心举行，令古老中国精湛的刺绣工艺在传承与创新中登上国际舞台。2018年12月20日~2019年1月5日，经文化和旅游部批准的以名瑞为主办单位的"2018潮州国际刺绣艺术双年展"在潮州市隆重举办。通过展示中国经典非遗——刺绣艺术的历史传承与当代创新，传递中国文化历久弥新的内涵与魅力，为推动"中国工匠精神"的培育，促进中外文化艺术、服装行业等方面的交流与合作发挥了积极作用。

六、群豪时尚服饰品牌：智慧与品牌结合，打造创新黑科技时尚产品

群豪时尚服饰品牌创立于1991年，是集品牌研发设计、推广、供应链及电子商务、连锁专卖、团购定制三大板块为一体的服饰企业。创业31年来，群豪始终不忘创业初心、坚持不懈，用内心的笃定与沉着在服饰行业一隅深耕细作，探索时尚服饰行业边界的无限可能，用不凡的胆识和执着的品质，赢得消费者的信任。群豪线上以群豪蓝标为主，在平台电商、直播电商、社交电商等全网布局，并加大以抖音为主的直播业务；群豪线下至目前为止已经在国内开设数百家群豪男装专柜和连锁店；群豪团购定制致力为各企事业单位提供团购服装定制业务。至今，已服务过众多国内外知名企业，为他们团队提升美好形象。

群豪的发展离不开自身的创新追求和文化底蕴以及社会的认可。"中国纺织品牌文化创新奖""全国产品质量消费者满意品牌"中国服装协会国家服装质量监督检验中心授予的群豪衬衫"优等品"等荣誉。在一次又一次获得的鼓励面前让群豪更加满怀信心（图4-75）。

2020~2021年，群豪率先打造新型产品"群豪防污黑科技衬衫"，其主要功能是防油和防皱，在产品新型功能面料上形成的空气界面防护膜，能够隔绝酱

图4-75

油、耗油、咖啡、污渍等多种成分的污染；其次是采用绿色低碳、环保纤维面料，使其具有超强的回弹力和耐用性，加入免烫工艺，提高产品抗皱褶能力。有了该产品的创新研发，同年，在订货会上有了新的突破和销售业绩，获得了消费者的青睐。

2022年，在"当智慧遇上时尚"春季广东时装周上，群豪时尚服饰与中山大学教授、博士生导师、地球环境与地球资源研究中心主任周永章博士共同携手，在秀台上展现了群豪服饰环保低碳和防污黑科技面料研发推出的优雅着装，获得了博士团队的认可和与会嘉宾的阵阵掌声（图4-76、图4-77）。

图4-76　　　　　　图4-77

今后，群豪将继续不忘创业初心，励志为服装事业低碳、环保及创新科技面料的研发奋力前行，不断开创群豪品牌事业新篇章。

七、广州纺织工贸企业集团有限公司：聚焦主业谋转型，链通生态兴纺织

2021年，作为广州市时尚产业集群纺织服装产业链"链主企业"，广州纺织工贸企业集团有限公司（以下简称"纺织公司"）立足新发展阶段、贯彻新发展理念，积极融入以国内大循环为主体，国内国际双循环相互促进的新发展格局，围绕"供应链集成服务"和"纺织服装"双主业，以全球化视野，依托数字化与信息化，推动上下游产业链资源夯实与协同，打造资源及销售国际化的全产业生态服务集成平台，不仅实现了自身的快速发展，也为产业赋能，创造产业价值（图4-78）。

图4-78

2021年，纺织公司营业收入增长57%，其中进出口业务增长37%。在复杂多变的外部环境下，整体营收和进出口均取得了大幅增长。其中纺织服装板块集成服务平台日趋成熟，经营亮点频现，经营成果日益显现。

（一）打造纺织品服装智慧供应链集成服务平台

经过近年来的部署和耕耘，纺织公司已搭建起覆盖设计、打样、生产、储运、进出口、保险、配送、金融服务等整条产业链的供应链集成服务，不断延伸供应链服务的广度和深度，深入参与到供应制造、服装设计等各环节，实现供应链服务流程的全覆盖，由"卖产品"转向"卖服务"，为客户提供综合解决方案。

2021年，纺织公司一是加强研发设计，夯实货源供应，创新渠道模式，提升服务与跟进，面料、服装出口实现持续增长。在130届广交会全新推出环保型牛仔服饰新品，成功获得广交会CF纺织品服装类银奖。二是加快部署和推进棉花棉纱贸易，搭建纺织原材料交易平台。利用纺织公司的渠道优势，畅通国内需求和国内外供应链的对接，同时加快推进仓储物流的布局和建设，在全国各地设立棉花棉纱云仓，进一步整合平台资源，打造一个更大层面的棉花棉纱交易平台。三是重点提升设计创新能力。除原有的位于TIT创意园的设计研发机构——TIT国际品牌研发中心外，2021年在位于海珠区赤岗西路的原创基地增设TIT品牌中心共享研发基地，进一步增强设计研发力量。四是结合数字技术，打造智慧供应链。2021年纺织公司重点打造数字化运营管理平台，构建平台数据，赋能供应链业务全流程，并探索数字化营销新模式。纺织公司充分利用云广交开拓国际市场，并积极探索"跨境贸易B2B"新模式。充分探索通过虚拟展馆、三维产品、短视频、直播营销等方式，助力外贸业务打破疫情限制，开辟出一条新的拓客渠道。

（二）活化传统品牌，提升品牌影响力

2021年，纺织公司努力推动以有着百年历史的中华老字号"利工民"品牌为代表的自主品牌建设，既秉承传统工艺，抓住国潮兴起的机遇，紧贴潮流融入时尚元素，重塑"利工民""熊猫""牛头"等自主老品牌，积极拥抱新媒体宣传推广模式，提升品牌影响力（图4-79）。"利工民"等自主品牌2021年销售额实现了15%的增长。老字号"利工民"登陆2021广东时装周—秋季，并被授予"时尚品牌大奖"，显著增强了品牌活力，提升了广州品牌的影响力。

（三）发挥技术优势，打造技术服务平台

2021年，纺织公司以下属国家级高新技术企业广东广纺检测技术股份有限公司为载体，整合行业资源，为产业提供产品检测、品质把控、新面料研发、标准制定咨询等技术服务，助力产业实现技术升级和迭代发展。近年来逐步获得主流电商平台的认可，成为其质量抽查指定机构之一。并与广东省服装服饰行业协会签订战略合作协议，共同为行业搭建高质量的技术服务平台，赋能行业发展。

接下来，纺织公司将始终牢记"成为具有国际竞争力的智慧供应链集成服务商"的企业愿景。在"十四五"期间，发挥"链主"担当，抓住粤港澳大湾区建设、RCEP区域发展、全国建设统一大市场重大机遇，打造纺织服装供应链集成服务平台，赋能全产业链，共同打造健康、可持续发展的产业生态（图4-80）。

八、雷邦服饰：坚守做好衬衫的初心，直播+供应链赢得先机

回顾2021年，面对错综复杂的外部发展环境，以及不断深化的百年变局和变幻莫测的形势，雷邦克服了新冠肺炎疫情的冲击、综合成本上涨、面辅料供应紧张、物流不畅等叠加交织的困难和压力，在供应链以及产品设计、营销等方面不断创新，展现出强大的韧性和良好的高质量发展潜力。

（一）紧抓发展机遇　直播赋能供应链业务

雷邦是一家主打"衬衫"的时尚男装企业，目前为在男装板块排名前十的三家服装品牌进行供货，并为三福、卡门服饰等品牌代理加工贴牌，以优质、高品质的时尚衬衫赢得客户群体和消费者的一致好评。雷邦拥有强大的供应能力和销售能力，在普宁和番禺建立了具备专业生产能力的工厂，并在广州开设了多个批发销售点，优质的产品和完善的流通体系让雷邦衬衫销往全国各地。

多年来，雷邦坚守做好衬衫的初心，为客户提供优质生产服务的同时，更在品牌建设、供应链构建等方面提供专业指导和强力辅助，以"雷邦"为平台聚合着一批有实力的服装上下游伙伴，加强业内合作交流，全力以赴推动广东男装品牌做大做强。

图4-79

图4-80

进入直播时代，雷邦紧抓机遇，利用直播赋能供应链板块业务，在抖音等平台开设直播账号，加速优质产品的上新速度，让消费者更快、更深入了解雷邦产品的特点，充分展示供应链优势。作为全国快时尚品牌服务者，雷邦还为创业者提供备货组货的专业服务和直播带货的资源支持，帮助广东男装快时尚品牌的孵化成长（图4-81）。

（二）把握消费趋势　创新设计紧贴需求

雷邦人从心底里享受做衣服的过程，将专注完美的精神投注在一丝一线之中。正是这种偏执的热爱，这份朴素耐心，让雷邦人在设计中心无旁骛，精益求精。每件衣服，都倾注了雷邦对品质的坚持。

2021年顺应气候等外部条件，雷邦设计团队致力研究潮流款式趋势，分析市场流行元素，快速把握市场流行趋势，由单一衬衫转化为衬衫羽绒，外在美观得体的同时又起到保暖作用。新系列产品的线下，给时尚年轻人带来新的羽绒服体验，打破常规的臃肿，得到了广大消费者的认同，销售业绩环比提升（图4-82）。

图4-81

图4-82

九、龙格派服饰：强固产品质量生命线，倡导学生健康生活理念

广州市龙格派服饰有限公司主要从事校服定制和生产，近三年来，业绩保持稳步提升，销售规模持续居同行业前列，是广东唯一获得"广东校服原创设计突出贡献奖"的企业，是中国标准出版社《中小学生校服着装规范》团体标准唯一的"牵头起草组长单位"，是倡导"学生健康生活新理念企业"。

龙格派引领行业新发展，持续推进绿色服装生产，拥有生态纺织品的CQC认证、ISO质量管理体系认证、环境管理体系认证、职业健康安全管理体系认证。旗下"望子成龙""子子成龙"品牌，以优良的品质和完善的售后服务，获得广州市教育局、深圳市教育局和各区教育局的校服定点供应资格，赢得了广州市执信中学、广东广雅中学、北京师范大学广州实验学校、清华大学附属中学湾区学校、西安西咸黄冈学校、华师附中、华师附小、华阳小学、东风东路小学等众多名校师生和家长的高度好评；旗下"LONGGEPAI"职业装、"冠格"床上用品等优质产品，同样获得各类客户的认可和高度赞誉（图4-83）。

图4-83

龙格派独具中国特色、富有民族文化底蕴的品牌童装（学生装）享誉全国，先后在广百百货、天河城百货、新大新公司、妇儿公司等多家大型百货商场均设有形象专柜，是唯一被评为"广东服装行业最具影响力童装（学生装）品牌"的企业。

（一）专注校服定制，以诚为本，以质取胜

因为专业，所以卓越。龙格派创始人郑衍旭始终坚持"一切为了孩子"，自1986年创立以来，龙格派一直秉承这一核心使命，坚持"以服务教育事业为己任，以创新时代特色为目标"，以诚为本，以质取胜，不断提高产品品质，追求时尚风格，为中国学生装和童装产业的发展贡献一份绵薄之力。

坚持"质量第一"。龙格派从设计、面料生产、面辅料搭配、印花加工、板样测试、大货生产、投诉反馈处理等各个方面全流程地进行质量把控。龙格派准确把握校服质量要求与标准，严格按照国家相关标准要求组织生产。每年邀请行业专家进行全面的培训讲解标准文件的意义和内涵，常态化组织生产、品控、采购、销售等相关人员进行内部质量培训，让每一位质量参与者都严格遵循质量标准要求。

多年来，龙格派综合实力、知名度和美誉度不断提升，荣获"守合同重信用企业""广州市著名商标""中国著名品牌"、首届"全国学生装知名品牌"、首届"全国学生装生产服务先进企业""广州商业零售三十强企业""广州最佳职业装（含学生装）企业"等荣誉称号，曾获得"广东最美校服设计大赛"一等奖，在广东省教育厅、广州市教育局举办的历届校服设计大赛中均获得总成绩冠军，共获得一百多项荣誉（图4-84）。

图4-84

（二）创新校服服务，舒适板型展现学生自信

龙格派已经为省内外众多学校提供校服服务。"一校一平台"的商城服务，打通销售服务"最后一公里"，在方便家长和学生自由选购的同时，满足更加多样化的订单需求。

龙格派贯彻"专属设计，一校一服"理念，将传

绒的地域特色与时尚元素相结合，尽显校服的时代特色；根据不同年龄段学生的身体发育特征，设计生产出合体、舒适的衣服。

龙格派把"让中国的孩子更自信，让中国的校园更精彩"作为企业愿景，除了选配安全优质面料外，还根据不同年龄段学生的人体结构变化而精心研究设计。龙格派丰富的板型积累和科学动态的标准化尺码生成体系，满足广大成长期的青少年前瞻性和准确性的着装需求。

此外，龙格派学生用品建立服务于学生的全产业链，产品包括书包、鞋帽、床上用品等，并与多所学校达成战略合作伙伴关系。不仅提供校服的整体优质服务，更提供学校所需的一站式校园产品解决方案（图4-85）。

图4-85

（三）建言献策，起草团体标准

2019年，广州市龙格派服饰有限公司牵头起草了《中学生校服着装规范》团体标准并于当年12月在中国标准出版社发布，2020年1月1日实施。

2021年11月，广东出台《高品质学生用纺织品》团体标准（学生用纺织品包括学生在校统一着装的服装、配饰及床上用品），龙格派是本标准的主要起草单位之一，公司董事长郑衍旭老师是本标准主要起草人之一。该团体标准的发布实施，对校服的安全性与功能性，对服装面料选择、面料搭配、做工工艺提出了更高的要求。

（四）回馈社会，"疫"起同行，勇担企业社会责任

2019年，龙格派以"党建+公益"的方式，配合政府，协作广州市教育局、天河区教育局、天河中学、113中学、南沙第一中学、华阳小学等多家事业单位的结对帮扶工作。龙格派党支部与龙洞街帮扶的省级贫困村"兴宁市叶塘镇下径村党支部"共建基层党支部。

2021年，龙格派与广州市天河区慈善会、广州市天河区乡村振兴局等单位签订"四方协议"，五年出资定向帮扶"贵州省毕节市大方县星宿乡龙山村"。

在疫情下，龙格派组织员工恢复生产，保证市场供应，勇于承担企业的社会责任，出资捐建龙洞地铁口人流分流区、龙洞村二十多个出入口的雨篷，与抗疫人员同行，多次捐助抗疫物资，将暖心慰问物资送到龙洞人民医院、龙洞街社区卫生服务中心的医护人员手中，用实际行动致敬奋战在疫情防控一线的基层工作者、医护人员和广大党员干部群众（图4-86）。

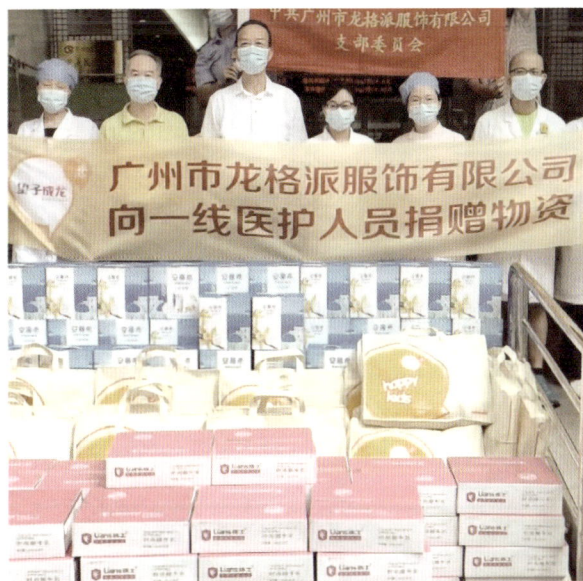

图4-86

未来，龙格派将在整合产业链的基础上，围绕企业技术研发重点和自身业务强项，将研发与技术创新相融合，将生产制造与售后服务相结合，以更具创意和创新的方式促进和引领先进服装产业的发展，立足本土、走向世界，成为世界性的集团化品牌，在全球推广传播带有中华民族文化自信基因的中国本土品牌文化。

十、广州珍尚服装有限公司：物尽其用，用心设计

广州珍尚服装有限公司成立于2013年，是一家集研发、生产、销售于一体的专业服装公司。旗下现有"其用""TOP DONNA""阅前"三个中高端服装品牌（图4-87）。

从公司创立以来，我们一直秉承着"用心生活、用心发现、用心设计"的匠人精神，采用高品质的天然面料，注重手工制作，且始终坚持以研发为主导，保证每个季度产品的独特创新。基于这样的理念，我们吸引了一大批志同道合、敢于拼搏的高素质人才，以强劲的原创动力与广阔的国际视野，捕捉前沿的时尚信息，并始终保持执着于追求的严谨态度。

秉持绿色低碳的环保理念，我们坚持采用由棉、麻、丝、毛所织造而成的天然纤维面料，期望减少化学纤维污染，生产上还省去大量用水和减少温室气体排放。

相较于大部分服装公司，我司采用品牌合伙人模式，设计部与商品部高层均为合伙人。在该模式下，充分保证了公司的活力。从公司成立到现在，平均三年孵化一个新的品牌："TOP DONNA"是我们成立的第一个品牌，意在打造新古典浪漫主义的轻奢调性，将服装作为载体，把精致浪漫作为信仰仪式融入日常，追求诗意与浪漫的情怀，让心灵回归自然与艺术的设计理念，并赋予顾客更细腻的生活表达；"其用"于2017年正式成立，是针对知性、有文艺内涵的都市成熟女性而塑造的具有都市文艺风格的原创设计师品牌，在设计上注重工艺的创新，且倡导"物尽其用"的朴实生活美学价值观；"阅前"作为最年轻的品牌，在2020年第一次亮相于大众视野中，在设计上注重使用富有品牌调性的原材料，搭配出斜杠女性的现代着装方式，在品质上精选天然和再生纤维面料，打造三分盐三分甜三分趣味的现代个性女性形象（图4-88）。

在营销网络上，坚持专卖及批发两个渠道同时进行，随着不断的积累，我们店铺已经遍布全国各大主要城市。近两年疫情来袭，公司随时面临着未知的挑战，线下销售备受冲击，从而积极发展线上营销。设计部积极配合，输出搭配图片，销售装点私域空间，积极配合客户需求，实现"0障碍"线上选款；与此同时，我司建立电商部门，积极与KOL（Key Opinion Leader）合作，进行网红直播销售、短视频宣传，缓解线下销售压力。在深圳疫情封控、居家办公一周的期间，达到去年同期业绩的90%。

通过数智化建设，我司在全国各大城市中布局前置仓，通过这种战略，缓解了配货压力，大大提高了配货效率，同时减轻了疫情期间封控管理带来的困扰。通过仓储软件，一键生成销售数据，科学预测新一季度开发品类数量与下单数量，从而更早、更快调整开发方向与营销方针，从而提高工作效率。

我司倡导设计师需要将思维散发到销售端，不仅将注意力汇聚在设计产品上，同时，销售端也要具有设计师思维，从而更透彻地理解产品。通过公司各部门定期分享开会，实现开发端与销售端之间的有效交流。

面对后疫情时代，我司坚持用心设计的理念，通过公司上下的有效配合，公司盈利相比去年同期实现

图4-87

图4-88

了持续增长。如今我们外在万象更新的社会，必须未雨绸缪，不断创新，从而迎接更加美好的新时代（图4-89）。

图4-89

十一、RMK诺蔓琦：中国淑女装的佼佼者

鹿颜国际服饰（广州）有限公司，旗下品牌"RMK诺蔓琦"为轻奢高级时装，旗下品牌"RYK"是针对"95后"具有艺术感和想象力的创意品牌，旗下品牌"Lcoamaxy"为女权主义私人定制的高端女时装。鹿颜国际旗下品牌以精致的笔调、注重设计师原创演绎现代女性的浪漫情怀，为都市女性打造精致奢华、个性洒脱的美丽人生（图4-90）。

图4-90

（一）十年求索磨砺，品牌发展战略升华

自创立以来，诺蔓琦经历了服装业发展高峰，也逆势智取了世界末日般的金融海啸。诺蔓琦坚守"诚信守诺，互利共赢"的经营宗旨，致力于实现品牌商、代理商、加盟商的真正"三赢"而不懈努力。

自2006年起，诺蔓琦在专注打造雷丝粉色淑女系列的优雅浪漫、甜美可爱的品牌风格之余，不断完善时尚淑女装体系，与时俱进，逐步推出黑白系列产品。市场数据显示诺蔓琦黑白产品越来越受到消费者的追捧。

社会在进步，时代在变迁，诺蔓琦融合国际时尚，提升品牌档次，以黑白产品自成系列，独立运营作为品牌升级的切入点，诺蔓琦黑&白系列在2009年的品牌升级发布会上正式推出。诺蔓琦黑&白，倡导个性化、差异化的时尚文化，主张自信自我、永不褪色的生活态度，以青春俏丽、时尚前卫的风格，迎合20～30岁的女性对美的向往，运用利落的剪裁，巧思的设计，结合当季国际流行色彩，演绎了纯真校园、潮流生活、都市白领的青春时尚美。诺蔓琦采用更先进的经营模式和服务水平，在企划、研发、渠道、形象、推广等方面单独运营，凭借更潮流、更时尚、更前沿的产品风格，黑&白一经推出迅速赢得了市场。黑白的潮流时尚传承了经典与永恒，也是淑女的新方向。

2010年，是诺蔓琦诞生时至新纪元的第一个十年，是品牌发展战略实施走向升华的重要一年。诺蔓琦在第十八届中国国际服装服饰博览会CHIC 2010上一展风采，纵观行业风云，凭借对最新需求动向的掌控，发起一轮又一轮的时尚冲击波。展会期间，诺蔓琦与中国时尚女性网Ladymax、搜狐网Sohu、优酷网强强联手打造了"诺蔓琦美丽有约"时尚访谈，届时，服装协会领导、时尚杂志主编、知名设计师、名模等各界时尚人士齐聚现场，品味女装、畅谈时尚。诺蔓琦坚持国际时尚理念，再一次展现独特的品牌个性魅力。

（二）二十年非比寻常，双品牌战略开启新时代

从服饰回归到品牌本体，2020春夏新品发布会上，诺蔓琦启动双品牌战略，拓展风格定位喜悦、年轻、率直的RYK品牌，集团迎来新开端。面对消费升级的社会环境，诺蔓琦在根基扎稳的前提下锐意进取，促使品牌不断焕发强劲生命力。图4-91为新密市市长张红伟为鹿颜国际服饰（广州）有限公司董事长侯东美颁发"新密荣誉市民"称号。图4-92为中服网为鹿颜国际服饰（广州）有限公司颁发"中国年度女装十强"奖杯。

图4-91

图4-92

诺蔓琦女装创立至今，始终坚持匠人之心、原创制作。在一次次市场的验证下，提升设计品质、丰富品牌内涵，形成对当代女性自成一体的理解和表达。为使两大品牌能够快速适应消费者的多变需求，诺蔓琦聘请国内专业20年板型技术师为客户量身体裁、打板设计，还聘请了国内原创设计高端定制的大师为RMK品牌设计总监，全面启动原创设计。

在网红和电商盛行的时代中，诺蔓琦积极布局多渠道，通过流行明星杂志约拍、机场街拍、抖音网红开发、电商平台经营、大力发展线下店等方式，逐步打开市场，提升品牌的影响力。

（三）俏动未来，为寻找时尚的生活态度而设计

诺蔓琦作为中国淑女装的佼佼者，倡导新时代的淑女形象。"为寻找时尚的生活态度而设计"是诺蔓琦的品牌理念。在几年的品牌发展过程中形成自己的风格，并从深厚的品牌积淀中升华出"悦人阅己"的品牌内涵。

十二、广州市胜宏衬布有限公司：打造高新技术企业，为服装行业赋能

广州市胜宏衬布有限公司作为全国知名衬布企业和广东省衬布龙头企业，通过对服装衬布产品和生产的不断研究开发与技术创新，于2021年获得国家重点支持的《高新技术企业》认定（图4-93）。

"价值源于品质，发展唯有创新"是胜宏企业一直坚持的经营理念。创新是企业发展的根本动力，胜宏近年来开展了"环保免烫硬挺黏合衬""无荧光婴幼儿服饰专用黏合衬""聚酯双点低温高强度黏合衬""高柔软度超薄有纺经编衬"等多个项目的研发，并且研发出的新产品已成功推向市场，获得了良好的市场反应，为服装企业提供了最佳的衬布应用方案，为服装企业创造极好的经济效益，推动服装企业发展，为服装行业赋能（图4-94、图4-95）。

胜宏拥有15项国内实用新型专利技术。这些核心专利技术是企业科技创新的成果，极大地提高了企业的生产效率和降低能耗，同时加强企业的产品创新，引领行业发展。

图4-93

图4-94

图4-95

胜宏还是全国首家进行《Global Recycled Standard全球回收标准》认证的衬布企业。企业基于绿色低碳理念，推出多款再生纤维衬布，节约资源，履行社会责任。

十三、优布纺织：精益数字化快反，让设计被看见

优布是一家基于数字化制造技术的垂直时尚柔性供应链企业。公司通过打造设计选品中心、创新研发中心、星链工厂三位一体核心基地，为服装跨境电商、直播电商、独立服装品牌提供从面料到成衣一站式采购体验。

通过建立弹性和绿色的清洁生产交付能力，满足服装快时尚产业小单快返、散单快返、爆单快返供应链需求。目前公司已获得多家知名机构的投资，步入快速发展阶段。

作为企业创新发展成果，精益数字化快反（数码印花）通过数字生产技术，形成从需求数据采集、将需求转变成生产数据、智能研发和专业设计、计划排产、自动排版、数据驱动的价值链协同、生产执行、质保体系、物流配送、客服体系及完全数字化客服的运营体系，布局品质卫星优布·星链工厂。通过行业领先的数字化生产管理系统到仓储，优布纺织对极致单品与供应链的高效匹配真正做到了集中采购和柔性生产、全过程品控的完美结合，从单件到批量，真正把库存成本降到最低，大幅度提高了生产效率，提高产业效益（图4-96）。

开拓服务跨境电商的小单、散单、爆单，完整地定制独立部署系统、高效研发设计、批量电商铺货供

结及柔性供应链选品中心的智能下单、质检、发货等一站式综合服务，助力海外商家迅速打开消费市场。图4-97为优布纺织取得的多项荣誉。

图4-96

图4-97

十四、广州飞雀八方投资有限公司：打造直播服务新模式，培养多元直播新人才

广州飞雀八方投资有限公司旗下八方盛世直播基地（以下简称八方盛世）位于广州市白云区钟落潭镇，是广州首个提出专注为直播行业提供人、货、场一站式解决方案的综合性直播基地。基地总面积约三万平方米，分区专设六大直播功能场地，目前已整合了店铺代播、跨境直播、直播培训、达人孵化等多功能业务，以"货品供应链—带货主播—专业直播"的商业闭环、"基地+展贸+培训"的创新服务模式，打造基地的品牌护城河，抢占电商直播与跨境直播的时代红利（图4-98）。

2021年是八方盛世在直播电商领域高速发展、开拓创新的黄金一年。这一年中，八方盛世先后迎来广东省农业农村厅、广州市科技技术局、白云区电商协会等领导单位莅临考察，并被授予"广东省电子商务协会常务副会长单位""广东省E网兴农农村电商示范站""广东省服装服饰行业协会理事单位"等多项权威认证（图4-99）。

图4-98

图4-99

这一年中，八方盛世与玛丝菲尔、森马、朗姿、星期六、百田森等知名品牌达成店铺代播业务合作，以高端直播场景与设备、专业直播运营团队和专属直播全案计划，助力品牌开启全新的直播之旅，并取得不菲成绩（图4-100）。

这一年中，八方盛世充分发挥基地功能属性，携手淘宝直播、点淘、天猫潮服鞋靴行业等联合举办双十一百万潮品上新选品会。活动当日，teenieweenie、密扇、ozlana、妖精的口袋、UGG等品牌与淘宝直播头腰部主播及选品团队亲临现场，热烈探讨淘宝直播生态和潮流新品趋势（图4-101）。

八方盛世之所以能抢占时代红利，离不开对行业的敏锐洞察与大胆创新。直播电商行业越往后发展，对专业的要求越高。无论是电商直播内容、运营、技术还是主播人才储备，都还存在着巨大的人才缺口。因此，八方盛世依托于基地毗邻广州第二大学城高教园区的地理优势，首创校企合作模式，目前已与包括广东外语外贸大学南国商学院、广东机电职业技术学院、华南商贸职业学院、广州商学院、广州理工学院

在内的14所高校达成合作协议，并在其中6所高校建立电商直播协会及校园直播基地，覆盖16万+优质学生资源，为学生定期进行直播专场培训，还提供直播实操机会。

在2021年11月初与广州理工、淘宝直播、点淘联合举办的"光的方向&一村一品超级助农节"中，来自八方盛世直播商学院的学生直播团队，就透过直播镜头，链接产销双方，给消费者带来农家好物的同时，也给钟落潭镇的果农们开通了线上销售的直通车。2天时间，0基础、0粉丝的新手团队共卖出350单，助力农户销售水果1300余斤（图4-102）。

图4-100

图4-101

图4-102

另外，八方盛世自成立伊始就从未停止过对跨境直播领域的探索。据iiMedia Research（艾媒咨询）数据，2020～2021年中国跨境直播电商的市场规模呈上升趋势，预计在未来的四年内还会保持持续的增长趋势。2022年将是中国跨境直播电商的元年，预计2022年市场规模将超过一千亿元。

海外直播刚刚起步，购物环境、流量分发、场景搭建，每一步棋都尚处于落子阶段。对于八方盛世来说，境外直播目前的痛点明显：一是缺乏专业直播人才，无法从海外用户心理出发，用契合用户消费习惯的方式进行直播带货；二是缺乏有效的供应链支撑，只能依靠爆款单品推动销量，选品艰难。

基于以上精准洞察，八方盛世与英国红人Dean老师达成战略合作，并迅速组建一支擅长外语的直播运营团队，快速实现在境外直播平台上0的突破；其次，依托于八方盛世直播基地的供应链属性，且基地位于千年商都广州，拥有得天独厚的天然供应链优势；最重要的是，TikTok平台不断加大对短视频和直播流量的扶持，并推出了物流补贴政策、MCN代播佣金政策等；天时地利人和之下，八方盛世终于摸索出了一条属于自己的跨境直播之路。

2021年11月6日，由中国投资协会海外投资联合会和广东机电职业技术学院联合发起，由广东外语外贸大学非洲研究院担任指导单位，并由八方盛世直播基地作为线下培训主阵地的首届非洲跨境电商技能培训班正式开班。在随后的一个月内，来自非洲共15个国家与地区的学员在八方盛世进行直播运营相关的深度学习与实践，切实感受直播的整体运作（图4-103）。

图4-103

展望未来，八方盛世直播基地作为区域内的标杆直播基地，将继续为行业输送更多专业人才，打造更多经典案例，让更多的企业与学员，从八方盛世去探索更大的世界。

服装教育产学研创新案例

一、华南农业大学艺术学院服装系：走进西藏林芝，助力乡村振兴

（一）出席林芝市第十九届桃花旅游文化节

为贯彻新发展理念，构建新发展格局，向中国共产党建党100周年和西藏和平解放70周年献上一份厚礼，落实中共广东省委、广东省人民政府关于援藏工作部署，充分发挥我校艺术设计创意优势，扎实推进文化和旅游援藏工作，推动林芝非遗服饰设计和文创设计，强力支撑林芝文化旅游产业发展，应广东省第九批援藏工作队邀请，艺术学院院长金憓教授一行12人，携桃花主题服饰50余套出席林芝市第十九届桃花旅游文化节。本届桃花旅游文化节是历史上规模最大、质量最高、影响力最大的文化盛宴，也是我校服务国家东西部协作战略，巩固拓展广东援藏成果，积极开展服务乡村建设行动，走进援藏实地助力乡村振兴的重要举措。本次开幕式上，林芝旅游大使"桃花仙子"们身穿这些具有林芝地域文化特色的服饰作品，完美演绎了此次活动的压轴大秀，成为此次开幕式活动的一大亮点。

林芝的文化资源，尤其是非遗文化资源非常丰富，仅国家级非遗有5项，自治区级有46项，市区级有200多项，尤其是民族服饰类资源，如工布藏装、氆氇、珞巴民族服饰等。林芝藏族服饰因地域环境的特殊，与其他藏族区域民族服饰具有较大的差异，样式独特，风格华美，是现代服饰创新设计取之不尽的源泉。华南农业大学艺术学院一直把非遗、科研和教学融合在一起，师生团队围绕活动主题"人间净地·醉

美林芝",经过了近半年的辛苦付出,精心设计制作了50余套,主要以桃花、林芝氆氇、工布藏族、珞巴服饰等元素为灵感,创作了"桃映""桃之天天""十里桃花""珞·亦不绝""喜·藏"等作品(图4-104)。

图4-104

林芝非遗服装作品成果也和广州本土原创设计师品牌MOHUA墨话、巽彩XUNCAI的开场大秀以及邓兆萍、林栖、孙恩乐、刘亮、成晓琴、韩银月、江小云等设计师于2021年4月23日晚一同亮相2021湾区(广东)时尚文化周—春季、2021广东时装周—春季暨广州(白云)时尚·设计产业交流推介系列活动闭幕式。

本次活动通过深入西藏林芝宣传和广泛组织开展丰富多彩、特色鲜明、效果显著的系列活动,以传承弘扬民俗文化为主线,以宣传推介文化旅游资源为重点。着力强化文化遗产保护、传承与利用。通过文化创意等

"活化传承"的方式,将藏族文化特色与现代设计美学相结合,为藏区传统文化遗产赋予新的生命,让游客在旅游的过程中充分感受藏族的风土人情,了解藏族的风俗习惯,促进藏族文化传播,彰显藏区原生态之美,助力林芝特色文旅产业标杆项目的孵化。充分发挥我校艺术设计创意优势,扎实推进文化和旅游援藏工作,推动林芝非遗服饰设计和文创设计,提高林芝特色文化旅游的知名度,提升林芝"旅游桃花节"的品牌形象,推动林芝旅游业的发展。精心设计的作品赢得了社会各界广泛好评,当地主管领导对学校给予了充分肯定。

(二)非遗进课堂

课程背靠广东民族服饰艺术博物馆科普基地,是由华农艺术学院服装系师生团队进行的,一直致力于传播非遗文化,让非遗文化走入小学课堂。课程通过设计与手工相结合的方式,综合运用民族传统工艺如传统染、编、绣及简单裁缝等多种服饰技巧进行创作,学习非遗服装服饰文化,如刺绣、中国结、汉服传统结绳技法、服装贴画的设计与制作等。通过有温度的接触,体验提升技能,丰富思维方式,提升对审美的感悟,享受中华传统文化、非遗文化的魅力。

课程教学注重在趣味中学习,旨在采用设计和手工相结合的教学方式,让每个孩子自己学会使用多材质材料与民族传统工艺,综合运用于创新与创作和欣赏非遗传统服饰刺绣工艺作品中。课程结合中国非遗传统服饰刺绣工艺进行理论知识传授讲解,让学生了解到非遗工艺之美,引导学生鉴赏非遗之美,也了解我国民族服装服饰的文化、历史、背景,传播与弘扬我国的民族传统文化(图4-105、图4-106)。

图4-105

图4-106

（三）华南农业大学艺术学院服装专业简介

华南农业大学是国家"双一流"建设高校，是一所以农业科学、生命科学为优势，农、工、文、理、经、管、法、艺等多学科协调发展的综合性大学。艺术学院自1996年创办以来，已经拥有服装与服饰设计等九个本科专业，有学术型硕士学位点设计学专业，专业型硕士学位点广编电视、艺术设计、音乐表演专业，是国内艺术学科专业较为齐全的学院之一。

服装专业是艺术学院最早创办的专业，定位于服务国家"粤港澳大湾区""一带一路"和"乡村振兴战略"，凝练出农工艺交叉融合，以服饰文化传承和生态设计为特色，培养高水平复合创新型服装人才，建设具有大湾区文化特色与国际时尚融合的一流专业。经过25年的建设，本专业已成为粤港澳大湾区服装领域的优势特色专业，从教学和课程改单方面汇聚人湾区学科、产业优势，形成"产学研创协同育人""课程为基双创融合"的办学特色，构建了"三室一地"育人模式，并取得以下成果。

（1）获批广东省省级一流本科专业建设点。

（2）主持第16届亚运会官方制服设计项目，获亚组委颁发的最佳设计奖。

（3）国内首家获服装类国家艺术基金项目，在内地、港澳、伦敦巡展，被中央电视台、法国新闻社等200余家权威媒体广泛报道，具有国际影响力。

（4）建立广东省服装创新设计工程技术研发中心等2个省级实验和实践教学平台。

（5）获省教学成果一等奖1项，国家级人才培养成果奖1项。2022北京冬奥会组织贡献奖、省级教学团队2个、国家级教改项目等多项重量级奖项。

二、广东工业大学：宽视野、强能力、崇时尚，培育创新型应用人才

广东工业大学艺术与设计学院服装与服饰设计专业成立于2002年，2019年获广东省质量工程特色专业，2020年获广东省一流本科专业建设点，2020年《岭南衣裳》课程入选国家级线上线下混合式一流课程，2021年入选国家级一流本科专业建设点，2021年软科专业排名位列全国第11。

服装与服饰设计专业依托工科院校背景和广东全国服装第一大省的产业优势，以构建服装与服饰设计创新能力为核心，不断加强与人文、科技、产业的深度交叉融合，培养学生具备系统的专业理论知识、良好的平面立体造型能力、材料外观创新能力、服装创意综合表达能力和敏锐的时尚审美能力，以适应服装产业转型升级需要的"宽视野、强能力、崇时尚"创新型应用人才。

（一）引进人才，百人计划充盈师资力量

作为广东省较早开设服装专业的本科院校，本专业在师资力量、办学经验积累以及办学条件等方面有明显优势，处于省内领先地位。专职教师20余人，高级职称占比超50%，拥有本专业领域内广东省唯一的青年"珠江学者"和"香江学者"，博士研究生学历占比45%；引进校青年百人计划A类人才5人，聘请客座教授和企业外聘教师多人。

（二）紧扣产业，建构"十"字型人才培养体系

服装与服饰设计专业建构"产业牵引、文化铸魂、科技赋能、设计固本、时尚蝶变"五位一体式的"十"字型人才培养体系。

1. "岭南特色"服装与服饰人才培养体系逐步建立

建设成以粤绣、瑶绣、香云纱等岭南服饰文化为核心的专业特色课程群，以国家、省级精品课程、视频公开课及网络在线开放课程为代表的系列化优质课程。自创课程《岭南衣裳》获得广东省本专业领域内唯一的国家级一流本科课程（线上线下混合式一流课

程），如图4-107所示。

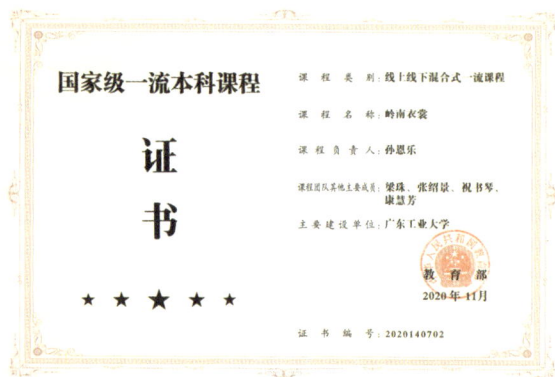

图4-107

服装与服饰设计专业以广东省社科联岭南传统纺织服饰设计研究中心、广东省数字化服装集成技术工程中心和广东省现代服装技术工程中心为产教平台，发展出"品牌时尚、科技时尚、创意时尚"三大培养方向。精准定位专业设计师，服务包括家居服、礼服、女装、内衣、童装、首饰等在内的服装专业镇及特色中小型时尚品牌。图4-108为芬兰阿尔托大学原建筑与设计学院院长Helena教授开设服饰设计国际教师联合工作坊。

图4-108

2.创新型人才培养成效显著

（1）2020年新冠肺炎疫情期间，全国首批开展3D数字虚拟服装毕业设计展演的高校。

（2）学生作品多次荣获"东京2020中华12生肖奥林匹克创意大展""虎门杯""大浪杯""真维斯杯""石狮杯""省长杯"等国内外服装服饰类设计大奖（图4-109）。

（3）本科生在校期间发表高水平论文多篇，包括核心期刊论文。

图4-109

3.国际影响力和国际交流初步建立

广东工业大学主办的国家艺术基金丝绸之路国际时装周海外巡展，受新华社、人民日报等65家国内外媒体报道，打响了"广工服装与服饰设计"品牌，并与芬兰、法国、俄罗斯、意大利等国际知名服装院校建立长期合作与交流。

"岭南服饰文化"科教团队，曾受文化和旅游部邀请赴俄罗斯文化交流中心、圣彼得堡大学讲座，好评如潮；艺术与设计学院联合中国台湾地区以及日本、韩国首饰大师共同举办2019年时尚生活形态设计周，国际感思研讨会，派教师赴摩洛哥等国家开研究班。

图4-110为广东工业大学服装与服饰设计作品登上芒果TV全网首档5G视觉技术呈现的纪实类校园综艺节目《遇见闪亮的自己》。图4-111为国家艺术基金传播交流推广项目——"丝绸之路国际时装周"优秀作品海外巡展（俄罗斯站）。

图4-110

图4-111

（三）稳定就业，输送时尚行业精英人才

1. 培育设计力量

在品牌服装企业、专业设计公司、时尚传媒等单位从事服装、服饰设计及时尚产品企划等方面的工作，另有毕业生选择本校或国内院校继续攻读硕士研究生（每年均有学生被免试推荐攻读硕士研究生），或到海外一流设计院校，如伦敦时装学院、日本文化服装学院、白俄罗斯国立艺术学院、米兰马兰欧尼学院等留学深造。近几年就业率均达95%以上，另5%以创新创业为主，组建工作室及设计团队。

2. 输送精英人才

国内外时尚行业头部企业担任设计管理高层和业务精英，代表性企业的有LVMH、BIJAN、FILA、UR、哥弟、歌莉娅、欧时力、以纯、凯乐石、卡宾、安踏、浪潮集团、华为集团等。

3. 筑牢教育战线

服装与服饰设计专业为全国服装设计高等教育战线输送了一批紧缺型人才，代表性的有华南师范大学、广州大学、广东海洋大学、岭南师范学院、山东服装职业技术学院等服装专业教师。

三、广州美术学院："屏视世界——融合与聚变"新媒体服装展演

（一）背景介绍

近年来，国际、国内时尚界尤其是服装设计从表达到展示形式都呈现多样化态势，尤其与当代艺术、新科技的融合紧密（图4-112）。时下，关于学科融合的话题已是教育界普遍关注和谈论的热点，也是众多高校和学科教师不断尝试和探索的课题。当下众多艺术专业、学科在创作语言和手法上，正自主地借鉴着其他学科的设计思维，不断在各自领域里迭代出多样的艺术面貌，多学科跨界的趋势越发明显。

图4-112

随着艺术与科技融合的风潮愈演愈烈，作为培养具有较强设计创新能力的新生代专业人才的高等学府，更应该具备前瞻性、实验性和创新性的教学思维和探索精神。

在新一轮科技革命和产业变革快速发展的背景下，开展跨学科研究已经成为全球高等教育领域的普遍共识。2020年8月，教育部提出将设立交叉学科门类，成为我国第14个学科门类；2020年11月，国家自然科学基金委员会时隔11年再次成立新的科学部——交叉科学部，显示了国家政策层面对于跨学科研究和教育的重视。因此，打破学科边界，实行跨专业融合已然是大势所趋，势在必行。

（二）案例介绍

在广州美术学院不断推行跨学科、跨专业合作教学模式创新的倡导下，2020年11月由工业设计学院时尚与品牌创新教研中心的陈嘉健、温浩老师指导的13

位服装设计毕业生与视觉艺术设计学院数字媒体艺术专业的洪荣满、刘子瑗、曹瀚老师指导的18位毕业生进行了一次精准的、小范围、定制式、实验性的跨界毕业设计教学合作课程。这次的教学以跨学科、共同指导、混合教学的方式进行，从创作开始两个专业的学生进行分组合并，共同商议提案。创作之初，两个专业的同学把他们各自的创作灵感、理念分别抛出一起融入，作为数媒专业影像部分的素材导入，在此过程中不断打磨完善各组的设计方案，使得每一幕的主题架构逐渐成形。可以说，无论是服装造型、场地空间和声光影像，一切都从未知开始，而正是这种未知使师生们充满激情和战斗力，虽然无法预估结果，但享受了整个创作的过程。我们秉承的宗旨是：深度融合创新，勇于大胆探索，尝试从创意服装设计到视觉空间艺术的全新碰撞，围绕融合与聚变的主题思路延伸发散，在服装设计、新媒体艺术、戏剧、舞美设计等方向中找到连接，建立结合点，打造多学科共同赋能的混合艺术空间。

最终于2021年5月20日晚以"屏视世界——融合与聚变"为主题的新媒体服装展演的形式将这一教学活动推向高潮（图4-113）。

图4-113

（三）业绩成果

"屏视世界——融合与聚变"新媒体服装展演在校内外产生了广泛的社会影响，硕果累累。

（1）获MANA新媒体艺术网站邀请进行专题线上直播分享此次跨界教学心得。

（2）入选MANA新媒体艺术网站"2021年度全球精选显示屏创意30件"。

（3）入选"2021年度全球科技艺术表演类作品精选30件"。

基于此，激发了广州美术学院"多专业链接教育价值探索"专题项目的建立和保持可持续发展，在毕业课程教学模式的创新和实践中不断积累、完整，形成教学新活力和特色。

（四）创新点分析

1. 媒介突围

（1）原有模式。服装展演的原有媒介包括线性T台、静态背景、线性音乐、情景、主题、单品、群品、静态模特、动态模特、领衔名模、群模。原有展演都基于服装品类、人体承载、线性表现、品牌叙事。原有传播都基于硬照、样宣、特写、广告、软文等的美人意象。

（2）创新模式。这次媒介突围——服装（及模特）担当基础介质并借助形象和动态承载光色、配合音效、切分时空、呈现主题；数媒则一反视像与观者的"二元平行常态"，用视像"包裹"空间、用空间叙述主题、用主题再造场景……

2. 创造新诠释

（1）非线性T台："在地性"、柱地共用、平立面混合、动态视频/LED/背景/地屏。

（2）非线性音乐：各段曲目间，无须同类节拍、同风格、同调性。

（3）情景：不受制于线性的和常规服演套路，多次元、异密度、高混接（赛博朋克化）。

（4）主题：形而上、半抽象，不受制于"市场、商业、职业"，而广泛连接时政、经贸、新闻、潮流、哲思、观念、视听美学等。

（5）服装品类：不再以线性的方式逐项推荐，而是融合在主题的章节与氛围中，其每项的强度，都借助于主题与情境，由受众自判、自悟、自认、自洽。

（6）模特表演：扁平化、群组化、情节化、塑型化。

（7）服装、服饰：作为高等学府的毕业设计教育，是学生在即将踏入社会，面对市场前的一次自我绽放。学院更注重培养学生天马行空的想象力和创造力，注重展现学生的专业素养和艺术张力，当数字技术介入甚至部分代替设计，服演服装的设计完全无须"生活化"，无须考虑商业运作和市场反馈，于是，本次均展出"非生活化"的创意服装。

3.激活新价值

（1）作为工业设计学群的服装设计，服装"表象后面"的支撑体系、支撑理念、支撑节点、支撑要素，是我们需关注的新的价值。

（2）在成衣制造业高度标准化、模块化条件下，在定制、批制、配制、快制等的错综复杂行业需求下，在要素血脉、要素保持、要素变换、要素延展等品牌理念的维护和质疑之辩中，如何演绎设计的天地，是我们需关注的新的价值。

（五）总结

（1）这是广州美术学院设计学科久违而且从未展现的一次华彩乐章。

（2）这是服装与数媒生动编制的"跨界与融合"范本，是两者建构起来的"综合展演"——这一"突破展厅"的全新呈现理念。

（3）无论是对服装还是对数媒的作品推介，都不再静态而是动态，不再三维而是多维、不再单体而是

群体、不再"生活"态而是"生命"态。

所以，当下无论服装还是数媒，两专业设计的"主战场"都应转换为"创造新的诠释"和"激活新的价值"的理念上，而围绕这场"跨界展示"的各个环节，也让参与的每一位师生和工作人员，都深切感受到课堂不可教的有关设计的另一庞大天地和内容（图4-114）。

四、广东技术师范大学美术学院：让非遗走进校园，产学研助力创新发展

（一）产学研体系深度开发创新

蔡蕾，广东技术师范大学美术学院教授、硕士生导师、服装设计系主任、广东省十佳服装设计师、首届广东纺织服装非遗推广大使、连南瑶族文化推广大使。近年来，蔡蕾致力于非遗在现代服饰中应用的理论、实践和教学研究。不断探索新的教学理念、方法和手段，培养学生从新视角挖掘非遗的深厚内涵与美学意蕴，使非遗走进市场、走进现代生活，在非遗产学研方面取得了成果。

广东瑶族博物馆为广东技术师范大学校外教学实习（实践）基地。蔡蕾教授作为项目主持人，双方签订开发创新项目，通过开展绣娘培养、师生文创产品设计、举办展览等多种形式，进行产学研体系深度开发创新。

1."瑶绣产业化人才培养开发研究"项目

以"创新、技术、技能、生产"为一体，培养

图4-114

图4-115

"一专多能"型创新人才为目标，分初级班和中级班进行培养，使绣娘具备一定的审美能力、市场能力和设计能力。

2."瑶绣新产品开发"项目

将项目引进课堂，对接企业，直面市场，协同创新。与广州市荔湾区鞋业制造协会、东莞保利服饰有限公司协同开发，师生共同参与，设计服装类、包类、鞋类、饰品类、生活用品类五大类瑶绣文创产品52款，产品投放市场，取得了较好的市场效应（图4-115）。

3."瑶绣艺术展——瑶族同胞向党献礼"大型展览

展览在广东技术师范学院福慧美术馆举办，展品包括为本次展览设计创作的大型主题绣、经典瑶绣及瑶绣文创产品，进一步对瑶绣进行推广和宣传。图4-116为非遗瑶绣服装《蓝》。

图4-116

（二）硕士研究生培养创新

蔡蕾教授注重把非遗融入研究生学术研究能力和实践能力培养模式的创新，并对非遗具有现代意义的活化研究实践进行了富有成效的尝试。

在学术研究方面，指导多篇有关非遗研究的毕业论文和学术论文，学生设计的非遗服装获得三项外观专利。在设计实践方面，带领团队主持开展了广东非物质文化遗产的继承和开发研究——以瑶族刺绣为例的省级项目，指导学生参与瑶绣文创产品设计，带领梁妙娟同学携作品参加2017广东时装周—秋季的"东莞非遗东莞市原创服装设计项目非遗作品发布会"，作品被东莞市文化局收藏，赵子淇、何柳丹同学参与2019广东时装周—秋季的连南瑶族自治县瑶族文化采风汇报会作品设计，赵子淇、陈思圆、何柳丹同学的非遗作品"粼动"获得广东省第九届"省长杯"工业设计大赛服装专项赛产品组三等奖（图4-117），湛梓轩同学的非遗作品REDEMPTION OF LIFE获2021圆点国际大学生设计奖服装组一等奖，湛梓轩同学的非遗作品"行走的记忆"获第五届"均安牛仔杯"全国大学生牛仔设计大赛最佳创意奖。

《迹艺》赵子淇

《瑶·韵》魏芳钰

《瑶·秋蓝》赵子淇、何柳丹等

《粼动》赵子淇、陈思圆、何柳丹

《麒麟瑞祥》梁妙娟

图4-117

（三）院校简介

广东技术师范大学美术学院创建于1998年，学院是以美术学为基础，设计学为主体的办学机构，定位于培养应用型、复合型、创新型与高素质的美术人才，教学条件优越，办学实力雄厚；学院拥有6000平方米全新的"福慧美术楼"和1000平方米独立的"福慧美术馆"；拥有18个专业实训室以及800平方米的"非物质文化遗产传承大师工坊"，均配备有先进的现代化教学设备；现拥有民族学"民族艺术"、教育学"学科教学（美术）"和"中等职业教育文化艺术领域"3个硕士学位授予权；本科专业7个，分别是服装与服饰设计、工艺美术（师范）、美术学（师范）、视觉传达设计（师范）、环境设计、产品设计、动画。服装与服饰设计专业培养目标为智能化时代新型成衣设计师，近年来学生在各大赛事均有不俗表现，其中在中国（广东）大学生优秀服装设计大赛中，荣获两次本科组唯一金奖和一次银奖的好成绩。

目前学院在校学生2315人，面向广东、山西、山东、广西、贵州、江西等省招生，毕业生主要面向珠三角就业，近三年初次就业率达96%，深受用人单位欢迎。

五、广东白云学院计文波国际时尚设计学院：践乡村振兴初心，承服务育人使命

广东白云学院计文波国际时尚设计学院教学创新模式以培养"国际化、差异化、创新型、应用型"人才，以及融合多元化项目教学，形成独特的教学特色与创新理念。学院充分结合企业资源及大湾区特色，架起产业、企业、学校的桥梁，探索合作主题多元化、服务对象产业化的服装教育创新模式，打造校企双元课程，积极开展项目化教学。学院自2021年以来致力于深入整合国际产教融合资源，协同育人，持续为乡村振兴战略，推进时尚、面向乡村，做出自己的贡献，以实际行动践乡村振兴初心，承服务育人使命。

本案例通过围绕2021年计文波国际时尚设计学院与广东农业农村厅合作，开展的三个项目教学案例展开。具体阐述学院如何把真实项目融入课堂教学和实践教学中，将"时尚+农业"贯穿教学全过程。组织学

生从策划、设计、制作、展示、推广一站式实践，探索项目教学的"多元化、多渠道、多方向"的应用，重点将项目落实到一线课堂教学，依托项目开展，建立起各门专业课之间的联系，有机结合，做到"作业—作品—产品—商品—文化"的输出，培养学生综合实践能力、社会实战经验以及商业推广意识。通过产教融合的项目化教学，以学生活动为中心，让学生从策划、设计、制作、展示、推广一站式实践中得到锻炼与提升。

（一）时尚促学，让乡村"靓"起来——"广东丝苗·籼米珍宝"醉美稻田时尚秀

本项目由广东省农业农村厅、江门市人民政府主办，醉美稻田时尚秀在拥有"广东第一田"之称的江门举办。广东白云学院计文波国际时尚设计学院的师生及专业模特来到世界文化遗产地——江门开平自力村碉楼群，以稻田为秀场，以田埂为T台，上演了一出"最美稻田时尚秀"（图4-118、图4-119）。本项目结合"服装与服饰设计专业与职业发展导论"和"构成"课程，学生通过教师引导、小组合作，完成了"沃土·稻花"和"金穗·优米"两个主题的策划创意，展现人与自然的融合，以及展望未来、业兴民富的愿景。学生通过此次真实项目的参与及实践，培养了学生组织策划能力，加强了学生对服装行业的了解，同时坚定了文化自信、

弘扬中华民族传统文化的创作意识，时尚促学，让乡村"靓"起来。

（二）时尚育人，让校园"燃"起来——"新年有米"时装秀

本项目引导学生关心农业，关心粮食安全问题、珍惜粮食、关心耕地和种子问题、积极推广广东丝苗米品牌、关心美丽乡村新农村建设，以优秀的服装设计作品传播艺术与农业的关系。结合"服装与服饰设计专业与职业发展导论"课程结课项目，以服装秀的形式展现本学期的教学成果。不仅展现学生本学期教学成果，也为学生提供一个展现能力、展现自我的实践舞台，是对自己专业知识积累的一次拓展跟创新，综合能力得到较大提升。走秀以多个广东白云学院北校区代表性建筑和校园景观为舞台，通过服装的流动展示与校园建筑交相辉映，体现学生所学专业与校园的紧密结合，时尚育人，让校园"燃"起来（图4-120）。

作为"新年有米"主题服装秀的后续活动，在春节前夕，学生以地铁快闪的形式亮相广州地铁三号线（图4-121）。引导学生对互联网建立关系意识，建立圈层思维，组织学生成立自媒体小组，通过策划、文案、图片、视频及公众号、微博号、抖音、小红书等媒体进行推广传播，对引导学生树立品牌意识、积极"破圈"具有重要意义。

图4-118

图4-119

图4-120

图4-121

（一）时尚赋能，让产品"活"起来——"丝苗飘香、寻味广东"文创产品设计大赛

本次项目开展以"丝苗飘香、寻味广东"为主题的文创产品设计大赛，结合"设计素描"课程，以赛促学，学生以"广东丝苗米"为元素延伸出文创T恤及创意饰品的设计，通过教师指导、学生参与，学院获得了最佳组织奖，参赛学生获得了大赛服装T恤组及创意饰品组一等奖、二等奖、三等奖、优秀奖等多个奖项的教学成果，激发学生积极参与的同时，提高学生设计实践能力，培养其创新创意与商业落地的思维意识，时尚赋能，让产品"活"起来（图4-122）。

以上三个案例，围绕"乡村振兴"同一主题，与课程结合得"润物细无声"，循序渐进地培养学生的综合能力。其中"广东丝苗·籼米珍宝"醉美稻田时尚秀项目活动得到40家媒体的报道；"新年有米"地铁快闪活动，得到了南方农村报的重点报道及中央广播电视总台国际在线、人民日报、羊城晚报、南方都市报等众多媒体的广泛报道。广东白云学院计文波国际时尚设计学院为推动"广东丝苗米"品牌传播走出重要一步，得到了社会各界的广泛好评。

广东白云学院计文波国际时尚设计学院，践乡村振兴初心，承服务育人使命，积极为乡村振兴注入时尚力量。参与此类型"时尚工程"可以让师生们具有国家情怀，融入时代发展，在这些顺应时代潮流的重要工作中，完成个人专业、学术和思想价值的提升。无论是老师与学生来自何方，将来行至何处，都要对我们的大地，我们的农村，我们的人民，怀有深厚的感情，努力为人民打造美好的生活。同时，时尚同农业农村相关工作结合在一起，拓展了学校的专业研究领域，也让师生们更好地在国家发展中找到自己的位置，对学校未来的学科发展提供有利帮助。

全面推进乡村振兴，是实现中华民族伟大复兴的一项重大任务。在乡村振兴伟大征程中，时尚正扮演着越来越重要的角色。广东白云学院计文波国际时尚设计学院今后将继续依托丰富的时尚资源，面向日新月异的时代发展，勠力同心谱写乡村振兴的恢宏篇章，践乡村振兴初心，承服务育人使命。

图4-122

六、广州大学纺织服装学院：发挥双师工作室平台作用，推动服装设计智能数据化

（一）学院简介

广州大学纺织服装学院是一所有着40多年办学历史、经教育部批准隶属于广州大学的公办二级学院，也是华南地区特色明显、成果丰富的纺织服装类院校。学院依托广州大学丰富的教学资源，依托名列全国500强的广州纺织工贸集团有限公司（国企）雄厚的办学实力，凭借集团纺纱、织造、染整、服装、进出口贸易等企业群和研究机构，从研发、生产、销售到国际贸易完整产业链的支撑，积极探索"工学结合、校企合作"的人才培养模式，广泛开展与国内外知名院校的交流合作，促进了学院教学科研不断创新、办学水平和教学质量不断提高，成为国内知名的纺织服装类院校。

学院紧紧围绕纺织服装行业特色，针对行业内高技能人才紧缺和地方经济发展的状况及人才需求，积极构建以服装设计、纺织工程为主，同时面向社会的应用艺术、经贸、外语、计算机等专业的人才培养体系，充分发挥校企合作、产学研相结合的优势，注重安排学生的实践实训课程，增强学生的专业技能和就业能力。学院的服装设计专业是全国示范性重点建设专业、省级示范专业；纺织品检验与贸易、装潢艺术设计专业是市级示范专业。学院师生作品多次荣获国家、省市级服装、室内装饰等大型竞赛的金、银等各类奖项。

（二）服装设计智能数据化

服装设计智能数据化双师工作室是广州市教育局第一批高校双师工作室中唯一一个服装类项目。双师工作室团队由团队负责人、骨干教师、企业高层、兼职教师和相关专业的优秀学生组成，团队成员中5人具有高级职称，多位成员也有参与企业项目研究、运营、创新创业等方面的经验。项目负责人吴郑宏是广州大学纺织服装学院副院长、教育部服装教指委委员、全国高科技人才委纺织服装副主任，具有较强的组织能力和资源召集能力；连续多年担任广州团市委创业导师，具有指导学生进行创新教育和创业训练的能力，作为教授、高级设计师治学严谨，作为政协委员，具有示范引领正能量的作用。

广州是全国服装产业领先的重镇，服装设计智能数据化双师工作室业务开展方向紧跟产业发展需求，主要业务范围与本区域重点产业发展紧密结合，正是行业、产业亟须解决的关键技术、共性技术，运用智能化设计软件，提供3D数字化设计和建模工具，具有仿真还原等功能，设计师绘制服装款式、制作板型、选择面料，建立3D仿真成衣模型，用立体建模取代过去的平面绘图，用虚拟样衣展示取代实物样衣，从款式、面辅料到板型均"所见即所得"，减少打样次数，工艺信息输出即可对接生产。

1. 硬件基础坚实

目前合作企业自有30个3D打板使用端口，30台用于3D服装设计师的高配置计算机，培训基地位于广州大学城青蓝街28号创智大厦，粤港澳青创孵化中心，使用占地1500平方米，有沙龙活动区域以及实操办公室。目前已与中央版房合作的板师为62名，技能培训导师2名、创新创业导师1名。

另外，广州大学纺织服装学院本身作为工作室共建也提供约300平方米办公、教研场地，服装设计专业已建有服装设计综合实训基地，作为服装设计及其相关专业的实践教学和教改研究场所，该实训中心按照现代企业的建制和要求设计了画室、工艺实训室、板房实训室、立裁实践室、专机实训室、扎染蜡染实训室、模特训练厅等实训场所。

2. 加强校企合作

学院服装系与服装企业、科技公司共同建立双师工作室，利用移动互联网、3D以及相应大数据技术，把传统的线下打板服务转移到线上，为独立设计师品牌提供更为便捷、省成本、精准的打板服务，从产学研结合的角度，推动3D数码虚拟技术在产业当中的应用。通过校企合作，由企业提供最新技术和市场资源，学校提供师资力量与生源，将双师工作室打造成为"校企合作平台""创新创业平台""寓教于研平台"和"教师发展平台"，在创新教育、创业实践、社会服务等活动中充分发挥导师示范和引领作用，促进学校高技能人才培养质量的提高和教师整体素质的提升。

3. 改革人才培养模式

加强与产业集群的合作，教学方式从注重内容教学转向注重产品开发的过程教学。通过使用新的多级模拟进行速度和质量的改善。学习方式由教师主导变为项目主导，学习内容由课程学习变为项目实战，这种通过自主报名，对有能力的学生再加以培训的方式很受学生欢迎，学习最新的实时渲染、全局照明等3D技术，学生态度都非常积极，由"要我学"变为"我要学"。再通过企业接单实训，学习场所由传统教室拓展到实践现场；学生时间由课内学习延伸到课内外兼修；学习效果测评由单一课程考核变为参与企业项目产品开发综合考核，最终学生掌握相应技术和能力，获得高薪就业。

4. 引企入教、校企融合建设

通过校企师资互补，师生同时参与企业项目，为服装设计、服装零售、服装定制教学带来高科技体验。工作室搭建产教融合平台，激发校企合作动力，实现职业院校人才培养与企业技术开发相统一，使双师工作室成为连接企业和学校的纽带；从建设到规划、设计、运行皆突出企业作用，明确工作室实施合作企业与学校双主体建设，形成建设依靠企业、资源服务企业、人才培养为了企业的建设环境，使得企业主动提供生产项目。2021年工作室完成项目1项；为解决企业生产一线实际需求2项。

工作室加强"学赛研培"功能建设，通过积极参赛，组织、指导并完成学生的专业技能大赛、创意设计等项目，获奖多项；以赛代练的方式让学生充分了解到3D等智能软件的应用，完善双师工作室融教学、生产、研发、培训于一体的功能，为学生提供了学习、实践和竞赛平台，从参赛选手中进行筛选，再通过企业和学校双向加以培训，建设人才培养实训室、服务企业技术开发的研究室、学生技能竞赛项目培育室以及专任教师提升技能的良好平台，进而真正实现从虚拟3D设计到智能制造的推进（图4-123）。

图4-123

七、广东科技学院：由技入道，别出心裁

（一）院校简介

广东科技学院创建于2003年，是教育部批准设立的一所以工学为主，管理学、经济学、文学、艺术学等多学科协调发展的全日制普通本科院校。学校先后获得中国民办高等教育优秀院校、广东省"'两新'百强党组织"、广东省民办高校竞争力十强单位、广东民办教育四十周年"突出贡献机构"等荣誉；在中国社会信用研究院、艾瑞深中国校友会网、中国科教评价网等知名第三方评价机构发布的各类高校排行榜中，位居广东省同类院校前列，"2018中国民办高校信用指数榜单"广东省第1位；2018年、2019年连续两年位列"中国民办本科院校科研竞争力"广东省民办高校第1位；2018年度和2019年度连续两年位列"中国民办本科院校竞争力排行榜"广东省民办高校第2位。在2020年中国民办大学综合实力排行榜中，位居广东省第2位；在2020年中国民办大学教学质量排名中，位列广东省民办本科高校第1；在2021年中国民办普通本科院校竞争力排行榜中，位列广东省第1；在2021年中国民办大学排名榜单中，首次跻身"中国顶尖民办大学"行列，在三类综合排名中并列12位。学校始终坚持"立德树人、以生为本、产教融合、服务区域、协同发展"的办学方略，以规范管理、深化内涵、培育特色为抓手，不断提高人才培养质量，全面提升办学实力，为实现"高水平应用创新型大学"的中期发展目标和"创百年学府、育产业精英"的办学愿景而努力奋斗！

（二）"立体裁剪"课程教学创新案例

本课程坚持"以学生为中心，以教为主导，基本技能和创新能力训练并重"的教学理念，以"重基础、强能力、促创新"为目标。围绕教学目标重构教学内容，将竞赛项目融入课堂案例中，有效地与教学内容相对接，实现"课赛融通"育训结合，培养学生创作和设计的能力，拓展学生创新思维能力。在立体裁剪造型设计过程中"由技入道，别出心裁"，落实"艺技贯通"育人模式，将艺术的内涵融入技法当中，体现工匠精神、艺术精神和探索精神。在立体裁剪训练过程中实施"校企协同"工程实践模式，引用校企项目作为挑战性任务，增强学生参与实践教学的自主性，深度激发和提升学生创新潜力和水平。基于在线开放课程网络化，实现了线上线下混合式教学，打破了传统教学时间和空间的限制，线下教师实操引导学生完成拓展学习，线上线下资源有机融合，以旧引新，促进知识迁移。通过"课赛融通""艺技贯通""校企协同""线上线下"混合教学模式将创新思维培养融入实践性较强的艺工结合类课程里，使得学生具有创新设计意识，在未来的职业生涯中得以较好地发挥。

1.重构"课赛融通"教学内容，拓宽思维模式

以赛促教，以赛促学，将全国技能大赛资源进行碎片化、项目化改造，融入常规课程内容，基于工作任务对课程内容进行模块化组织与重构，强化学生专业技能和团队协作能力，拓展学生创新设计思维能力，引导学生自主创新设计。图4-124为裙装立体裁剪教学内容。

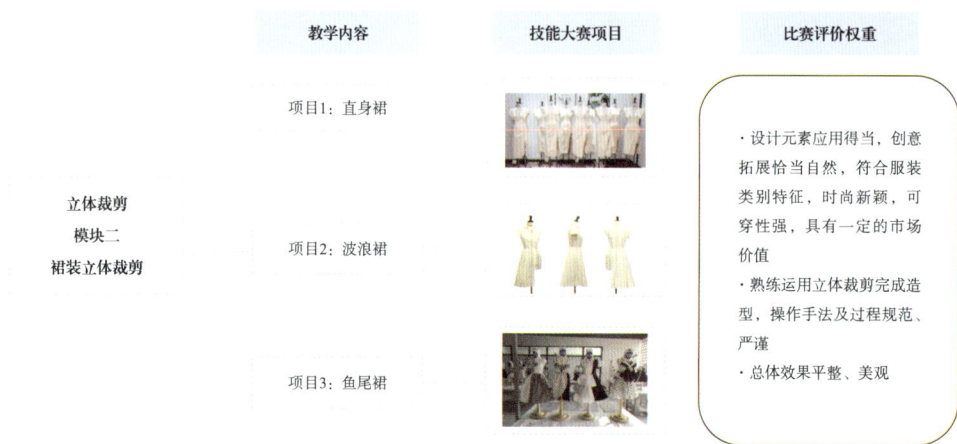

教学内容	技能大赛项目	比赛评价权重
立体裁剪 模块二 裙装立体裁剪	项目1：直身裙	·设计元素应用得当，创意拓展恰当自然，符合服装类别特征，时尚新颖，可穿性强，具有一定的市场价值 ·熟练运用立体裁剪完成造型，操作手法及过程规范、严谨 ·总体效果平整、美观
	项目2：波浪裙	
	项目3：鱼尾裙	

图4-124

2.落实"艺技贯通"课程思政育人模式

贯彻艺术设计与工程技术相结合，专业教育与课程思政相融合的育人模式，重视基础，强调基本功的练习，严谨认真，精益求精，强化工匠精神；多形式对服装传统技艺进行传承、创新和推广，不断培养学生的爱国情怀，将课程中存在的隐性的育人元素渗透到专业知识的传授中，提升学生的思想认知。图4-125为"艺技贯通"育人模式。

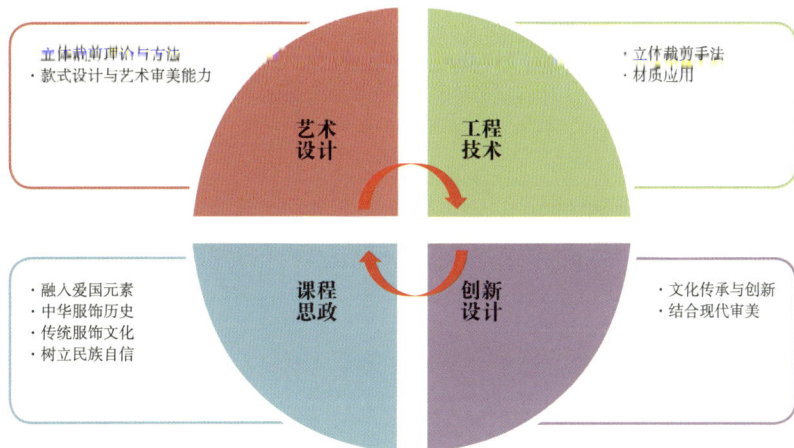

· 立体裁剪理论与方法
· 款式设计与艺术审美能力

艺术设计

· 立体裁剪手法
· 材质应用

工程技术

· 融入爱国元素
· 中华服饰历史
· 传统服饰文化
· 树立民族自信

课程思政

创新设计

· 文化传承与创新
· 结合现代审美

图4-125

3.实施"校企协同"的启发式工程实践模式

通过融入校企项目，增强学生参与实践教学的自主性，深度激发和提升学生创新潜力和水平；在校企技术人员的指导下，通过深入实践教学内涵，扩大了学生实践能力锻炼空间；构建了自主发展导向的创新人才培养实践教学模式，适应学生多样化、个性化的发展需求；创建了基于校企团队的师生共同参与、分类别、全过程的评价机制，推动创新能力培养的持续改进。在此基础上，深度契合IEET工程教育专业认证和"新工科"建设的教育思想，符合创新应用型人才的需求。图4-126为"校企协同"的工程实践模式。

4.开展"线上线下"的混合式教学模式

基于在线开放课程网络化平台，实现了线上线下混合式教学，打破了传统教学时间和空间的限制，线下教师实操引导学生完成拓展学习，线上线下资源有机融合，以旧引新，促进知识迁移，给予学生充分选择的权利，可以发掘出学生擅长的知识点，促进学生创新思维能力。图4-127为混合式教学设计流程。

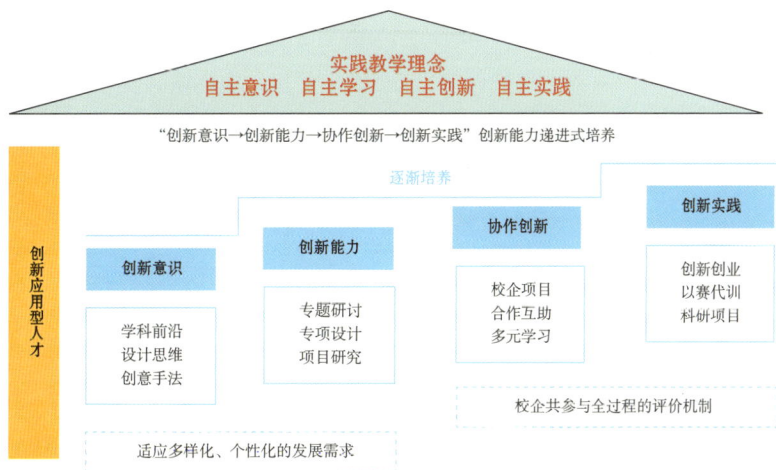

实践教学理念
自主意识　自主学习　自主创新　自主实践

"创新意识→创新能力→协作创新→创新实践"创新能力递进式培养

逐渐培养

创新意识

创新能力

协作创新

创新实践

创新应用型人才

学科前沿
设计思维
创意手法

专题研讨
专项设计
项目研究

校企项目
合作互助
多元学习

创新创业
以赛代训
科研项目

校企共参与全过程的评价机制

适应多样化、个性化的发展需求

图4-126

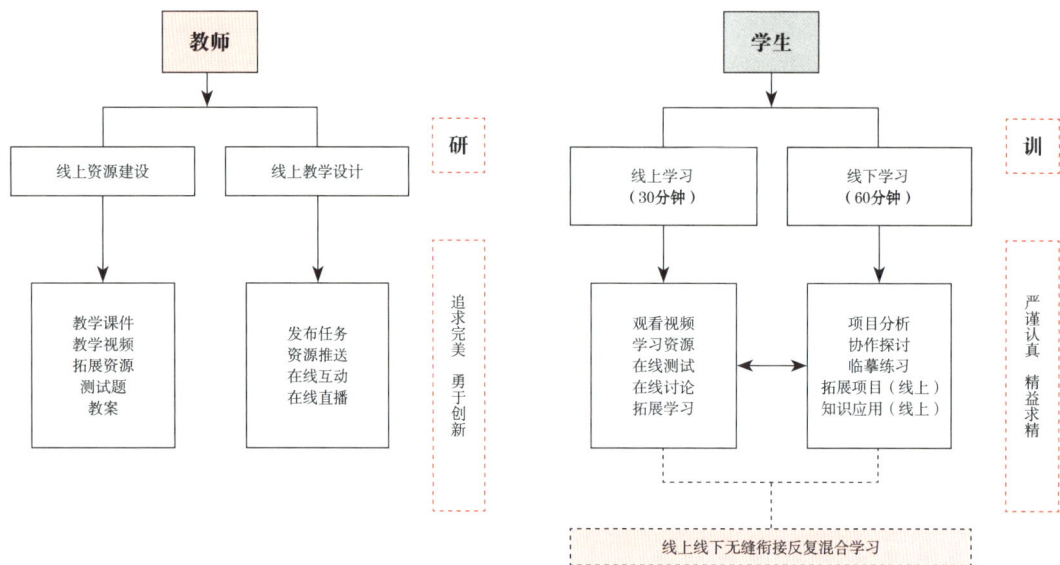

图4-127

八、东莞职业技术学院：将美育和思政工匠精神融入服装设计教育

（一）教学设计理念——将美育、思政工匠精神融入服装设计

在新课程背景模式下，服装设计教学着眼于对服装设计生活价值的发掘，将学科知识与生活联系起来。以作为课程思政的设计理念。将思政教育融合到课程教学中，坚持以传统服饰文化要素为依托，充分发挥教师课程教学的引导作用，提升学生的美育素养，教学内容与美育、德育元素相互渗透。在课堂教学设计中，充分将思政元素融入课堂教学设计中。教师讲解中国传统旗袍、传统图案的主要内容，激发学生热爱中华传统文化的内心力量。通过组织和协调学生进行专业知识的学习，在实现艺术美育的育人目标的同时，"于无声之处"思政育人。

（二）教学目的

试图培养学生良好的创意设计能力、艺术审美能力，文化、艺术与技术的协调能力。学生通过项目学习和实践活动，能够对传统旗袍进行创新设计，赋予传统旗袍以现代化的时尚生命力，树立文化自信。

（三）教学策略和方法

根据服装专业职业教育的特点，采用项目化教学和企业化教学情境，根据企业对人才的实际需求，充分发挥超星学习通的组织能力，运用数字化技术、市场资讯、潮流讯息构建虚拟仿真场景，实现教学活动与企业需求的无缝对接。

分别采用实物教学法、小组讨论法、案例解析法，将知识具体化、形象化，层层递进分解难点，达到突出重点的目的。通过小组合作设计系列旗袍作品，提高学生的团队协作能力，增强教学的互动性。通过小组讨论和教师讲解，通过项目任务驱动，提升学生分析问题、解决问题的能力，激发学生探究和思考的积极性。

在人力资源方面，课程团队有教授1人，副教授2人，讲师2人，基本上形成了老中青相结合的教学团队。我们拥有服装设计特色专业实训基地、多媒体课室、VR虚拟试衣、Clo3D等相关软硬件设施齐全。超星学习通、爱课程慕课网络教学平台、蝶讯网流行资讯平台等，旗袍服装实物等。图4-128为教学条件和教学资源。

教学设计充分发挥了超星信息化教学的教学辅助功能，课程充分对接行业、企业实际需求开展创意设计，引入数字化设计，实施项目任务驱动教学。在教学过程中，部分学生对旗袍创新设计仍然存在思想认识误区，认为传统图案已经脱离流行范畴。而教师有责任借助课堂教学传播中华传统文化精粹，提升旗袍的创意与时尚美感，增强旗袍的商业附加值，增强师生的文化自信。

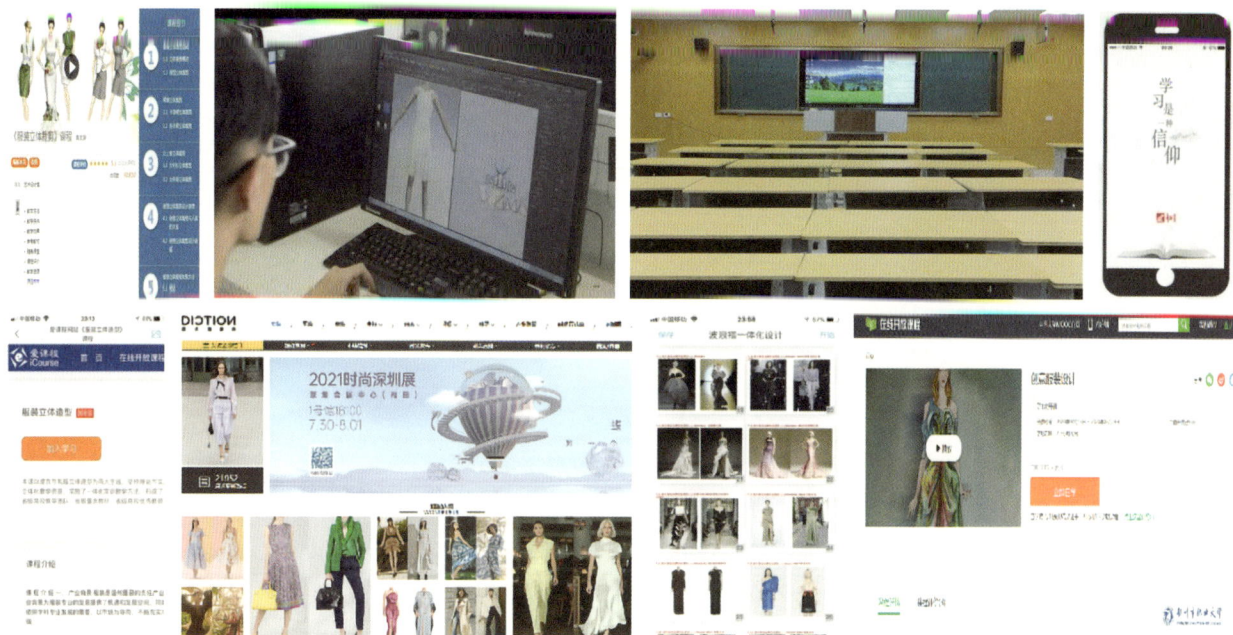

图4-128

（四）教学创新

　　教师在教学中进行了两方面的创新：第一，在课程讲授中运用数字化设计软件，实现教学过程设计实践与理论的同步，解决了传统课堂讲解耗时长、效果差的问题；第二，构建企业化教学情境，在教学过程中引入企业导师，指导学生旗袍创意贴近市场需求，使学生体会到设计创意要贴近市场实际需求，增强成就感、激发学习热情。图4-129为学生的旗袍设计作品。

　　根据服装专业职业教育的特点，采用项目化教学

和企业化教学情境，根据企业对人才的实际需求，充分发挥超星学习通的组织能力，运用数字化技术、市场资讯、潮流讯息构建虚拟仿真场景，实现教学活动与企业需求的无缝对接。图4-130为我校郭霄霄老师获得的荣誉证书。

图4-129

图4-130

（五）课程教学的媒介、方式、目的和主要任务（表4-1）

表4-1 教学表

媒介	方式	目的	完成任务
线下课堂	教师讲授知识 学生提出问题 师生讨论	内容共享	知识与技能培养
	国内外设计师的优秀案例分析	理念传达	
	旗袍文化"进课堂"	体验民族情感，坚定文化价值自信	旗袍文化的价值认同
线上课堂	微信小组讨论	即时信息沟通	掌握设计创意的过程与方法
	课堂派服务号	争议性话题的集中讨论	
在线课堂	慕课（MOOC）、微课学习	碎片化、自主性 学习	自主学习 能力

九、广州新华学院：产学研多维合作，培养优秀服装人才

广州新华学院前身是中山大学新华学院，经教育部批准于2005年设立并招生，是一所涵盖了艺术学、经济学、法学、文学、理学、工学、医学、管理学等多学科的全日制普通本科高等学校，现有广州校区和东莞校区，占地面积2185亩。艺术设计与传媒学院位于东莞校区，现有四个专业，分别是服装与服饰设计专业、艺术设计学专业、网络与新媒体专业和书法学专业。

其中服装与服饰设计专业创建于2009年，经过12年的发展，目前在校人数342人，已有十届毕业生，毕业人数达908人。该专业设有三个方向：服装设计方向、服装设计与工程方向、服装买手与管理方向。服装与服饰设计专业融合国内外高校先进的教育理念，共享优质教育资源和结合产业前沿生产技术，采取产学研三位一体的教学模式，致力于培养具有国际视野的本科应用型人才。服装与服饰实验中心共设9间实验室，包含创业园、立体裁剪室、摄影室、制板室、工艺室、综合实训室、画室等。服装与服饰设计专业依托实验中心和现代科技不断探索教学改革，以学生为中心、以服装产业为导向不断创新教育理念，致力打造服装育人新生态，为新时代我国服装产业提供人才支持。

2021年我院服装与服饰设计专业组织师生在1个国家级比赛和3个省级比赛中获得奖项；在杂志中发表了2篇论文和1幅设计作品，其中一篇论文和一幅设计作品分别被北大核心《毛纺科技》和《印染》收录。

服装是一门实践性很强的专业，服装应用型人才的培养必须建立在实践教学上，目前服装高校的课程大多以项目化的教学为主，学生通过不同的项目实践获得技能，但是仅仅依赖师生的教学评价是不够全面的，我校教育创新案例尝试把服装课程实践和专业比赛无缝链接，同时促进产学研多维合作，以达到有效激发学生的学习兴趣，提高学生的参与度，带动课程紧跟行业发展。这种教育创新案例打破了唯教师和学生的评价机制，融合企业市场考核评价的标准，既可增加学生的社会实践阅历，也可提高教师的教学水平。

（一）课程实践与专业比赛无缝链接

以《服装材料实验》课程中扎染蜡染实验为知识点，在实践环节中为了培养学生创新思维和创新实践的能力，我院教师于2021年9月带领学生参加"2021年广东省妇女手工创业创新大赛"，比赛中以传统手工口金包为载体，以扎染蜡染为传统手工艺，结合现代消费者的需求对口金包进行创新设计，最终在571个参赛项目中荣获优胜奖（图4-131）。这个项目帮助学生更好地理解对从面料到花纹图案的创作、选取图案的工艺手法，再到手工包的设计以及制作流程，最后对消费者的喜好和销售渠道等整个过程。

以《服装流行趋势预测》中热门的国潮趋势为知识点，在实践中培养学生挖掘中国传统文化作为创新设计的能力，课改中组织学生参加第三届广东省"美丽乡村"创意设计技能竞赛，该课程中的一名学生受

瓦猫传统元素启发在包包上做创新设计，获得民俗文化设计一等奖（图4-132）。

毕业设计是一门重要的专业课，是对学生四年学习的总结和对学生综合能力的检验，我院特别重视服装毕业设计，每年积极组织学生参加广东大学生时装周。2021年组织优秀毕业设计作品参加第十届"石狮杯"全国毕业生服装设计大赛，其中作品"他们"系列男装设计荣获优秀奖（图4-133）。

图4-131

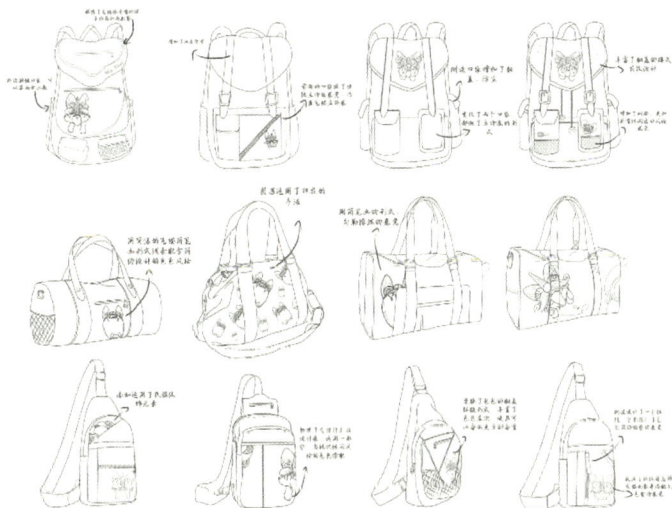

草图设计

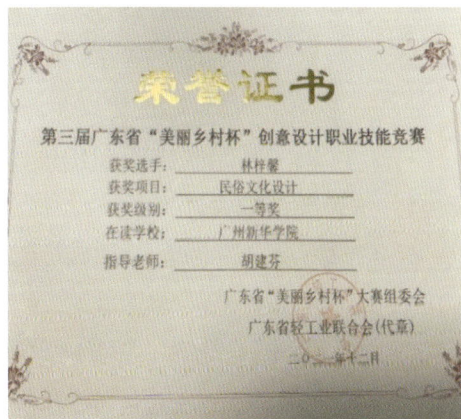

图4-132

图4-133

（二）产学研多维合作案例

在广东省高等教育学会实验室管理专业委员会2019年基金项目中，我校项目"大数据下的服装面料再造实验室建设研究"于2021年成功结项。两年的建设期间，建立了一个基础的面辅料角，这个面辅料角引入德永佳纺织有限公司和宏度纺织两家校企合作单位的面料，其提供了专业的面料卡。得益于这个面料角的建立，我院汇编了优秀面料再造作品集作为教学案例。项目成果中的"五福临门"字体与图案设计被北大核心期刊《印染》收录（图4-134）。参加了"广州国际轻纺城杯"2021指定面料团体创意设计大赛获得了宝贵的比赛经验，作品被宏度纺织企业运用（图4-135）。

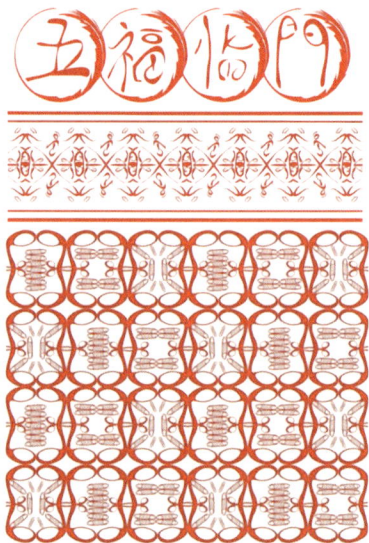

图4-134

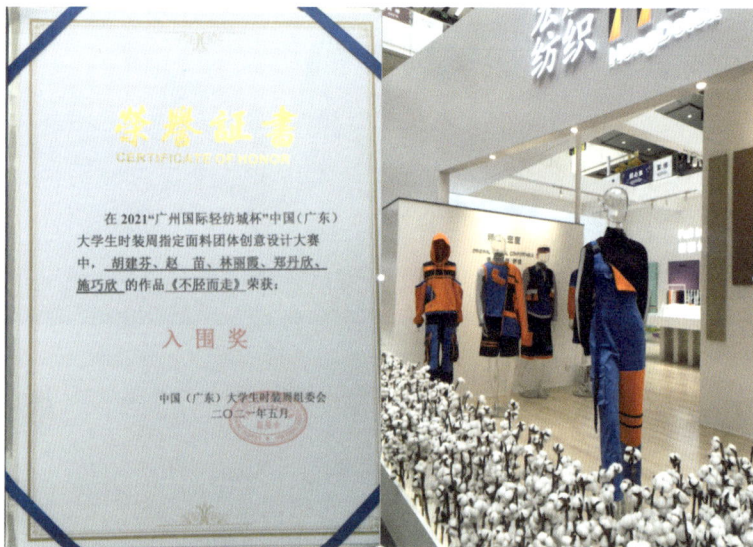

图4-135

十、广州市秀丽服装职业培训学院：产教融合，培养高技能人才

广州市秀丽服装职业培训学院成立于1980年，是广东省政府部门授予的第一批服装专业重点培训机构，专业包括：服装设计、打板、管理、营销、车缝、电脑设计、形象设计师、色彩搭配师等专业。42年来以勤学苦练、科学创新的"秀丽"精神，为中国服装产业的发展培养了服装设计、工艺、管理、生产和营销各类专业人才超13万人。

42年来，学院由广东省人社厅授予的技能人才培养评价专家库核心专家带领的精英教学团队培训的选手，分别获得了全国服装技能大赛双冠军，穗港澳蓉时装设计大赛三连冠，并被国家人社部门、广州市人民政府和新华社各大主流媒体报道和评价为"全国职业教育培训先进单位""国家职业技能鉴定所""广东省第一批职业技能等级认定机构""华南优质诚信教育品牌"和"教研教改先进单位"等荣誉称号。

一直以来，我校把教学融入产业、把产业带进课堂，实施产教研融合的教育模式，不仅把学员送进服装高级定制部门系统化培训，更是把优秀的制板师和设计师培养成为优秀的服装设计打板专业的教学老师，为行业输送大量的师资队伍，让更多的学员学精、学好。

2021年，广州市秀丽服装职业培训学院被评定为广东省第一批职业技能等级认定社会培训评价组织、省级重点民办培训机构。学院全面开展职业技能等级认定工作，积极参与技能提升行动计划，组织技师、高级技师鉴定、培训、分享、技术交流等活动，让更多的高技能人才得到国家认定，这些人才来源于本省市服装院校的学科带头人、专业骨干教师、各大品牌服装技术总监和一线生产技术骨干，同时也让这些高技能人才分享更多的高精尖技术，在输出技术的同时也不断地为社会培养新一代"工匠"。

此外，学院积极配合上级部门举行各种大赛，充分利用教育项目资助的设备设施，以"工匠精神"的态度科学训练参赛选手，培训学员代表广州市多次参加由四地政府部门举办的"穗、港、澳、蓉"青年职业技能大赛，最终实现服装项目竞赛"三连冠"的佳绩。

积极开展SYB创业培训，申报服装产业专项创业培训课程。近两年培养了350多名有创业意向的人才，结业后，创业率在25%左右，发挥了创业带动就业的良好社会效应。被授予广东省广州市定点创业培训基地。

1998年开始，学院与省、市残疾人联合会联手，开展残疾人服装技能培训，历年来，培训残疾人近600人。经学院培训的残联选手参加广东省和全国服装制作技能大赛，累计获得省级服装残疾人大赛6次冠军荣誉，获得第五届全国残疾人服装技能竞赛"男服制作""服装裁剪"双冠军，学院被定点为"国家级残疾人培训定点基地"。扶残助残是我院长期以来开展的社会公益项目，积极担当履行社会责任。

十一、香港服装学院：实施名校战略，打造名师工程

香港服装学院（HONGKONG GARMENTS COLLEGE）成立于1990年，是香港特别行政区政府注册立案的一所国际学院，也是最早进入内地办学的学院，在广州、深圳、长沙、武汉、邵阳、苏州等城市设有多家分院，是中国服装人才培育的摇篮。

香港服装学院以"实施名校战略，打造名师工程"为己任，以"育行业精英，促产业发展"为目标，采取独特创新的办学模式，走"专""精""强"的办学之路，管理严格，教风严谨，师资过硬，专业优势明显，学风优良，配套设施完善，是一个发挥创意、成就梦想的深造之地。香港服装学院以深圳和广州为核心打造的广东省服装人才培训基地，是一个具有一定规模、培养能力强、学科专业的服装培训机构，旨在为广东服装产业的创新发展培养受市场欢迎的服装设计师、服装企业家（图4-136）。

图4-136

先进的办学理念，国际化的视野高度，使香港服装学院多年来一直走在服装教育的最前列，三十余年为中国服装产业的发展与品牌的提升输送了八万多名优秀人才，造就了许许多多出类拔萃的知名时装设计师。其中有荣获广东省五一劳动奖章、广东省技术能手称号的王郁鑫、鲍懋斌，荣获"深圳市技术能手"称号的蒋磊、曾丽妮，"中国十佳时装设计师"吴飞燕、赵黎霞，"广东十佳服装设计师"李超、李贵洲、沈建英、许素明、周强、宋庆庆、朱珍斐等，"深圳十佳时装设计师"姚子依、王阅等。

香港服装学院拥有三十余年的发展历程，卓越的教育成果、傲人的育人成绩，享誉全国，成为众多时尚从业者的圆梦殿堂，被业界视为中国服装人才的摇篮、中国服装教育的典范（图4-137）。

香港服装学院自创办以来，以国际视野和创新的办学理念、走市场化的办学道路，探索出一条适合新时期服装产业快速发展的人才培养之路。多年来港院根据市场对中高级品牌女装设计师、高技能专业技术人才的要求，科学设计每一门课程，并不断进行教学模式改革。学院率先提出"实施名校战略、打造名师工程"的战略目标，在办学模式上大胆创新，最早采用实战案例式教学法并延续至今，敢为人先开展连锁办学打造国际化的服装教育集团。其中，"高级品牌女装立体裁剪人才培养创新模式"项目开始于2010年，学院针对当下服装行业对高级品牌女装立体裁剪人才的需求，带领学科教师，运用团队多年的教学经验，在原有的服装裁剪教学体

图4-137

系上进行大刀阔斧的创新改革，开创了面向行业需求的服装立体裁剪高级人才培育创新模式，建立了一个标准化、科学化、系统化的服装立体裁剪教学体系，快速提升学生对立体裁剪、各种款式造型设计与面料的运用，掌握时装立体结构、工艺流程设计、各类服装的成衣制作以及服装纸样设计原理、工业纸样放缩、服装生产技术管理等，并把考取国家服装裁剪中、高级职称融入教学当中，实现毕业即可持证上岗，与市场无缝对接，深受学员的欢迎与企业的好评。

近年来，学院还积极推行导师制、名师工作室制，打造名师课程、精品课程，搭建服装高技能人才研修平台，培育优秀尖端服装人才。其中，以院长周世康为首的技能大师工作室，曹亚箭、郝永强、古福昌、姜林、龙宝仔等教学骨干为主的特色工作室，打破了传统的服装设计专业教学中学科基础课程、专业必修课程、专业选修课程、综合教育课程与集中实践的条块分割，形成以职业为导向，实现模块化教学的课程体系创新模式，提升学生的分析、设计、动手与创新能力；并将企业生产技术攻关、新技术应用以及新项目、新产品的开发，与技能人才培养有机结合起来，以赛促练，师徒口传身授，为广东服装企业不断输送专业技能人才，加速服装产业升级，助力广东时尚行业高质量发展。这些创新育人模式的实施和推广，使香港服装学院形成了以中高端女装为特色、注重实践应用能力和专业技术能力的养成模式，开创了中高级服装立体裁剪人才培养创新模式。所培养的学生基础扎实、技术能力突出、具有良好的素质和适应能力、就业率较高；企业对学生反馈较好、社会影响力大、企业主动上门联系签约多。

近五年来已经为广东乃至全国培养了近万名服装设计师及服装立体裁剪技术人才，在一定程度上缓解了深圳乃至广东省及其周边地区服装企业对中高级服装技能人才的需求。

区域协同发展创新案例

一、玉林市纺织服装产业："筑巢引凤"，打造承接产业转移新高地

纺织服装产业是我市重点发展的支柱产业之一，拥有悠久的发展历史，完善的产业配套环境和丰富的劳动力资源。目前，全市现有规模以上纺织服装工业企业60家，中小制衣及配套企业数千家，行业从业人员10多万人，年产服装超过2亿件（套），产值超300亿元。我市纺织服装产业链齐全，上游有金秋华、恒和等纺纱织布企业，中游有南达、佳都等制衣企业，下游有集布料零售批发、电商直播、云仓储物流等为一体的玉林市休闲纺织城，是中国南部重要的纺织服装生产基地。

（ ）园区环境优越

玉林市有纺织服装特色产业园6个，总面积25309亩，厂房258万平方米。

1.玉林（福绵）节能环保产业园

玉林（福绵）节能环保产业园是以环境供给侧结构性改革促进产业升级的广西第 个专业环保示范园区，位于玉林市福绵区樟木镇，占地3500亩，总投资超过100亿元，是广西首个水电气热统一供给、治污设施先于企业建设、采用生活污水一级A处理标准+湿地公园再处理工艺、土地集约利用的综合类环保产业园。园区以玉林（福绵）新滔环保产业园为核心，配套建设孵化基地、商务中心、购物、餐饮、娱乐等服务设施，以及白泡岛湿地公园和长湾塘湿地公园等生物净水系统和生态景观。目前共有入园企业228家，已投产企业160家，其中规上工业企业45家，先后获评为"全国纺织产业转移试点园区""广西福绵绿色纺织轻工业园""广西壮族自治区百家特色小微企业示范园"。2021年园区工业总产值超120亿元，形成了完整的纺织服装工业产业集群（图4-138）。

图4-138

2.玉林（福绵）生态纺织服装产业园

玉林（福绵）生态纺织服装产业园一期、二期规划用地约4800亩，距离玉林福绵机场仅2.5千米。园区包括制衣、纺织、针织、服装辅料基地4个，是自治区层面统筹推进的重大项目。依托节能环保产业园的配套支撑，实现服装产业转型和升级，目前签约入园企业超68家，意向入园企业超80家，在建企业超20家，投产企业12家，规上企业1家（图4-139）。

图4-139

3.豪丰先进制造表面处理产业园

豪丰先进制造表面处理产业园规划占地面积约4200亩，主要吸引有电镀废水和印染污水处理需求的企业进驻，利用纺织服装类污水和电镀废水进行中和处理的技术手段，达到节约电镀污水处理成本的目的（图4-140）。

图4-140

4.广西博白新生态纺织产业园

广西博白新生态纺织产业园位于广西玉林市博白县工业集中区城南产业园内，是自治区A类园区和"双百双新"项目，由玉林市中源环保科技有限公司投资建设，产业园总规划面积11000亩，其中6000亩为服装环保板块，5000亩为服装产品板块，总投资约200亿元。产业园配套热电联产、光伏发电和生物质能发电等能源供给系统，工业污水处理厂、生活供水厂、工业供水厂、固废综合处置中心、管网配套设施等环境要素支撑系统。同步配套人工湿地对工业尾水进行深度净化，通过人工湿地净化的工业尾水可以稳定达到地表水准Ⅲ类标准。目前报名入驻园区的企业超100家，已签约政府三方协议企业19家，准备签订协议企业超30家（图4-141）。

图4-141

5.北流市服装鞋帽特色产业园

园区位于广西（北流）轻工产业园（民乐片区）工业大道旁边，占地面积2000亩，规划建设50万平方米标准厂房。主要发展童装品牌服装、鞋类加工、帽类加工、纺织、皮衣等服装鞋帽产品（图4-142）。

图4-142

6.陆川纺织服装轻工产业园

园区位于陆川县沙湖镇，总规划用地1009亩，总投资约20亿元，规划建设标准厂房11.2万平方米。主要引入纺纱、织布、服装类企业（图4-143）。

图4-143

（二）交通优势明显

玉林市正在构建以高铁、机场、码头和高速公路为主构架的互联互通网络。南玉深高铁南宁至玉林段加快建设，玉林至粤桂界段已开工建设；玉林福绵机场已建成通航，开通了北京、上海、杭州、深圳等城市航班；铁山港东岸2个10万吨级码头泊位加快建设，接续还将建设2个20万吨级码头泊位；玉林通往粤港澳大湾区的高速公路有2条，在建的3条，规划中的5条，广西"东融"的重要通道和区域枢纽正在加快形成（图4-144）。

图4-144

（三）招商政策优惠

在玉林投资的企业可同时享受国家西部大开发、北部湾经济区、珠江—西江经济带等多层叠加优惠政策，特别是获批建设"两湾"产业融合发展先行试验区后，自治区还将出台一系列支持政策。尤其是新办的经认定为高新技术的企业或符合享受国家西部大开发企业所得税税收优惠政策条件的企业，免征属于地方分享部分的企业所得税，相当于按9%征收。在项目落地方面，我市制定了财政奖励、税收扶持、金融支持、土地厂房优惠、技术创新等全方位的扶持政策，为企业投资提供最大限度的政策支持。近年来，我市持续营造一流营商环境，加快数字政府建设，努力打造审批事项最少、办事效率最高、投资环境最优、企业获得感最佳城市，多项优化营商环境举措领跑全区乃至全国，连续两年获评为"浙商最佳投资城市"（图4-145）。

图4-145

（四）保障用工需求

一是加强校企合作平台建设，促进本土人才培养，积极对接职业学校开展招聘宣传工作，并与广西纺织工业学校建立了校企合作教学基地，共同推动职业教育与本地服装纺织产业协同发展；二是针对重点项目招工需求实行一对一服务，组织重点企业用工需求招聘会，通过搭建线上线下服务平台，开展招工宣传活动，并创新开展远程线上直播带岗招聘活动。

当前，我市重点招引纺织服装原料生产、产品设计及加工、服饰配件及辅料、产品包装、服装设备等产业项目，大力扶持龙头企业，着力发展品牌服装，全力打造千亿纺织服装产业集群，热忱欢迎优质的纺织服装企业入驻。

二、西部（岑溪）创业园：构建创新型现代化的纺织服装产业生态圈

岑溪市作为广西对接融入大湾区的东大门"桥头堡""东融"战略的深入推进，以及珠江－西江经济带开发建设正式上升为国家战略的机遇，为岑溪市加快融入区域协调发展大格局带来新活力，为岑溪市承接产业转移、加快传统产业转型升级、提升园区建设水平、优化产业发展环境、提升基础设施建设水平，促进经济发展带来新机遇。

西部（岑溪）创业园（以下简称"园区"）是岑溪市打造的首个国家级园区平台，总规划面积约28620亩，其中大业核心园区位于大业镇，规划面积约15482亩。园区注重产业链协同发展，培育壮大纺织服装产业集群，重点构建创新型、现代化的产业生态圈，未来将打造成为国家先进纺织服装制造基地、西南地区纺织服装创新高地、大湾区成果转化飞地园区（图4-146）。

图4-146 西部（岑溪）创业园实景图

（一）岑溪纺织服装产业发展现状

打造纺织产业集聚区。岑溪市围绕纺织服装产业和产业链关键环节精准招商，加强技术引进、合作，打造以泰森新纺织产业集聚区项目为龙头的纺织服装产业。其中，泰森新纺织产业集聚区项目位于岑溪市大业镇西部（岑溪）创业园大业核心区，计划总投资50亿元，规划工业生产用地2330亩，总建筑面积150万平方米，总体规划包括生产、交易、能源及循环经济、综合物流仓储、个性配套服务以及文旅六大板块，建设产学研一体化纺织研发中心，同时围绕产业链升级，结合境内及跨境服装销售平台，打造柔性电商服装生产链。项目整体规划分四期建设，当前一期已完成投资9.5亿元。推动产业集聚发展、规模发展。

紧盯"打造百亿工业园区，建设千亿元工业强县，争创全国工业百强县"发展目标，岑溪市积极推动纺织服装产业集群化发展，推动泰森新纺织产业集聚区项目建设，推动纺织服装产业集聚发展、智慧发展。力争在"十四五"时期打造1～2个在广东、广西区域甚至国内有较大影响力的岑溪服装品牌。

（二）园区基础

西部（岑溪）创业园是对应"西部地区农民创业促进工程国家试点"设立的创业就业示范性园区。西部（岑溪）创业园大业核心区已完成备案、环评、规划设计，园区配套设施基本完善，目前，入园的泰森新纺织示范基地项目已开工建设；创业园孵化基地已建成标准厂房7.5万平方米，东融科技城已建成标准厂房7.6万平方米。

西部（岑溪）创业园大业核心区紧靠岑溪至广东罗定二级公路边，距岑溪至罗定高速公路筋竹出口仅几千米，至广州、珠海、深圳、南宁等各大城市仅需3小时左右的车程。岑溪市已成为珠三角经济圈、北部湾经济圈及西江经济带交汇点上的区域性枢纽城市，国道324线和207线在市区交会，洛湛、岑罗、广昆和包头至茂名等高速公路均从境内通过，交通十分便捷。

（三）园区纺织服装产业发展规划

1. 发展思路

抢抓"东融"战略、珠江－西江经济带开发建设正式上升为国家战略等机遇，以推动纺织服装产业高质量发展为主题，以供给侧结构性改革为主线，以创新驱动为根本动力，坚持建设具有核心竞争力的现代化产业体系，聚焦纺织服装产业链发展的关键环节，实施四项任务，强化五项保障，全面提升纺织服装产业质量效益和发展水平，推动岑溪纺织服装产业高速发展，向3.0阶段迈进。以壮大纺织服装产业集群，促进岑溪产业振兴，以强市富民推进实现共同富裕。

（1）聚焦纺织服装产业链：打造以泰森等企业为龙头的纺织服装产业，建设集"纺纱、织造、印染、服装"为一体的纺织服装产业基地，构建特色突出、优势明显、协调发展的纺织服装产业体系。聚焦纺织服装产业链关键环节进行"强链、补链、延链"，促进产业高端补链、终端延链，着力引进一批带动能力强、填补产业空白的龙头企业和重大项目，推动产业加速集聚；引进纺织服装新技术、新工艺、新设备，吸引更多纺织服装领域的高精尖产业人才落户岑溪。

（2）实施四项任务：通过内培外引企业，壮大龙头企业；构建创新体系，完善产业生态；发展数字经济，赋能产业发展；加强产业合作，探索飞地园区，打造创新示范引领的产业园区，推动岑溪纺织服装产业提质增效、产业集群发展壮大。

（3）强化五项保障：通过加强组织领导、完善配套政策、强化要素保障、坚持绿色发展、优化营商环境五项措施，保障园区建设、项目落地和产业发展。

2. 产业体系构建

立足岑溪市和西部（岑溪）创业园的特色优势，以承接产业转移为思路，做大做强印染、服装产业，培育

发展纺纱、织造产业；以产城融合为理念，延伸发展创意设计、现代物流、现代金融、商贸服务等现代服务业，最终形成"2+2+1"产业体系（图4-147）。

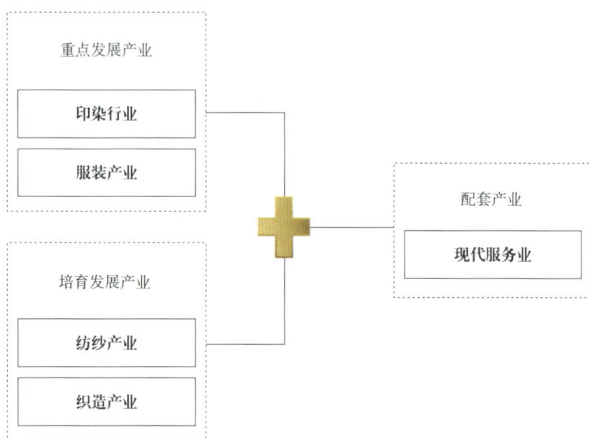

图4-147

三、岑溪泰森新纺织产业集聚区项目：打造百亿元级绿色生态内循环纺织产业聚集区

（一）区域协同发展创新项目简介

岑溪泰森新纺织产业集聚区项目（以下简称"项目"）是广东省与广西壮族自治区纺织服装产业区域协同发展的代表性案例，得到了当地政府的大力支持（图4-148）。

图4-148

该项目由广州泰森丰年布业有限公司投资建设，以国家级定位，自主投资、自主开发、自主运营的方式建设与发展。通过把纺织产业全生产链集聚入

园，实现集中供水、集中供热、集中排污、集中处置，以达到减少废气排放、增加废水中水回收利用等环保目标，同时实现产业特色化、差别化、集聚化发展，促进纺织产业转型升级。通过打通上下游，在集聚区内建立完整的、良性的产业链，实现快速内循环机制。

项目位于岑溪市大业镇西部（岑溪）创业园大业核心区，计划总投资50亿元，规划工业生产用地约2330亩，总建筑面积约120万平方米，项目整体规划分四期建设。其中：一期规划开发800亩，投资约15亿元，主要建设织造、印染以及污水处理厂、仓储物流一期工程、员工宿舍以及相关配套基础设施；二期规划开发600亩，投资约13亿元，主要建设织造、印染以及污水处理厂、仓储物流二期工程、总部基地、高管宿舍以及相关配套基础设施；三期规划开发600亩，投资约12亿元，主要建设高端纺纱、织造、印染以及相关商业配套设施；四期开发330亩，投资10亿元，主要建设纺纱、印染、物流中心、研发中心、接

待中心等，项目于2020年5月正式开工建设，一期计划于2022年下半年正式投产。

集聚区以绿色可循环作为基本原则，恪守环保法规，深入推行节能减排，实现绿色生产，致力于全国乃至全球最先进的技术建立污水处理中心，将集聚区内的生产以及生活废水进行集中处理，实现真正的节能减排、循环经济体，创建园林式绿色生态集聚园区（图4-149）。

（二）项目背景

1. 泰森集团是从广州中大布市中走出来的龙头企业

广州泰森丰年布业有限公司（以下简称"泰森布业"）成立于2001年，拥有成熟的贸易型自产自销体系，打通了上下游全产业链，销售遍布全国20多个省市地区，年销售量突破10万吨，年销售额50亿元。2020年5月，岑溪泰森新纺织产业园应运而生，泰森布业正从一家贸易型的自产自销企业向一家生产型的自产自销企业转型。

图4-149

2.泰森集团牵头建设纺织产业集聚区众望所归

泰森集团早在2007年就在佛山建立了泰和纺织工业园，该工业园占地100亩，建筑面积10万平方米，入驻企业13家，拥有建设纺织类工业园的经验与基础。面对去产能、绿色经济政策的深入推行，面对能源、环境治理成本的上升，所有与泰森布业携手并进的统一产业链企业在过去的两年内均理性谨慎地对待产业的再投入升级改造，但智能化、高端化、精细化的生产要求大势所趋，上下游企业想要在稳定的政策环境中一起抱团取暖，同步实现转型升级的呼声越来越高。

集中布局、产业集群发展、资源节约利用、功能集合构建、污染集中绿色可循环处理、物流成本最小化，真正实现产销一条龙是泰森布业合作上下游企业的共同需求。泰森集团有生态号召力，其原材料、辅料供应合作商、面料加工企业如国内知名的上市公司魏桥纺织、山东华纺、新疆利泰等均是其各自行业领域的佼佼者，拥有强大的实力；为泰森集团提供印染服务的印染加工企业多达8家，均是广东省内规模较大、加工品质优良的企业；位于广东省佛山市张槎镇全国针织制造基地，泰森集团常年保持着年均3000台的开机率，占据该针织制造基地十分之一的市场份额。

由泰森集团牵头建设纺织产业集聚区一呼百应，抱团入驻。

3.项目总体思路及基本原则

全面打通上下游，建立全产业链，通过纺织产业集聚区推进产城一体化建设。唯有产业集聚，才能将集聚区的产业优势发挥到最大化。产业的集聚关键在于打通产业的上下游全供应链。对于棉针纺织面料来说，全生产链从棉纱线、棉布织造、染料、助剂、印染加工、服装、纺织机械到周边的针筒、配件、配套设备设施、包装、物流、仓储、贸易等。岑溪泰森新纺织产业集聚区意在打通上下游，在集聚区内建立完整的、良性的产业链，实现快速内循环机制。

4.岑溪市地缘优势

岑溪市距广州市330千米，位于珠三角经济圈与大西南的结合部，既是连接华南和珠江三角洲及港澳地区经济辐射的重要腹地，又是大西南资源型经济与沿海外向型经济的连接点。岑溪市水资源丰富，水文条件优越，以农业、旅游等为支柱产业，工业在岑溪市未被开发。岑溪市在珠三角的地理优势得天独厚，是响应国家产业转移政策，继承、发展传统强势行业——纺织行业的优选地区。

第五部分   行业荣誉

2020年全国纺织工业先进集体、劳动模范和先进工作者（广东服装部分）

2020年，为表彰先进、弘扬正气，在全国纺织行业营造劳动光荣的社会风尚和精益求精的敬业风气，在"两个一百年"奋斗目标的历史交汇点上，进一步激发2000万纺织从业人员积极投身到纺织强国再出发的火热实践中，人力资源社会保障部、中国纺织工业联合会决定对全国纺织工业先进集体劳动模范和先进工作者给予表彰。

2020年10月评选工作启动，在省人力资源社会保障厅省表彰奖励办公室支持下，广东省纺织协会、广东省服装服饰行业协会、广东无纺布协会、广东省家纺家居行业协会、省内衣协会五家协会共同组建广东省纺织劳模评选领导小组，经过申报、推荐、初审、复审、公示、公布等评选环节，推选出广东的先进集体劳动模范和先进工作者候选人/单位。

2022年7月，全国纺织工业先进集体劳动模范和先进工作者表彰大会召开，在广东分会场上正式颁发了各个奖项。广东服装人在本次表彰中表现突出，其中东莞市虎门服装服饰行业协会秘书处、比音勒芬服饰股份有限公司、广东省服装服饰行业协会三家单位荣获"全国纺织工业先进集体"称号，杨志雄、梁俊涛等10名广东服装人荣获"全国纺织工业劳动模范"称号，曹宇昕荣获"全国纺织工业先进工作者"称号。被授予"全国纺织工业劳动模范""全国纺织工业先进工作者"称号的人员享受省部级表彰奖励获得者待遇。

全国纺织工业先进集体名单：

广东省服装服饰行业协会
比音勒芬服饰股份有限公司
东莞市虎门服装服饰行业协会秘书处

全国纺织工业劳动模范名单：

梁俊涛　广州市红棉国际时装城办公室主任

彭凤平　三苑宜友服饰股份有限公司生产车间专业技工
夏　文　深圳联尚文化创意有限公司技术部任纸样师
陈　辉　广州依趣服装有限公司营销总监
刘国畅　东莞市纯衣服装有限公司生产总监
陈冠杰　佛山中纺联检验技术服务有限公司研发部高级经理
谢正华　佛山市全顺来针织有限公司生产总监
陈宝洪　广州白马商业经营管理有限公司总经理
黄　坤　东莞市虎门富民投资有限公司党支部书记、副总经理兼虎门富民时装城总经理
杨志雄　广州联合交易园区经营投资有限公司执行总经理

全国纺织工业先进工作者名单：

曹宇昕　广东省深圳市龙华区大浪时尚小镇党委副书记、建设管理中心主任

一、全国纺织工业先进集体

（一）东莞市虎门服装服饰行业协会

东莞市虎门服装服饰行业协会成立于1996年，是全国第一个镇级服装行业协会，现有会员400多名（含面辅料、针织内衣、童装分会）。秘书处是协会的日常工作核心力量，一直积极贯彻实施虎门镇政府"服装兴镇"的发展战略，始终坚持"引导、协调、管理、服务"的宗旨，发挥政府与企业之间的桥梁纽带作用，加强行业引导，积极反映企业呼声，为企业发展出谋划策，排忧解难，力尽所能为产业和企业的协同发展助力，在广大会员和服装企业中具有较强的向心力和凝聚力。多年来，秘书处在帮助企业品牌推广、科技攻关、信息交流、资源共享、参展参观、培训学习、拓展提高、协作合作等方面发挥了重要作用。同

时积极当好镇委、镇政府的参谋助手,在产业发展思路、产业规划、转型升级、帮扶企业、资源整合、发展提高等方面提出了大量有建设性的意见和建议,为虎门服装服饰产业的发展做出了突出贡献。2013年、2016年协会两次被中国纺织工业联合会评为"纺织产业集群地区优秀协(商)会"。

1. 用心服务会员,助力企业做强做大

(1)多措并举为其排忧解难。疫情发生后,秘书处一方面积极动员会员做好防控,及时发布疫情防控工作要求、动态、复工复产政策要求、步骤指引、惠企撑企政策等,鼓励企业增强信心,严防严控,积极利用扶持政策快速复工复产。秘书处还举办"增客户·攒订单·去库存——后疫情期服装企业数字化之路"沙龙,邀请"腾讯"企业微信行业负责人徐天佐、丽晶、软件创始人江旭东等支招,为企业数字化转型指点迷津。另一方面,调动资源,帮助会员解决口罩、防护服、测温枪等防控物资短缺问题。

(2)带领企业抱团发展。秘书处经常组织会员抱团参展国内外行业知名展会如中国国际服装服饰博览会(CHIC)、香港时装节、美国拉斯维加斯服装服饰博览会等,并提供优先报名、参展补贴等服务。

(3)促进学习交流协作。秘书处将组织会员赴外地学习考察常态化,助其开阔眼界,拓展市场,资源对接。例如,2017年、2019年、2020年分别组织会员数十人赴江西于都、深圳大浪时尚小镇、江浙童装基地等产业集群地考察与对接。经常举办各类培训,提升企业软实力。发挥协会微信群及"虎门服装"微信作用,助力会员掌握行业资讯,促进会员间互动交流、共享资源、共同提升。

2. 倾力服务行业,助推产业转型升级

(1)努力当好镇委、镇政府的参谋助手。秘书处联合服装管委会,在产业发展思路、产业规划等方面提出了大量有建设性的意见和建议,为镇政府制定行业发展政策提供可靠依据。如《虎门镇服装产业调研报告》《抢抓机遇,大力扶持虎门童装业的发展——关于虎门童装业发展情况的调研报告》等。此调研成果大多已进入镇委、镇政府决策,此后虎门镇委、镇政府分别出台了《关于建设服装服饰重大产业集聚区的实施意见》《关于大力扶持童装业发展的实施意见》。2018年,起草了汇报材料《打造中国快时尚服装虎门基地,引领行业续航前行》和《打造超级服装产业集群,建设粤港澳大湾区时尚中心》,为镇委镇政府向市委市政府提交的产业报告《虎门镇关于推动服装服饰业转型升级 打造时尚产业的报告》提供了依据;2019~2020年,起草了《关于进一步扶持服装服饰产业高质量发展的决定》。

(2)举办重要活动打造区域品牌。从1996年起,虎门镇每年举办一届服交会,至2020年已成功举办25届(图5-1)。服交会早已成为虎门服装服饰产业展示自主品牌、发布市场信息、引领时尚潮流和促进交流

图5-1

合作的重要平台，并以其较高的成交率、广泛的影响力、强大的辐射力受到业界高度评价，获"中国最具影响力纺织展会"等众多殊荣。在其推动下，虎门服装服饰业获长足发展，荣获"中国女装名镇""中国童装名镇"等多项国家级荣誉。协会一直是其承办单位，而秘书处则是组委会办公室的核心力量；已成功举办21届的"虎门杯"国际青年设计（女装）大赛，早已跻身国际服装设计重要赛事，而秘书处是其组委会的重要成员。

（3）全力孵化企业品牌。借力服交会强大推动辐射作用，以及通过秘书处强力助推，虎门一大批服装品牌享誉国内外，形成了以以纯为龙头，包括三木比迪、快鱼、欧点、卡蔓、乔帛、意澳、衣讯、纽方、木棉道、ANOTHER ONE、鸢娜尔、男眼、巴迪小虎、勇敢真男孩、欧锐德、欧恰恰等数十家知名品牌的方阵。

（4）强势宣传提升产业影响力。秘书处与国内众多行业媒体及大众主流媒体保持多年友好合作伙伴关系，每年服交会，秘书处充分借助媒体力量扩大对"虎门服装"的宣传推广，仅2020年服交会直播平台阅读量就高达1095.76万人次；协会会刊《南派服装》曾是虎门服装产业宣传主阵地，屡次获"最具影响力行业报刊"等奖；强化新媒体宣传，"虎门服装"微博有粉丝252万，获得"2013全国政务微博百强"及广东省政务微博第7名。"虎门服装"服务号和订阅号两大微信公众号，分别拥有粉丝3.8万、1.6万，单条推文阅读量最高达近10万，多年来宣传推广虎门服企，推送行业动态，组织开展服装活动和比赛，极大提高了"虎门服装"业界影响力。"虎门服装"微信获"2020中国纺织服装企业传媒大奖最具潜力新锐公众号"等奖，协会获"新媒体风尚奖"，协会秘书处副秘书长涂姮娥多次获"中国纺织服装企业传媒大奖最佳主笔"等殊荣。

3. 真诚服务社会，努力构建和谐关系

（1）发挥产业优势，助力全球抗"疫"。疫情发生后，秘书处在号召会员做好自身疫情防控的同时，还动员其发挥专业优势，支援全市疫情防控。得知承担东莞市防护服、口罩生产任务的东莞市欣意医疗保健品厂急缺一线员工，秘书处立即向会员发出紧急求援，

从未间断过的假期，自2020年正月初二开始，来自虎门服企的数十名熟手员工放弃休假，赶赴黄江，帮助该企业赶制防护服，提升了欣意产能。3月，国务院应对新型冠状病毒肺炎疫情联防联控机制医疗物资保障组向欣意发来感谢信，特别提到，欣意完成国家调拨国标医用防护服1.7万件，为疫情防控做出突出贡献。其中有虎门服装人贡献的一份力量。经秘书处引导，多家服企转产防护服、口罩等防疫物资，有效弥补了疫情给企业主营业务造成的损失，稳住了企业发展（图5-2）。

图5-2

（2）热心公益，多次组织爱心捐赠。经秘书处倡议，2018～2020年，爱心会员分别为广东仁化、青海玉树、新疆等地捐赠超10万件衣物、向虎门对口扶贫的韶关仁化捐赠越冬衣服13100多件，总价值300万元、向虎门对口扶贫的韶关仁化和云南镇雄捐赠越冬衣服4323件，总价值158万元。

（二）比音勒芬服饰股份有限公司

1. 基本情况

比音勒芬服饰股份有限公司是国内高端高尔夫服饰细分龙头上市公司（股票代码：002832）。2019年9月，公司被纳入"富时全球股票指数系列"和"标普新兴市场全球基准指数"，公司连续业绩高增长成为服饰行业内增速领先的稀缺标的。2019年10月，由CCTV-1《大国品牌》、中国广告协会共同举办的"新中国成立70周年品牌峰会"，比音勒芬作为中国高尔夫服饰品牌的代表出席，并与华为、中国中车等企业共同获得"新中国成立70周年70品牌"荣誉。2020年9月10日，公司与CCTV《大国品牌》举行签

约暨授牌仪式，同期签约授牌的还有华为、中国中车、TCL等品牌。

作为中国高尔夫服饰细分领域标杆品牌，公司持续聚焦主业、深耕细分领域，持续深化智慧零售战略，使公司业绩保持稳定增长。截至2019年底，比音勒芬归母净利润连续8年保持正增长，其中2019年同比近增40%。2020年三季度公司业绩亮眼，营业收入同比增27.71%，净利润同比增长36.38%。2007～2019年，公司累计向政府缴纳各项税收达11亿元，为地方财政做出了较大贡献。2020年公司预计纳税超2亿元。

2. 先进事迹

公司成立于2003年，近20年深耕高尔夫服饰领域。2020年前三季度实现逆势增长，作为高尔夫服饰细分龙头企业，为持续引领行业创新，推动国内高端服装品牌发展做出了积极贡献。

（1）坚持高质量发展理念，匠心智造，让世界看到中国品牌的工匠精神。比音勒芬品牌作为中国高尔夫服饰的龙头，始终坚持高质量发展，坚持为中国人创造高品质、高品位的着装，让世界看到中国高尔夫品牌自信。中心负责人谢秉政先生及其太太冯玲玲女士，从事服饰领域超过30年时间，深知产品质量对于品牌的重要性，坚持高比例研发投入，整合国际优质面料资源，引进英、韩等国优秀人才，培养具有国际视野的设计师团队，以工匠精神坚持每件产品的"高品质、高品位、高科技含量"，持续不断创新，形成自身品牌特色。

（2）创新驱动，文化赋能成效突出，引领高端国潮风尚。公司坚持以创新为发展动能，截至目前拥有专利72项，其中发明专利4项，实用新型专利48项，外观专利20项，起草和制定行业标准6个，著作权4项，具备良好的自主创新能力。2019年开始通过创新驱动赋能国潮文化，与故宫宫廷文化IP联合推出故宫宫廷文化系列产品，演绎高端国潮文化。此外，公司坚持自主品牌培育，现有"比音勒芬"和"Carnaval De Venise（威尼斯狂欢节）"两大品牌，在全国各地有900多家门店、3家子公司和1家合伙企业、50家分公司，比音勒芬高尔夫服装产品连续三年行业综合占有率第一位。

（3）采取"轻资产"运营创新模式，推动行业结构优化和转型升级。公司以品牌经营为核心，致力于附加值较高的业务链上游的设计研发和业务链下游的品牌运营和销售渠道管理，将产品生产环节等较低附加值且固定资产投入大的业务环节进行外包，对产业链的各环节进行掌控、整合，形成了自己的品牌、技术、信息、营销和供应链管理优势。这种"轻资产"的经营模式使得优秀品牌企业和具有自主创新能力的企业能够始终把握服装产业链高附加值和高技术含量环节，同时一批中小制造、分销、服务企业围绕这些强势品牌企业展开紧密的分工协作。在这种"轻资产"的经营模式下，比音勒芬取得了持续快速的发展。因此，比音勒芬在促进行业结构优化，对行业的技术进步和企业的转型升级起到了带动和示范作用。

（4）与中国高尔夫国家队续约8年，备战奥运为国争光。公司坚持以培育社会主义核心价值观为根本，以匠人精神为国家队量身定制比赛服饰，与中国国家高尔夫球队一起，为国家荣誉而战，为国争光。从2013年开始成为中国国家高尔夫球队合作伙伴，为国家队员提供训练服和奥运会以及亚运会比赛服。2016年，高尔夫国家队首次征战奥运会便是身着比音勒芬打造的奥运比赛服——五星战袍，获得了历史上第一枚高尔夫奥运奖牌；2018年，征战雅加达亚运会，参加悉尼世界杯等都取得了不俗的成绩。2020年，比音勒芬（002832）与中国国家高尔夫球队在广州进行了战略合作签约。这是继2013年双方开展合作以来的第二个八年之约，比音勒芬作为国家高尔夫球队的服饰赞助商，将继续为国家队提供高品质、高品位、高科技的高尔夫服饰（图5-3）。

图5-3

（5）培育和引进一批高素质员工团队，增强企业竞争活力，推动地区经济发展。截至2020年9月30日，公司员工总数3000余人，职工职业素质较高，团队凝聚力和战斗力较强。公司拥有一支高素质的设计研发队伍，本科以上学历人员占比较高，其中包括来自韩国的知名设计师李孝贞（LEE HYOJEONG）、来自英国的品牌创意设计顾问保罗·里斯（Paul Rees）、来自意大利的艺术总监周希（GIUSEPPE FRANCESCO PALMIERO）等优秀研发人员。他们具有多年高尔夫服饰设计经验，具备敏锐的时尚捕捉能力，在设计理念、色彩应用、工艺设计与表现、面料处理与运用等方面具有较高的专业素养。公司不但为他们提供了就业岗位，带动了一批国内外优秀人才的就业，还为他们提供了良好的福利与待遇。比音勒芬公司2007～2019年，累计向政府缴纳各项税收达11亿元，2020年公司预计纳税超2亿元，为地方政府创造了良好的经济效益和社会价值，作为行业标杆为带动上下游产业链转型升级，推动行业技术创新，为发展和振兴民族企业品牌做出了卓越贡献。

（三）广东省服装服饰行业协会

1.基本情况

广东省服装服饰行业协会成立于1990年，是广东省首批"5A级"省级社会组织之一，30年的发展历程，积淀了坚实的行业基础，协会以"提供服务、反应诉求、规范行为"为己任，依法办公、规范运作，自身建设逐步完善，行业服务能力不断提升，有效发挥了桥梁作用，得到了政府部门、服装企业、设计师、媒体及社会大众的一致认可和好评，在行业内建立了广泛的凝聚力、公信力和影响力。

近年来，协会以推动广东服装高质量发展为宗旨，坚守"科技、时尚、绿色"的产业新定位，以提升产业素质为己任，为政府、行业、企业以及社会提供与服装业相关的各类服务，在建设公共服务体系、发展品牌、培育人才、国内外交流、非遗时尚推广等方面，都取得了一定的成效。截至2021年12月，培育了广东时装周（已办29届）、中国（广东）大学生时装周（已办15届）、红棉国际男装周（已办6届）、"虎门杯"国际青年设计（女装）大赛（已办21届）等品牌活动，并积极推进服装产业集群建设。先后荣获了广东省首批"AAAAA级社会组织""全省性社会组织先进党组织""全国先进民间组织"和"全省先进民间组织"等荣誉称号，第一批获得广东省省级承接政府职能转移和购买服务资质（图5-4）。

协会于2009年8月21日成立党支部，是全省首批五个成立党支部的省级协会之一，近年来认真学习贯

图5-4

彻习近平新时代中国特色社会主义思想，坚决执行党的路线方针政策，党建工作走在前列，政治立场坚定，党支部充分发挥了战斗堡垒和先锋模范作用，获得了"全省深入学习实践科学发展观活动先进单位"和"先进社会组织党组织"荣誉称号。

2. 先进事迹

在2020年新冠肺炎抗疫中，协会发挥了重要"桥梁"作用，一声动员、多方响应，充分体现了协会在紧急时刻的责任担当和行业凝聚力。

（1）第一时间成立"防疫物资辅料指挥中心"。2020年2月4日，协会迅速反应成立了防疫物资辅料指挥中心，24小时待命，紧急围绕口罩及防护服生产所需原材料及设备供需对接开展了大量工作。非常时期，中心最主要工作就是"找东西"，大到生产防疫物品所需的设备、运输车辆，小到各类原材料、辅料、防护服拉链、橡皮筋、口罩绳……协会每天收到大量物资信息，进行甄别后通过各种方式去买、去租、去借。一方面与政府部门紧密沟通，协调各地原材料和生产设备供应；另一方面建立抗疫工作群，将各方代表组织到一起，每天发布公告，实现信息和资源高效对接（图5-5）。

图5-5

（2）仅36小时协调建立防护服十万级无尘车间。2020年2月9日深夜，广东省抗疫指挥部物资组找到协会，急需生产医用防护服所需的压条机，并调集资源建立生产车间。疫情期间压条机非常稀缺，于是协会开始"与时间赛跑"。经沟通，发现佛山全顺来公司正打算在本地生产防护服，了解情况后该公司无条件响应将设备搬到广州香雪。协会工作人员一个一个企业

间，一台一台设备找，当晚发动了上千人，一夜之间集结了60台生产设备，并协调了埃沃团队到现场提供技术指导和材料支持。第二天上午8点前，在协会协调下，三台大货车准时在佛山"会师"，运送设备到香雪基地。因情况紧急，设备装车时有的车没有安装起落架，只能将有起落架的车和没有起落架的车尾相连进行装车，或者直接采用人工搬运。在协会的带动下，各参与单位的董事长、党支部书记都纷纷亲自上阵当起了志愿者，迅速开展整个搬运、清洗设备的工作。2020年2月11日上午10点50分，距离接到需求电话仅仅36个小时，香雪制药厂的第一个十万级无尘车间就响起了压条机运转的声音，创造了速度与合作模式的双重奇迹。刚开始该车间产量200多件/天，一周后便达到1000件/天，随后在宾宝服饰支持下再次调集了工人加入生产，在预定时间内顺利达产，及时完成了政府收储任务，为打赢防疫战役提供了坚实的物资保障（图5-6）。

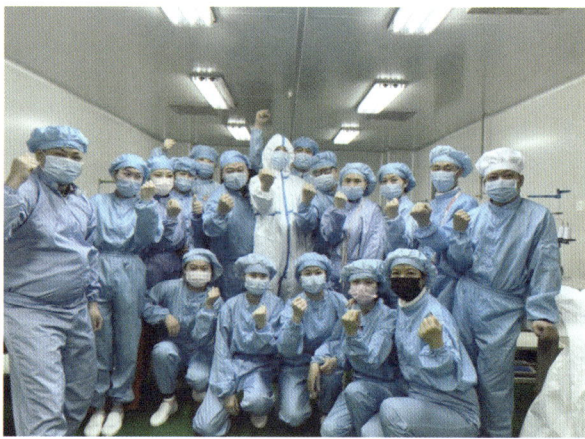

图5-6

（3）成立"防护服联盟"，积极发动参与捐赠工作。为更好地发动企业支持防疫工作，协会发起成立"防护服联盟"，企业踊跃响应，纷纷迅速行动起来，一方面捐款捐物支持抗疫工作，另一方面部分服装企业迅速转产口罩、防护服等防疫物资。协会组织党员群众积极向最需要的地方捐赠医用口罩，解决他们的应急需求。同时，纷纷千方百计寻找货源，从国产到进口、从省内到省外，尽管捐赠总额并不高，但在当时缺货不缺钱的形势下，能把防疫物资提供给最急需的人，已是非常不容易，充分显示出责任担当和大爱情怀。

（4）创办"广东服装一起尚"公益助企线上促消费活动。在抗疫工作得到缓解后，协会将工作重心转移到行业复产复工上。通过调研了解到服装企业普遍因暖冬加上疫情影响积压了大量库存，协会快速反应，建立了"广东服装一起尚"小程序，开展公益助企线上促消费活动。2020年3月18日正式上线，得到了服装行业的广泛响应和踊跃参与，包括京东、天猫海外、1688等在内的15家线上平台，以及全省各地41家纺织服装商协会、10家纺织服装专业市场、39家媒体、30多所高校的10000名校园潮流推手积极参与其中，超过300个广东代表性服装品牌上线，汇聚了最好的资源、帮助企业共克时艰、逐步复产复工、实现行业复兴。

二、全国纺织工业劳动模范

（一）梁俊涛

汉族，男，1978年7月出生，中共党员，本科学历。2001年参加工作，现任红棉国际时装城办公室主任、广东省服装服饰行业协会副秘书长。自担任工作以来，勤勤恳恳，兢兢业业，立足本职，开拓进取，锐意创新，以一个共产党员的标准严格要求自己，舍小家、为大家，不分昼夜、节假日，坚守在岗位一线，及时圆满完成各项工作任务，多年来与行业企业一路同行，不断成长。

1.强化学习，与时俱进，具有较高的业务管理水平

红棉国际时装城从传统的国型大酒店，转型成为国内时尚标杆企业，梁俊涛是其中的见证者与建设者。13年的历程，为红棉国际时装城的平稳发展做出了积极贡献。从一名基层管理员，到办公室主任，时时刻刻以党员的标准严格要求自己，作风艰苦朴素、求真务实，善于管理，注重企业管理精细化。

他出色的工作表现，屡屡受到国家行业协会、省协会的认可与嘉奖。2013～2015年连续三年被中国纺织工业联合会流通分会授予"优秀信息员"称号；

2013、2014年连续两年被中国纺织工业联合会流通分会授予"优秀统计员"称号；2013～2014年连续两年被广东省企业联合会、企业家协会授予"先进会员工作者"称号。

同时，梁俊涛担任流花商圈党支部常委一职，主要负责商圈的党支部宣传工作。他坚持学习强国纲要，心跟党走，认真学习国家方针政策及纲要，主动提高政治觉悟和政治素养，专心致志传达商圈党委的精神，团结党员力量，共同为建设纺织强国不懈努力。

多年来，梁俊涛坚持初心，始终把加强学习作为做好本职工作的强大动力，不断提高自身的综合素质。工作以外，利用个人时间不断学习进修，研究企业管理、社会责任、时尚管理等与岗位相关的内容，学以致用，将理论联系实际，真正做到了与时俱进、精益求精，不负韶华，笃定前行。

2.爱岗敬业，率先垂范，为各项重点工作推进打下坚实基础

（1）协调、组织红棉国际时装周、红棉国际男装周等活动圆满开展。时间紧，任务重，梁俊涛接受工作任务后，总是在最短时间内协调、组织好各种事项、各方代表，工作细致，巨细无遗，带领着团队加班加点，保证所有工作任务按时按质完成。为时装周及男装周活动的圆满顺利举办，提供了不可或缺的组织调度与后勤保障，确保参会领导、嘉宾及观众等所有人员得到妥善的组织与接待。可以说，红棉各项大型时尚活动的圆满举行，与梁俊涛爱岗敬业、不怕困难、聚焦细节、雷厉风行的工作作风分不开。

（2）成功协助红棉国际时装城成为省清洁生产验收的商贸企业及市首批企业文化示范单位的民营企业。绿色、科技、时尚是中国纺织服装产业的新定位，红棉作为传统专业市场的升级发展先锋，在绿色生产、可持续时尚发展方面积极承担社会责任，为行业树立了榜样。为此，梁俊涛勇担责任，深入一线研究关于清洁生产、服装专业市场可持续发展的各项相关内容和标准，并在场内认真开展研究、清点、调整、监督、筹备等细节工作，对相关企业员工进行系统、科学的培训，细心、细致地完成逐级上报的工作程序，严格、严谨地配合相关机构及单位展开验收工作准备，经过一段时间的不懈努力和埋头苦干，最终协助企业顺利通过审核验收，使红棉国际时装城成为广东省首家通过省清洁生产验收的商贸企业，为企业乃至行业的可持续发展做出了积极贡献。此外，梁俊涛在工作中紧抓企业文化建设，在日常管理中高度重视企业文化、企业内涵以及企业精神的孕育、孵化与传播，将"红棉精神"贯穿在每一天的工作中，带领团队形成作风鲜明、深受行业同仁认可的"红棉作风"，将企业文化与人才素质和团队实力紧紧融合在一起，在红棉成为首家荣获广州市首批企业文化示范单位的民营企业的过程中，发挥了实实在在的实践和推动作用。

（3）协助广东国际时尚艺术研究院成立，推动国际时尚交流合作。红棉国际时装城致力为本土时尚力量搭建平台，助力品牌及设计师接轨国际高端时尚资源。广东国际艺术研究院的成立，致力为广东服装行业搭建产业平台，引入更多海外时尚资源，提供更全面和优质的产业服务。一收到工作任务，梁俊涛勇敢承担，并第一时间着手筹备研究院成立工作。首先，巨细无遗地了解、学习研究院申报成立所需的各项申报资料及流程，加班加点、克服时差和语言困难，与意大利时尚机构开展深入对接工作，不怕烦琐地一遍一遍就相关资质、手续、申报材料等进行收集、翻译、审核、送报，最终顺利完成了研究院的成立申报工作，协助研究院顺利获得相关资质许可落成，聘任到来自意大利等海外时尚产业的重磅嘉宾身边担任顾问。一系列琐碎但关键的工作，串联在一起实实在在地实现了研究院的落成启动，为推动广东省服装产业与海外时尚产业的交流合作做出了贡献。

（4）担任广东省服装服饰行业协会副秘书长，加强全省服装行业的交流。广东省是中国纺织服装大省，在国际上也具有重要的知名度与影响力。每年、每季度、每月都有大量的时尚产业活动在此举行。梁俊涛作为广东服装服饰行业协会副秘书长，在繁忙的工作中，在完成红棉国际时装城的工作任务的同时，身兼重任、多职，积极承担广东省服装服饰行业协会的相关工作。例如，在广东时装周、广东时尚产业大会、广交会、红棉国际男装周、流花时装节等省内各项大型时尚产业活动中协助展开组织、调度、执行等工作，保证了各项活动的顺利开展，为全省服装行业的时尚交流合作提供润滑剂，成为幕后默默耕耘的中坚力量，不计较个人得失，全心全意为广东省时尚产业服务，贡献自己的一份力量。

（5）参与编制《绿色专业市场评价标准：服装专业市场》。绿色、时尚、科技是中国纺织服装产业的新发展定位，为了响应国家政策、国家行业协会号召，梁俊涛积极承担任务，马上投身参与报告的编织，深入调查研究，不懂就问，遇到难题虚心讨教，下苦功克服。同时，又积极配合中纺联流通分会及越秀区经贸局工作，与相关人员良好协作，最终以大量一手、翔实的数据和材料支撑了报告的撰写，挖掘特点、亮点、创新点，顺利完成了国内第一部《绿色专业市场评价标准：服装专业市场》报告。可以说，为行业的绿色发展取得了创新性成果，推动全行业的可持续发展取得突破性进展，也使红棉国际时装城成为引领行业绿色发展的先锋典范。

平凡的岗位，对于每一个人来说都是一个不平凡的舞台，梁俊涛立足本职岗位，从一点一滴做起，从每一件小事做起，力求做到不平凡。就是这样一个普普通通的人，扎根基层，在平凡的岗位上倾情奉献、敢于担当，甘当发光、发热的螺丝钉。相信在今后的工作和生活中，梁俊涛将在岗位上继续发光、发热。在时尚产业的大家庭中，扎根一线，默默奉献自己的努力，在平凡中燃烧着火热的青春。

（二）彭凤平

女，湖北省孝感市安陆市王义贞镇人，初中文化，自2009年10月至今任职于东莞市三苑宜友服饰股份有限公司。十余年来，她一直跟随着公司成长的步伐而成长，其工作能力和态度深受公司领导赏识，同时，她与同事团结协作、和睦相处，备受大家喜爱。其出色的表现使其屡屡受到公司嘉奖，2010~2014年，年年荣获公司优秀员工称号。

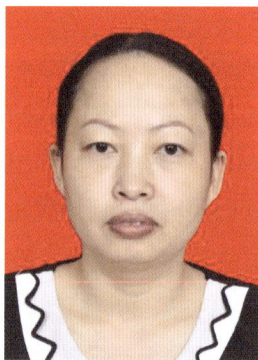

1. 干一行，爱一行，专一行，精一行

彭凤平现任职三苑宜友服饰股份有限公司生产部

专业技工。十多年来，经过公司各级领导的悉心培养及其个人的不懈努力，她逐渐从一名几乎毫无技工工作经验的普通员工成长为一名有着丰富工作技能的专业技术人员，先后做过打边车、拉车、平车、四车、四针六线员工。她在工作岗位上不断地学习和努力创新，尤其为公司产品的及时交付，以及产品质量及品牌形象的提升做出了不可磨灭的贡献。质量是企业的生命，服装生产的专业技术则是其生存根本，她所从事的工作正担负着这样神圣的使命，为提升公司及其品牌的知名度、美誉度和市场竞争力发挥了重要的作用。早在2007年进入公司做打边车时，她就曾就工作中遇到的问题积极地寻找解决的办法。同年12月，因家中父亲生病而不得已离职回家照顾父亲，到2009年10月时，她再次进入公司。此时因公司生产需要，她放弃了原本已掌握的及骨车技术，去努力学习此前并不精通的拉车，在此岗位上，她对拉条的松紧、尺度、与所做衣服的颜色匹配度等方面都曾提出了一些很好的建议，同时，在保证质量的前提下尽力控制空白拉条的长度，以节约公司原材料的成本。2011年，在因换季导致公司专车货源不足，而平车又极度缺人工的情况下，她又服从领导的安排，去做起了平车学徒工。期间，她虚心向师傅、同事请教，努力练好基本功。2013年，在四车紧张之时，她又被公司调去学四车，她又本着"活到老学到老"的思想很快掌握了此工序。2015年，她又适应公司生产需要，学了四针六线。多年来，她以公司的需要为己任，积极服从公司的工种调配，不断学习新的专业技能，为确保公司的产品货期和工艺水平做出了自己最大的努力。

优秀的企业是孵化人才的摇篮。彭凤平所在的三苑宜友服饰股份有限公司屡次被东莞市相关单位评为"守合同重信用企业""先进单位""员工满意企业"等，企业强烈的社会责任感深深影响着彭凤平，使她以高度的责任感和主人翁意识来对待工作，在普通平凡的工作岗位上怀着满腹热情兢兢业业，认真履行一名普通员工的责任，努力实现职业理想和人生价值观，以便更好地回报公司回报社会。她无条件地服从公司安排，不计较个人得失，做到干一行、爱一行，专一行、精一行，体现出优良的工作作风和无私奉献的精神。

4. 热心公益，顾全大局，常怀仁慈之心

在2008年四川发生汶川大地震之后，她积极响应国家的号召，在自己力所能及的范围内为震区捐钱捐物，尽自己的绵薄之力。随后，在2014年，当从公司湖南同事的口中得知湖南某镇发生火灾，烧毁了几家门面，现场不忍目睹之时，她又一次伸出援助之手，为同事的家乡送去自己的爱心捐赠。今年年初，在面对自己家乡爆发新冠疫情之时，她顾全大局，积极地配合当地政府的疫情防控工作，守在家里，不聚会、不串门、不远行、不扎堆，以实际行动护佑早日战胜疫情。她还规劝亲戚朋友，告诫他们对疫情保持科学、理性的态度，彼此宽慰、互相支持、团结一心、同舟共济，为疫情防控尽一份责任。

作为一名年轻的普通工人，她在工作中表现出了非常强的主动性和积极性，遇到困难的工作总是主动承担，从不推诿，从不拒绝，从不退缩；她以积极的态度对待各项工作任务，努力提高工作效率和工作质量，保障了每次重要工作的正常有序开展；她还努力提高自身专业素质，主动学习相关各类专业知识，并贯彻到实际工作中去。

她本着"踏踏实实工作，勤勤恳恳做人"的信条，真心诚意地对人，全心全意地工作，把做好本职工作作为自己最大的职责和最高的使命，深受领导和同事的好评。通过不断的学习、积累，她已经具备了丰富的工作经验和较强的专业技能，能够从容地处理日常工作中出现的各类问题，综合分析能力、协调办事能力等方面都有很大的提高，是大家公认的好员工、好同事。

（三）夏文

男，汉族，1979年12月出生，湖北天门人。1995年10月参加工作，群众，初中学历。现任职深圳联尚文化创意有限公司技术部经理。多年来，夏文同志踏实敬业，始终坚持在一线，刻苦钻研技术，提炼操作手法，练就了一

身精湛的服装制板技术。多次参加公司的工艺改革项目，2019年改良过的工艺还获得了国家专利。

1. 二十年如一日，以技术赢未来

20世纪80年代服装制作更多的是一种民间手艺活，夏文的父亲是从事服装技术生产工作的，从小耳濡目染培养出了对服装难以言表的情怀，由于家庭条件和出于对服装技术的热爱，夏文同志初中毕业后就跟随父亲到武汉学习服装制作。2000年初来深圳，通过自己不懈的努力、勤奋的学习，从一位普通的缝纫工、车板师、裁剪工、纸样师，一路走到公司技术主管，做一行爱一行，二十年如一日，兢兢业业，埋头苦干，从未脱离服装制作一行。在20多年从业时间中，由于表现突出、专业技术过硬，多次被公司评为优秀员工并选派外出学习。从业以来，夏文累计完成平面结构工业样板5000余款，成功率80%左右，并基本达到设计理念和设计效果。高级成衣市场累计销售40万件左右，创造经济价值8000多万元。工作期间累计为企业挽回经济损失200多万元。多次带领团队参加订货会，均取得客户好评。

2. 勤学苦练，技能创新、为企业持续发展增添后劲

服装产业是时尚行业，消费者对美的追求越来越丰富，要求也越来越高。由于服装制板占据了整个服装产品的核心因素，如有差错直接影响到其他环节的质量和整个公司的经济效益。所以公司对服装制板师的技术要求特别高。为适应工作，夏文研读了大量书籍，认真研究国内外的服装制作信息、先进的制板知识。另外，他还经常与同事交流分享，汲取他人所长。就是这样钻研拼搏、不断学习的精神，让他的技术在公司、在行业内广受褒奖，多次在省市级竞赛中脱颖而出。此外，他还敢于啃硬骨头，敢于突破自己，遇到新的工艺和技术上的困难加班加点去试验。不断改善工艺，令产品趋于完美。

2008年经济危机，一些生产的衣服成了库存，给公司也带来了巨大的压力，夏文带领同事成立了快速反应小组，根据顾客的需要实行服装的个性化的定制，避免了大批量的下单生产带来的库存压力，也使品牌的客户群增加了忠诚度。此方法使用后销售额明显上升，夏文也因此被公司提升为技术主管。

春夏轻薄衣服为了体现飘逸的效果一般都会有开

衩的结构，但是经过一段时间的洗涤和外力的作用，开衩的部位会裂开，产生大量的退货，严重影响公司形象，给公司带来不可估量的损失。通过反复的实验和改进，夏文终于找到了一个节约时间和牢固的办法，大大减少了退货率，虽然是一个小小的改进，但却为公司减少了不必要的损失。改进后的工艺也获得了国家专利。

近几年市场上非常流行宽松落肩款式，但由于宽松款式离开了人体的支撑点，没有了女装基本结构的省位处理，所以会产生一些衣身不平衡，前后起吊，袖子不圆顺等一系列的问题。夏文为迎合大众时尚需求，身扑工作台上，精益求精，通过对立裁结合平面的方法不断摸索和总结，他对于落肩打破传统固定的角度方法，采用衣身联动，根据衣服的宽松量来决定袖子的角度，使衣身和袖子能够平顺地结合，解决了衣身松量合理的加放、衣身平衡的效果。这一方法使工作效率提高了20%，大大地提升了制板准确率，节约了公司的研发成本。提高了产品板型的市场竞争力，为公司创造了无限的价值，自己也朝着服装制板技术专家领域迈进了一大步。

3. 鼓足干劲，力争成为行业领头羊

夏文坚持学习专业理论知识，先后在2013年考取深圳市服装裁剪工高级职业资格证，2016年考取了服装裁剪工技师资格证，2017年考取广东省服装制作工技师职业资格证，2020年考取了服装制版师高级技师。

同时他还积极参加市、省、国家级技能竞赛，在平台上和同行切磋技术，提高自身技术水平。曾获2014年福田区技术能手、2016年深圳市技术能手、深圳市十佳技能人才、全国十佳制板师优秀奖、广东省十佳制板师、2017年广东省技术能手、深圳职业能力建设专家库专家、全国服装行业技术能手、2018年福田英才、2019年深圳政府采购评审专家、龙华区龙舞华章高层次人才、深圳十佳技能人才、龙华区十大工匠、龙华区高技能人才、深圳市劳动模范等荣誉称号。

4. 甘于奉献，传承技艺

为了更好地为企业培养技术人才，营造共同成长、共同进步的良好氛围，他在自己进步的同时毫无保留将自己的技术传授给同事。2010年7月，他积极参加了企业培训师的课程，并顺利拿到结业证。相信"赠人玫瑰，手有余香"；2019年，他积极报名参加龙华区人力资源局举办的中小企业紧缺人才培训课程，无私地将自己所学、所得传授给他人，培训服装爱好者和服装从业人员工50余人，深受学员喜爱。2020年参加深圳服装行业培训学校服装立体裁剪课程，培训服装专业人员30余人。作为一个服装行业技术工作者，他不仅要学习，还要做好传、帮、带的责任，做好对其他服装技术从业人员的引导与帮助。

现在，夏文正在不断总结经验，进一步提高自己的管理及技能水平，使自己成为一名合格的知识型、技能型、创新型的职业技能带头人，为服装行业的快速发展尽自己的最大努力。

（四）陈辉

男，1981年11月出生，江西赣州人，大专文化，2001年参加工作，从事纺织服装工作近20年。于2012年4月加入广州依趣服装有限公司任营销总监职务。自入职广州依趣服装有限公司以来，工作表现优异，连年被评为公司"年度优秀员工"，三次获得年度"特殊贡献奖"。

2012年加入公司第一年，销售业绩增长率为107%，当年新增店铺124家。2012~2016年，年均增长率超60%，目前增长率仍超过30%。加入公司之初，公司面临渠道少且质量不佳的不利局面，销售规模一直在低水平线上徘徊，甚至可以说是处于生死一线间。正是在这样的不利局面下，陈辉临危受命公司营销总监职务，顶着巨大的压力的同时，依然满怀信心，迅速进行渠道的盘点和诊断，在前半年时间，几乎天天在外跑市场（曾经整月都在外省出差），一边调研，一边通过并利用自己的一些渠道资源，结合公司留下的少量的个别优质客户，进行市场基本面的布局和调整，以保障公司生存所需的基本销量规模，并以这些市场为火种进行单点引爆（在此期间打造出了

湖南攸县、安徽临泉、广东新会这样的年销售300万的县城样板店）。通过后期的品牌定位梳理、产品风格完善的配套工作，确定农村包围城市的以四线市场为核心的渠道战略，一边引爆种子市场，一边通过种子市场的效应吸引周边市场的加盟，以点带面，点面连成片。在市场渠道覆盖到一定量级的时候，特意对几个省级市场（如河南、山东、吉林、陕西）进行了精心的辅导培育（在着重对河南市场进行渠道布局的指导时，那期间陈辉刚好做了膝盖微创手术，行走不太方便，开车找停车位又费事，为了赶时间和便利，曾多次坐三轮车在郑州的各社区商圈考察调研，并在三轮车上探讨市场，畅想未来，此段奋斗经历已成为其本人和河南经销商们的共同美好回忆），使这些省级市场迅速成长为单省过50家店的大经销市场，并促使熙然店铺从县城一步步渗透开到地级市、省会城市，直到北上广深全部覆盖。目前，熙然已成功覆盖全国东南西北中的一~五线市场，真正做到了星星之火可以燎原。入职公司这几年，公司熙然品牌在全国遍地开花，使公司品牌进入了一个全新的发展阶段。截至目前全国门店近800家，解决就业人口近4000人。

2013年，因业务规模快速增长，公司于年底在江西信丰投资生产加工厂以满足销售产能，并因此在信丰创造了400多人的服装生产就业岗位。生产规模仍在不断扩张当中。

2017年，作为公司核心人才之一，与公司团队一起努力，使公司"熙然"品牌获得了"广东省著名商标"的殊荣。并且同时斩获最具商业价值女装品牌、最佳时尚女装奖等各项殊荣。

2018年，带领营销团队打造出了桂林、清远、珠海、南阳、襄阳等城市一市五店以上的高市场覆盖率的样板市场，同时打造出了北京新中关店、江西抚州店两家年销800万以上的样板店铺。以上样板市场的成功打造，进一步提升了熙然品牌在业内的知名度与美誉度，同时使公司的发展步入了从量变到质变的飞跃。

2019年，策划了与前GUCCI图案设计总监的联名款活动，联名款受到市场的高度好评，并取得了理想的销量回报。

2020年，在外部市场因疫情遇到重大困难时，带领公司直营团队优化直营渠道，发力提升直营店铺的单店销售与盈利能力。为了完成直营业绩的突破，经常在凌晨一两点守候门店的业绩汇报短信，并进行数据分析，对于有问题的门店，一定要在当晚打电话进行沟通解决，就这样一步一个脚印，一点一滴前进。熬过了艰难的2020年上半年，进入下半年时，直营店同比增长30%以上，并且有三家以上店铺同比增长率超50%，商场品牌销售排名位列前茅，多家门店被商场评为年度最佳人气奖、年度最佳合作奖、年度最佳业绩突破奖等殊荣。

作为公司营销总监，不舍昼夜，在他人欢度节日、幸福地过着周末休闲生活时，经常奋战在市场一线开拓布局市场，促进门店销售，把品牌的渠道布局到了全国各地以及主要城市，同时进驻了众多全国知名商场，如万达、永旺、凯德、银泰等，并带领团队成员在各大市场打造标杆店铺。在完成工作任务和指标的同时，注重对人才的带教工作，为公司和社会培养出了众多优秀销售人才。

2020年疫情期间，面对实体市场的停摆，积极思索应对策略，让公司以及经销商减少损失，增加销路。在疫情严重的大部分时间里，陈辉每天工作10小时以上，快速组建直播团队，进行线上直播销售，在一定程度上缓解了市场停摆带来的库存压力。疫情相对缓解后，快速进行销售门店的重建工作，让门店员工能够正常上班，保持稳定的工作收入，做到了终端门店的零裁员，为社会的稳定贡献微薄之力。进入下半年后，门店业绩基本恢复到去年同期水平，而直营门店则同比增长30%以上。进入下半年以来，直营门店仍在积极拓店中，以期2021年有更大的业绩突破。

经历过疫情的冲击，陈辉深感单一渠道的抗风险能力较弱，为此，特意建言公司建行全渠道建设，并亲自开辟线上渠道，如唯品会、天猫、微商城、抖音直播等，并于2020年11月前全部布局完毕，其中，唯品会渠道今年表现优异，较大程度弥补了线下萎缩带来的业绩影响。

市场瞬息万变，唯有进化自己与组织的能力才能应对变化。所以平时特别积极参与业内交流与学习，在学习的同时，无私分享个人的工作心得与经验给到同行，以期一起提升进步。并利用业余时间，从事服装市场营销理论方面的总结与传播，以文字形式发表到自媒体平台与大家分享。

如果说生命是一本自己描绘的日历，那么每一页都记录着清晰可辨的足迹，没有惊心动魄的故事，也没有色彩斑斓的传奇，只有踏实努力、认真负责的工作历程，在平凡中燃烧自己，为自己、为家人、为公司、为社会贡献最大的能量和价值。

（五）刘国畅

男，1994年4月出生，广东湛江人，大专文化，2013年参加工作。2018年被东莞市服装服饰行业协会评为优秀生产管理者，2018年被评为东莞市纯衣服装有限公司的优秀员工，现任东莞市纯衣服装有限公司生产总监。

2013年，他还是个年轻的小伙，在公司发展初期便加入了纯衣公司，质检是他的主要工作。通过自己的刻苦努力和团队伙伴们的帮助，2014～2016年他逐渐成长为优秀的生产计划部主管，深知自己有很多不足，必须要比别人加倍学习，期间他起早贪黑严格制定了部门的制度，与团队每天标准地完成客户订货计划，及时准确地编制生产作业计划，原材料采购计划和标准件计划，保证计划的准确性、及时性、可操作性，严格控制库存量，制订了合理的库存，做到既满足生产又最大限度减少库存，以高标准生产目标为己任，进一步加强计划管理，严格控制，加强考核力度，在节约成本上下功夫，以精益求精的标准严格要求自己。功夫不负有心人，他凭着刻苦耐劳，一心以公司利益为中心的工作态度，得到了领导的提拔成为生产总监。

2016年公司开发新品POLO衫，布料的质量把关是最重要的难题，他很快成立小团队，并攻坚克难，刻苦把关，取得显著成绩，品质高度得到客户认可，高尔夫珠地面料POLO衫快速地在市场铺开，比预期要好几倍，现在生产量已经成为主要要解决的问题，而且公司研究决定，必须要趁势而上以好的口碑快速开发新款占领市场，随后要先后开发十几款POLO衫，此时他知道生产部会遇到前所未有的挑战，产量与布料研发品质把控非常重要。

为了企业能够创造经济效益，他与团队不时彻夜商讨，寻讨解决方案，顶着巨大的挑战，不断地吸收新的东西，多地调研。他深知这个过程有多艰难，也深信不断地改革创新才能保证公司利益，2018年引进了计算机智能自动化裁床和智能信息化服装吊挂缝制生产系统，逐步形成"纯衣智造的产业布局"，助推传统制造业实现企业转型升级，进一步减少企业生产用工总量，优化工业技术流程，提高劳动生产率和产品优质率，提升企业发展质量和水平，进入智能制造的新时代。

从2014年月生产量18万件，至2018年月生产量提升到180万件，提升了10倍以上，这是一项重大的提升，在他及其带领的团队的努力下成立了公司自己的多家织布厂及与多家织布厂和染厂达成了股份合作协议，从集棉纱采购、织布、定染到生产品控为一体，确保了从纱线到坯布，从裁片到成衣，每一道工序都在自己工厂的监管上面生产，做到了行业标准流程在管理下进行，每一件产品都采用优质的品牌纱线及长期稳定的染色标准，再加上严格的定型预缩水处理，力求做到产品质量、颜色、尺码的长期统一与标准化，真正做到了加质不加价，为客户带来了更低价更优质的产品，加快推进了公司发展的步伐，为公司的快速发展打下了坚实的基础。2016~2020年订单量也从300万件增加到1000万件。

2019年5月他及带领的团队联合南栅社区组织了"无偿献血献爱心"公益走进纯衣公司。活动现场挂起了横幅来营造献爱心气氛，迎接员工的到来，据统计本次献血活动有80多名员工参与。他及带领的团队一直倡导员工需要有一颗爱心，每个人都要担负起社会责任，所以组织本次活动让企业员工们一起参与到无偿献血的行列中来，为社会献上一份爱心。

不管现在成绩如何已经成为历史，未来需要更努力去拼搏成为更好的自己，遇见更好的未来，以更优秀的自己为社会做贡献。

（六）陈冠杰

男，1984年1月生，广东佛山人，本科文化，中共党员，工程师，2008年参加工作。现任佛山中纺联检验技术服务有限公司研发部高级经理，负责科研项目工作以及设备采购和实验室建设工作。先后荣获"中国纺织工业联合会检测网络先进工作者""中国纺织信息中心先进工作者""中国纺织工业联合会检测中心集团先进工作者""匠心永恒"优秀科技工作者100强"。

自加入佛山中纺联检验技术服务有限公司以后，陈冠杰同志一方面努力在技术岗位上创造业绩，完成工作任务；另一方面专心于科研项目研究工作，作为科研项目小组长，带领组员完成一个又一个的科研项目研究工作。从2013年开始加入科研项目研究工作，到2016年开始担任科研项目小组组长，直至今天，一共完成15个科研项目工作。在陈冠杰从事科研项目工作过程中，对功能性静电测试和成分检测测试等方面的设备改造有突出成就，申请了2项发明专利，取得了11项实用新型专利，发表专业论文9篇，参与起草团体标准2项，行业标准1项。

陈冠杰同志自加入科研项目研究工作以来，高度重视知识产权保护，所取得专利均通过科研项目产生，代表了我司在技术研发方面的努力与成果。我司知识产权技术均应用于主营业务以提高纺织品检测服务的专业水平，为客户出具权威的第三方检测报告。所以，这些专利技术对提高纺织品检测的准确性和稳定性起到至关重要的作用，既提升了企业在纺织品检测行业的竞争力，也让企业获得一定的市场话语权。

2012年2月至今，陈冠杰同志一直服务于佛山中纺联检验技术服务有限公司，先后做过偶氮、功能检测技术员、技术二部主管、研发部经理。拥有扎实的基层工作经验。4年来，对纺织品检验检测、检测标准均能准确研读并开展实验，在测试过程中有针对性地提出实际操作遇到的技术问题，并带领科研小组深入研究并攻破。另外对纺织品检测设备的改造也作出了突出贡献。经历不同测试岗位，感受到技术作为基础要先行的重要性，通过科研项目研究及设备改造的深入开展，深刻体会到标准化工作及纺织品服装检测，对纺织行业产品质量提升的重要意义。

在技术管理方面，承担起公司羽毛羽绒与致癌芳香胺测试液相色谱法新项目开展的技术工作。从标准研读、到实验室改造、到仪器购买最后到项目成熟开展，每个步骤扎扎实实。同时组织培训人员按照检测流程卡要求、检测标准要求、设备操作规程要求开展工作，保证检测结果的准确、及时，确保设备的正常运行，成功让检测人员掌握羽毛羽绒、致癌芳香胺测试液相色谱法、微生物的检测技术，最终帮助公司成功取得相关的行业认证。其中羽绒新项目的开展顺利通过了CANS和CMA认证，致癌芳香胺测试液相色谱法取得了CANS认证，微生物相关产品标准取得了CANS和CMA认证，为扩大公司检测能力范围、提高行业技术与质量作出了很大的贡献。

2020年，在"新冠肺炎"疫情发展初期，中纺联检集团一直密切关注疫情的发展动态，相关领导探讨判断随着疫情的逐步发展，市场将出现大量的口罩、防护服等防疫物资的缺口。检测中心作为第三方检测机构，面对此次疫情也应发挥作用，承担起应有的责任，为防疫物资的生产提供技术和品控支持。陈冠杰同志响应佛山实验室的紧急号召，积极投身复工复产，参与组建项目攻关小组，以最短的时间研发攻关，扩充各类口罩和防护服的检测能力。

防控就是任务，疫情就是命令。作为公司的设备采购和基础建设的负责人，陈冠杰同志义无反顾地接下了艰难的任务。复工初期，由于设备、耗材均处于市场紧缺状态，陈冠杰同志迅速与公司高层决策，第一时间与现货供应商、经销商签订供货协议和意向性协议，保障了设备、耗材的及时供给。协议签订时，价格依旧遵循原市场价格，为公司节省了大量的资金。同时，在扩项期间持续联系供应商，协调资源，配合供应商进行设备研发、货期跟踪、运输调度以及制订多项应急备用方案。

时间就是生命，抗击疫情刻不容缓，按政府要求的准许复工人员的数量，各岗位人员根据扩项需求，轮班进入实验室，并迅速进入工作状态。扩项期间，

陈冠杰同志以身作则，身先士卒，支援各个岗位人员加班加点、齐心协力完成了现有设备和场地条件下所有医卫用项目扩项准备工作，并顺利完成扩项申请的提交。

疫情发生以来，陈冠杰同志作为研发部负责人，指导本部门人员，完成口罩、防护服的外标翻译，加快外标扩项进度，同时不断加大宣传力度，让防控措施和防护知识深入人心，高站位做好疫情防控各项工作，撰写热点新闻的内容与检测内容相结合的相关推文，有效提升消费者对防护用品的认识和了解。

在这五个多月的时间里，在陈冠杰同志的带领指导下，先后进行了4次实验室扩建改造，采购58台/套检测设备，有效助力实验室扩项工作，帮助公司通过了4次CMA、3次CNAS评审，并顺利获得了认可资质。目前，佛山实验室对医卫用口罩、防护服测试项目形成了全面覆盖，技术能力跃居国内领先，测试产能位居行业前列，有效为生产转产企业排忧解难，严把防疫物资质量关，为抗击疫情做出了应有的贡献。

（七）谢正华

男，1964年11月出生，湖南邵阳人，大专文化，中共党员，现任佛山市全顺来针织有限公司生产总监。1983年开始参加工作，1983～1997年多次被邵阳市内衣厂评为优秀工作者和优秀管理者；2009年评为全顺来公司优秀管理者；2020年7月，全顺来针织有限公司获得"广东省新冠肺炎疫情防控物资保障工作重要贡献企业""广东省抗击新冠肺炎疫情组织工作优秀民营企业"殊荣。

谢正华同志于1980年6月进入纺织行业学习，1985年加入中国共产党，从事纺织行业至今已有40余年。自参加工作以来，他一如既往地拥护共产党的领导，模范执行党的路线、方针和政策，积极向党组织靠拢，遵守国家法律、法规。他立足岗位、奋发进取、开拓创新、勇于奉献，无论在何种岗位都热爱工作，兢兢业业、踏踏实实、勤勤恳恳，其突出的业绩

和务实的工作作风得到了领导和同事的充分肯定，多次被评为优秀工作者和优秀管理者，为纺织和服装行业的快速发展做出了重要贡献，并在行业内赢得了非常好的口碑。他性格开朗，乐于助人，积极帮助同事解决工作和生活当中的困难，具有良好的沟通能力和团队协作能力。尤其在今年抗击新冠肺炎疫情的战役中，谢正华同志不负众望，以身作则挑大梁带领全体生产部门工作人员全力以赴，顺利完成防护服生产指标，完成了省工信厅物资保障一组、省服协及全顺来针织有限公司赋予的防护服生产任务，对全国抗疫防控贡献出自己的全部力量。

1983年谢正华同志进入湖南省邵阳市内衣厂工作，期间主要负责新纺织技术开发和新仪器设备引进。1985年谢正华同志赴日本学习后，设计并建立了针织大圆机生产线，为企业技术设备的升级作贡献。

2004年谢正华同志入职佛山市全顺来针织有限公司，主要从事产品开发和生产管理，传授专业知识和经验给供应商和工人，与客户和同事建立了良好关系。2020年，在广东省新冠肺炎防疫指挥部物资保障一组和省服装协会的号召下，谢正华同志主动请缨加入"医用一次性防护服"生产，他充分发挥了党员先锋模范带头作用，冲刺在一线。仅用36小时，他们建成了第一个十万级的防护服生产车间，仅用不到一个月，产量从100件增加到2万件，他们出色地完成了防护服生产任务。作为一名身处传统制衣行业40余年的老党员，谢正华同志率先垂范，用服装人的一针一线编织起一个牢不可破的生命防疫网。

（八）陈宝洪

男，1981年5月出生，广东潮阳人，大学本科学历，中共党员，2001年参加工作。时任白马公司总经理，社会职务方面现为广东省服装服饰行业协会常务副会长、广州服装行业协会执行会长，从事服装产业运营12年，具有深刻的行业理解和敏锐的创新意识，以创新创意驱动市场转型升级，带动服装产业渠道升级和品牌升级。"白马模式"有效保障市场运营，为专业市场同行所借鉴，为地区经济和产业发展发挥了重要作用，其本人也被越秀区政府评为"2019年越秀区杰出产业人才"。

1. 工作实绩方面

（1）推进转型升级，促进商圈提档升级。秉承"环境舒心、服务贴心、经营放心、不断创新"的经营理念，作为企业负责人陈宝洪及白马团队致力于营造现代化国际化营商环境，实现老市场新活力。自2006年以来，白马每年安排1000多万元对基础硬件和商业形象进行改造升级，打造国际化的服装展贸平台，累计已投入1.5亿元。市场从原来的三现交易成功转型为品牌展贸模式，在白马的带动下，广州各大服装商圈更加重视市场转型升级，服装商贸流通环境不断优化。2016年，白马也被广州市商务局认定为首批"转型升级示范市场"。

（2）优化产品提升，加速服装品牌孵化。陈宝洪作为项目副总期间，牵头制定了严格的市场准入制度，引导商家重视原创能力建设，为"一手货源，原创设计"搭建了高效展贸平台。同时，打造六位一体品牌加速体系，通过引入广州纤检院权威检测配套机构、建设知识产权保护站、组建商业地产联盟、创建新媒体营销体系等措施，提升了市场的整体品质和时尚调性，着力培养和扶持原创原厂品牌。近十年，白马共孵化80多个中国成长型品牌和20多个优秀渠道商品牌，受到同行及中国纺织工业联合会流通分会的高度认可，2017年白马被其评为"中国时尚服装原创设计基地"以及"中国服装品牌孵化基地服务典范"。在中央电视台庆祝改革开放40周年大型纪录片"我们一起走过"中，白马市场和白马品牌时尚嘉丝蔓更是作为全国服装市场和品牌代表登陆央视首发仪式。

（3）重视信息化建设，引领行业智慧市场建设。陈宝洪带领团队致力于推动行业市场信息化工程建设，2015年协同团队开发全国首套专业市场运营的信息化管理系统"阿发"系统和"阿宝"专业市场会员运营系统，实现人货场经营数据化，有效地提升了商铺的运营效率，得到品牌商和市场同行的高度认同，目前该系统已在重庆大融汇等现代新兴市场推广应用。

（4）打造线上线下双轮驱动复合商业模式。2008年以来，白马公司累计投入9000多万元拓展电商业务，先后建立"白马服装网"资讯平台和手机白马APP商城，推动白马与阿里巴巴合作建立线下服务中心，服务流花商圈客户，广州白马电商亦先后被中纺联流通分会、广东省电子商务协会等机构评为"中国纺织服装电子商务示范单位""广东省电子商务100强""越秀区电子商务应用示范基地"等荣誉称号。2013年起陈宝洪开始担任电子商务总监，统筹推进相关电商业务，2018年以来陈宝洪致力于推动建设网上服装展厅及直播间、线上直播带货、云走秀、云逛市场等新营销模式，特别是在新冠肺炎疫情期间，根据市场变化迅速组建社区运营团队，以手机白马直播小程序商城和微信社群运营，形成"线上引流""社群聚粉""直播成交"的新模式，结合自主开发的"阿发"商品系统和"阿宝"会员管理系统，精准匹配专业批发、零售客户的需求，全面协助商户提升"线上获客"的能力，帮助品牌商度过最艰难的疫情期，维护了市场稳定。

（5）资源整合开创性打通专业市场和零售渠道。2017年，陈宝洪主导组建"BM集合馆"模式，带领团队整合供应链资源，打造全新高性价比集合品牌商业模式，结合白马优质供应链和商业地产联盟资源，在湖南、湖北、四川等地成功地和"湖南友谊阿波罗"集团等零售地产巨头合作，开创专业市场自创"集合"品牌先河，打造渠道品牌落实体系，为专业市场同行所借鉴，该创新商业模式曾被"广州日报"等权威媒体广泛报道。

（6）严抓安全，白马安全管理成广州市标杆。

2.突出事迹

陈宝洪是近十年来白马市场运营和转型的主要参与者和推动者，在市场转型升级、品牌孵化、电商平台建设、商业模式创新方面均发挥了重要作用，作为一名共产党员和国企管理人员，不忘初心，时刻谨记国企责任，他的勤奋和奋斗，影响和带动了团队，也感动了客户。其热心公益，积极统筹商家资源，积极参与抗震抗洪抗疫等救灾活动；作为行业代表，积极为广州时尚产业发展建言献策，致力于推动区域经济繁荣和行业发展。

（九）黄坤

男，1974年4月出生，广东湛江人，本科文化，中共党员，1996年7月参加工作。担任广东省东莞市虎门富民投资有限公司党支部书记、公司副总经理兼虎门富民时装城总经理。在纺织服装专业市场领域从业24年的他，热爱祖国，热爱本职工作，坚持以习近平新时代中国特色社会主义思想为指导，政治坚定，遵纪守法，敬业求实，成绩显著。

1.发挥基层党组织的领导核心作用，带领商家创业致富

"要想富，跟着富民党支部！"这是流传在众多富民商家的一句口头禅，也是富民党支部以党的全心全意为人民服务的基本要求为宗旨，带领市场商家辛勤创业，发家致富的真实写照。

在上级党组织的领导下，富民党支部充分发挥基层党组织的领导核心作用，作为党支部书记的黄坤同志带领团队把日常的市场管理服务工作，延伸到品牌培养孵化工作中去，团结带领旗下富民时装城、富民服装商务中心、富民布料市场、富民鞋业皮具城、富民百家商场、富民小商品市场六大专业市场的经营户，将服装、鞋业、布辅料等产业经营得红红火火，培养、孵化、扶持、壮大了一批又一批带有"富民"印记的优秀品牌，最典型的代表就是——以纯、衣讯、利索等知名服装品牌，因此，富民也被誉为"品牌孵化器""企业家的摇篮"。

2020年10月20日，在辽宁西柳举办的"2020全国纺织服装流通领域党建经验交流研讨会"上，黄坤同志做了《把党建工作延伸到品牌培养孵化工作中去》的主题交流演讲，分享经验，坚持"企业发展是党建工作的第一要务"的观念，围绕经营抓党建，抓好党建促发展，积极探索党建工作与企业发展相融合的新形式、新方法，实现企业党建和生产经营同步发展。

2.发挥"品牌孵化器"的功效，积极打造"富民"大品牌

虎门是英雄的热土，中国近代史开篇地，改革开放先行地。改革开放40年来，虎门大力发展服装服饰产业，先后获得"中国女装名镇""中国童装名镇"等多项国字号殊荣。

富民是虎门的商贸龙头企业，先后开发兴建运营了富民时装城等六大系列市场。其中，富民时装城先后荣获中国十大服装专业市场、中国服装品牌孵化基地、中国百强商品市场、中国（华南）原创品牌服装采购中心、中国优秀示范市场、中国服装行业最具影响力专业市场、中国纺织服装行业"十大标杆市场"等国字号殊荣。

兼任富民时装城总经理的黄坤同志，坚持发挥市场"品牌孵化器"的功能和效应，蓄水养鱼，富氧肥鱼，依托富民时装城这个市场平台，先后培养扶持了以秀、羽豆、吸引力、添美社、年轻色彩、依芝柏、猫咪、枫的色彩、鑫羽格、曼崎贝尔、超然、情缘俏妹儿、柏松子、零库存、妙玲、鸿利容达、玮丁目、席薇亚、印迹、海百合、艾迪仙果、姐妹怡、Q之一族、甜丝邦、乐依尔等一批中国成长型服装品牌，这些品牌在"富民"这片沃土上发展、成长、壮大，获得了物质财富、精神财富，实现了人生价值。

3. 力担重任，紧抓"市场升级""产品升级""渠道升级"

富民公司的主体就是市场，市场里的主体就是商户。如何将市场这个"孵化器"运行得稳定而高效，让更多的商户成长为"品牌"，这是黄坤同志不断在思索的问题。作为"引航者"，黄坤同志带领团队不断调研、取经、探讨、研究，抓牢三个重点：一抓市场升级，着力市场软硬件建设提升，全面优化提升营商环境。二抓产品升级，即引导商家重视原创设计、扎实做好品牌提升。三抓渠道升级，不断强化渠道建设，促成交易。

2015～2020年，在每年11月的中国（虎门）国际服装交易会期间，都举办"富民时装节"。这项活动由中国纺织工业联合会流通分会支持，是为虎门富民原创服装品牌、各地采购商而搭建的最直接的供需对接平台，也让来自全世界的广大客商充分认识了"虎门产业的厚度，南派服装的高度，富民品牌的力度"，从而真正了解富民时装城是建立在虎门雄厚的产业基础上的一颗闪亮的明珠，而富民商家通过"前店后厂"的模式使

产品具有高性价比、高竞争力，从而实现了采购商与品牌商家的精准对接和供需双方的长久的合作。

4. 带领富民志愿者助力防疫攻坚战

自新型冠状病毒疫情发生以来，富民公司按照虎门镇委镇政府、广东虎门集团关于"防控新型冠状病毒感染"的工作部署，迅速行动，共克时艰，助力打赢这场疫情防控阻击战。

除了做好自身的疫情防控工作之外，虎门富民公司还响应虎门镇委镇政府、广东虎门集团的号召，组织27名志愿者，奔赴虎门镇各个防疫一线，承担起虎门镇风险较高的工作场所内部防疫检查和后勤服务工作。

第一个报名参加本次志愿者的就是黄坤同志，他说："疫情就是命令，防控就是责任。我是党员，我先上。我是党支部书记，我要带领支部党员一起上。我们众志成城、团结互助，定能打赢这场疫情防控攻坚战！"

黄坤同志一方面要忙于富民时装城的防疫复工工作，一方面还不顾疲惫地在虎门防疫工作场所协助进行消毒工作。在其带领下，富民志愿者们勇往直前，斗志昂扬、不怕疫情，自愿奔赴防疫一线，共同描绘了一幅立马横刀，战"疫"一线的志愿者"群英图"。

（十）杨志雄

男，1980年6月出生，广东广州人，大学本科文化，群众，2002年参加工作。2017年被评定为"海珠区创新创业人才"，是"海珠高层次人才联盟"主席团成员。拥有中山大学管理学专业背景和多年的大型商业地产公司高管经验，2015年起投身纺织服装流通领域，自2015年3月起至今担任广州联合交易园区经营投资有限公司执行总经理，全面负责公司及旗下项目广州轻纺交易园的运营管理工作。

任职期间，杨志雄凭借其专业的理论基础、丰富的管理经验和前瞻的发展视野，积极推行实施多项创新举措，扎实推进交易园革故鼎新、突破传统，为中大纺织服装产业及传统专业市场的转型升级做出了重要的有益探索，其工作实绩得到了市、区政府部门及

纺织服装行业的充分肯定和认可。2017年，杨志雄获得了广州市海珠区人民政府"海珠区创新创业人才（高级人才）"的评定和表彰，多年来被推举为广东省服装服饰行业协会常务副会长、广州市服装制板技术学会会长、广州专业市场商会副会长、中大国际创新谷纺织产业联合会副会长等。

经营管理上，杨志雄大力推动构建规范化、精细化、系统化的园区管理运营服务体系，持续推进和完善公司制度体系和管理流程，不断加强内控建设、物业管理和客户服务的管理实力，带领公司获得了ISO 9001:2015质量管理体系、ISO 14001:2015环境管理体系标准双认证。坚持战略引领，在全国率先提出构建服装设计中心、面料研发中心、板型服务中心"三个中心一个生态圈"发展战略，以面料品牌化、研发数据化、设计产业化、制板平台化的工作思路推动交易园打造成为一个以研发设计为主导业态的纺织服装时尚创新产业生态园区，推动传统专业市场向产业创新服务运营平台蝶变。

思想政治建设上面，作为无党派人士，杨志雄在公司运营过程中十分重视党建引领作用，大力支持公司非公党建工作，鼓励公司党员领导干部积极发挥先锋模范作用，并积极响应红联共建号召，推动以党建指导形成的组织优势转化为发展优势。公司党支部获"广州市非公有制经济组织先进党组织"称号。

在产业服务方面，杨志雄带领运营团队以科技打通供应链壁垒，投资孵化了"广州设界"产业供应链创新服务平台，帮助设计师迅速提升时尚设计的效能，推动了面料与设计高效连接。2020年"广州设界"获评为广州市"花城时尚优秀服务平台""第一批专业市场转型升级共创空间单位"。

以大数据激发企业创新研发。2017年起，杨志雄带领团队率先在专业市场开创"大数据+趋势"资讯服务，至今已独家分享发布《中国纺织工业分析报告》《线上平台男裤销售分析报告》《面辅料采购商分析报告》等服务成果10余项，为专业市场的纺织企业和商户、设计师提供了在面料新品开发、服装设计等环节的高效研发和精准营销参考。

以教育赋能产业升级。2016年，杨志雄协助公司创办了意大利顶尖服装打板设计学院——卡罗世纪服装设计学院广州分院，积极参与了分院的经营发展和教学计划决策；2019年打造了交易园商学院，主导举办了"纺织服装品牌专业人才培训课"等纺织服装产业专题教育课程，以产学研互链赋能企业和从业人员提升研发设计、品牌建设、供应链管理、营销推广等方面的水平。

以赛事平台培育产业技能人才。2017年杨志雄主导举办"广东省十佳服装制板师大赛"，从100多位制板师中通过各轮比赛遴选出了21名先进的技能人才加以表彰。这个赛事平台以推动制板技术进步、提升从业人员的行业地位为主旨，在加强制板师对服装制板技术的锻炼以及服装制板人才的培养之外，也将制板师的品牌形象、制板技术和好的板型体验更完整、立体地呈现在行业内外面前，帮助制板师与外界进行对话和交流，营造了对服装制造技术精雕细琢、精益求精、积极提升服装制造技能水平的行业氛围。

在杨志雄的管理带领下，交易园的研发、设计及产业创新服务等业态结构不断优化，聚集了众多的优秀设计师、原创品牌、品牌面料等创新资源；面料生活馆、品牌旗舰店、设计师工作室等时尚场景峰峦林立；发布展示、贸易金融、数据趋势、教育孵化、供应链服务等高素质全方位的生态体系服务一应俱全，引领了中大纺织商圈由传统单一的交易场所向时尚产业服务平台转型，对广东省纺织服装产业的转型升级起到了一定的推动作用。

多年来，广州轻纺交易园在杨志雄的领导下荣获了国家工信部、科技部、国家纺织服装行业、省、市、区各级政府和权威行业组织授予的多项荣誉称号："纺织服装创意设计试点园区""国家级科技企业孵化器培育单位""国家级众创空间""国家级知识产权保护规范化培育市场""省级工业设计中心""广东省小型微型企业创业创新示范基地""广东省生产性服务业功能区示范单位""广州市中小企业公共服务示范平台""《纺织服装周刊》'十大产业园区'""广东服装行业标杆型专业市场""广州专业市场行业模式创新创建项目"等。

作为纺织服装产业服务平台的关键管理人员，杨志雄从全局性、前瞻性、战略性的高度思考问题，工作思路明晰有序，领导决策科学正确，部署落实措施得力，其专业水平、管理理念及工作实绩受到了政府部门及业界人士的赞赏和认可，是海珠高层次人才联盟第一届主席团成员，并多次受到行业协会、高等学府、社会科学研究院等组织机构的邀请，作为行业专家为区域的发展、产业的进步和人才培养建言献策，多方贡献智慧与力量。

三、全国纺织工业先进工作者

曹宇昕

男，1977年9月出生，江苏盐城人，在职研究生，中共党员，1997年7月参加工作。时任深圳市大浪时尚小镇建设管理中心主任。

2007年7月至2014年12月，曹宇昕牵头负责了深圳服装产业集聚基地筹建工作，完成了108万平方米的土地规划，完成了土地征收、青苗补偿；完成了近3亿元政府投资项目，包括土地平整、道路"三通一平"、边坡整治等工程；完成了卡尔丹顿、歌力思、爱特爱等16家时尚企业总部的建设和投产运营，其中玛丝菲尔总部、艺之卉百年艺术博物馆、沐兰艺术大厦等项目现已成为区域地标；组织规划建设了深圳市服装公共服务平台，为行业发展提供了近3万平方米的公共服务承载空间。以构建全方位现代时尚产业体系，以打造世界级产业集群为目标，大力推进时尚产业发展和时尚人才引进集聚，各项规划建设全面升级和提速，已形成以服装产业为核心，集产、学、研、销、展、游为一体的时尚创意产业聚集区。

曹宇昕牵头推动了深圳市大浪时尚小镇建设。2018年4月至今，参与了广东省第一批省级特色小镇申报、大浪时尚小镇新一版城市设计，规划建设时尚产业学院、时尚艺术酒店等项目；完成了小镇现代产业体系中长期发展规划编撰，明确了时尚产业1+4+6产业目录，组织编撰了2018～2020年、2021～2023年两版《龙华区关于大浪时尚小镇支持时尚产业发展若干措施》；完成了深圳市服装公共服务平台时尚发布

中心、设计师孵化中心、金顶大师工作室等的建设工作；参与"世界级时尚小镇"规划、建设试点工作。在他的推动下，小镇定位依托女装时尚品牌优势、深圳时尚科技优势、粤港澳大湾区的国际商贸和消费市场网络优势，突出创意设计能力，依照"两区三中心"的功能框架，全力建设粤港澳大湾区时尚企业总部集聚区、时尚创意人才集聚区，打造湾区时尚科技中心、时尚发布中心、时尚消费中心。

曹宇昕对粤港澳大湾区纺织服装业向时尚创意产业的转型发展起到了推动性作用。在其组织和参与下，截至2020年12月，大浪时尚小镇入驻的时尚企业数已达569家，时尚产业产值接近200亿元，成为深圳唯一以时尚创意为主导的产业片区。小镇内已落户新百丽、玛丝菲尔、歌力思、影儿、艺之卉、卡尔丹顿、梵思诺等行业龙头企业，带动多家服装、鞋帽及时尚配套企业进驻，形成了"全国女装看深圳，深圳女装看大浪"的产业格局。目前小镇企业已累计获得中国驰名商标6个，广东省名牌产品17个，广东省著名商标9个，注册专利数超300个，引进服装设计师近千名。小镇荣获"国家自主创新示范区""国家外贸转型升级示范基地""全国时尚服饰产业知名品牌示范区""时尚产业集群区域品牌建设试点""中国服装区域品牌试点地区""广东省首批特色小镇创建示范点"等国家级、省级荣誉。国家发改委将大浪时尚小镇作为传统产业转型升级典型案例，在全国进行推广学习。中国纺织工业联合会与龙华区签署战略合作协议，共同推进"世界级小镇"建设试点。大浪时尚小镇已成为全国标杆性产业集群，中国服装行业发展的一面旗帜，粤港澳大湾区的一张绚丽时尚名片。

曹宇昕近年来着力推动时尚产业高质量发展。在他的主持下，深圳市十大文化街区大浪时尚小镇时尚"百家名店"街建成，在未增加一平方土地供应的前提下，通过道路整修、拆除工业园围墙、释放公共空间的方式，整合了近七万平方米的商业面积，吸引了120余个国内知名品牌入驻，目前街区已成为深圳著名的时尚消费、时尚文化体验首选之地。与行业主管部门共同推动了时尚产业数字技术创新联盟在小镇成立，积极推动中国（深圳）数字时尚创新示范中心建设，开展北京服装学院深圳研究院、深圳职业技术

学院大浪时尚学院建设。在他的牵头下，建设了小镇新媒体矩阵，大浪时尚小镇公众号三年运营时间成长为拥有22万粉丝，常读用户2万+，单篇最高阅读量15万+，带动了小镇微博、抖音号等新媒体，发展势头良好，获得了腾讯第八届广东政务互联网《2020年政务新媒体民生服务精品案例》、2018年龙华区"网络正能量政务新形象"优秀政务新媒体等荣誉。

曹宇昕积极推动大浪时尚小镇科技赋能与数字化转型工作。数字化将发展成为小镇时尚产业的新型基础设施，着力打造企业的数字时尚新生态，开创共生共享共赢的时尚发展新模式。贡献了数字时尚发展的大浪小镇模式，催生数字时尚发展模式的多元化，通过时尚产业数字化和时尚数字产业化，在数字设计、智能制造、数字供应链、数字零售等方面探索发展模式，推动时尚产业基础高端化和时尚产业链现代化。丰富数字时尚应用场景，催生时尚品牌的不同数字时尚路径，为全国时尚品牌企业提供了有益的借鉴。招商引资了罗拉密码、鲸喜科技等一批直播企业落户小镇，开启了小镇数字化新零售的业态序章。在其推动下，小镇企业与高校及研究机构开展项目合作，共拥有授权专利654件，远高于同类特色小镇。小镇入驻企业成立深圳大浪时尚服饰产业（标准）联盟，参与12项轻纺类国家标准制（修）订工作，编制发布了首个联盟标准《服装企业产品质量安全全过程管理规范》。

曹宇昕任职小镇党委副书记以来，带领小镇党员干部走出了一条以党建引领特色小镇建设、助力产业发展的新路子，小镇党委先后获得了"广东省两新组织党建工作示范点""深圳市先进党组织"等荣誉称号。小镇党委在曹宇昕的带领下，坚持"企业有所需，党委有所应"的工作理念，建立了"三针三线"党建工作模式。一是党委统领，"穿针引线"，构建大党建格局。带领小镇223名党员干部，共建立了27个党支部，其中非公党支部26个，非公企业党员占比96.3%，大部分为时尚企业高管和设计师党员，通过积极牵桥搭线、整合资源，共商共议小镇发展。二是做好"三员"，细针密线，完善大服务网络。当好便企惠企"服务员"、政企沟通"联络员"、招商引智"推介员"，以党群服务中心为阵地，织密服务体系，让企业"在家门口就能办好事情"。三是加快配套建设，"飞针走线"，实现大发展目标。推动周边环境提升、路网完善，实现产城融合发展，给全国服装行业党建工作树立了标杆。在"时尚党建"的引领下，小镇企业成立党组织成为新风尚、员工申请入党成为新风尚、有事找党委成为新风尚。

曹宇昕多年来积极为纺织服装行业高质量发展建言献策，致力于为行业鼓与呼。深度参与北京中国国际时装周、上海时装周调研等课题，对深圳市时装周改革提出了专项建议提案；曾有多篇文章发表于国家、省、市报刊和各级内参，近期有《异质性创新平台主体及营运模式比较》《服装时尚产业集群化发展的成因研究及路径推演》《整合资源力促（服装）传统产业转型升级》《国家时尚产业自主创新示范区发展路径研究》等专论发表，为时尚产业高质量发展总结了文字经验，提供了理论支撑。

邓兆萍荣获第25届中国时装设计"金顶奖"

服装设计师邓兆萍是中国时装设计最高奖"金顶奖"获得者（图5-7）、中国最佳女装设计师、中国纺织非遗推广大使、广东纺织服装非遗推广大使、广府文化推广大使、亚洲时尚联合会理事、中国服装设计师协会理事、艺委会执委、广东省服装设计师协会常务副会长、广州市妇女联合会执行委员、广州市无党派知联会副会长、广州市知识分子联谊会副会长、广州市新联会时尚行业分会会长、广州大学硕士研究生导师（校外）、广东普丽衣曼实业有限责任公司执行董事长兼设计总监、邓兆萍时尚设计创新机构营运总监及广州市第十三、第十四届政协委员。

一、科技、时尚、艺术、文化四位一体的创新风格

岭南文化是邓兆萍服装设计的重要底色。对本土文化的热爱，赋予了邓兆萍设计作品充盈的艺术特征。多年来，她坚持把时尚作为载体，向世界展示了一个又一个极具岭南文化内涵的专题，作品大气、优

图5-7

雅。为了更好地展现当代中国时尚文化生态新貌，跨界合作自然成为邓兆萍重要的标签，她把航天科技材料、岭南画派艺术、广东音乐、哲学思辨等融会贯通，形成了独特的"邓兆萍风格"。在她的作品中，常常感受到她对东方美学的极致表达，如《广府荟》《西来初地》《知否·岭南》（图5-8）等系列作品。

图5-8

二、邂逅聚酰亚胺之父丁孟贤

科技创新是邓兆萍在行业的另一个标签，2014年她结识了中科院长春应化所的科学家中国聚酰亚胺之父丁孟贤，有幸与聚酰亚胺这个航天科技材料结缘。该材料是丁孟贤老师倾注50多年心血，打破了国际上对中国的封锁，为中国军工和航天技术向前迈进奠定了基础。当邓兆萍看到已经78岁高龄的老教授还在为被誉为"黄金丝"的功能性材料不懈努力时，她感动了，并承诺一定会用自己的专业知识和业内影响力，

把老师花了一辈子心力的科研成果转化成大众都能享用的产品。因此，邓兆萍专门成立了"广东普丽衣曼实业有限责任公司"，作为"轶纶95"聚酰亚胺纤维的指定研发机构和总经销商，把这款同时拥有轻薄柔暖、亲肤抑菌、原生阻燃、原生性远红外四大功能的高科材料成功开发出包括牛仔单宁、双面呢、床上用品、防寒服填充物、毛织、针织、梭织面料等近十个服用领域品类，使这项科学技术真正造福了大众。图5-9为邓兆萍（左）与丁孟贤老师（右）的合影。

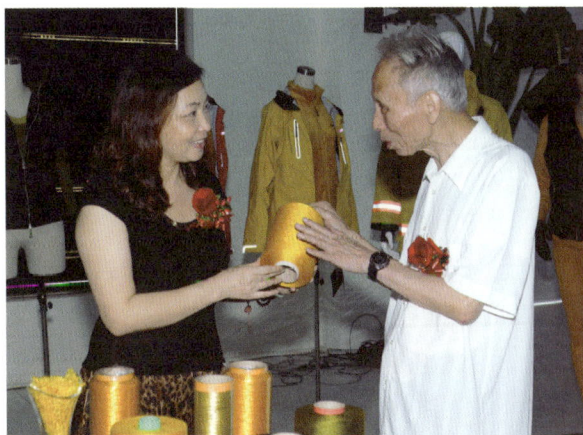

图5-9

因为这份承诺，邓兆萍连续七年携高科材料研发的新面料参加中国国际时装周及各种专业交易会、博览会，为了让业内聚焦并认可"轶纶95"聚酰亚胺功能性纤维，邓兆萍将与中国纺织工业联合会共同成立中国"轶纶95"聚酰亚胺功能性纤维联盟，多年的坚持创新、跨界融合，邓兆萍终于迎来一个崭新的未来。

三、荣获第25届中国时装设计"金顶奖"

2021年9月邓兆萍携新品《拾·光》（图5-10）参加中国国际时装周，并荣获第25届中国时装设计最高奖"金顶奖"。她认为拥抱后浪才能洞见未来，品牌要持续发展必须融入年轻人的市场，因此，这一季作品保留邓兆萍原有大气优雅的风格，更增加了年轻人追求的个性语境，在"心水清单"系列中她特意把广州早茶文化"一盅两件"和广州俚语"心水"作为设计元素展示在服装面料中，以此强调疫情肆虐下的广州人依然保留着一贯淡定、趣味和闲适的生活方式，再一次向世人展示岭南文化的独特魅力。

在邓兆萍看来，国内外各大时装周和服博会是设计师与时尚产业和消费者链接的重要口径，借助这些平台发布每一季创新产品，能直观地为消费者传达科技材料为时尚产业带来颠覆性的应用效果。为了在时尚产业拥有更多的话语权，她携科技创新面料以不同的形式和设计风格多次参加中国国际时装周并参评中国时装设计最高奖"金顶奖"，在成就科学家梦想的同时也成就了自己的梦想。面对荣誉，她始终保持一颗乐观向上的平常心，"金顶奖"于她是一个梦想，一份鞭策，更是一个新的开始。获得这个至高奖项，不仅是她个人的荣誉，更是广州的骄傲。未来，她将以科技赋能时尚，带领更多年轻有才华的设计师们走上科

图5-10

技、时尚、艺术跨界的舞台。

一个勤奋努力的工作者，一个生活精致的知性女人，她就是邓兆萍！

第21届广东十佳服装设计师

随着中国经济"新常态"，个性化、多样化消费渐成主流，设计创新也成为服装产业供给侧结构性改革的重要抓手和着力点。2000年，广东省服装服饰行业协会、广东省服装设计师协会推出了首届"广东十佳服装设计师"，历经20届积淀，为中国服装产业培养了许许多多顶尖设计人才和品牌领军人物，孕育出诸如邓兆萍、林姿含为代表的设计名师，以及比音勒芬、柏堡龙、以纯和歌莉娅等为代表的知名品牌。多年来，"广东十佳服装设计师"推选活动始终倡导行业重视设计创新、重视设计人才，在服装产业发展的不同历史阶段，对广东省服装设计创新发展都起到了积极的推动作用。

11月8日，在2021广东时装周—秋季闭幕式上，邓晓明、候晓琳、李冠忠、张杰、吴晓蕾、胡浩然、

刘祝余、谭靖榆、池坊婷、彭佩宜、帅桂英成为第21届广东十佳服装设计师（图5-11）。

图5-11

图5-12

个人简介

具有20年服装研发经验的资深设计师，因2016年的一次欧洲旅行而发现了ANOTHER ONE，被品牌的独特风格魅力而吸引并带入中国，开启了ANOTHER ONE品牌的中国之旅（图5-12）。

品牌理念

ANOTHER ONE，中文名称安那迪，小名A牌，品牌源于意大利。在欧洲一直为社会名流、职场精英、时尚人士提供品质上乘的服装。自2016年进入中国以来，延续了意大利设计的潮流前瞻性与缝制工艺的品质工匠心，倡导中西文化相融的美学设计理念，成为中国轻奢女装领域新的潮流风向标。

ANOTHER ONE品牌不断将混搭文化与奢华元素融为一体，凭借浑厚的设计底蕴，保持"原创、重工、丰富、混搭"的设计底层逻辑，表达"潮酷、帅雅、精致、高级"的时尚主张。因为紧跟趋势而带来的时髦感，多元混搭而营造的"无龄化"深受一代的喜爱。ANOTHER ONE品牌同时布局线下和线上渠道，不断提升品牌内涵，塑造品牌高端形象，致力于延续品牌国际化，对推动品牌规模化不懈努力，全渠道为终端客户提供优质的产品和服务。

设计主题

本次主题是"半糖主义"，近两年疫情的影响，大家的生活方式有了改变，在这样的社会环境下，我们希望宣导不固定刻板的穿着方式，既可以浪漫自由，亦可以率性利落，在任何时候都闪烁出绚丽光彩，正如品牌宣言所传递的初心：遇见另一个更美的自己。

ANOTHER ONE自成一派的优雅与率性气质，是对乐观生活的愿景，对高级审美的追求，最新一季里会更多地关注环境保护与心灵上的治愈，我们品牌会推出更多应用环保材料以及自然界里带有治愈心灵色彩的产品。

图5-13

候晓琳

MOHUA墨话品牌创始人兼总设计师

个人简介

广东省十佳服装设计师、广东纺织服装非遗推广大使、广东省服装设计师协会理事、中国服装设计师协会时装艺术委员会会员（图5-13）。

品牌理念

MOHUA墨话品牌创建于2017年，多次获"非遗创新"和"时尚非遗"奖。作品"中国双面绣"被永久收藏于越南国家历史博物馆，其他作品分别被越南国会主席阮氏金银和越南驻华大使馆、埃及驻华大使馆收藏。

MOHUA墨话坚持用"非遗·原创·定制"诠释"穿在身上的文化故事"，致力于"中国文化，服饰表达"来传承和传播民族符号，用行动践行文化自信，重新寻找中国文化的高级、灵性和密码，重构"文化、美学、设计"这一理论体系。不忘初心，久久为功，善作善成。

设计主题

本次作品以"染&绣"为主题，运用扎染和刺绣等非遗技艺，将品牌寄语里的"陌上花开，可缓缓归矣"融入系列作品中，以"墨上"与"花开"两幅画卷徐徐展开，用非遗纯手工老绣、传统纯手工植物染，展现非遗技艺的时尚魅力，诠释和创造"一衣一生"的生活美学。

墨话认为，世间女子本就是一朵花，千娇百艳，各显芬芳，落到心上人眼里，更是最美的花，而这种美，有时候无法用言语表达。她坚持每件衣服用非遗纯手工老绣、纯手工植物染、纯手工绘画，赋予每件出自她手的衣服以"美"的匠心，通过水墨丹青的别样演绎，谱写出女性的动人诗章，为美尽意。

图5-14

中冠品

女神战袍主理人

个人简介

Z.Y创始人，多拉服饰创始人，广州微时尚联合创始人（图5-14）。

品牌理念

女神战袍是一个女性消费创业平台，也是为女性全产业链赋能的新生态平台。服装分别有精英系列、女王系列、领袖系列、高定系列。

平台旗下自有：品牌运营系统、生产供应链系统、研发系统、百业赋能系统、教育系统、直播造星赋能系统、妇女创业系统、公益系统，以及物流系统、智能系统、大学生创新创业系统、新服装设计师的分配系统；同时用社交新零售覆盖全国形成全产业链厂家到用户闭环系统。让全球女性以最小化的成本，最大化地变美。

设计主题

本季作品是"女神的诞生"，灵感来源于在社会发展的历程中，女性作为孕育一个生命的主要角色，在整个社会形态的变化中，当代女性承担的社会角色越来越多元化，社会责任也随之而来。做此作品是想表达对当代女性的敬畏感，希望作品是另一种当代女权力量的表达，她们懂得释放压力，享受精神独立，热情拥抱梦想，自信徜然生活，找到与世界的平衡。

图5-15

张 杰

帼民女神品牌设计总监

个人简介

国家二级色彩搭配师，毕业于广州美术学院服装艺术设计专业，现担任中山市极简服饰有限公司设计总监，中山职业技术学院服装与服饰设计专任教师，曾任职于广州汇美集团UKIYO YAYOI、Samyama品牌，担任品牌主设计师（图5-15）。

品牌理念

帼民女神，是由中山市女神战袍服饰公司与中山职业技术学院校企合作落地的成果品牌。品牌发起人熊英和主设计师张杰带领主创设计团队，深入六盘水少数民族地区，经过半个多月深入的实地采风考察，民间走访，联合六盘水国家级非物质文化遗产传承人蔡群，融合苗绣技艺，结合当地民风民俗、民族文化元素，创立了以传承服饰文明，传播民族文化为使命的帼民女神服饰。帼民女神致力于传承传统文化美学和精湛的手工艺，通过创新方式展开更广泛的对话与跨界，传播品牌美学，让世界看见中国美，让女人传承华夏情。

设计主题

帼民女神最新一季系列灵感取自《楚辞》："芳与泽其杂糅兮，羌芳华自中出。"饱含着自然万物的热忱，"芳华"系列以羊绒面料创作全新系列，以天然植物为染料，覆上了温润光泽。本季加入各种新工艺和新面料的融合，带来前所未有的多方向尝试。利落的中长外套、披肩式上衣……异质面料拼接组合，以创意的想象呈现系列单品的多种风貌，洋溢着浓厚的当代气息和绚丽芳华的气质，映衬当下女性知性优雅的姿态。

"旧貌新颜"系列，取贵州地区苗绣的图案，进行再设计，使其脱离原本的工艺、载体的局限，得以与更多载体相结合，削弱它的少数民族特殊印记，使其与更多当代日常空间环境相适应——"修旧如新"。在设计过程中运用不同的设计手法和工艺，力求使每一件产品都优雅而有内涵，承载着华夏文明的传承，能记录华夏民族的文明，彰显着华夏子孙的骄傲，能凝结华夏女人的尊荣。

图5-16

吴晓蕾

巽彩品牌创始人

个人简介

毕业于中南政法大学，2010年成立广川巽彩商贸有限公司，2011年开启原创设计至今。吴晓蕾曾从事8年体制内公务员，5年自由撰稿人，13年独立女装设计师，跨时空跨行业，皆因为内心深处对美的执着。她爱旅行、爱音乐、爱文字，有一颗不羁的灵魂。而灵魂的不羁，让她设计出的作品独具绝美仙气，不食人间烟火（图5-16）。

品牌理念

巽彩，原创设计师品牌，正式成立于2008年4月22日，由设计师兼掌柜莲落和一群有趣的姑娘们凝聚而成。现在的巽彩加入了一些中式古风的感觉，偶尔也有一些西方的气息，色彩和设计元素覆盖面更大，分享美好的理念也更强烈。

遵循内心的声音，本真自我地表达，不取悦世界，只和自己和解。

巽彩，"巽"为辅助的意思，意为衣服能更好地表达出自己，即"衣品如人"。

设计主题

巽彩以往的设计多是偏古风、仙气为主，色系则是以浅蓝、浅绿、浅粉、杏色、白色等浅色系为主。而在新一季的产品中融入了一些比较时尚的元素，不仅仅是以前的传统旗袍，也做了一些改良的旗袍，整体呈现更加日常、年轻化。颜色方面也更加的多元，在浅色系的基础上加入了惊艳的孔雀蓝、祖母绿等，以及红、黑等深色系，给人以强烈的视觉冲击。

图5-17

胡浩然

元一智造首席设计师
VESSY CLUB项目负责人

个人简介

毕业于四川文化艺术学院，他认为设计的本质是服务人，设计的深度是影响人，无形中默默影响着人们的生活方式，脱然于产品本身的意义去更好地服务于大众，这才是优秀的设计（图5-17）。

品牌理念

广东元一智造服饰科技有限公司，秉承用心做、好生活的公司理念，是集服装高端智能智造、设计研发、信息智能装备技术、专业制造针织类服装创新型的现代化智能智造企业。

VESSY CLUB作为一个"待启动"的国潮品牌项目，出场前就备受聚焦。于多维度之间探索灵感，是维希俱乐部作为中国原创设计师品牌创立的初衷，寻找艺术和现实的临界点，用服装的形式，拉近艺术和"人"的距离。在国潮崛起的当代，得益于元一智造的强大生态平台下，维希得以绽放其的价值观和理念。

设计主题

灵感来源TRAVIS SCOTT的音乐，GOOSEBUMPS和SICKO MODE让他游离其中，从中感受到了未来科技、流行电子和反差极大的旋律。

本次呈现的主题是对于未知、假想世界的一个探索。一开始想着用科技、宇宙、星空这些元素，但最后发现了一些地外生命和其他的一些灵感，那如何以服装或者舞台的形式演绎出来，这也会是他们需要深度考究的一个问题。

图5-18

刘祝余

中山市设计师协会副会长

CAISEDI凯施迪品牌联合创始人兼艺术总监

个人简介

刘祝余致力追求男装韵味，以时尚风格、个性男装见长，对男装品牌文化有着极致的追求。2008年进入男装零售市场，个人经营多个连锁品牌，积累丰富的市场经验和敏感时尚触觉，随后组建个人团队，联合创建了时尚男装品牌——CAISEDI。2020年曾带领凯施迪设计团队获得广东省服装服饰行业协会颁发的"时尚贡献大奖"（图5-18）。

品牌理念

凯施迪于2014年在国内联合创立，作为时尚休闲男装品牌，以潮流个性为审美特质，专注研发属于当代群体的时尚服饰，秉承创新的设计，突出男装个性需求，将突破与传统融合一起，非常规的设计思维，夸张的细节和精致的工艺结合，是凯施迪个性追求的理念所在。

凯施迪一直致力以潮流个性为审美特质，专注研发属于当代群体的时尚服饰，将不同环境、身份、地位、文化背景的人联系在一起。目前凯施迪已有100多家线下门店，分布在各主要城市大型商场。

设计主题

早从2020年秋冬季开始，凯施迪的产品细分为生活、都市、运动三大系列，真正与设计师品牌的多元化、多层次产品结构接轨。本次主题以凯施迪运动潮、凯施迪都市、凯施迪生活三个板块来展开，颜色以大地色为主，穿插了活泼亮眼的绿色。

"我们想要表达新时代的时尚理念和搭配风格，凸现面料机理的差异化和不同材质的拼接手法。此次，我们在衣服上运用了一些有趣的图案，去表现当下年轻群体对自我的追求。"

谭靖榆

初榆品牌主理人

个人简介

出生于刺绣家庭，国家级粤绣传承人、国家级高级工艺美术大师陈少芳大师之孙女，从小耳濡目染，小时候偶然的机会开始接触珠绣，并帮助绣娘刺绣成品局部。小学开始正规地跟奶奶学习刺绣，有一定的心得体会，擅长设计。曾为红棉国际服装城、长隆集团、招商银行等设计刺绣（图5-19）。

图5-19

品牌理念

"初榆"品牌将非遗广绣与传统汉服结合，以年轻人喜欢的方式推动传统文化传承发展。从"入坑"开始，谭靖榆就对汉服的形制、花纹甚至背后的历史文化产生了浓厚的兴趣，随着了解的深入，她对传统文化的热爱更加深切，这份热爱一直驱动着她不断探索。

设计主题

这一季发表的作品基本上都是以汉服为主，其中选用香云纱作为主打面料。香云纱本身与广绣一样，都是属于非遗的保护项目。而此次以独具中华民族代表性的传统文化服饰"汉服"为载体，与非遗项目广绣结合，也是本季最大的亮点之一。

图5-20

池坊婷

婳池品牌创始人兼设计总监
VOGVACHI高级定制设计总监

个人简介

研究生毕业于法国巴黎IESEG，曾跟随香奈儿总监老佛爷卡尔·拉格斐工作，后回国负责卡尔·拉格斐品牌大中华地区市场部工作。拥有大量欧洲时尚资源，每年受邀出席四大时装周等活动，对高级成衣与高级定制都有丰富经验，并创立了中国高端女装品牌VOGVACHI婳池（图5-20）。

品牌理念

婳池是菲池服饰旗下核心品牌，专注于原创高端礼服、高级时装。作为国内首提"多社交时装"的服装品牌，通过把高级品位、场合需求、美学礼仪等融合在服装设计中，产品满足高级商务、时尚商务、聚会约会、婚礼晚宴、年会派对等多社交场合、全面社交着装需求。

婳池采用进口礼服、进口西服、钉珠面料、真丝等高品质面料为主，注重纯手工艺制作与品牌特色，色彩柔和、过渡自然。婳池未来将从一线城市出发，覆盖二三线城市，牢牢把握品牌风格，精准定位客户群，多个社交场合满足客户需求，以更高级的美感代表中国品牌走向世界。

设计主题

本季的设计是一个梦想系列，也是池坊婷送给自己30岁的生日礼物。在这个特别的时间、特别的舞台，找了30位有故事的女性，给她们每人设计一套可以走红毯的华丽的晚礼服，然后延伸到她们日常穿着，所以整个系列是非常的丰富多彩，它不仅有女性喜欢的色彩的元素，也有不同的服装的品类，从连衣裙到晚礼服，甚至到西装。让衣服去适应女性，而不是女性去适应衣服。

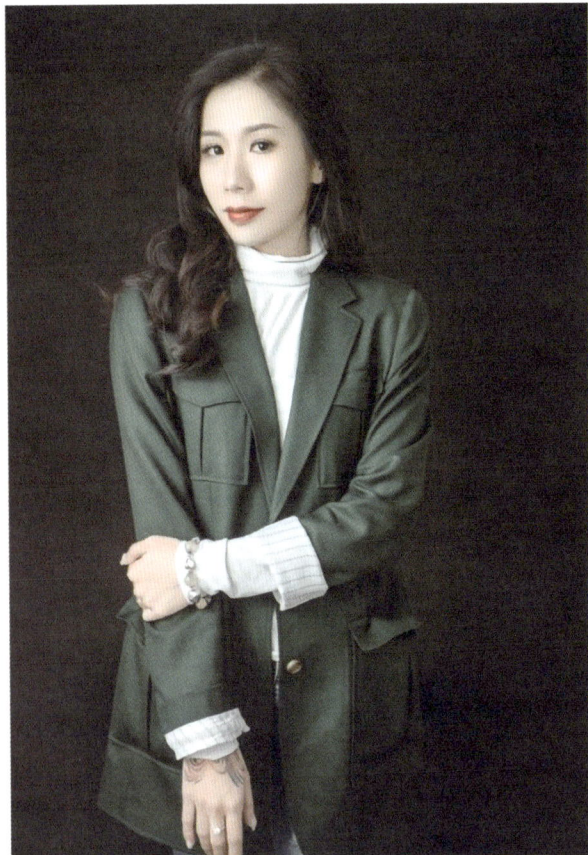

图5-21

彭佩宜

THE BP DESIGN品牌主理人

VICUSTOM薇定制婚纱主理人

个人简介

中国服装设计师协会艺术家委员会委员，拥有多年的定制经验和设计经历，参与过许多大型电视节目的服装设计，如广东电视台麦王争霸、广东电视台粤语好声音、中国超级童模大赛全球总决赛高定秀场等（图5-21）。

品牌理念

彭佩宜和三个闺蜜一起创立了品牌女哲NUI CHOICE。NUI：粤语发音"女"的意思，契合了彭佩宜做衣服的初心——让女人展现最美的自信姿态。

女哲代表的是女人的选择。在现代生活当中，每一个女人都有多重角色，妻子、女儿、妈妈，要把每一个角色都演绎好，其实是一门哲学。太多女性因为工作环境、因为生活、因为家庭的关系，慢慢丢失了自我，也丢失了那个曾经爱美的自己。女哲的初心便是希望让每一位女性穿上服装以后，都可以自信并且勇敢地去追逐属于她的人生梦想，帮助每一位女性找回那个真正的自己。

设计主题

无我利他，滋养万物，水的内涵很深刻，水的形态也动人。女哲本季的设计主题"若水"，借水的崇高品格和优美形态打造系列高定女装，营造了一个"所谓伊人，在水一方"的绝美画境。精益求精、层次丰富的同时，又摒弃了冗长繁复，让设计变得更加真实纯粹。

打造中国女性形象，让全世界看到东方之美。本季系列，团队自然运用了很多中国的传统元素，新国风的日常女装或是礼服，将复古和摩登结合，既能在廓形上展现时髦之姿，又能在气韵上感知中国绵延五千年的优秀文化。

图5-22

帅桂英

巾帼印象品牌创始人兼设计总监

个人简介

曾担任德尔惠体育用品有限
公司设计总监，东莞宝玛仕体育
用品有限公司设计总监，成立中
茛文化至今，专注香云纱服饰文
化的传播与创新，获得国内外客
户的好评（图5-22）。

品牌理念

　　巾帼印象是佛山市顺德区中茛文化发展有限公司旗下的服装品牌，公司启用香云纱匠人以及年轻设计师，让
消费者穿上好而不贵的香云纱产品。定位35～55岁品位女性，力求把传统与时尚完美结合，让古老的面料焕发青
春，并更加适合多场合穿着。而公司研发的香云纱义创产品及服饰周边产品更是满足消费者多层次的需求。

　　"良心奉茛品，只做真香云"是帅桂英对巾帼印象品牌的经营理念，在她的引领下，继承、传承、传播香云纱
文化是公司全休员工的责任与使命，大家秉承着让10亿人用得上香云纱产品的使命，为此全力以赴。

设计主题

　　旗袍系列：温柔婉约、娴静端庄，柔和曲线突显东方女性特有的知性贤淑。职业装：干净利落的线条一如职
场女性般柔韧干练、坚韧不摧。休闲服：如清风吹过岁月，温婉飘扬、舒适优雅。礼服：或高贵优雅、或华丽端
庄，经由时光沉淀，更显独特韵味。

　　"我们的设计出发点是简洁、时尚、大方、包容性强。从板型和元素上都采用了更年轻化的形式，让服装的受
众面更广一些，无论是年长者还是年轻人，希望穿着用香云纱设计出来的衣服，在不同的搭配下可以呈现出不一
样的效果和韵味，希望能够有更多人接受并喜爱香云纱产品。"

第三届广东纺织服装非遗推广大使

为大力弘扬中华优秀传统文化，坚定文化自信，促进非遗在服装上的活化传承与创新推广，2018年起，广东省服装服饰行业协会、广东省服装设计师协会在全行业推选表彰"广东纺织服装非遗推广大使"，推动瑶绣、广绣、潮绣、抽纱、香云纱等纺织服装相关非遗的技艺保护、传承与振兴，并推动非遗项目在纺织服装产品上的时尚化创新研发应用，促进"非遗"现代生活化、时尚商品化和发展可持续化。

2021年10月31日，在2021湾区（广东）时尚文化周—秋季开幕式上，广东省非遗工作站（服装服饰工作站）正式推出第三届广东纺织服装非遗推广大使：唐志茹、王晨、墨话（候晓琳）、陈贤昌、何建华、谭任璋。他们作为非遗时尚传播者，将非遗元素融入设计中，让古老的"非遗"以灵动的姿态走向更多人的生活（图5-23）。

本届六位非遗推广大使将广东纺织服装代表性非遗项目广绣、香云纱、钉金绣以及国家级非遗赏石艺术、澳门非遗木雕与时尚设计融合，以服装为媒，让非遗焕发新生，真正从陈列中走进生活，由传统走向时尚。

图5-23

图5-24

唐志姗

新华小姑裙褂设计室设计师

钉金绣裙褂制作技艺代表性传承人

作品简介

鱼在中国的传统文化里，有年年有余、百子千孙等美好寓意。红色作为传统喜庆颜色，是这个系列的主色。在这个系列，无论是刺绣图案，还是款式的总体设计，包括手包，都用到了鱼的视觉元素。软软的红色纱配上刺绣和各种处理手法，表达鱼美丽的尾巴和鱼鳍，运用立体剪裁凸显女性的曲线美，混搭中式小立领以及欧根纱仿汉服大袖，彰显大器（图5-24）。

非遗观点

现在我们所说的"非遗"，在很多研究非遗的老师眼里，它其实就是当年的老科学。而当年，我们的穿衣配饰，就是那个时候的时尚。只不过随着改革开放的进程，太多的西方文化涌入中华大地，我们的老科学和老时尚一下子不适应，变得"水土不服"了。作为设计师，还是非遗传承人，我觉得我就是老科学与老时尚的"藿香正气水"，"药"到"病"就除。当"水土不服"远去，当非遗与时尚结合，中国的，就是世界的。

工作展望

早前刚刚在北京学习策展回来，我获益良多。未来，我们可以展示得更好。服装周，它不仅仅只是服装与饰品的展示，更多的是中华上下几十年文化的加持，与时尚潮流的结合。走出我们最有文化底蕴的广东时装周，然后，把我们的影响力，扩展到世界。

图5-25

王　晨

佛山市南海玄憬龙博物馆联合创始人兼艺术总监
广东十佳服装设计师

作品简介

以天然观赏石为灵感来源，面料采用佛山独有的原色龟裂纹重磅香云纱。在服装造型上，分为塑腰型长拖尾吊带裙与绕颈式披肩外套相搭配。在配饰上，则由马玉珠、水晶和黄龙玉制成的齐肩流苏耳环，以及采用蜜蜡、黄龙玉、茶晶石等玉石手工串联而成的腰带做点缀。通过玉石与香云纱面料形成明暗对比，更加彰显出女性的钟灵毓秀之美（图5-25）。

非遗观点

非遗与时尚融合是当代环境下新的共生关系。非物质文化遗产是中华民族悠久历史留下来的丰富灿烂的瑰丽宝藏，从历史走来，非遗在历代人们生活中都引领过潮流和时尚。非遗文化能活化时尚，时尚能促进非遗文化的传承。

工作展望

作为广东纺织服装非遗推广大使，我们希望以传承保护为基础、以品牌为引领、以模式创新为方式、以产业发展为永续动能，以非遗展示传播为窗口，建立立体的非遗保护、传承、发展体系，不仅是在服装上，在博物馆的文旅展示和体验中，让非遗文化在人们生活中发光发亮。

图5-26

陈贤昌

广州大学美术与设计学院副教授

广绣学科带头人/硕士研究生导师

作品简介

运用中国吉祥如意的凤凰图腾元素，以凤舞九天的色彩渲染，将中国图腾与传统元素巧妙融合，幻化出时尚优美的凤凰意境，突出色彩斑斓的吉祥寓意，以经典、简约的时尚造型为主体，运用粤绣经典刺绣工艺与装饰表现技法，搭配时尚优美的配饰，将粤绣应用于时尚、奢华的服饰创新实践，体现非遗粤绣艺术理念下的时尚服饰设计（图5-26）。

非遗观点

"非遗"是文化自信的基础，中国传统文化历史悠久、博大精深，如何寻找非遗传统工艺中的DNA，将传统美与时尚美有效融合，体现传统与时尚的共性美，既要运用现代语言的诠释，又要符合当下传统与时尚的审美情趣，创新而不失传统、也不失时尚，坚守传承与创新。

工作展望

"非遗"是中华文化历史长河中沉淀的一颗明珠，蕴含着人民智慧的结晶和地域文化的精髓，高校肩负着传统文化的传承及弘扬职责，具有教育资源、科学研究、人才培养、信息传播、知识创新等方面的优势。我认为"非遗"传承，最重要的是人才培养与社会推广，传承是途径，创新是动力，如何整合资源与引领人才？如何实现传承效率与创新作用机制？如何将作品变成产品、形成商品？让"非遗"文化家喻户晓。作为非遗推广大使，更应该立足中华民族优秀传统文化，实现文化自信下的非遗活态传承。做"非遗"传承的践行者，做"非遗"创新发展的奉献者，这是我们的使命与担当。

图5-27

墨话（候晓琳）

广东墨话通服饰有限公司董事长

MOHUA墨话品牌创始人/独立设计师/艺术总监

作品简介

以"染&绣"为主题，运用扎染和刺绣等非遗技艺，将品牌寄语里的"陌上花开，可缓缓归矣"融入系列作品中，以"墨上"与"花开"两幅画卷徐徐展开，展现非遗技艺的时尚魅力（图5-27）。

非遗观点

一句话："非遗新造"，只有这样，传统文化才能被年轻的一代喜欢从而达到传承。

工作展望

以"原创、非遗、高定"为使命，坚持东方传统和西方时尚相得益彰的美学文化，诠释和创造出属于中国的百年品牌，让那些快要失传的匠人们愿意坚持，愿意为传统而传承，因为失去了自身文化的民族，就会是一个漂泊无根的民族，也正是因为在这些匠人的坚持下，很多传统工艺才走出中国，走向了世界。目前，品牌MOHUA墨话荣幸入选国家70周年"一带一路"的全球出访，让更多的国家了解我们深厚的东方文化并真正喜欢，我会做到："不忘初心，久久为功，善作善成。"

图5-28

何建华

香港何建华时尚设计有限公司创意总监

作品简介

本次带来的作品"中国祥云"，非遗元素来源于中国特有的传统文化遗产祥云图腾纹样。设计师以当代时尚潮流为切入点，融合中国传统民间民俗祥云图腾文化，将夸张性艺术手法和时尚潮流设计相结合，运用不同香云纱面料拼接出抽象云纹图案的线条，并巧妙地延伸云纹，着力凸显衫脚自然的裙摆边缘，加之绿色环保可回收材料制成的祥云帽饰和臂饰，让原本传统古老的祥云文化瞬间成为现代摩登靓丽的时装（图5-28）。

非遗观点

我认为"非遗"原本就是在某一个历史时期的"时尚"符号；所以"非遗"无疑是"时尚"设计的源泉；而"时尚"则是传承和弘扬"非遗"的最佳选择。中华民族五千年历史文明和非遗文化是我们时尚设计用之不尽的源泉。

工作展望

作为一名"非遗"推广大使，责任在肩更应该行使职责，勇于担当，将一如既往、始终不懈、牢记使命，努力将传承中国传统文化坚定不移地持续进行下去。在未来开拓不同"非遗"元素的创作中，将会进一步把"中国祥云"板块做得更加全面展开和细分。比如"祥云包包""祥云香云纱系列""祥云粤绣、广绣、潮绣系列""祥云云锦系列"以及"祥云潮流T恤"等，更会牵手艺术界、设计界，跨界将时尚纺织服装与绘画设计等艺术范畴进行多方位多角度的融合，使传统的"非遗"文化能更有效地创新性地融入新时代，并使"非遗"能在当代有全面的传承，有更好的新发展。

图5-29

谭任璋

佛山市路尼裟时装贸易有限公司董事长

港澳南海青年联谊会副理事长

作品简介

运用了龟裂纹香云纱面料与古老的金漆木雕相结合。在大廓形的服装造型上，重点叠加了古香古色的配饰。头部为香云纱与地母珠、黄龙玉、蜜蜡等玉石材料纯手工制成的头饰，而腰部则是以镂空的花鸟纹金漆木雕，搭配同样花鸟兽纹样的黑漆古玉吊坠，与香云纱面料通过布帛的手法系于腰间，使得整体造型突显出端庄秀丽的古韵（图5-29）。

非遗观点

长期以来，人们认为"非遗"是前人留给我们的文化留存，是历史性的东西，现在这个观点已经过时了。传统工艺品本身即为一种时尚，与时尚消费并不冲突。谭任璋本次采用了早年间的金漆木雕和黑漆古玉与充满造型感的服装相搭配，传达出一种未经雕琢的奢华。

工作展望

非遗不只是传统艺术，随着新工艺、新理念的不断加入，在定制、混搭、"互联网+"等多种方式下，传统非遗也变得越来越时尚。希望通过文化周等平台，让更多的传统非遗文化走进时尚圈，得以更好地传承过去、创新现在。

卜晓强获颁韩国政府外交部长官（部长）奖"推动韩中两国外交关系发展贡献奖"

2021年1月7日上午，广东省服装服饰行业协会会长、广州红棉国际时装城总经理卜晓强在韩国驻广州总领事馆，获韩国外交部部长康京和授予韩国政府外交部长官（部长）奖"推动韩中两国外交关系发展贡献奖"，成为首位荣获此项韩国国家级荣誉的外籍人士。奖项由韩国驻广州总领事洪性旭代为颁发，以表彰卜晓强多年来推动韩中两国时尚交流、参与韩国侨民子女的教育建设等方面做出的特殊贡献（图5-30）。

图5-30

早在2009年，卜晓强就率先在红棉国际时装城内打造国内首个"韩人治韩"的韩国层，率先携手韩国东大门品牌服装批发商，将红棉打造为韩国服装品牌进入中国市场的前沿阵地。多年来，积极与韩国文化、艺术领域的时尚人士，以及韩国服装设计师等展开合作交流，为韩国时尚潮流文化走进中国、走进红棉搭建了桥梁，推动中韩时尚文化产业的合作共赢。

卜晓强在获奖感言中表示，获此殊荣，不仅是韩国政府和韩国社会各界支持的结果，也是中国国家行业机构以及中国社会各界支持的结果，他对韩国外交部给予他本人、广东省服装行业和红棉国际时装城的厚爱表示诚挚的感谢。

中韩交流源远流长。多年来，双方互相促进、共同发展，在时尚、文化、商贸等方面取得了显著成果。中韩两国纺织服装业的合作最大特点是互补性，中国是世界上最大的纺织服装产品生产和出口国，国际竞争优势明显，广东省更是国内实力基础最雄厚的纺织服装大省；而韩国在纺织服装设计、经营模式等方面具有很强优势。

2022年是中韩建交30周年。卜晓强表示，未来，将继续在中韩交流合作领域发挥更大作用，助力中韩在纺织服装创意时尚产业领域的进一步交流和互动，推动中韩双方深度合作，实现友好交流，共创未来（图5-31）。

图5-31

计文波获颁意大利金顶奖

2021年6月21日，一场跨越万里的"云"颁奖在广州IFC国际金融中心JIWENBO PRIVE品牌中心举行——在意大利米兰和中国广州两地代表的共同见证下，中国设计师计文波获颁意大利最有影响力的奖项之一——Le Grandi Guglie della Grande Milano（意大利金顶奖）。

"意大利金顶奖"旨在表彰在世界范围内对意大利米兰的社会、艺术、文化等方面做出了至高贡献的各领域杰出人士。继2004年问鼎中国时装设计最高奖"金顶奖"后，计文波再获"金顶"，不仅成为该奖项成立以来首位以设计师身份获奖的中国设计师，还成为获得中国和意大利"双金顶"的时装设计师。

"一城双金顶"。此次获奖，对广州、对中国的时尚设计艺术与产业意义深远，它代表着中国设计师、中国时尚产业在国际同行中获得的关注与认可，也彰显了广州市提出的"国际设计之都、时尚之都建设"正在创新引领的道路上大步前行。

一、三次亮相米兰时装周，中国品牌惊艳世界

鉴于全球疫情形势，此次颁奖由中国和意大利云上举行，由意中协会主席、意大利国家时尚协会主席马里奥·博赛利（Mario Boselli）先生在意大利代计文波先生领奖，意大利驻中国广州总领事Ms.Lucia Pasqualini（白露西）在广州代为授奖。

2007年，计文波成为第一位进入米兰时装周官方日程举行专场发布的中国设计师，其以中国传统文化兵马俑为主题的设计发布，代表中国品牌惊艳世界。最终，计文波的14件作品入选世界男装流行趋势，1件作品入选全球百件奢侈品时装。

2013年，计文波第二次来到了米兰男装周官方日程，获颁"首位进入米兰男装周官方日程的中国设计师"证书。2015年，第三次进入米兰男装周官方日程，计文波把"JIWENBO 2016春夏高级成衣发布"带进闭幕大秀。

颁奖方意大利大米兰研究中心表示，正是看到了计文波的专业高度，和他始终致力于中国时尚对外交流的努力，尤其对意大利米兰的产业、专业、教育和商业的贡献，特意将意大利金顶奖授予了计文波。

据了解，每年，意大利金顶奖的评选都会获得意大利社会各界的高度关注，有着严格的推选和评选流程。意中协会主席、意大利国家时尚协会主席Mario Boselli先生，意大利政治家前米兰市长、意大利国家部长卡尔洛·托格诺里（Carlo Tognoli），意大利著名奢侈品品牌创始人VERSACE（范思哲）先生，意大利音乐界"第一夫人"、著名歌唱家奥尔内拉·瓦诺尼（Ornella Vanon）等名人先后获得了该项殊荣。

二、一针一线造就时代，出海扬起"中国风"

计文波从1981年开始接触服装设计，从一针一线开始，是中国服装设计师专业技能最为扎实的一代。1998年，他被评选为"中国十佳设计师"，从国有企业抽身，开始帮助福建地区的民营企业打造中国服装品牌，调整中国服装市场经营模式。

在2001~2003年连续三年获得"全国最佳男装设计师"称号之后，2004年计文波荣获中国服装设计师最高奖"金顶奖"。鉴于计文波自身的行业影响和专业高度，以及对于福建地区服装品牌打造的商业和品牌传奇，他也被国内15家行业媒体联合评选为"中国最具商业价值的时装设计师"。

三次进入米兰时装周官方日程，计文波设计中的东方之美给人们留下了深刻印象，获得了意大利时尚商会前任协会的主席Merio boselli的青睐。"他的作品完全可以跟国际任何一位服装设计大师媲美。"Merio boselli评论说。

计文波此前受访表示，他深知世界时尚发布平台对于中国品牌和中国设计发展的重要性。与此同时，世界时尚发布平台也对中国设计的审视也从未松懈，"中国设计需要走出去"。

三、文化引领产业升级，中意时尚交流新篇章

敦煌、兵马俑、中国酒、唐卡……中华民族传统文化始终是计文波创作的源泉、设计的主题。

为更好地结合中国传统文化和世界时尚审美，计文波着力培育中国的服装设计师，并带动他们走出国门，如今已有多人在国内外多个知名服装品牌担任核心职位。他关注中国时尚设计师的发展，关注中国时尚教育的建设，还投身于中国时尚行业产业的推动和商业价值的创造，担任中国服装设计师协会副主席和广东省服装设计师协会会长。

时尚产业，是城市经济文化发展的助推器，是整个城市综合经济实力的直接体现，也是粤港澳大湾区作为国家建设世界级城市群，参与全球竞争的重要推动产业。在大湾区建设背景下，计文波多次从城市时尚产业和时尚IP的商业价值实现角度推动了中意双方的产业引入、跨界融合、社企合作的设想。"中国的时尚产业基础非常好，综合产业实力也拥有全球影响力。我们国家倡导的民族自信和文化自信，对时尚产业来说是很大的激励。打造具有国际影响力的时尚产业IP，激发中国新的时尚产业动能和消费升级，有助打造属于中国自己的民族品牌、世界品牌。"

第六部分 产业政策/文献专著/调研报告

产业相关政策汇编

广东省工业和信息化厅 广东省发展和改革委员会 广东省科学技术厅 广东省商务厅 广东省市场监督管理局关于印发《广东省发展现代轻工纺织战略性支柱产业集群行动计划（2021—2025年）》的通知

粤工信消费〔2020〕119号

扫描二维码可查看原文

广东省人民政府关于印发《广东省加快先进制造业项目投资建设若干政策措施》的通知

粤府〔2021〕21号

扫描二维码可查看原文

《广东省人民政府关于加快数字化发展的意见》

粤府〔2021〕31号

扫描二维码可查看原文

广东省人民政府关于印发《广东省制造业数字化转型实施方案及若干政策措施》的通知

粤府〔2021〕45号

扫描二维码可查看原文

广东省人民政府关于印发《广东省制造业高质量发展"十四五"规划》的通知

粤府〔2021〕53号

扫描二维码可查看原文

广东省商务厅印发《关于开展粤贸全国工作积极开拓国内市场的若干措施》的通知

粤商务交字〔2021〕3号

扫描二维码可查看原文

广州市人民政府关于印发《广州市加快培育建设国际消费中心城市实施方案》的通知

穗府〔2021〕15号

扫描二维码可查看原文

深圳市工业和信息化局、深圳市商务局、深圳市发展和改革委员会关于发布《深圳市培育发展现代时尚产业集群行动计划（2022—2025年）》的通知

扫描二维码可查看原文

广州市发展和改革委员会印发《关于精准扶持时尚产业重点企业高质量发展工作方案》的通知

扫描二维码可查看原文

广东服装产业"十四五"发展规划摘要

【编者按】2021年，在国家第十四个五年规划开局之年，广东省服装服饰行业协会主持编制了《广东服装产业"十四五"发展报告》。本报告从立项到印发，历时一年。期间，经过实地调研、研究分析、专家论证、概念发布、征求意见等程序，以期通过"独立第三方"的视角，对产业发展起到积极的参考作用。

"十三五"期间，广东服装产业取得稳步发展：规模以上企业服装产量37.29亿件，全行业服装产量全国第一，出口稳居全国首位；拥有27个纺织服装名城/名镇；广东服装产业载体主要为专业市场、创意园和集群型产业小镇，产业载体建设全国领先，功能融合已萌发；品牌发展居全国前列，百货/专卖品牌数量多，跨境电商品牌发展名列前茅，专业市场品牌数量全国第一，有较强的竞争优势；电商发展迅速，直播电商有"人、货、场"优势，涌现出很多出口跨境零售电商独立站；非遗文化历史悠久，政府和协会扶持力度大；设计师资源丰富，教育基础实力强。

"十四五"时期，广东服装产业将面临新的发展形势：数字化转型已成为传统制造业升级的重要方向；传统的生产模式正向全球供应链协同模式转变；世界级纺织产业集群建设正在加快推进，服装产业载体呈现出功能相互融合的趋势；新业态新模式促使全渠道营销成为常态；文化自信与消费升级将推动时尚品牌不断创新发展。面临以上发展形势，规划制定了三个产业定位，未来广东服装产业将成为全球服装供应链协同的核心枢纽，中国新一代时尚品牌孵化与成长的港湾，是全行业产品创新、技术创新、模式创新的中心。

第一章 "十三五"时期取得的成绩

一、服装产量大，盈利能力下滑，出口仍居首位

（一）服装产量全国第一

广东省服装加工实力强。2020年，我国规模以上服装企业总产量223.73亿件，广东省规模以上服装企业产量37.29亿件，占全国16.7%，全行业服装产量全国第一。

产量呈下滑趋势。"十三五"期间，广东省服装产业发展面临着资源和环境、国内其他地区的激烈竞争以及国际市场冲击等各方面挑战。2015～2020年，广东省规模以上服装企业总产量由65.9亿件减少至37.3亿件，尤其是受2020年疫情的影响，2020年广东省规模以上服装企业产量降幅达17.2%（图6-1）。

2015～2020年广东服装产量及增速

图6-1
（数据来源：国家统计局）

（二）盈利能力下滑

运行质效不佳，规模以上服装企业主营业务收入下滑。"十三五"期间，服装行业处在深度调整和变革期。2015～2018年，广东省规模以上服装企业主营业务收入由3919.3亿元一直下滑至2018年的2833.5亿元，2019年迎来了7.3%的增速，主营业务收入增加至3039.6亿元（图6-2）。但2020年，规模以上服装企业主营业务收入下滑至2467.4亿元，降幅达18.8%。

利润率水平低于全国。"十三五"期间，广东省规模以上服装企业利润率水平低于全国平均水平，且变化趋势与全国一致。2015～2020年，广东省规模以上服装企业利润率始终保持在4.5%左右，但在2020年下滑至3.8%，低于全国4.7%的利润率水平（图6-3）。

2015～2020年广东省规模以上服装企业主营业务收入及增速

图6-2
（数据来源：广东省统计局）

广东省规模以上纺织服装服饰业利润率与全国比对情况

图6-3
（数据来源：国家统计局，广东省统计局）

（三）出口稳居首位

服装出口仍稳居全国首位。广东省凭借地缘优势造就了服装产业对外贸易的快速发展，进而形成了以贴牌代工为主的发展模式。长期以来，广东省服装产业出口金额占全国服装出口总量的20%左右，服装出口仍然稳居全国首位。

国际贸易政策变革在深刻影响全球服装供应链的重塑，给我国服装产业的外贸发展带来较大挑战。2015～2019年，广东省纺织服装、服饰业出口交货值由1040.5亿元下滑至609.1亿元，2020年受全球新冠疫情等因素影响，降幅持续增大，下降26.4个百分点（图6-4）。

2015～2020年广东省服装出口金额

金额/亿元

图6-4
（数据来源：广东省统计局）

二、服装产业集群规模大，分布集中

（一）集群规模全国第二，以内衣家居服为主

2020年，广东省服装产业集群工业总产值3809.6亿元，仅次于浙江省，位居全国第二。浙江省和广东省服装产业规模远大于中国其他省份，两者合计约占总规模的一半。

从细分产品类别来看，广东以内衣家居服为主，工业总产值占比为53.5%（图6-5）。女装、休闲服装、牛仔服装所占份额接近，共占29.1%，为第二梯队。

广东省服装产品细分类别占比

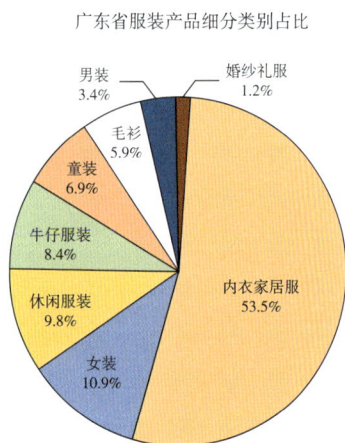

图6-5
（数据来源：中纺联产业集群工作委员会）

（二）拥有27个纺织服装名城/名镇，集中分布在三个区域

截至2020年底，广东省与中国纺织工业联合会建立纺织服装产业集群试点关系的地区共计27个，数量占全国的40%。其中，揭阳普宁市是广东省产业规模最大的县级市，产品品类以内衣、衬衣为主。

从工业总产值分布来看，广东省服装产业主要集中在三大区域，分别为潮州、汕头、揭阳区域，产品以婚纱礼服、工艺毛衫、内衣、家居服为主；东莞、惠州、深圳区域，产品以品牌女装、品牌男装、毛衫、休闲装、设计师品牌服装为主；广州、佛山、中山区域，以服装流通、休闲装、内衣、童装、牛仔服装、牛仔洗水为主。

三、产业载体建设全国领先，功能融合已萌发

（一）广东服装产业载体

广东省面、辅料专业市场占全国总量的19%，服装专业市场占总量的22%，单体市场经营面积主要在3万平方米以下。

现拥有7个纺织服装创意试点园区（平台），分别为广州轻纺交易园、红棉国际时装城、广州T.I.T创意园、梧桐㭀全球原创服饰品牌服务平台、广州国际轻纺城、唯品同创汇和深圳大浪时尚小镇。

集群型产业小镇承载本地产业发展，拥有强大的供应链基础。

（二）专业市场持续增强商业配套和研发设计功能

专业市场的主要功能为商品流通，配套简单的餐饮，并不具备其他功能。随着载体本身的不断升级，广东专业市场突出表现在更注重融合研发设计和专业服务功能，持续增强商业配套。

（三）集群型产业小镇引入研发设计和文化旅游功能

随着产业的升级，创意园不断引入展示交易业态，增强商业配套，向品牌街区靠拢，提升园区的综合人气，增强对产业的支撑作用。集群型产业小镇多通过旧工业园的改造来实现载体升级，引入研发设计、商业配套向创意园靠拢。

四、品牌发展居全国前列，有较强的竞争优势

百货/专卖品牌数量多。据统计，广东在女装、内

布、家居服等多个品类中均具有品牌优势。广东女装品牌数量占全国的50％，内衣品牌数量占全国的60％，拥有玛丝菲尔、歌力思、曼妮芬等知名品牌。

跨境电商品牌发展名列前茅。目前全国跨境电商品牌总体处于起步上升阶段，其中广东跨境电商发展居全国首位。根据电子商务研究中心数据，广东是我国参与跨境电商企业的主要集中地之一，企业数量占全国的20％以上，孵化了SHEIN等知名跨境电商品牌。

专业市场品牌数量全国第一。根据纺织服装行业万平方米以上专业市场数据统计，广东省拥有全行业各类商铺品牌14.5万个，其中服装品牌9.5万个，占全国总数的13.0％，位居全国第一。

五、电商发展迅速，涌现出新渠道新模式

根据天猫、京东公布的2020年"双十一"购买力排名，广东省购买力位居全国之首。广东之所以连续多年保持旺盛的电商购买力，除了消费基数大、电商市场相对成熟等因素外，越来越多企业积极推进数字化转型，主动探索线上线下融合发展的新业态新模式，从而使电商产业走向深化。

直播电商有"人、货、场"优势。广东主播人数超过12万人，占全国的一半，专业性和带货能力强。有强大的供应链能力，服装生产能力全国最强，专业市场最多。直播平台和场景技术实力强，虎牙和YY作为广州两家本土头部直播平台，在直播场景中的智能化和技术探索走在全国前沿。

跨境电商发展势头迅猛。广东是出口跨境电商卖家最多的地区，以平台中小企业卖家为主，占全国的20.5％，交易额约占全国的70％。涌现出很多出口跨境零售电商独立站，如SHEIN，Zaful。跨境电商软件

服装企业数量多，技术实力强。

六、非遗文化历史悠久，政府和协会扶持力度大

兼收并蓄、务实创新的岭南文化源远流长，广东省非物质文化遗产资源丰富。目前，已批准公布的省级非物质文化遗产名录（纺织类）中，潮绣遗产在2006年经国务院审批，列入第一批国家级非物质文化遗产保护名录。潮州抽纱、汕头抽纱在2014年被列入国家级非物质文化遗产代表性项目名录扩展项目名录。

近年来，广东省人民政府和广东省服装服饰行业协会大力支持"非遗"发展，并围绕非遗主题积累了坚实的产业基础。2020年9月"中国纺联非遗办广东站"落户省服协，协会在省内省外积极开展包括设计师采风、非遗产学研交流会等一系列非遗文化交流活动，还在积极筹备申报"省级非遗工作站"和"中山装非遗保护站"。2021年4月，"广东时装周"新辟创办"湾区时尚文化周"，将非遗作为长期主题，汇聚、展示和推广粤港澳大湾区时尚领域与非遗项目的跨界文化创新成果，展示"非遗"魅力，推动文化引领与文化赋能（表6-1）。

七、设计师资源丰富，教育基础实力强

广东优秀服装设计师资源丰富。目前，省内共有服装设计师15万名以上，其中中国十佳服装设计师在广东工作的约占全国1/4；中国时装设计金顶奖广东占60％，广东十佳服装设计师共200位。院校教育方面，广东拥有充足的服装院校资源，共有开设服装相关专业的本（专）科院校超过40家，服装专业高校在校生约3万人，服装教育基础扎实，每年为广东乃至全国输送上万名专业人才。

表6-1　广东省级非物质文化遗产名录（纺织类）

类别	项目		所在地区
传统美术	粤绣	广绣	广州市海珠区，佛山市顺德区
传统美术		潮绣	潮州市
传统美术		珠绣	潮州市
传统美术		小榄刺绣	中山市小榄镇
传统美术	抽纱（潮州抽纱）		潮州市

续表

类别	项目	所在地区
传统美术	抽纱（汕头抽纱）	汕头市
传统美术	瑶族刺绣	清远市连南瑶族自治县，韶关市乳源瑶族自治县
传统美术	瑶族扎染	清远市连南瑶族自治县
民俗	乳源瑶族服饰	韶关市乳源瑶族自治县
传统技艺	香云纱染整技艺	佛山市顺德区
传统技艺	广州戏服制作技艺	广州市越秀区

第二章 "十四五"时期发展形势

一、数字化转型是传统制造业升级的重要方向

在新一轮科技革命和产业变革的大背景下，数字化转型是我国制造业升级的重要方向和目标。首先，数字化与传统制造业的融合，加速了企业生产端与市场需求端的紧密连接，并催生出新的商业模式；其次，数字技术与制造业的融合可促进制造业实现智能化生产，优化制造业的内部结构，助力传统制造业升级。

对于服装产业而言，数字化转型是利用数字技术对服装进行全方位、多角度、全链条的改造过程。依托5G、人工智能、大数据、工业互联网等新技术的创新发展，智能化生产、网络化协同、个性化定制和服务化等应用场景正在向服装产业全面渗透，共同推动服装产业的数字化、智能化由单点智能快速跃迁到全局智能，服装行业的智能制造向着数字化、网络化、智能化的产业生态体系深入迈进，整个服装产业从研发设计、制造、管理、供应链、营销等全链路环节正在被数字技术所重构塑造。2021年上半年，广州比音勒芬公司以数字化转型和个性化营销为转变，实现上半年净利润2.34亿元，同比增长45%～55%。

二、传统生产模式向全球供应链协同模式转变

供应链协同是提升供应链整体竞争力的有效手段。纺织服装产业具有工艺复杂、产业链长的特点，面对产品生命周期日趋缩短、品种变化更加快速的全球市场，单一企业很难在产品、技术、渠道等领域获得全方位优势。2021年1月，广东省政府工作报告中提出要探索实施"链长制"，培育一批控制力和根植力强的链主企业和生态主导型企业，打通设计研发、生产制造、集成服务等产业链条。"链长制"培育龙头企业作为"链主"，以地方政府相关负责人为"链长"，贯通产业链上下游，在要素保障、市场需求、政策帮扶等领域精准发力，建链、补链、延链、强链，最终引领产业高质量发展。广州跨境电商希音（SHEIN）与2000～3000家中小厂商建立深度合作，在全球市场提供时尚、种类繁多且极具价格吸引力的服装产品，实现与供应链上下游有效的资源整合、信息共享，并最终形成合力，建立更有效的竞争模式。

三、世界级纺织产业集群建设正在加快推进

中国已成为具有重要影响力的纺织强国，产业集群作为纺织服装产业的中流砥柱，在有效配置生产资源要素、提升企业运营效率、促进行业健康可持续发展等方面发挥着重要作用；是促进纺织服装行业实现高质量发展的重要推动力量，打通国内国际双循环的重要途径。2020年，广东省将现代轻工纺织产业集群确立为广东十大战略性支柱产业集群之一，并提出将构建以广州、深圳为核心的创新创意中心，以沿海经济带、各特色产业集聚地为重点的先进制造基地网络，形成国内领先、具有全球竞争力的现代轻工纺织产业集群。

中国纺织工业联合会正全力推动世界级纺织产业集群先行区建设，已经形成了一批在产业经济中具有重要地位，在区域经济中发挥支柱作用，在繁荣市场、扩大就业、技术创新、品牌创建等诸多领域做出卓越贡献的试点地区。截至2019年，中国纺织工业联合会

中拟通过开建立试点共建发布的"世界级纺织产业集群先行区"共有12个，另有杭州众杭区艺尚小镇和深圳市龙华区大浪时尚小镇两个"世界级时尚小镇先行区"共建试点。

四、产业载体在功能上的融合是发展趋势

服装产业载体共具备八项功能，分别为办公、研发设计、加工、展示+交易、专业服务、商业配套、生活配套以及文化旅游，每项功能都也是必不要素。根据不同功能要素的组合，产业载体分为三个大类、七个小类（表6-2）。

功能上，三类载体之间有融合与渗透。

在国外，品牌街区与创意园融合。品牌街区在形成之初就集聚了企业总部、设计师工作室、专业服务、零售店等，兼具两类载体的功能，两类在发展过程中，逐渐融合，如伦敦萨维尔街、纽约曼哈顿成衣区。

表6-2 服装产业载体分类构成

大类	小类	功能要素组合	实际案例
品牌街区	大众消费型	·百货商场、shopping mall ·商业配套	·巴黎购物金三角 ·北京三里屯
	小众消费型	·设计师品牌店、买手店 ·商业配套	·纽约苏活 ·东京涩谷神宫前
	流通型	·服装专业市场 ·商业配套	·广州流花商圈 ·深圳南油商圈
创意园	单纯创意型	·办公、设计、专业服务 ·商业配套	·北京751 ·杭州艺尚小镇
	创意+生产型	·办公、设计、专业服务 ·商业配套 ·加工	·深圳大浪小镇 ·武汉红T
产业小镇	集群型	·加工（成规模） ·专业服务（成熟） ·生活配套（成熟）	·桐乡毛衫小镇 ·诸暨袜艺小镇
	建设型	·加工（待招商） ·专业服务（待招商） ·生活配套（待成熟）	·郑州锦荣衣天下产业园 ·沧州明珠生态新城

在国内，创意园向品牌街区靠拢。最初创意园多以旧厂房改造而来，之后逐渐演变为时尚"打卡地"，进而带动更加丰富的业态入驻；新建的创意园，在设计之初就考虑了餐饮、娱乐、文化旅游、休闲购物等消费功能，主动向品牌街区靠拢。产业小镇向创意园靠拢。集群型小镇希望引入更多设计研发与专业服务资源，对本地产业改造升级；建设型小镇最初规划就定位为生产、研发、服务的多功能统一体，在功能上主动向创意园靠拢。

五、新业态新模式促使全渠道营销成为常态

随着信息技术的发展，消费者购买行为的多元化以及市场营销渠道的不断扩展，企业的营销手段迎来了质的改变。在行业数字化转型发展的促进下，加上疫情对服装线下销售市场带来冲击，促使企业不断加快商业模式创新，涌现出新业态新模式，内容电商、社交电商、跨境电商等线上营销方式迅速兴起，带动线上线下融合发展，并逐渐走向常态化。

2020年我国服装电子商务B2C市场交易规模有望突破1.96万亿元，同比增长约6%。服装专业市场也在积极推动线上展示和交易，实现线上线下销售协同。跨境电商依托数字展览、跨境直播、独立站等新营销模式呈现迅猛发展态势。2020年，我国出口跨境电商交易规模为9.7万亿元，占跨境电商进出口交易总额的77.6%，出口产品品类以电子产品、服装服饰为主。企业持续推进直播经济、平台经济、共享经济、社群

经济等新业态、新模式发展的同时，进一步提升线下体验能力和数字化应用水平。围绕"体验""场景"进行变革，深入推进各业态优势互补，将提高运营效率与提升服务质量更好地结合起来，为消费者提供更加便捷、优质、丰富的购物体验，深化线上线下全渠道融合发展。

六、文化自信与消费升级推动时尚品牌创新发展

我国已转向高质量发展新阶段，人民群众对美好生活的需求持续释放，消费意愿增强，个性化、多元化、定制化成为新的消费趋势，出现了包括千禧一代、Z世代、小镇青年、新中产等新消费主力人群。同时，随着我国在全球经济地位的不断提升，国民的民族文化认同感不断增强，文化自信达到新高度，非物质文化遗产和传统服饰的复兴成为年轻一代探寻民族文化

的重要渠道和新消费趋势。国潮消费、绿色消费、健康消费、数字消费等需求新趋向，提供了多角度、多元化的创新空间，消费者文化自信和文化自觉不断强化，促使时尚品牌从产品、技术、模式开启全方位创新。

在文化自信和消费升级的推动下，时尚品牌产品设计趋向年轻化、富含设计感，产品消费开始向设计师品牌、买手品牌、潮牌等小众品牌转移；消费需求发生变化，由垂直兴趣构成的圈层文化，加剧产品细分，部分品牌向主营汉服、瑜伽等小品类产品转变。随着文化自信的不断高涨，引发了"国潮"消费热潮，时尚品牌更加重视文化在服装产品及品牌建设中的作用。积极挖掘非物质文化遗产与技艺，加强与时尚产品设计相结合，提升附加值与文化内涵，逐渐成为彰显新消费主力个性风格的标志。服装产品的科技基因不断增强，品牌在新材料、面料科技、功能性产品的研发投入加大，为品牌价值提升提供重要路径。

第三章　指导思想和产业定位

一、指导思想

以习近平新时代中国特色社会主义思想为指导，全面落实党的十九大和中央经济工作会议精神，贯彻新发展理念，构建新发展格局，以推动高质量发展为主题，以深化供给侧结构性改革为主线，紧紧围绕"四个全面"战略布局，牢固树立"创新、协调、绿色、开放、共享"五大新发展理念，以市场为导向，以增强产业创新能力为重点，以时尚城市和时尚品牌建设为中心，以供应链协同和数字化转型为手段，推进传统产业向时尚产业提升发展，构建发展新动能，

打造广东省服装产业的竞争新优势。

二、产业定位

（一）全球服装供应链协同的核心枢纽

广东服装供应链综合实力全国最强，包括从研发设计、面辅料生产与流通、服装加工、品牌运营到成品流通等供应链的各个环节。广东服装产业在全国范围内的供应链综合实力均位居前列（表6-3），拥有资源整合和供应链协同的基础条件。

表6-3　广东省服装产业供应链资源全国排名情况

供应链环节	说明	全国排名
研发设计	广东设计师数量达15万人	1
面料生产	面料产量占全国7%	6
面料流通	专业市场数量占19%	2
服装加工	服装产量占全国17%	2
品牌运营	女装品牌占全国50%，内衣品牌占全国60%	1
成品流通	专业市场占全国22%，出口金额占全国22%	1

数据来源：中国纺织建设规划院

未来，面向湾区、立足全国、服务全球，广东服装产业将以广州、深圳为核心引擎，以珠三角沿海经济带、各特色产业集聚地为重点，以先进制造、供应链服务、数字贸易、现代物流、品牌零售为着力点形成先进制造基地网络。通过全国乃至全球范围内的资源整合与优化配置，积极探索"链长制"，逐步形成布局优化、分工有序、紧密协作、优势互补的服装产业竞争新格局，成为全球服装供应链协同的核心枢纽，实现供应链整体产出最终目标。

（二）中国新一代时尚品牌孵化与成长的港湾

随着千禧一代、Z世代等新一代消费者不断接触世界、了解时尚，对新鲜事物的接受度不断提高，个性化、多元化需求逐步产生，孵化和发展中国"新一代时尚品牌"成为行业当前重要的任务与方向。

"新一代时尚品牌"是指以新消费主力人群为目标，拓展聚焦细分市场，依托成熟的供应链体系，充分利用互联网时代下的全渠道、新模式进行营销，传递独特价值观和文化内涵的服装品牌。"新一代时尚品牌"是时尚产业发展的重要支柱，影响其孵化与成长的关键因素繁多，包括设计小众、承载文化、小单快反、渠道多元等。广东是我国的服装制造强省，拥有大量的设计师资源、悠久的非遗文化历史、完整的产

业供应链、多样的载体类型，其丰富多元的产业要素使得广东服装产业将成为孕育中国"新一代时尚品牌"的重要平台。

（三）全行业产品创新、技术创新、模式创新的中心

产品创新是从源头提高产业链附加值的关键环节，提升服装产品的技术含量和文化含量，能够不断满足消费者对于高品质生活的多元化需求，实现产品的差异化与高附加值。技术创新是提升产业供给效率的重要手段，企业生产与管理技术的升级改造，将提高服装产业的技术装备水平，实现资源最优化配置，助力产业转型升级。模式创新是对产业高质量发展的积极探索，新型电商、产业互联网平台、共享工厂等新模式、新业态在服装行业的渗透转化，能够全方位赋能产业。

近年来，得益于坚实的产业基础、健全的要素市场、飞速发展的高新技术和开放包容的发展氛围，广东服装产业不断涌现出新产品、新技术、新模式并成功落地。在粤港澳大湾区建设的机遇下，广东将围绕产业发展需求，以科技为支撑，加快构建多层次的创新格局，突破传统服装产业发展的局限性，引领产业链各环节不断向高端提升，成为全行业的产品创新、技术创新、模式创新示范中心。

第四章 重点任务和重点项目

一、就地升级+产业输出，发展"六小时交通圈"总部经济

（一）推进产业就地升级，依托本地良好产业生态促进发展

广东有良好的产业生态。服装品类齐全，涵盖女装、男装、童装、牛仔、休闲装、内衣、家居服等；产业集群内部企业之间形成良好的竞争合作关系，能够实现信息、资源共享，共同发展。行业协会、专业服务机构以及各高校、科研院所等外部机构为行业发展提供了技术、咨询、人力资源等支撑。政府出台各项支持政策，为产业发展创造了良好的外部发展环境。但随着广东省城市更新的全面开展，租金成本上升，势必将带动重点城市的高端产业聚集和低端产业外迁。

为保证产业生态不被破坏，推进产业就地升级，呵护产业生态，依托良好的产业生态提升发展。推动珠三角地区生产环节高度集聚，布局高端制造中心，建设智能化示范工厂，减少中低端制造产能，发展高品质加工能力。鼓励企业建立设计研发中心、品牌运营中心、市场营销中心，开展供应链服务，向价值链高端攀升，实现本地产业生态不断升级。

（二）产业向周边区域输出，为产业做大做强提供支撑

周边区域积极向湾区靠拢。2019年6月，广西壮族自治区人民政府印发了《广西全面对接粤港澳大湾区实施方案（2019—2021年）》，提出要加大产业转移对接，全产业链承接大湾区纺织服装等产业。2019

年广东服装大会上，江西省赣州市提出"融入大湾区、时尚新赣州"的建设目标，双方就赣粤服装产业签署了战略合作协议；2020年6月，江西省人民政府印发了《关于支持赣州打造对接融入粤港澳大湾区桥头堡的若干政策措施》，推动赣州市与大湾区产业互补。其中于都县更是将纺织服装产业作为重点产业，包括赢家、汇美等多家广东龙头企业在此建立生产加工基地，构建了完整的产业生态，2020年于都县全行业产值达525亿元。湖南常宁建设湘南纺织产业基地，打造"千亿级"绿色纺织"航母"，并于2019年12月在东莞市举行招商座谈推介会，现场签约项目10个，签约资金达6亿元，深圳、中山、惠州等地企业希望组团入驻。

广西、湖南、江西与广东珠三角产业核心区形成六小时公路交通圈，区位交通便利；周边省份和粤西、粤北地区拥有丰富的土地和劳动力等产业资源，并且均在积极建设产业园区。依托这些地区的政策、土地资源和产业工人优势，鼓励珠三角产业集群的服装企业在江门、阳江、茂名、清远等粤西北地区和江西、广西、湖南等周边省份建设服装加工基地，扩大企业生产规模，为企业做大做强提供产能支撑。

二、在重点地区打造差异化定位的世界级产业集群

（一）打造七个世界级产业集群

根据集群绝对规模、相对规模、产品特色和地区节点四个指标考量，结合中纺联世界级纺织服装产业集群先行示范区及广东省商务厅外贸转型升级专业型示范基地评定标准，在三大产业集中区域（潮汕地区、广佛中和深莞惠地区），重点打造国内领先、具有国际竞争力的七个差异化世界级产业集群（表6-4）。

表6-4　世界级服装产业集群名单

序号	重点区域	集群名称	考量指标	选择理由
1	潮汕	普宁内衣	绝对规模 产品特色	广东省服装集群中工业总产值最大的县级市 内衣家居服是广东省最大的细分产品品类
2	深莞惠	虎门女装	绝对规模 产品特色	工业总产值仅次于潮汕地区产业集群 是中国纺联推进的12个"世界级纺织产业集群先行区"之一 女装是广东省第二大产品品类
3	深莞惠	大朗毛织	绝对规模	集群工业总产值较高 是中国纺联推进的12个"世界级纺织产业集群先行区"之一
4	广佛中	增城牛仔	相对规模 产品特色 地区节点	洗水规模大 洗水是牛仔服装的核心环节 广州是重要的产业节点
5	广佛中	沙溪休闲服	产品特色	休闲服在服装细分类别中的比重不断增加 广东省商务厅认定的外贸转型升级基地之一
6	潮汕	潮州婚纱晚礼服	相对规模 产品特色	世界最大的婚纱、晚礼服生产出口基地之一 以广东潮绣传统工艺为特色
7	深莞惠	大浪女装	绝对规模 产品特点 地区节点	是中国纺联推进的2个"世界级时尚小镇试点"之一 时尚创意产业 深圳是重要的产业节点

（二）从五个方面推进世界级产业集群建设

集群化发展是我国纺织服装产业突出的特征，也是行业高速成长的重要原因。广东实现从集群到世界级集群的跨越，需要重点关注规模与效益、行业先进性、产业生态、动力机制和集群组织五个核心特征。

针对集群现状，从五个核心特征、十个具体指标进行考量，广东集群在行业先进性、集群组织和动力机制方面亟待提升。

二、搭建生态型、制造端交易型产业互联网平台，开展供应链服务

（一）整合并优化小、微产业资源，开展供应链服务

优势企业专注资源整合与管理，开展供应链服务。广东的优势企业应以现有的服装加工和贸易为核心，发挥自有订单、产能和渠道等方面优势，通过企业内、外部资源的整合、优化，并赋予高效的管理，为原材料供应商、物流供应商、产品分销商、生产制造企业、品牌运营商等供应链参与者提供一个资源对接平台，实现供需精准匹配和供应链效率的大幅提升。

小微企业明确自身定位，融入优势企业供应链服务中。广东省有大量中小微服装加工企业，分散在珠三角和粤东等地，暂不具备资源整合的能力。因此，建议中小微服装企业不要以做大规模、做品牌为目标，应加强技术改造和管理提升，按照大企业的生产工艺、产品标准组织生产，积极为大企业协作配套；加强细分市场的开拓，推进差异化发展，延伸、填补上下游产业链；专注于专业化、精细化的服务，在产业链中找准定位，融入大企业供应链，实现合作共赢。

（二）传统企业转型供应链服务面临三个调整

由产品为中心向以服务为中心转变。优势企业应由单一的产品提供者向提供一体化的解决方案转变。供应链服务的本质是解决方案提供商，最初由企业"非核心业务外包"发展而来，发展至为客户提供一系列的解决方案，以满足客户非核心业务外包的需求为最终目标。例如，京东物流是一体化的供应链物流服务商，以向客户提供全面的物流服务为核心，包括快递、整车及零担运输、最后一公里配送、仓储及其他增值服务，满足客户的各种需求。

由单体企业向产业联盟转变。资源整合是开展供应链服务的基础，通过成立产业联盟，企业可掌握更多外部资源。单一企业的核心能力和资源有限，成立联盟是企业核心能力的外部优化整合，所获取的资源越多其服务的绝对能力、柔性也越强。此外，联盟本身是动态、开放的组织，供应链服务企业还需具备更强的管理能力。

由自身获利向全产业链共同受益转变。共同受益

是供应链服务的保证，供应链服务企业通过强化企业"非核心业务"赚取佣金或服务费实现盈利。融入供应链服务的中小微企业，通过"非核心业务"外包而专注于自身业务的强化，并可享受到供应链服务商提供的专业化、精细化服务。因此，优势企业开展供应链服务，除自身获益以外，应以带动供应链上下游以及全产业链共同受益为最终目标。

（三）在制造端搭建生态型产业互联网平台是最佳选择

产业互联网平台可由成品流通端和生产制造端切入，在功能上可分为展示型、交易型和生态型。展示型平台以线上信息展示、线下撮合等基础服务为主；交易型平台是展示型平台的升级，除了具备线上展示功能，还能实现线上交易；生态型平台除线上交易功能外，不断向仓储物流、供应链金融等增值服务领域拓展。目前来看，现有纺织服装行业的产业互联网平台多由成品流通端切入，功能上也由最初的展示型、交易型向生态型平台转变。

制造端、生态型平台资源整合能力强、用户黏性高，更具竞争优势。制造端、生态型平台以生产状态监测、产能灵活调度为核心服务，服务于供应链上下游的双边用户。一方面，通过订单精准匹配，可提高上游工厂的开工率，逐步建立规模效应；另一方面，下游的品牌商、设计师等客户能够以更低廉的价格，获得质量稳定、交期准的产品。此外，当平台的用户和交易体量达到一定规模时，又能吸纳更多增值服务商入驻，实现优势资源的共享以及服务数量、质量的升级，并随着平台的发展延伸出更专业、更精细的服务组合，最终围绕产业链用户需求形成集成式、一体化的解决方案的产业互联网平台。

四、着力发展小众品牌、跨境电商品牌，构建多元化的品牌体系

（一）重点发展两个方面，构建多元化的品牌体系

品牌体系按照受众群体和销售渠道可分为百货/专卖品牌、市场品牌、线上品牌、跨境品牌和小众品牌五类。广东的百货/专卖品牌、市场品牌发展起步早、

数量多，已居全国前列，具有传统优势；线上品牌近年普及度高，广东企业对发展国内线上渠道意识较强，发展势态良好。因此应在继续保持优势的前提下，着重拓展市场前景广阔的跨境电商品牌和对广东时尚产业支撑力度较大的小众品牌，与现有优势品牌相辅相成，实现覆盖大众、小众、线上、实体、国内、国际多个维度的消费群体，构建多元化的广东服装产业品牌体系。

（二）小众品牌对广东时尚产业发展意义重大

国内小众品牌业态稀缺。小众品牌在国际时尚城市较为常见，主要集中在小众时尚街区。而在我国，设计师、专业买手多数依赖大企业生存，买手店或设计师品牌数量少，且多数在"线上"发展。

可吸纳时尚人群。小众品牌集聚地对专业时尚人群和前卫消费者都具备较强的吸纳能力，目前国际知名的小众品牌集聚地，如东京神宫前、伦敦萨维尔街、纽约soho区等都已成为艺术家、设计师、潮人、普通消费者集聚的购物胜地。

对时尚产业支撑力度大。相比大众品牌，小众品牌普遍具有较高的品牌附加值及识别度，可以满足消费者多元化和个性化需求。鼓励设计师、品牌企业积极创建小众品牌，增强品牌宣传，打造广东小众品牌集聚新高地，为广东时尚产业发展提供支撑。

（三）跨境电商是加工厂学习品牌运营捷径

广东是我国服装出口强省，多年的外向型经济造就了成千上万的外贸企业，但其中以加工厂为主。加工厂运营品牌能力弱，也因此一直处于产业链低端，产品缺乏附加值。

第三方平台可快速赋予加工厂品牌运营能力。第三方跨境电商平台相对于其他途径，开店环节少、费用低，物流、广告等均可以通过购买平台服务的形式获得，降低了进入全球市场的门槛；国际市场广阔，直面境外消费者，运营成本低、回款周期短、利润空间大，有较大的发展空间；我国近年对跨境电商扶持政策多，跨境内部环境势态良好。对于长期以加工为主，缺乏品牌运营能力的外贸工厂而言，可以在短时间内以品牌形式进入相对熟悉的国际市场，降低了渠

道成本和品牌培育周期，实现快速提高知名度、转型升级的需求。

独立站对供应链资源整合更具意义。独立站具有绝对的自主性，可以根据品牌规划和营销建立对外窗口，打造独有的品牌属性。也因此，需要在内部和外部整合供应链资源，内部整合包括产品开发、运营、市场、售后等，外部整合包括原材料供应商、生产商、物流以及最终消费者。整合供应链将有效降低成本，提高品牌利润，规避同质化产品，有利于品牌的长远发展。同时由于独立的属性，使品牌更易获得分析用户数据、促进二次营销、沉淀用户，从而建立稳定的私域流量池，助力品牌发展进入良性循环。

五、以价值观、文化内涵作为提高品牌核心竞争力的主要切入点

（一）价值观表达和圈层文化认同是Z世代最典型的消费特征

人口结构的变化改变着消费趋势，Z世代逐渐成为新消费的主要驱动力。区别于传统的消费人群，新一代消费者在关注商品带来的功能性价值之外，更多看重的是品牌所传递的文化和精神层面的价值。他们关注品牌价值观与自身是否契合，期望在消费中创造、分享和表达，能够产生吸引力的不是"迎合"他们的外人，而是产生"共鸣"的伙伴。

缺少价值观的服装品牌难以在消费者心中留下深刻印象。品牌应同人一样，建立并拥有明确的差异化价值观，并一以贯之地不断深化与传播，以价值观链接消费者。与品牌价值观产生共鸣的消费群与品牌缔结了深厚的情感纽带和意义关联，对品牌的黏性更大，忠诚度更高，甚至能够成为品牌的共创者。为此，品牌应在产品、设计、营销、服务等各环节深化价值观影响力，以高质量产品为前提，应用新型原料与工艺技术，打造产品的差异化与高附加值，提升品牌溢价能力。加大品牌推广力度，部署创意营销方式，营造消费情境，重视与消费者关系的建立而非交易。结合现代技术和多媒体平台，传达良好的品牌视觉形象，提高品牌识别力。拓展企业任务，承担社会责任，倡导可持续发展理念，

里现社会对品牌的认可。

（二）为品牌注入文化内涵，打造品牌核心竞争力

注重品牌文化和创意设计，弱化年龄、职业、收入等传统分类，坚持自身风格和文化理念，积极与文化IP、知名设计师、各领域潮流品牌联名合作，加强品牌文化输出，引领顾客消费需求。充分弘扬中华传统文化，重视"非遗"传承，鼓励传统文化元素再设计，并向服装服饰产品上充分拓展应用，赋予产品更多可能性和丰富性，提升服装时尚创意和产品设计水平，形成一批具有民族文化承载意义的服装自主品牌，持续扩大品牌影响力。积极参加会展及论坛，全面提升品牌形象，触及良好消费群体。

政府应在文化建设方面投入更多关注，加强产业传播载体建设，夯实时尚发展平台，举办文化传承活动，打造1～2个在全国有影响力的非遗品牌展示展览活动，推进文化强省建设。与中国纺织工业联合会、广东省服装服饰协会、广东省服装设计师协会等行业协会深度合作，集聚国内外时尚产业资源，举办文化传承、时装展示、集群推广活动等，加大宣传力度，通过传媒渠道进行有效引导，增强整体文化氛围，提升文化凝聚力和引领力。

六、改造、建设复合型时尚产业载体

（一）复合型产业载体更具活力，对产业支撑作用更强

国外时尚都市的经验证明，复合型综合体更具生命力，是产业载体发展的主流趋势。综合体既服务于产业发展，也服务于城市建设，以形成一个物理上集聚、且具有强大辐射周边能力的产业生态圈为目的。智能制造、互联网新技术的成熟，极大地增加了综合体的可操作性。

国内尚无成功案例。目前国内多数创意产业园仍以承载时尚企业办公和设计师工作室为主，配套少量快餐和便利店，功能专一，且缺乏时尚消费（to C）功能。少数产业小镇虽已有部分品牌企业、知名设计师入驻，并规划了总部大楼、商业综合体和五星级酒店，但整体仍以制造加工为主。

（二）从三个关键点助推广东复合型时尚产业载体发展

商品、业态的先进性。电子商务对线下业务的冲击巨大，这要求终端实体店的商品必须有足够新鲜的元素，如"首店""定制""小众"等。在复合型产业载体的"展示+零售"功能中，如何展示商品，即业态的表现形式和手段非常重要。不同业态之间的配合，如"购物"+"吃、喝、玩"+"夜间经济"等，也必须要纳入考量范围。

对时尚人群的吸纳。首先是对企业高层、设计师、买手、第三方服务等专业人士的吸纳能力，这主要依靠本地产业的发展前景以及优惠政策的力度。其次是对时尚消费人群的吸纳，事实证明，成功的复合型产业载体大多会变成年轻时尚人群"打卡地"，而人气的增加反过来也会提升专业人士对产业载体的兴趣。

资金和用地政策的支持。给予各类资金支持，针对引入高端创新设计人才、设计研发、企业品牌孵化/建设、时尚活动发布等给予资金支持，如对于国家权威机构认定的服装设计师，给予一次性补贴；给予贷款基准利率贴息等。推进新型产业用地（M0），复合型产业载体的用地性质要求较复杂，新型产业用地可以融合研发、创意、设计、无污染生产等新型产业功能及相关配套服务，适合建设复合型产业载体。

（三）通过新建和改造现有载体来实现

通过对本省现有产业载体升级或新建复合型载体来实现。推动专业市场升级，增强功能融合；加大对老旧园区、闲置低效土地、零星用地的改造升级力度，最大限度盘活存量用地。广州市的白云区、海珠区、越秀区和番禺区均通过三旧改造和城市更新项目升级载体，为产业向价值链高端攀升提供更契合的物理空间。

采用"政府推动、企业开发、市场运作"的运营管理模式。在政府的指导下，可由本地龙头企业配合政府制订产业载体的整体规划方案，并由政府负责推动支持，促进方案实施。政府不直接介入具体的建设运营，引入第三方或成立公司进行设计、建设、招商和管理，完全市场化运营。

七、依靠中心城市和产业节点建设大湾区时尚走廊

（一）珠三角地区都在积极推动时尚城市建设

时尚走廊指在时尚的缔造、流通、消费三个方面对全球具备极大的影响，覆盖整个粤港澳大湾区的时尚产业聚集带。

广州和深圳提出打造时尚之都，拥有发达的专业市场，打造时尚流通和消费。珠三角地区的产业集群等产业节点也在推动时尚产业发展，积极建设时尚产业载体。

（二）整合产业优势资源，共建粤港澳大湾区时尚走廊

以广州和深圳两个中心城市、七个世界级产业集群，以及各主要产业节点为核心，逐步构建起以广州、深圳为核心的创新创意中心，以沿海经济带、各特色产业集聚地为重点的先进制造基地网络。依托全省服装产业发展的坚实基础，借助各地时尚产业载体建设，整合湾区资源，通过发挥各地区的比较优势，相互赋能，提升整个湾区时尚产业的影响力和传播力，共同创建"湾区时尚走廊"，助力湾区打造"全球时尚中心"。

八、从SaaS、供应链管理、品牌IP营销入手，推进企业实施数字化转型

（一）针对小微加工企业，采用SaaS+MES的产品

我国服装行业以中小企业为主，多年来在自动化、信息化领域存在欠缺。目前来看，绝大多数服装企业面临的数字化、智能化改造并没有超出传统的自动化控制与企业信息化的范畴。具体改造包括生产流程控制（PLC）、生产执行管理（MES）、企业资源管理（ERP）三个基本层次。其中，MES位于计划层和控制层之间的执行环节，是针对车间现场管理的信息化系统，能够对实际的生产流程进行控制，这对于生产管理能力欠佳的中小微加工企业尤为重要。

采用"SaaS+MES"模式，推动小微加工企业

实现数字化改造。广东服装产业以小微加工企业为主体，针对生产加工环节的数字化、智能化改造最为迫切。SaaS产品以"软件及服务"的模式交付，具有实施周期短、成本低、升级方便等优点。因此，小微企业只需通过SaaS+MES产品以及少量的智能终端设备，即可实现人员、订单、客户、生产、库存在线化管理，初步推动大量小微加工企业实现数字化、智能化改造。

（二）针对传统品牌运营商，建立以门店为起点的供应链管理系统

建立以门店为起点的客户中心型零售模式，实现高库存周转。高库存周转、高正价售罄率是提高品牌利润水平的关键。传统大规模的批发预测模式已经无法适应小批量、个性化的订单生产需求，且存在畅销品无法快速补货、滞销品积压的困境。客户中心型的零售模式是根据终端消费者的需求，注重与客户的日常对话，不断重新下单和补货，动态管理库存清货，这是提升库存周转效率的有效方法。

借助信息技术手段，搭建供应链管理系统。优质的供应商已经成为品牌的战略资源，与供应链合作伙伴实现利益共享是品牌方建立准交、快交的供应链的前提条件。门店为起点的销售模式，需要对畅销品的补货做出快速响应。品牌企业通过数据分析工具和信息系统，根据商品实时的售罄率反馈，精准推算出"畅平滞"款，由此逆推出采购、计划、生产的基本日程，驱动整个供应链的成品及面料目标库存计划、工厂及面料商产能预留计划、生产优先级、采购优先级等，打造柔性快反、准交快交的服装供应链体系。

（三）开展基于互联网的IP营销，创新营销渠道和模式

在传统中心化电商模式下，平台是品牌、商家与消费者交易及沟通的中心，品牌通过平台获取公域流量。随着电商社交化、内容化、去中心化的发展，平台对商家及消费者的控制力逐渐下降，使品牌、商家与消费者产生直接联系并进行销售转化的效率更高、成本更低。在流量获取到转化运营的过程中，私域流

量的价值不断上升，超过80%的复购半自商家的私域流量。

鼓励企业深度开展直播电商、小程序电商、社交电商、IP运营等营销方式，拓宽销售渠道，获取私域流量，以社交网络等数字化手段与消费者建立多维连接，进一步加强线上线下渠道融合运营，推动营销模式的持续创新发展。通过线上线下多触点布局，全方位采集消费者数据，通过消费者数据的积累和分析，进行精细化运营，洞察需求、精准营销，使公域流量转化为私域流量，增强用户黏性。同时运用AI、大数据分析等新技术赋能产品和零售终端，以消费者的购物行为大数据反推产品创新、服务创新，从而不断提升流量和销售转化率，增强品牌与消费者的情感连接，保持客户黏性。

九、以"三同工程"作为内外双循环的突破口

（一）推行绿色制造，贯彻可持续发展理念，提升产品竞争优势

近年来，随着人们对生态和环境问题关注度的不断提升，绿色、生态已逐渐成为发达国家服装消费的重要选择因素，更多的消费者选择购买绿色产品。

我国纺织服装业正向"科技、时尚、绿色"转型提升，可持续发展已成为行业共识。广东作为国内领先的服装制造强省，应走在全国前列，率先贯彻新的发展理念，将可持续发展纳入服装企业的生产体系、管理体系、创新体系和价值体系，贯穿服装产品设计、研发、生产、流通到回收的整个生命周期和管理流程。

通过"三同工程"鼓励外贸出口企业采用与外销产品同一标准、同一原材料、同一质量的生产线生产内销产品，包括使用环保科技和环保可回收材质等，以减少生产过程中造成的环境污染和浪费。同时通过产品向消费者传递绿色消费方式，推动新一轮绿色消费浪潮，培育新的竞争优势和增长点。逐步形成以产业促标准研制，以标准促生态构建，最终提升产品竞争优势的良性发展局面。

（二）运用国际标准与设计理念，开拓国内新兴市场

近年来，我国消费者通过海淘、旅游等方式购买境外商品的比例不断增加。除去品牌因素外，其最主要原因是消费者存在"国外产品设计好、质量高于国内"的想法。部分如小礼服等小众服装，以往在国内利用度低、购买人群少，产品设计不如国际市场，同时由于内外销标准不统一，部分内销标准比出口标准相对偏低，存在一定程度的"标准落差"。而无设计和低标准使国内产品价格低廉，导致一些质量好、设计优的产品无法打开国内市场。如今，这种"落差"已经越来越不适应国内日益升级的消费需求，消费者赴海外抢购风潮就是直观表现。

应积极推进同线、同标、同质，使国内消费者可以享受到与国外产品一样质量标准的优质设计产品。同时加强三同产品的质量管理、检测，加大对优质产品的宣传力度，转变消费者对国外产品质量的盲目信任，增加对国内产品的信任度。提供"三同"推广平台，组织更多符合标准的企业，帮助其开辟更多的销售渠道，把设计优的产品向国内推广，开拓国内小众服装新兴市场，促进消费回流，构建以内循环为主，内外双循环相互促进的良性格局。

十、建立符合时代需求的人才体系

人才是产业发展的核心要素，为适应服装产业快速发展的多元化需求，广东在未来要建设符合时代需求的多层次人才队伍，并重点培育以下三类人才：服务于产业集群的定制型人才、服务于创新驱动的跨界人才、服务于新一代品牌的新锐设计师人才。

（一）培养并留住实用型技术人才，服务于产业集群

以产业为导向，深化校企合作，加强实践教学。探索开展学历教育与职业教育并举的人才培养模式，课程教育加深企业参与度，鼓励教师在企业挂职，企业技术人员来课堂上课。积极与企业合作共建人才培养基地，建立校企人才对接机制。支持重点企业、行业协会、科技媒体等组织开展技能比赛和人才评选，建立行业人才评价体系，搭建人才流动服务平台。设

立创新人才培训专项资金，用于培训高级技师、非遗传承人、手工艺人、民间匠人等。开展"工匠"文化活动，打造技能型职工队伍。优化就业环境，为纺织技术工人提供优质高效的服务保障。

（二）引进培育一批复合型人才和跨界人才

加强顶层设计，健全人才评价机制与奖励体系，大力引进高层次人才，制定落实配套保障政策，优化服务机制，努力做好人才落户、子女入学、医疗保险、住房保障、税收优惠、出入境等公共服务。引进优质高等教育资源，发挥重点地区高校、职业院校、科研院所的带动牵引作用，加快开设如大数据、数字经济等产业相关领域的专业或课程。构建多学科交叉体系，在通识课基础上融入创新创业课程和其他素养课，注重对学生创新能力的培养与考察。

（三）增强时尚氛围，强化时尚型人才输出能力

与国际著名时尚城市联动，鼓励顶级设计师到广东进行产品发布，引进国内外知名设计师设立工作室，聚集时尚元素。举办国际时装周、服装设计大赛、时尚论坛等活动。搭建时尚传播平台，加强媒体传播力度，持续扩大时尚影响力，吸引新生设计力量。引进时尚产业教育院校，开发线上课程，完善人才培训机制，加强时尚培育与输出。优化配套服务机制，打造设计平台，完善创业环境，重视知识产权保护，保障人才资源输出。

中国纺织建设规划院供稿

全球共识下的中国时尚产业可持续发展趋势解读

一、全球时尚产业可持续发展现状

时尚是世界上最强劲的行业之一，占全球消费总量的6%，并一直在稳步增长。每年创造超过11万亿人民币的收入。中国的时尚产业从世界工厂、中国制造逐渐向中国设计、中国制造、中国品牌方向快速进步。伴随着中国经济发展进入成熟阶段，中国时尚影响力应该加强全球影响力，通过可持续时尚理念和行动建立全球共识，在向可持续的未来转变方面发挥关键作用。

全球只有11年的时间来阻止不可逆转的气候变化，需要实施以科学为基础的气候目标（SBTs），通过"公正过度"实现1.5摄氏度的目标，到2050年实现净零排放。

纵观时尚产业，G7峰会《时尚公约》实现了国际时尚产业可持续发展议题的统一。2019年，开云集团Kering、香奈儿Chanel、爱马仕Hermes、耐克Nike、阿玛尼Giorgio Armani、博柏利Burberry和香港利丰等著名时尚和纺织企业，在法国爱丽舍宫共同签署了《时尚公约》，公约致力于气候、生物多样性和海洋环境保护。签署国承诺2050年前实现零碳排放的气候目标，到2025年实现25%的"低碳材料"采购

和50%的可再生能源使用，2030年达到100%。截至目前，已有14个国家，60家时尚领先企业的200多个品牌，签署了时尚公约，共同聚焦于气候、生物多样性与海洋三大主题，为实现具体量化的目标一起努力，这意味着时尚行业在可持续发展议题上实现了统一。

二、可持续发展的价值

随着时尚消费者对环境保护、社会公平、自然生态等企业责任认知的逐步强化，已经将企业责任视为消费选择的意识之一。随之，可持续时尚已经成为国际产业界、时尚界共同的话题和行业新的风向标，被业内视为未来产业创新经济新引擎。

SAP Insights最近开展的一项全球研究表明，大多数公司都或多或少采取了一些措施来提高环境的可持续性，而且，为此付出的努力越多，企业的竞争力和盈利能力就越强。超过三分之一的中型企业认为，环境问题已经或将在五年内对其业绩产生重大影响。

企业已经开始追求可持续发展带来的财务效益，研究表明，中型企业之所以采取行动改善环境，既有外部驱动因素，也有内部驱动因素，最主要的驱动因素是政府法规，实现"联合国可持续发展目标"的

承诺，以及董事会和CEO的环保承诺，低收入组企业称，他们最主要的驱动因素是监管压力，而收入较高的企业则表示，他们最主要的驱动因素是董事会和CEO的环保承诺。但两种企业一致认为，第四大驱动因素是增加营收和利润的机会，这表明，企业已经开始意识到追求可持续发展可以带来的财务效益。

中国服装领军企业已经开始可持续发展之路，注定不会一帆风顺，但先驱者的引导，将成为中国时尚产业可持续发展的未来，可持续将为企业创造更大的商业价值。

降低运营成本：全面地实践可持续发展，可以带来更好的经营绩效。此外，与可持续发展目标一致的公司还可以通过成功地吸引和留住员工来降低人力资源的运营成本，企业在发展可持续方面的绩效正成为"人才争夺战"中的重要因素。

增加营业收入：从消费者偏好角度估算，气候友好型公司的成交量是非友好型公司的两倍。无论是在发达国家还是在新兴经济体，三分之一的消费者会根据企业对环境和社会的影响，选择所购买的品牌产品。

庞大的市场规模：良好的E（环境）S（社会）G（治理）标准降低了资金成本。自2013年以来，巴克莱摩根士丹利资本国际全球绿色债券指数中，绿色债券发行量持续增长，全球绿色债券市场规模在2021年超过5000亿美元。这是绿债市场有史以来最高值，且市场扩张的趋势持续了十年。

提高股市价值：股价表现欲良好与可持续性经营正相关。受到气候变化利好消息提振并发布气候变化适应利好消息的公司，其股票表现每年都比摩根士丹利资本国际全球指数（MSCI World Index）绝对值高出0.8个百分点，比例上超出了15%。

三、中国时尚产业可持续发展在行动

引导服装企业加速绿色低碳转型，要从取材、生产、使用三个维度，由原材料、产品设计、绿色印染、集约生产、新能源运输、低碳消费、延长使用周期等，全链条推动全产业链的制造高效化、能源清洁化、产品低碳化、材料可循环化的发展目标，才能逐步达成中国服装行业绿色可持续发展的初级阶段目标。目前，如何探索更加绿色、环保的可持续时尚方向，中国一

些知名服装品牌已经在行动。

2021年晨风集团旗下12个工厂实现了绿化和水域面积达到50%以上，工厂内水的回用率超过60%，需要补充的部分来自雨水。采购方面，使用有机棉和有机麻，以及能够追溯种植加工条件的"友好棉花"，产品减少包装环节用料，使用其他替代材料。

2021年6月，特步推出全新环保新品"聚乳酸T恤"，聚乳酸主要从玉米、秸秆等含有淀粉的农作物中发酵提取，经过纺丝成型后变成聚乳酸纤维，最终制成可自然降解的衣服。

2021年6月，太平鸟在总部开启了"中国品牌碳中和·加速行动"发布会。太平鸟承诺在2046年以前实现全价值链净零排放，2035年以前实现太平鸟品牌运营范围碳中和，2030年前标识太平鸟100%产品的碳足迹信息。

2021年6月，青岛即发集团股份有限公司建立超临界CO_2无水染色项目产业化示范线正式启动。超临界CO_2无水染色技术以CO_2为染色介质，具备不用水、不用化学助剂、无污水排放等优点，染色时间由传统8～10小时缩短至3～4小时，有效减少污水排放，解决行业污染问题，突破了绿色环保染色技术的产业化瓶颈难题，是一项绿色环保的颠覆性染色技术。即发集团在研发过程中，对压力阀门、循环泵、分离釜等多处环节设备进行发明、改进，解决了颜料扩散不均等问题，提高染色工艺中的压力、温度的精确控制，染色工艺更加成熟。项目目前拥有自主产权25项，其中包含美国、日本、欧盟等国外发明专利8项。红豆的"华服蒔染系列"，采用马蓝（板蓝根）天然植物染色，是天然的"解热毒"剂，还具备天然的草药清香，防紫外线和驱蚊虫功效。植物靛蓝染色是中国传统技艺，衣物制品拥有质朴典雅的色调和丰满厚实的手感，融汇民族元素，贯穿东方哲思。

四、数字化融合助力时尚产业新发展

可持续发展所带来的产业价值和社会价值是多元且长远的，但过程却极其复杂。企业设备效率不同、原料产地不同，供应链管理的不同，对不同企业的同类产品所产生的碳排放也就存在着诸多差异。

准确记录产品的生态足迹，需要区块链技术和云

计算，对产品每个环节进行溯源跟踪，通过数字化工具规划设计流程，为每件绿色低碳产品设定可追踪的标签，从而通过建设数字碳足迹、实现时尚产业真正的可持续发展。

数据对于可持续发展来说至关重要，数字化可以大幅降低企业可持续转型的成本，时尚产品碳足迹的计算需要基于庞大的因子数据库，数据是一切可持续发展工作的核心，依靠数据，企业才能制定完整的可持续发展路线图，将可持续发展融入业务运营，并验证投资回报，企业需要基于数据来识别追踪环境影响，并且利用从数据中获取的洞察，消除障碍。事实上，中国时尚产业拥有的环境影响数据越多，质量越高，他们就越有可能认识到可持续性数据在推动企业制定战略决策和运营决策方面的价值。目前，我国的时尚产业可持续发展环境数据量和数据质量还远不能达到期望的标准，需要产业的共同努力，优化我国自有的时尚产业环境数据库，真正做到通过数据来推动可持续的战略制定。

目前中国时尚产业的可持续数字化已有了觉醒意识，我们会有属于中国特色的创新方法和路径，在此过程中，会涌现出更多的中国标准及倡议。

在努力推进中国时尚产业可持续发展的同时，应该注意到，我们采取的标准和数据资源，更多地来源于欧美发达国家和地区，这对于我国时尚产业可持续发展过程中所积累的信息和数据的安全性，还存在着一定的风险性。建立安全有效且可溯源的数据体系，已经成为我国时尚产业可持续发展的重大课题研究方向之一。

我们也深信，经过科学创新的可持续发展思维模式，和我国具有深厚社会责任感的企业的共同努力下，借助数字化管理思维，将更快地实现我国时尚产业可持续发展的新变革和新重塑。

可持续时尚数字创新中心供稿

关于东莞时尚产业数字化发展现状

服装产业是东莞五大支柱产业、八大特色产业之一。东莞市拥有大朗中国羊毛衫名镇、虎门中国女装名镇、虎门中国童装名镇等一批国家级纺织服装鞋帽制造业基地，拥有虎门服装、大朗毛织两个省级纺织服装产业技术创新专业镇，拥有较为齐全的产业链和较为完善的配套体系。2020年，东莞纺织服装鞋帽制造业规模以上工业增加值达251.60亿元。目前，东莞市从事电子商务的服装企业及个体户超过1万家。2020年，虎门服装电商年销售额超500亿元。

一、东莞时尚产业数字经济发展现状

服装电商正在成为东莞服装产业经济发展的新支柱。虎门镇依托丰富的服装服饰产业资源、雄厚的客商基础、强大的实体经济支撑和优越的区位交通，大力发展电子商务，目前已发展成为中国服装服饰电商重要基地、华南地区电商集聚区、华南地区网购物流集聚区，服装电商成为虎门经济新支柱。虎门镇在创建东莞唯一一家国家电子商务示范基地后，经过两年多的建设，基地总建筑面超过30万平方米，落户或签

约入驻的电商企业现已超过3000家，其中约40%为传统服装企业转型；引进注册物流、电商服务、人才培养等电商服务支撑企业800多家，成为目前东莞市最具产业特色和基础的电商基地。基地以"政府引导错位经营，市场主导产业链配套"的机制，已形成以虎门服装电商产业园为核心，集聚各类电商服务平台资源，为8个园区提供服务平台，服务全镇及辐射周边区域电子商务快速发展的态势。

1. 东莞时尚产业数字化发展的优势

第一，服装数字化企业数量多，网络销售年超500亿元。东莞服装产业拥有规模庞大的产业集群、配套完善的产业链条和成熟发达的市场体系。2003年，一些服装企业率先试水电子商务。虎门镇着力推动服装服饰业转型升级，与中国纺联共建"世界级纺织服装产业集群先行区"，打造产业协同创新平台，发展新模式新业态，推动服装服饰产业与电子商务融合发展，连续成功举办了25届中国（虎门）国际服装交易会，组建了专门的虎门电商产业园，并相继荣获国家电子商务示范基地、中国纺织服装电子商务公共服务示范

基地等称号，基本实现了服装服饰产业链电商化。

第二，政府大力支持走向数字化发展道路。东莞市政府和服装协会牵头，在东莞电商公共服务中心引入了阿里巴巴运营机构——东莞市风林火山网络技术有限公司、中纺联检测实验室、东莞市电子商务联合会、阿里巴巴镇区运营中心（跨境）、数麦通跨境平台、电商蛋众创空间、1040摄影基地、即悦云工厂、矩鼎力培训等运营机构。运用大数据和互联网+技术，对服装商贸区进行全景信息化管理，通过大数据分析调整商圈功能、优化业态管理。2021年9月，东莞市人民政府在虎门举办"2021东莞纺织服帽产业高质量发展论坛"，围绕"数字经济激活产业升级新空间""'大数据时代的服装'新零售模式"等主题，探索新发展阶段下虎门纺织产业集群的数字化之路。2022年，东莞市政府将安排约4.8亿元专项资金，重点扶持特色优势电商服装产业集群。镇街政府、社会资本配套出资，每个产业分别认定2～3个产业集群核心区，给予2000万元扶持，同时撬动镇街1：0.5配套资金，支持产业集群集聚发展，国家级制造业单项冠军的企业一次性奖励100万元，国家级专精特新"小巨人"企业一次性奖励50万元。在虎门电商产业园、大莹电商城、富民时装城、富民商务中心会场等举行中国纺织服装电子商务产业园区发展论坛、虎门电商春夏新款交流对接会、大莹杯微商节——"寻找最具实力微商"评选活动、"网红经济与时尚产业"——2016中国（东莞）网红经济高峰论坛、时尚网红直播&品牌展示对接会、2016跨境电商华南峰会——制造企业的春天等精彩活动（图6-6、图6-7）。

图6-6

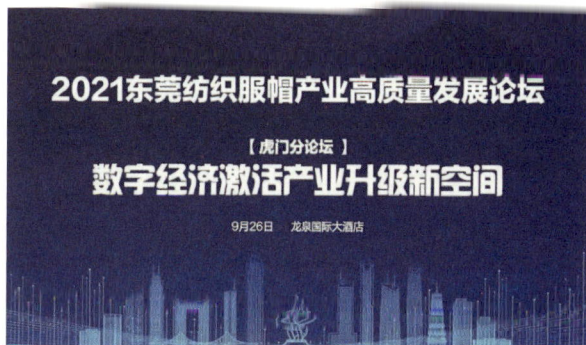

图6-7

第三，东莞时尚产业基础扎实，已经逐渐形成"互联网+公共服务"时尚产业平台。随着数字化经济的飞速发展，互联网技术的不断进步，"直播+"模式的出现，促进了服装行业与数字经济的深入融合。电商直播诞生以来，已成为近年商品流通领域的新风口，备受消费者和商家的喜爱，商家开始逐渐将营销主力转移到线上各直播平台，培养网络红人主播，打造自主品牌。虎门电商产业园成为虎门创建国家级电子商务示范基地，阿里巴巴与虎门开展了"电商生态圈""虎门服装产业带""淘工厂""中国质造""百行赋能"等系列项目。2016年，虎门电商产业园实现网上销售额约40亿元，同比增长约33.3%。虎门电商产业园是高度依托虎门服装服饰产业而建立的园区，专而精，清一色是服装电商和为服装电商服务的各类服务商。虎门电商产业园的园区特色是"1+1+1"模式，也就是传统产业+互联网+公共服务。虎门电商产业园联合中国电子商务公共服务联盟建立东莞市电子商务公共中心，整合品牌推广、工商注册、财务管理、法律咨询、知识产权等优质服务机构76家，服装产业和电商培训课程300多门，专家库在线辅导专家超过100人，通过"线上+线下、平台+本地"的模式，大数据资源集成共享，形成多方共赢的"互联网+公共服务"平台。

2. 东莞时尚产业数字化发展的劣势

第一，时尚产品不"时髦"。随着"90后""00后"人群成为时尚消费市场的主流人群，企业需要根据消费者的喜好"伺机而动"，满足他们的审美心理、好奇心、社交需求和文化认同。时尚产业的变革需要内容的差异化、产品的精品化、设计时尚，消费场景从线下到线上，泛娱乐化、情感性、手工DIY时尚工艺品，以至于虚拟的"元宇宙"也广受年轻一代的欢迎。

第二，东莞时尚产业品牌化程度低。目前，虽然在册企业有8000多个，品牌1.2万余个，但是"品牌化"的内涵不仅包括品牌的注册数量，还包括品牌的质量和层次方面的探讨。

第三，时尚产品的附加值较低。

第四，自主原创的设计较少，不能满足现代年轻人求新求变的时尚态度。

3. 东莞时尚产业数字化发展面临竞争

面临着省内、国内企业的激烈竞争，省内城市中广州、深圳异军突起，占领了中国时尚产业的第一梯队。潮汕、湛江等地的内衣和家居服，佛山的童装正在形成一定规模，从一定程度上与东莞形成了竞争关系。

国内城市中杭州、郑州、厦门、青岛、大连、常熟等地的时尚产业发展也是突飞猛进。一些内地城市依靠廉价的房租、人工成本取得了竞争优势。

4. 东莞时尚产业数字化发展中的机遇

第一，正处于"风口"：互联网经济+东莞制造。随着"网红经济"的兴起，越来越多的东莞服装电商企业想与"网红"搭上界，形成服装产业、电商经济与网红效应的合力，发现市场空隙、借助网红风口、社群经济实现转型升级。国家级电商产业园打造了TAT摄影基地，通过邀请网红及摄影师拍产品照片来跟上"网红经济"的风口。东莞市电子商务联合会借助于服务商、政府及高校资源举办品牌推介会、电商沙龙、运营推广分享会、资源对接会、各类专题讲座，提供与会商户电商知识普及的机会，为承接政府服务需求做铺垫。

淘宝网"中国质造"频道已开通虎门女装、大朗毛衫、东莞玩具、东莞鞋业、东莞家具、东莞箱包、虎门童装7个产业带企业的入驻入口（占总入口数的6%），全市入驻"中国质造"的企业达361家（占"中国质造"总入驻企业数约10%），入驻企业数量仅次于广州市，是深圳市的近3倍。虎门现已成为华南地区具有电子商务发展活力的区域。东莞服装产业依托电商的发展，正逐步从传统生产经营的模式转向"互联网+服装产业"的模式。积极推动产业、科技、金融、城市的"四融合"，完善的电子商务生态圈，助推服装产业转型升级，改善电子商务发展环境和支撑体系，以数字化、智能化引领和带动服装产业集群全产业链的转型升级。

第二，创造大数据时代时尚"新零售"高性价比的新模式。服装数字化把传统的"人—货—场"概念进行解构，同时"线上+线下"融为一体，重新构建服装业的数字生态系统。东莞接连办了七届国际电商节，打造了国家级电子商务示范基地，成立电商公共服务中心，带动服装服饰产业高端化发展。还将实施电商技能大赛、电商品牌评选、时尚电商供应链平台、电商人才、电商产业发展基金等多项工程。市政府大力推动"东莞制造+互联网"融合发展，并将其写入2016年政府工作报告中，紧紧围绕"让东莞制造插上电子商务翅膀"的总目标，鼓励镇街、园区、社区和企业加强电商专业人才的招引和培养，优化对电商企业和平台的服务工作。政府积极发挥财政扶持资金的导向作用，引导电商企业利用好东莞货源地、产业链完整、物流配套齐全的优势，找准产品市场定位，熟悉市场生存法则，加快融入数字化发展大潮。

二、东莞时尚产业数字经济发展的未来展望

1. 夯实产业基础，保护好"全产业链"

20世纪80年代至今，英国、美国等时尚产业的生产加工、运输、制造等配套产业大规模转移，产业空心化的情况直到现在还没有得到解决。笔者在对深圳、广州、上海等地时尚产业的实地考察中发现，由于这些城市在时尚产业的转型升级中缺乏长远规划和相关的保障机制，对服装产业链的保护不够重视。随着城市中心区域房租的大幅上涨，政府对时尚产业扶持力度不够，对中小微服装企业的帮扶和重视不够，导致大量的中小型服装品牌企业、生产加工型企业、印染厂、绣花厂外迁，样衣师、制板师、设计师等专业人才大幅外流，导致时尚产业的"空心化"，造成的结果触目惊心。

2. 以科技创新为核心增强时尚产业的技术性

"机器换人"、新的信息技术、新材料、新的商业模式，将不断提高企业的生产和营销效率，提高产品质量和服务水平。推动"线上+线下相融合""网红经济"，促进企业时尚营销策略，拥抱数字经济和数智经济的发展。3D打印等新技术、新材料的应用有助于

提升品牌产品的品质和营收。同时开展时尚设计研究、数字化商业模式、中（短）期的时尚教育培训，结合政府、院校、行业、企业、传媒等多方资源，全面引领东莞时尚产业的高品质、可持续发展（图6-8）。

3. 完善东莞时尚产业链，打通"人—货—场"全产业链

东莞一直作为全国乃至世界的"加工厂"，坊间一直有着"东莞一堵车，全球都缺货"的"俗语"。以生产加工型为主的服装企业仍然存在着企业主创新观念和思维落后、品牌意识薄弱、设计师创新能力弱、工人整体素质差等问题。只有加快时尚产业生产制造的创新改革，将大数据融入时尚产业链的各个环节之中，使时尚产品设计与顾客需求相适应，推动企业使用环保材料，开展健康绿色环保新理念的宣传。用数字技术打通时尚产业链的"人 货 场"，通过直播带货、多渠道、多平台品牌运作来提升消费者的购物体验，准确满足消费者的需求。加大创新力度，时尚设计赋能转型升级，为消费者提供多元化、时尚化、差异化、精品化的时尚产品（图6-9）。

4. 以时尚小镇为依托，创造数字经济"时尚服务"新模式

大力建设和发展虎门、大朗、常平、茶山时尚小镇，提升城市的时尚影响力，为扩大东莞时尚消费市场、培育新型经济模式创造机遇。促进国内外时尚要素的聚集，提升各个小镇的产业配套能力、区域经济的影响力，以及对于大众的文化吸引力，为东莞时尚产业转型升级和跨越式发展创造新的历史机遇和平台。

图6-8

图6-9

5.品牌提质和时尚升级迫在眉睫

虽然东莞时尚产业的销售额和"包裹数量"较高，但是均价较低，这就意味着利润率比较低。时尚世界是符号的世界，品牌化符号成为企业时尚产品新的增长点。在世界服装品牌发展历史中，有着"独木不成林"的说法儿。服装品牌的发展需要品牌文化的塑造、品牌精神的提炼，也需要品牌在生活方式上对消费者的引领，满足消费者对于美好生活的向往，讲好品牌故事，满足消费者的物质需求和精神需求。譬如，法国高级时装的迪奥、香奈儿、Prada、LV、皮尔·卡丹等一众知名的国际时装品牌，它们风格多样、异彩纷呈，店铺和受众遍布全世界各地，共同构成了法国高级时装行业在世界时尚产业格局中的绝对领导力和话语权。因此，东莞本土时尚品牌发展的长远之计在于树立品牌和打造品牌，这也同样需要政府和企业花"大心思"来扶植时尚设计品牌，比如大力扶植年轻的

设计师服装品牌、一些小规模的企业原创品牌，形成东莞时尚品牌的规模集群，让消费者"有得看、有得选"，这样才能不断增强东莞时尚企业在国内甚至是国际的时尚影响力。

三、结语

在数字化产业环境下，东莞服装产业不断谋求创新升级，推动服装全产业链向数字化、高品质方向发展。政府领衔，产业镇区协作，共同推动服装服饰业数字化转型，打造东莞服装产业集群核心区，打造名师、名牌、名企、名园的"四名工程"。促进数字技术与时尚设计的融合发展，提升质量，促进时尚产业与数字产业的交叉融合，推动服装产业数字化、智能化转型，积极推动服装产业高质量、可持续发展。

东莞职业技术学院郭霄霄供稿

附　　录

附录一　中国纺织工业联合会纺织产业集群共建试点名单（广东省）

（2021 年 12 月）

中国纺织产业基地市（县）

1. 广东省开平市　中国纺织产业基地市
2. 广东省普宁市　中国纺织产业基地市

中国纺织产业特色名城

1. 广东省广州市越秀区　中国服装商贸名城
2. 广东省广州市海珠区　中国纺织时尚名城
3. 广东省潮州市　中国婚纱礼服名城
4. 广东省汕头市澄海区　中国工艺毛衫名城
5. 广东省汕头市潮南区　中国内衣家居服装名城
6. 广东省惠州市惠城区　中国男装名城

纺织产业特色名镇

1. 广东省东莞市大朗镇　中国羊毛衫名镇
2. 广东省东莞市虎门镇　中国女装名镇、中国童装名镇
3. 广东省东莞市茶山镇　中国品牌服装制造名镇
4. 广东省开平市三埠街道　中国牛仔服装名镇

5. 广东省中山市沙溪镇　中国休闲服装名镇
6. 广东省中山市大涌镇　中国牛仔服装名镇
7. 广东省中山市小榄镇　中国内衣名镇
8. 广东省普宁市流沙东街道　中国内衣名镇
9. 广东省广州市增城区新塘镇　中国牛仔服装名镇
10. 广东省深圳市龙华区大浪时尚小镇　中国品牌服装名镇
11. 广东省佛山市南海区西樵镇　中国面料名镇
12. 广东省佛山市南海区大沥镇　中国内衣名镇
13. 广东省佛山市禅城区张槎街道　中国针织名镇
14. 广东省佛山市禅城区祖庙街道　中国童装名镇
15. 广东省佛山市顺德区均安镇　中国牛仔服装名镇
16. 广东省汕头市潮阳区谷饶镇　中国针织内衣名镇
17. 广东省汕头市潮南区峡山街道　中国家居服装名镇
18. 广东省汕头市潮南区陈店镇　中国内衣名镇
19. 广东省汕头市潮南区两英镇　中国针织名镇
20. 广东省博罗县园洲镇　中国休闲服装名镇

附录二　广东省各地纺织服装商协会名录

1. 广东省服装服饰行业协会
2. 广东省服装设计师协会
3. 广州服装行业协会
4. 广州市服装制版技术学会
5. 广州市越秀区服装商会
6. 广州市海珠区中大国际创新生态谷纺织产业联合会
7. 广州市海珠中大纺织产业商会
8. 广州市荔湾区儿童服装用品商会
9. 广州市白云区服装服饰产业促进会
10. 广州市白云区服装皮具鞋业商会
11. 广州市白云区裘皮协会
12. 广州市增城区新塘商会
13. 广州白马服装商会
14. 深圳市服装行业协会
15. 深圳市时装设计师协会
16. 珠海市服装服饰行业协会
17. 汕头市纺织服装产业协会
18. 汕头市澄海区纺织品与服装协会
19. 佛山市纺织服装行业协会
20. 佛山市禅城区张槎针织服装行业协会
21. 佛山市南海区纺织行业协会
22. 佛山市南海区盐步内衣行业协会

23. 佛山市顺德区纺织商会
24. 佛山市顺德区纺织服装协会
25. 佛山市高明区纺织（服装）协会
26. 博罗县园洲纺织服装行业协会
27. 东莞市服装服饰行业协会
28. 东莞市毛纺织行业协会
29. 东莞市毛织服装设计师协会
30. 东莞市虎门服装设计师协会
31. 东莞市虎门服装服饰行业协会
32. 东莞市虎门童装品牌企业联合会
33. 东莞市茶山纺织服装行业协会
34. 中山市纺织服装行业协会
35. 中山市服装设计师协会
36. 中山市沙溪服装行业协会
37. 中山市沙溪镇直播电商协会
38. 中山市小榄镇商会
39. 中山市大涌镇商会
40. 阳江市服装鞋帽行业商会
41. 潮州市服装行业协会
42. 普宁市服装纺织协会
43. 普宁服装商会

附录三　主板上市服装公司名录（广东）

序号	单位名称	股票名	股票代码	交易所
1	搜于特集团股份有限公司	搜于特	002503	SZ
2	金发拉比妇婴童用品股份有限公司	金发拉比	002762	SZ
3	深圳汇洁集团股份有限公司	汇洁股份	002763	SZ
4	比音勒芬服饰股份有限公司	比音勒芬	002832	SZ
5	深圳市安奈儿股份有限公司	安奈儿	002875	SZ
6	广东洪兴实业股份有限公司	洪兴股份	001209	SZ
7	深圳歌力思服饰股份有限公司	歌力思	603808	SH
8	卡宾服饰有限公司	卡宾	02030	HK
9	赢家时尚控股有限公司	赢家时尚	03709	HK
10	都市丽人（中国）控股有限公司	都市丽人	02298	HK
11	广东柏堡龙股份有限公司	ST 柏龙	002776	SZ
12	摩登大道时尚集团股份有限公司	ST 摩登	002656	SZ
13	稳健医疗用品股份有限公司	稳健医疗	300888	SZ

附录四　2021年中国服装行业百强企业名单（广东）

2021年服装行业"营业收入"百强企业名单（广东）

广州纺织工贸企业集团有限公司

深圳市珂莱蒂尔服饰有限公司

深圳市娜尔思时装有限公司

深圳华丝企业股份有限公司

富绅集团有限公司

广州市汇美时尚集团股份有限公司

2021年服装行业"利润总额"百强企业名单（广东）

比音勒芬服饰股份有限公司

深圳市珂莱蒂尔服饰有限公司

深圳市娜尔思时装有限公司

深圳三木希服饰有限公司

富绅集团有限公司

2021年服装行业"营业收入利润率"百强企业名单（广东）

比音勒芬服饰股份有限公司

深圳市珂莱蒂尔服饰有限公司

深圳市娜尔思时装有限公司

富绅集团有限公司

附录五 2021年度广东省重点商标保护名录服装行业名单

（按单位首字母排序）

序号	申请人	商标名称	商标注册号	国际分类
1	安格洛联营公司	BOY LONDON	13875775	25
2	安格洛联营公司	BOY	13876321	25
3	安格洛联营公司	BOY	24577647	18
4	安莉芳（中国）服装有限公司	芬狄诗 FANDECIE	6927688	25
5	安莉芳（中国）服装有限公司	COMFIT	11081477	25
6	安莉芳（中国）服装有限公司	安朵 IADORE	22212582	25
7	比音勒芬服饰股份有限公司	比音勒芬	11381476	25
8	德盈商贸（深圳）有限公司	B.DUCK	8814480	25
9	德盈商贸（深圳）有限公司	图形	10709662	18
10	佛山市黛富妮家饰用品有限公司	黛富妮	1708781	24
11	广东博斯服饰实业有限公司	BOSSsunwen	1713281	25
12	广东菲安妮皮具股份有限公司	FION	2002780	18
13	广东菲安妮皮具股份有限公司	菲安妮	674965	18
14	广东骆驼服饰有限公司	CAMEL	7977769	25
15	广东骆驼服饰有限公司	图形	4919880	25
16	广东骆驼服饰有限公司	骆驼	3515856	25
17	广州爱帛服饰有限公司	ed1t10n	15510075	25
18	广州奥比亚皮具实业有限责任公司	susen 及图	20393790	18
19	广州市汇美时尚集团股份有限公司	inman 茵曼	31376896	25
20	广州市斯凯奇商业有限公司	SKECHERS	696968	25
21	广州市斯凯奇商业有限公司	S	22163966	25
22	广州市斯凯奇商业有限公司	斯凯奇	1717145	25
23	广州依趣服装有限公司	XIRAN 熙然	19558409	25
24	广州友谊班尼路服饰有限公司	班尼路 BALENO	12189342	25
25	广州友谊班尼路服饰有限公司	班尼路	1290851	25
26	宏杰内衣股份有限公司	浪漫春天 舒·尚内衣 ROMANTIC SPRING	14018715	24
27	金利来（远东）有限公司	金利来	573682	25
28	金利来（远东）有限公司	goldlion 及图形	523793	25
29	快尚时装（广州）有限公司	URBAN REVIVIO	10820073	18
30	快尚时装（广州）有限公司	UR	3305447	25
31	快尚时装（广州）有限公司	URBAN REVIVIO	10820128	25

续表

序号	申请人	商标名称	商标注册号	国际分类
32	乾玺贸易（上海）有限公司	EVISU	1656885	25
33	深圳减字科技有限公司	蕉下	18378641	18
34	深圳市珂莱蒂尔服饰有限公司	koradior	9729991	25
35	深圳市珂莱蒂尔服饰有限公司	La koradior	11057492	25
36	深圳市中惠福实业有限公司	梵思诺	1661347	25
37	深圳市中惠福实业有限公司	图形	1365854	25
38	深圳市中惠福实业有限公司	VERSINO	1360869	25
39	云创设计（深圳）集团有限公司	MAXRIENY	37895227	25
40	卓天商务有限公司	SHEIN	26153798	25
41	HBI 品牌服饰企业有限公司（HBI BRANDED APPAREL ENTERPRISES，LLC）	CHAMPION	5801739	25
42	HBI 品牌服饰企业有限公司（HBI BRANDED APPAREL ENTERPRISES，LLC）	C 图形商标	18624852	25

附录六 广东省服装与服饰设计专业院校开设基本情况

序号	院校	层次	类型	所在地	所在学院
1	华南理工大学	本科	985/211/双一流	广州	设计学院
2	华南农业大学	本科	双一流	广州	艺术学院
3	广州美术学院	本科	公办	广州	工业设计学院
4	五邑大学	本科	公办	江门	艺术设计学院
5	广东工业大学	本科	公办	广州	艺术与设计学院
6	广东技术师范大学	本科	公办	广州	美术学院
7	惠州学院	本科	公办	惠州	旭日广东服装学院
8	岭南师范学院	本科	公办	湛江	美术与艺术学院
9	广东白云学院	本科	民办	广州	艺术设计学院
10	广东培正学院	本科	民办	广州	艺术学院
11	广东科技学院	本科	民办	东莞	艺术设计学院
12	湛江科技学院	本科	民办	湛江	美术与设计学院
13	广州城市理工学院	本科	民办	广州	珠宝学院
14	华南农业大学珠江学院	本科	独立学院	广州	设计学院
15	广东理工学院	本科	民办	广州	艺术系
16	广州新华学院	本科	民办	广州	艺术设计与传媒学院
17	北京理工大学珠海学院	本科	独立学院	珠海	设计与艺术学院
18	广东轻工职业技术学院	高职（专科）	公办	广州	艺术设计学院
19	广东生态工程职业学院	高职（专科）	公办	广州	艺术与设计学院
20	广东女子职业技术学院	高职（专科）	公办	广州	应用设计学院
21	广州科技贸易职业学院	高职（专科）	公办	广州	艺术设计学院
22	广东文艺职业学院	高职（专科）	公办	广州	设计与工艺美术学院
23	广州工程技术职业学院	高职（专科）	公办	广州	艺术与设计学院
24	深圳职业技术学院	高职（专科）	公办	深圳	艺术设计学院
25	广东职业技术学院	高职（专科）	公办	佛山	服装学院、纺织学院
26	中山职业技术学院	高职（专科）	公办	中山	艺术设计学院
27	惠州城市职业学院	高职（专科）	公办	惠州	艺术学院
28	东莞职业技术学院	高职（专科）	公办	东莞	创意设计学院
29	河源职业技术学院	高职（专科）	公办	河源	人文艺术学院
30	汕头职业技术学院	高职（专科）	公办	汕头	艺术体育系
31	揭阳职业技术学院	高职（专科）	公办	揭阳	艺术与体育系
32	私立华联学院	高职（专科）	民办	广州	应用设计系
33	广州南洋理工职业学院	高职（专科）	民办	广州	数字艺术与设计学院
34	广州华立科技职业学院	高职（专科）	民办	广州	艺术与传媒学院

续表

序号	院校	层次	类型	所在地	所在学院
35	广东岭南职业技术学院	高职（专科）	民办	广州	艺术与传媒学院
36	广州涉外经济职业技术学院	高职（专科）	民办	广州	艺术与教育学院
37	广州城建职业学院	高职（专科）	民办	广州	艺术与设计学院
38	广东创新科技职业学院	高职（专科）	民办	东莞	建筑与设计学院
39	广东文理职业学院	高职（专科）	民办	湛江	建筑与艺术传媒学院
40	广州大学	本科	公办	广州	美术与设计学院
41	广州市白云工商技师学院	高技	民办	广州	服装系
42	广东省轻工业技师学院	高技	公办	广州	服装设计系
43	广州市工贸技师学院	高技	公办	广州	文化创意产业系
44	华南师范大学	本科	公办	广州	美术学院
45	深圳大学	本科	公办	深圳	艺术学院
46	广东海洋大学	本科	公办	湛江	中歌艺术学院
47	珠海科技学院	本科	民办	珠海	美术与设计学院
48	广州大学纺织服装学院	高职（专科）	民办	广州	服装系、纺织工程系
49	广东南华工商职业学院	高职（专科）	公办	广州	建筑与艺术设计学院
50	惠州经济职业技术学院	高职（专科）	民办	惠州	艺术与设计学院
51	东莞市技师学院	高技	公办	东莞	
52	广州市广播电视大学纺织服装分校	高职	公办	广州	
53	香港服装学院	高职	民办	深圳	
54	广州市秀丽服装学院	高职	民办	广州	

附录七　个人荣誉名录

一、中国时装设计"金顶奖"获奖者名录（广东）

张肇达、刘洋、房莹、计文波、罗峥、梁子、李小燕、杨紫明、王玉涛、刘勇、赵卉洲、邓兆萍

二、中国十佳时装设计师名录（广东）

张肇达、刘洋、马可、计文波、刘洋、房莹、曾维、黄谷穗、王鸿鹰、鲁莹、梁子、邓皓、范晓玉、罗峥、屈汀南、方健夫、王宝元、李小燕、林姿含、金憓、王玉涛、邓兆萍、刘勇、刘霖、邓庆云、邱伟、颜加华、张维国、赵亚坤、丁勇、赵黎霞、刘星、赵卉洲、吴飞燕、陈非儿、董怀光、刘星、黄皆明、林进亮、袁冰、蔡中涵、庄淦然、董文梅、林栖、黄刚、高捡平、徐花、徐妃妃

三、广东十佳服装设计师名录

第一届
十佳：黄谷穗、阳丹、童春晖、邹凯媚、叶桂燕、钟小敏、刘云、高山、张兆梅、鲍燕华

第二届
十佳：梁子、黄征敏、林晓洁、方建夫、张建中、黄赛、李玉英、郑妙华、吴艳芬、黄菊

第三届
协会奖：邓兆萍
十佳：蔡蕾、朱丽君、程飞、肖南、吴思璁、李永康、黄艳、甘健甫、崔可、林强盛

第四届
十佳：陈建华、江平、陈玉清、陈倩姿、冼裔冬、殷望星、徐建芳、黄启泉、蔡宝来、蔡涵

第五届
十佳：曹美媚、陈季红、彭莹、李杏梧、陈章成、郑小江、李贵洲、刘艺、何建华、冯璐

第六届
协会奖：周强、许素明、赵黎霞
十佳：赵黎霞、张维国、刘莎、姚璎格、赵亚坤、许素明、周懿、彭薇、周强、周向前

第七届
协会奖：曾翔、黄刚、陈玉玲
十佳：曾翔、黄刚、陈玉玲、黄清、卢一、李超、刘亮、陈志军、沈建英、张帆

第八届
协会奖：陈非儿、吴飞燕、卢伟星
十佳：陈非儿、吴飞燕、卢伟星、孙恩乐、孙月斌、刘健君、阿荣、彭秋丽、丁力、唐思

第九届
协会奖：郑立红、董怀光、颜启明
十佳：朱志灵、黄丽珊、董怀光、方惠娟、郑立红、颜启明、常静、谭国亮、魏延晓、王淑芳

第十届
协会奖：赵思凡、谢秉政、马映淑
十佳：赵思凡、谢秉政、马映淑、吴魏瑜、李爱燕、胡文静、林永建、刘泓君、黄海峰、黄荣秀

第十一届
协会奖：赵嘉乐、王曦晨、刘宇
十佳：王曦晨、丁伟、罗丽芬、范敏娜、赵嘉乐、谢群娣、刘宇、谢秀红、王炜、于小容

第十二届

协会奖：施明聪、郭慧画、郑浩宁

十佳：施明聪、郭慧画、郑浩宁、方杰俊、杨珊、邵诗茹、谭振航、谢堂仁、阎华英、文妙

第十三届

协会奖：蔡中涵、季青松、高武愿

十佳：郑浩宁、蔡中涵、王郁鑫、高武愿、季青松、凌红莲、林紫薇、司徒健、林伟生、李若涵

第十四届

协会奖：陈伟雄、唐新宇、林子琪、徐英豪

十佳：陈伟雄、唐新宇、林子琪、徐英豪、欧阳丽、周伊凡、钟选蓉、宋庆庆、康乐、阮志雄

第十五届

协会奖：张馨匀、沈忆、左坤友、段艳玲

十佳：张馨匀、郑玲玲、朱珍斐、沈忆、施圣洁、周艳云、郑蓓娜、左坤友、段艳玲、詹文同

第十六届

赵梦葳、张美丽、卡文、熊英、王荣、洛羲、马彬、俞秀、袁誉、黄思贤

第十七届

张恩、徐晓、韩银月、成晓琴、黄国利、朱珺钺、许师敏、陶文娟、蔡政乾、史勇、张宏侠

第十八届

邓薇薇、胡文伟、齐立良、闫春辉、倪进方、高佳杰、陈和斌、徐茵、王浩林、刘平

第十九届

高洪艳、陈乔、张允浩、陈文婷、刘家兆、严月娥、徐璐、王晨、郑衍旭、高烁珊

第二十届

唐志茹、何莲、梁蕊琛、杨盈盈、张丽莉、曹镕麟、张玉荣、杨龙、刘思佳、刘海东、米继斌、钟才

第二十一届

邓晓明、墨话（候晓琳）、李冠忠、张杰、吴晓蕾、胡浩然、刘祝余、谭靖榆、池坊婷、彭佩仪、帅桂英（帅常英）

编著单位简介

一、广东省服装服饰行业协会

广东省服装服饰行业协会于1990年经广东省民政厅批准成立。32年的发展历程，积淀了省服协坚实的行业基础，以"提供服务、反应诉求、规范行为"为己任，依法办公、规范运作，自身建设逐步完善，行业服务能力不断提升，较好地发挥了桥梁作用，得到了政府部门、服装企业、设计师、媒体及社会大众的一致认可和好评，在行业内建立广泛的凝聚力、公信力和影响力。2010年获广东省民政厅认定为首批省级"5A级"社会组织之一。

近年来，协会严格按照《广东省行业协会条例》要求，以省委省政府《关于发挥行业协会商会作用的决定》《关于发展和规范我省社会组织的意见》等有关文件为指导，遵守法律、法规，依照章程开展各项工作。协会以推动广东服装产业高质量发展为宗旨，坚守"科技、时尚、绿色"的产业新定位，以提升产业素质为己任，为政府、行业、企业及社会提供与服装业相关的各类服务，在建设公共服务平台、发展品牌、培育人才、国内外交流、非遗时尚推广等方面，都取得了一定的成效，培育了广东时装周（已办30届）、中国（广东）大学生时装周（已办16届）、红棉国际男装周（已办8届）、"虎门杯"国际青年设计（女装）大赛（已办21届）等品牌活动，并积极推进服装产业集群建设。协会建立了广东纺织服装非遗传承振兴基地，被广东省文化和旅游厅认定为"广东省非物质文化遗产工作站（服装服饰工作站）"，被中国纺织工业联合会非遗办认定为"广东工作站"（全国仅设二个）；同时，被广东省商务厅认定为"广东省外贸转型升级基地工作站联盟纺织服装专业委员会主任委员单位"；被广州市委、市政府认定为时尚产业集群服装产业链"链主"单位；先后荣获了"全国纺织工业先进集体"、广东省首批"AAAAA级社会组织""全省性社会组织先进党组织""全国先进民间组织"和"全省先进民间组织"等荣誉称号。

协会于2009年8月率先成立了党支部，是全省首批5个成立党支部的省级协会之一，坚持党建工作走在前列，政治立场坚定，党支部按照《关于加强全省社会组织党建工作的实施意见》，积极开展各项工作，发挥战斗堡垒和先锋模范作用，多次荣获中共广东省社会组织委员会颁发的"全省性社会组织先进党组织"荣誉称号，2017年被认定为第一批全省性社会组织党建工作示范点创建培育单位。

协会积极履行社会责任，倡议会员服务社会公众，提出共建"湾区时尚创新走廊"，推动粤港澳大湾区时尚产业协同发展，倡议会员企业积极参与抗疫捐赠，组建广东省防护服企业联盟参与驰援疫情防控。2020年在新冠肺炎突发疫情公共事件中，协会第一时间成立"广东省特别项目指挥部辅料指挥中心"，在政府和行业中发挥了重要桥梁作用，一声动员、多方响应，充分体现了协会在紧急时刻的责任担当和行业凝聚力，荣获广东省新冠肺炎防控指挥办物资保障一组颁发的"广东省新冠肺炎疫情防控物资保障工作重要贡献企业"。2021年11月，协会荣获人力资源社会保障部、中国纺织工业联合会颁发的"全国纺织工业先进集体"荣誉称号。

二、广东省服装设计师协会

广东省服装设计师协会（Guangdong Fashion Designers Association）成立于2003年，是经广东省民政厅批准成立的具有社团法人资格的全省性行业组织，由从事服装设计、研究、教学、品牌管理和织造、针织、印染设计的专业人士及时尚界的专业机构的单位和个人自愿组成。

协会的宗旨是按照章程的规定和政府部门的委托，遵守宪法、法律和国家政策，遵守社会道德风尚，面向市场，面向世界，面向未来，加强横向联合，开展服饰文化艺术交流，规范职业标准，推动设计转化，促进广东服装和时尚产业的持续发展。

协会于2018年9月成立了党支部，坚持党建工作走在前列，政治立场坚定，党支部按照《关于加强全省社会组织党建工作的实施意见》，积极开展各项工作，发挥战斗堡垒和先锋模范作用。

多年来，协会在建设公共服务体系、培育人才、发展品牌、加强国内外交流、完善协会自身建设等方面，都取得了一定的成效，搭建了金字塔形完整的服装设计人才培养体系，形成了服务设计师、服务企业、服务行业、服务政府、服务社会的行之有效的服务方法。

协会与广东省服装服饰行业协会共同培育了广东时装周、中国（广东）大学生时装周、湾区（广东）时尚文化周、红棉国际时装周、"虎门杯"国际青年设计（女装）大赛等一系列具有重大影响力的品牌活动，承担了"省长杯"工业设计大赛现代轻工纺织专项赛的承办工作，通过"广东十佳服装设计师"推荐活动为中国服装设计师队伍发掘和培育出了超过210位享誉业内的广东十佳服装设计师，有力地推动了广东服装设计原创的发展。

三、广东省时尚服饰产业经济研究院

广东省时尚服饰产业经济研究院成立于2010年5月，是在广东省民政厅登记成立的民办非企业单位，是中国首家专门致力于时尚产业经济与商业研究的专业研究院，举办者是广东省服装服饰行业协会。本研究院由来自服装企业、行业组织、教育机构、研究机构、金融机构、出版机构以及社会各界的海内外优秀研究人员组成，汇聚了粤港澳大湾区产业经济博士团队。以独立客观、开放宽松的态度开展产业经济、商业模式、企业战略、品牌经营、科技创新、产业规划、产业数字化等方面规划及研究，拥有丰富的产业研究规划经验，为行业发展与企业竞争提供理论支持和最具实效性的战略咨询服务。

服务范围包括：承接服装及相关产业研究规划、标准制定；开展产业合作、企业管理及技术咨询服务、质量认证管理咨询，市场调查、知识产权咨询；承接政府采购咨询服务，政府公共服务管理咨询，政府财政绩效评审与评价服务，社会公益项目绩效研究与评估服务；开展会议及培训服务；编辑出版相关刊物。

与国内传统的研究机构所不同的是，广东省时尚服饰产业经济研究院作为一个产业智库，将会吸引越来越多新一代富有创造力的研究者加入进来，目前研究院拥有一支近30位研究员、副研究员、博士等高素质人才组成的研究队伍。他们大部分人有在研究机构、政府部门、金融机构、大型企业工作的经历，对区域经济运作、企业经营管理有着切身的体会和实践经验，对内配合政府及行业机构有计划地出具行业经济研究报告、产业规划报告及各类调研情报输出，对外开展商业项目、学术课题研究和咨询服务，既着重把握行业的宏观环境，着眼于区域的长远发展，提高其可持续的竞争能力，强调国际惯例与中国实际国情相结合，使咨询服务具有"中国特色"，提供的咨询方案有针对性和可操作性。

广东省时尚服饰产业经济研究院同时也作为一个研究成果发布平台。包括：区域政府产业规划白皮书发布。每年度产业竞争力研究报告。定期产业经济动态简报。专属行业网站与权威财经媒体发布。培训、讲座、论坛、峰会发布。

本研究院自成立以来，已取得了显著的研究成果。编撰《广东服装产业"十四五"发展规划报告》《广东服装行业"十三五"发展规划报告》，宣贯国家相关政策，指导服装企业发展。同时，引导区域产业协同发展，受广西岑溪、广东清远、广东阳江等产业转移承接地委托编制《西部（岑溪）创业园纺织服装产业2021—2030年发展规划》《岑溪产业创新中心项目可行性研究报告》《清远华侨工业园纺织服装产业基地规划》《阳江高新技术产业开发区服装（鞋帽）产业发展规划》；协助政府规划，受广州市番禺区人民政府委托编制了《番禺区广州铁路新客运站商旅经济圈规划》；促进产业集群高质量发展，受中山市沙溪镇、惠州市园洲镇、东莞市茶山镇等镇政府委托编制了《沙溪服装产业发展规划》《园洲纺织服装产业发展规划》《茶山服装产业发展规划》。研究院还定期发布《广东服装产业研究》《首脑智库》《服装产业经济运行情况分析报告》等，帮助区域政府编制《产业规划白皮书》等，举办行业培训、专家讲座、主题论坛、研讨峰会等学术活动，为企业解读政府政策，为政府、企业发展提供决策参考，得到了行业的高度肯定。

四、广东国际时尚艺术研究院

广东国际时尚艺术研究院（以下简称"艺术研究院"）是经广东省民政厅批准成立的非营利性科研机构，是广东首家具备独立法人资格的时尚艺术研究机构。艺术研究院本着"推动时尚、接轨国际、趋势研究、优势互补、全面合作、共同发展"的原则，整合各地设计师力量，联合国内外相关服装、品牌研究机构，发挥各级专业人才优势，面向社会、企业开展设计研究服务，以建成"中国时尚创意产业开发和科技成果转化平台""中国时尚创意企业的服务平台"和"中国时尚服饰产业人才培养平台"三大平台为目标，汇聚时尚的创新力量，提升时尚产业内涵魅力，为行业的发展提出科学的产业规划，以广东时尚服饰产业集群的优势推动中国时尚创意产业的跨越和持续发展。

聚集时尚创新力量，科学制定产业规划。艺术研究院将通过校企合作、设计大赛、时尚产业创新研究等途径，聚集海内外服装设计、品牌策划、营销创新、产业规划等方面的专家学者和时尚创新力量，科学系统地研究中国时尚产业市场发展走向、品牌扩张目标、服饰文化创新等事关行业科学、理性、健康发展的问题。

开创时尚产业研究，提升服装内涵魅力。由研究院研究员主导，与优秀时尚服饰品牌合作，在国际时尚大师级专家指导下，通过精准品牌文化定位，创建个性服务风格，帮助、引导企业提炼品牌时尚基因，注入有灵魂的文化精髓；通过鲜明商品风格价值，提升品牌亲和力手段，在打造品牌独一无二的个性符号、满足欲望消费需求中，创建品牌的核心竞争内涵。

深度培养设计人才，加大行业创新力度及与国际时尚产业交流的平台。组织专家、学者、企业家与高校合作加强课题研究，通过开展服饰设计大赛、设立服饰创新奖学金、进行服饰创新人才培养、合作设计开发市场新产品等，为服饰行业的创新注入活力。

转换商业经营模式，加快企业发展节奏。艺术研究院作为产业发展市场调查、新商业模式研究、企业发展指导、时尚品牌创新服务科研机构，指导企业在做专做精做强做出个性优势的同时，引导时尚服饰产业链各环节建设，推动以国际时尚、社会知名度高的品牌为龙头，时尚艺术水平高、制造能力强的企业为产业基地的广东国际时尚产业的快速成长。

内 容 提 要

本年鉴全面、客观、真实地记述2021年广东服装行业年度大事、要事、新事、特事，是广东省服装服饰行业协会和广东省服装设计师协会主持编撰的广东服装产业大型资料性年刊，希望能为读者了解和研究广东服装产业提供基本资料。

本书特设"年度关注""年度创新案例""行业荣誉"等专项内容，凸显广东服装产业特色。"年度关注"重点收录时尚湾区·非遗新造以及广东纺织服装外贸转型升级、产业集群创新发展、产业数字化迈出大步，以及重大活动等值得关注的内容；"年度创新案例"面向产业项目、品牌、企业、服装教育产学研以及区域协同发展等方向进行征稿，以图文并茂的方式收录上述主体及领域在改革与发展中的新变化、新风采、新成果；"行业荣誉"重点收录2020年全国纺织工业先进集体、劳动模范和先进工作者，以及第25届中国时装设计"金顶奖"、第21届广东十佳服装设计师、第三届广东纺织服装非遗推广大使等。

图书在版编目（CIP）数据

广东服装年鉴. 2022 / 广东省服装服饰行业协会，广东省服装设计师协会编著. —— 北京：中国纺织出版社有限公司，2022.12

ISBN 978-7-5229-0141-1

Ⅰ. 广… Ⅱ. ①广… ②广… Ⅲ. ①服装工业－广东－2022－年鉴 Ⅳ. ① F426.86-54

中国版本图书馆 CIP 数据核字（2022）第 233533 号

GUANGDONG FUZHUANG NIANJIAN 2022

责任编辑：魏 萌 郭 沫 责任校对：楼旭红
责任印制：王艳丽

中国纺织出版社有限公司出版发行
地址：北京市朝阳区百子湾东里 A407 号楼 邮政编码：100124
销售电话：010—67004422 传真：010—87155801
http://www.c-textilep.com
中国纺织出版社天猫旗舰店
官方微博 http://weibo.com/2119887771
北京华联印刷有限公司印刷 各地新华书店经销
2022 年 12 月第 1 版第 1 次印刷
开本：889×1194 1/16 印张：19
字数：492 千字 定价：298.00 元